KB238126

아웃사이더의
반란

THE RISE OF THE OUTSIDERS

The Rise of the Outsiders

아웃사이더의 반란

스티브 리처즈 지음　장서연 옮김

지식의날개

아웃사이더의 반란

초판 1쇄 펴낸날 | 2018년 11월 1일

지은이 | 스티브 리처즈
옮긴이 | 장서연
펴낸이 | 류수노
펴낸곳 | 한국방송통신대학교출판문화원
      (03088) 서울시 종로구 이화장길 54
      전화 (02) 3668-4766
      팩스 (02) 741-4570
      홈페이지 http://press.knou.ac.kr
      출판등록 1982년 6월 7일 제1-491호

출판위원장 | 장종수
기획 · 편집 | 이두희
교정 | 이두희 · 이명은
편집 디자인 | 이화서
표지 디자인 | 크레카

ⓒ 2017 by Steve Richards
ISBN 978-89-20-02874-8 03340

값 18,000원

■ 잘못 만들어진 책은 바꾸어 드립니다.

이 도서의 국립중앙도서관 출판예정도서목록(CIP)은 서지정보유통지원시스템 홈페이지(http://seoji.nl.go.kr)와 국가자료공동목록시스템(http://www.nl.go.kr/kolisnet)에서 이용하실 수 있습니다.(CIP제어번호: 2018033775)

한국어판 서문*

아웃사이더 정치인의 등장은 유서 깊은 전통 민주주의 사회뿐만 아니라 비교적 민주주의가 새로 도입된 사회의 풍경까지 바꾸고 있다. 실제로 아웃사이더들은 서구 사회를 휩쓴 해일을 일으키기 전에 한국에서도 바람을 일으켰다. 도널드 트럼프는 2016년 미국 대선에서 승리했다. 영국 노동당의 좌파 아웃사이더, 제러미 코빈은 2015년 이미 대표에 당선되었다. 2017년 바깥쪽에 있던 에마뉘엘 마크롱은 프랑스의 대통령이 되었다. 이런 서구의 오랜 민주주의에 닥친 매우 놀라운 폭발의 징조는 사실 2011년, 한국의 서울시장 선거에서 이미 나타났다.

이 한 도시에서의 정치적 쟁투는 이후 수년 동안 많은 시끄러운 반향을 일으켰다. 안경 낀 시민운동가인 박원순이 서울시장에 당선되었

---

* 서문을 비롯한 이 책의 서술 내용은 (사)한국방송통신대학교출판문화원의 정치적 지향성과는 무관하며, 집필자 개인의 정치적 입장임을 밝힙니다.

을 때, 다른 나라들은 여기에 더욱 주목했어야 했다. 이제 곧 더욱 엄청난 변화가 닥칠 것이다. 박원순은 현실에 안주하던 주류와 비교했을 때, 자신은 '유권자의 목소리를 듣는' 아웃사이더라는 주장을 펼쳤다. 예기치 못했던 박원순의 당선 이후, 여당이었던 보수 정당 한나라당오늘날 자유한국당의 전신은 국민의 목소리를 귀 기울여 듣는 '디지털 노마드'의 당으로 스스로를 혁신하며 당을 현대화함으로써 유권자와 가까이 접촉하는 변화된 모습을 보이려 노력했다. 그 결과 2012년 대선에서 새누리당(한나라당의 후신) 박근혜 후보가 당선되었다. 같은 시간 야당이었던 민주당오늘날 더불어민주당의 전신은 자신들이 '사회 변화의 흐름'을 인정했다는 것을 강조하면서 변화의 시대에 당이 유권자와 늘 '접촉하고 있다'며 그들을 안심시키려 했다. 민주당은 입지를 강화하기 위해 더 넓게 연합하려 고군분투했다. 그 결과 민주통합당이 탄생했다.

많은 민주주의 사회에서 스스로 아웃사이더라고 주장하는 이들이 그들의 권력 기반을 약화시키는 위협으로 부상하자 당혹해 하는 주류 정당은 고뇌에 찬 자기 성찰을 해야만 하는 상황으로 내몰리고 있다.

박원순 시장은 주류 정치인으로서의 경험뿐 아니라 기성 정당에 입당했던 경험조차 없이 서울시장으로 당선되었다. 그는 반反정치에 선 정치인이었고, 주류 정치에의 연합과 타협, 내부 전략, 낙심한 희망 따위에 전혀 물든 적이 없었다. 오늘날 박원순 시장은 최초로 서울시장 3선에 성공한 더불어민주당 정치인으로 변모했다. 새로웠던 그는 기성 정치에 반대하는 주장을 만들어 나갔다. 박원순 시장은 보수주의자였던, 훗날 대통령을 지낸 이명박 전 시장이 시장직을 정치적으로 상승하기 위한 사다리로만 이용했을 뿐, 시민의 말에 '귀 기울이지 않았다'고 주장하면서, 자신은 시민 출신으로 시민만을 대변한다고 선언했다. 이는 전 세계에 걸쳐 아웃사이더들이 즐겨 사용하던 강력한 비난 기제 가운데 하나였다.

더 이상 정치인은 국민의 이야기를 듣지 않는다는 것은 한국뿐만 아니라 다른 모든 지역에서 공통된 생각이었다. 서울에서 보수주의자들까지 통치하고 있는 중도 진보 진영에도 이것은 역시 도전이었다. 어떻게 하면 좌파 아웃사이더를 지지하는 유권자들이 급증하는 상황 속에서 이득을 얻을 수 있을까? 민주당은 유럽의 사회민주 정당들이 공통으로 처한 딜레마에 직면했다. 그들은 실용적인 중도 진보에 머물고 싶었지만, 2011년 시장 선거에서 유권자들은 경제 정책과 대북 정책에서 선명한 이념적 열정을 원한다는 신호를 보냈다.

2011년 서울시장 보궐선거는 많은 아웃사이더들이 대중적인 인기를 획득하기 시작한 배경이 된 2008년 글로벌 금융위기의 3년 뒤에 치러진 선거였다. 영미보다는 금융 시장에 대한 의존도가 낮았던 한국은 더 탄탄한 상황이었다. 그러나 서구 세계에서 아웃사이더의 상승에 불을 붙였던 다른 요소들은 한국에도 똑같이 적용되었다. 2011년경 빈부 격차는 더욱 커져 갔고, 주류 정치인은 때로 재벌을 지지할지, 유권자를 지지할지 사이에서 분열상을 보였다. 대부분의 유권자는 재벌과 고소득층의 부가 늘어나는 가운데 아무런 낙수 효과를 보지 못하고 있다고 느꼈다. 박원순 시장이 당선된 다음 날, 한국의 주요 언론사들이 실시한 몇몇 여론조사에 따르면 여론조사에 참여한 한국인의 3분의 1 이상은 완전히 '새로운 형태의 정치'를 원한다는 것이 드러났다. 위험하게 모호하면서도 열정적이고 강력한 열망이 한국을 넘어서 다른 세계로까지 확장되었다.

서울에서 실시된 여론조사는 박원순 시장이 2030의 지지를 바탕으로 서울시장에 당선되었다는 것을 암시했다. 선거 비용 대부분은 온라인에서 이루어진 소액 펀드^{박원순 펀드}로 이루어졌고, _{소액 펀드는 선거 후 선거 비용 보전을 통해 참여자들에게 반환되었다.} 출구조사 결과 또한 20, 30대 유권자들이 박원순 시장의 가장 큰 지지자임을 나타냈다. 이는 얼마 뒤 영국의 코빈 지지자, 그리스에서 알렉시스 치프라스의 상승과 포르투갈 및 스페인 일부에서 좌파 아웃사이더의 우세에도 똑같이 적용된다.

5년 뒤, 2016년 4월 13일 총선에서 대통령이었던 박근혜의 보수 정당 새누리당_{오늘날 자유한국당의 전신}은 국회에서 가장 큰 분열을 초래하며 다수당의 지위와 힘을 상실했다. 결과는 매우 놀라웠는데, 선거 기간 동안 여론조사에서는 만장일치로 새누리당의 압도적 승리를 예상했기 때문이었다. 그러나 새누리당은 146석에서 24석이 줄어든 122석을 확보했을 뿐이었다. 야당이었던 중도 진보 더불어민주당은 102석에서 확대된 123석의 의석을 확보하며 제1당이 되었다. 주류 야당에서 분화해 2016년 2월 새롭게 창당한 국민의당은 두 기성 정당의 노선 사이 어딘가에 자리 잡았고, 20석에서 크게 늘어난 38석을 확보했다. 진보주의 정당 정의당은 6석을 확보했는데, 이전 의회보다 1석이 더 늘어난 것이었다. 무소속 후보도 11명 당선되었고, 그중 7명은 박근혜 전 대통령에게 비판적이었던 같은 당 소속이었으나 출마가 거부당한 이들이었다. 두 주류 정당의 우세는 더 작은 정당과 무소속 후보의 도전을 받고 있었으며 이 책의 큰 주제 가운데 하나와 일치한다. 바로 정치에서의 유례없는 일천한 경험은 강한 이점이 된다.

20여 년에 걸친 양당 독점 정치 후에 일어난 2016년 총선에서 한국의 보수 정당은 분열된 야당과 제3정당의 출현에도 불구하고 예기치 못한 참패를 기록했다. 안철수가 창당한 국민의당은 총선의 가장 큰 승리자였다. 안철수가 정확히 어떤 정치적 입장에 섰는지는 분명하지 않다. 그의 성공은 대체로 불만을 드러내기 위한 투표 성향과 성공한 기업가이자 정치적 아웃사이더로서의 이미지에 기인한다.

새누리당은 한국 인구의 거의 절반이 거주하는 수도권과 예전의 지지 기반이었던 영남권의 대구와 부산에서도 일부 패배하였다. 그 결과 새누리당은 농촌과 노년층의 지지를 받는 '과거의 당'으로 전락하는 위험에 처했다.

앞서 언급한 두 차례의 선거는 특히 더 유서 깊은, 이론상으로 민주주의가 더욱 자리를 잡은 사회에 불어닥친 바람과 아주 유사한 점이 있다. 두 주류 정당과 연관되지 않은 아웃사이더의 등장과 관련해서는 자신을 새롭고, 기존과 구별된다고 주장하며 승리한 프랑스의 마크롱 대통령과 비교해 볼 수 있다. 이는 어느 정도 트럼프 대통령에게도 적용된다. 안철수는 2017년 대선에서 이 점을 부각시키기도 했다. 트럼프는 당을 이끄는 주류 공화당원들과 의절한 공화당 후보자였다. 성공한 정당이지만 명확하고 일관된 프로그램을 만들지 못한 당으로는 이탈리아의 오성운동이 있다. 그러나 오성운동은 현재 이탈리아 정부의 집권당이다. 2018년 이탈리아 총선에서 가장 많은 득표를 올린 오성운동은 진보도 보수도 아닌, 그저 '국민'을 대변한다고 했을 뿐이었다. 2016년 한국 총선에서와 마찬가지로 여론조사는 점점 신뢰를 잃어가고 있다. 여론조사는 2016년 영국 브렉시트 국민투표 때도, 2015년과 2017년 영국 총선에서도, 2016년 미국 대선에서도 신뢰성이 떨어진다는 것을 증명했다. 비슷하게 유럽 대부분의 중도 진보 정당들은 주로 노년층 유권자들로부터만 지지를 받는 '과거의 당'이 될 위험에 처해 있다.

아웃사이더가 글로벌 금융위기로부터 강한 영향을 받지 않았던 한국까지 흔들었다는 사실은 다른 많은 요소 또한 존재했음을 나타낸다.

세대 갈등과 지역 불평등, 부분적으로는 기술과 통신 혁명에서 생겨난 일자리 분열 등이 여기에 속한다. 이 밖에도 기숙사 건립 반대 등으로 불거지는 주거권과 정년 연장 등을 둘러싼 일자리 다툼 등이 있다.

이 모든 요소들은 2016년 미국 대선에서 도널드 트럼프가 권력으로 나아가는 데 큰 역할을 했다. 트럼프는 완벽한 아웃사이더로 분한 이 책의 가장 중심 인물 가운데 하나이다. 한국의 안보군사, 경제 등을 통틀어는 일부분 이 변덕스러운 미국 대통령에게 달려 있다. 한국에서 명성을 떨치기 시작한 일부 정치인처럼 트럼프는 자신을 '반정치 인사'이자, 국민을 대변하는 아웃사이더로 묘사했다. 그러나 아웃사이더가 주류에 입성하면 어떤 일이 발생할까? 트럼프는 아웃사이더인 협상가로, 동일한 기술을 미국 대통령으로서도 적용할 수 있다는 가정하에 대통령직을 수행 중인 가장 명확한 사례다. 처음 그는 대북 문제에 있어 강력한 힘을 과시했으나, 현재는 김정은의 요구를 들어주는 외교적 열정으로 뒤바뀌어 있다. 트럼프는 세계 외교 무대에서 전혀 검증받지 않은 인사다. 한국에서도 아웃사이더들은 자신의 경험 부족을 권력 획득의 자질로 전환시켰다.

아웃사이더의 영향은 한국에서나 미국에서 일시적일지도 모른다. 그것은 아무도 알 수 없다. 확실한 것은 그들이 지금 세계적인 영향력을 만들어 내고 있다는 점이다. 그들은 전면적인 변화의 산물이며, 권력을 잡거나 혹은 권력을 획득할 것이라고 위협하면서 갈수록 엄청난 폭발력을 발휘할 것이다. 더욱 동요하고 있는 미국의 국내 정치에서부터 거칠고 예측 불가능한 트럼프의 외교 정책에 이르기까지, 한국에 곧 닥칠 미래 또한 아웃사이더의 반란으로 정의될 것이다.

차 례

일러두기

- 이 책의 영어 번역 대본은 2017년 Atlantic Books에서 출간한 *The Rise of the Outsiders: How Mainstream Politics Lost its Way*의 하드커버본(978-1-78649-201-2)이다.
- 외국 인명 및 지명은 해당 언어를 확인하여 외래어 표기법에 따라 표기하되, 정당명은 한국에서 일반화된 표기를 따랐다. 고유 명칭은 처음 등장할 때에 한하여 해당 언어를 병기하였는데, 원서에서는 영어식 표기를 채택하여 일부 일치하지 않을 수 있다.
- 원서에서 이탤릭체로 강조한 것은 이 책에서는 고딕체로 표기하였다. 원서의 괄호도 이 책에서 동일한 형태로 본문과 같은 크기의 괄호로 적었다. 옮긴이와 편집인의 주석은 해당 언어 병기를 처리한 것과 같이 작은 글씨로 삽입하였으며, 각각 표기를 해 두었다. 언어 병기와 해설을 포함한 위 첨자는 모두 한국어판에 추가로 보충된 것이다.

프롤로그

새로운 패턴이 만들어지고 있다. 이 패턴의 테두리는 매끄럽지 않고, 정돈된 통일성도 없다. 그러나 아웃사이더들은 민주주의 세계의 많은 곳에서 화산처럼 정치적인 폭발을 촉발하고 있다. 그들은 때로는 정치권력 다툼에서 승리하고, 또 다른 경우에는 기성 정치인에 가까웠던 정부의 방향을 바꾸도록 영향력을 행사하면서 역사적 결과물을 만들어 나간다.

아웃사이더들은 다양한 영역에 퍼져 있지만, 모호한 슬로건과 주장이 난무하는 시대의 한가운데에서 그들을 정의하기란 어렵지 않다. 일부는 우파, 또 다른 일부는 좌파에 속해 있겠지만 그들은 모두 전통적인 기성 민주주의 정치의 바깥쪽에서 생겨났다. 대다수는 국회에 입성하지 못했고, 당선된 국회의원조차 정부와 사이가 가깝지 않다. 이것이 바로 그들을 '아웃사이더'로 만드는, 혹은 그들이 '바깥'에서 왔다고 주장할 수 있는 근거다. 비교적 새로운 사실은, 서구의 여러 나라에서 아웃사이더들이 소위 말하는 강력한 자유주의적 민주주의의 물결을 만들어 냈다는 것이다. 이 책에서 우리는 그들의 반란을 탐험하려한다.

이 패턴은 2014년 여름 영국독립당이 유럽의회 선거에서 영국의 정당 가운데 가장 높은 득표율을 차지하면서 명백한 형태를 갖추기 시작했다. 2015년 초, 그리스 총선에서는 시리자Syriza, 급진좌파연합가 승리했다. 이후 2015년 내내 유럽연합 국가에서는 극우파 지지율이 급격히 높아졌는데, 사실 이러한 지지율 상승은 몇 년 전 이미 시작되었다. 스페인과 포르투갈에서도 갑자기 나타난 좌파 정당이 정치 지형을 송두리째 바꿔 놓았으며, 2015년 영국 총선에서 스코틀랜드국민당Scottish National Party, SNP은 스코틀랜드의 모든 의석을 차지하며 한때 우세를 점했던 노동당에 완승을 거두었다. 한편 2015년 영국 노동당 대표 경선에서는 좌파의 반항아 제러미 코빈Jeremy Corbyn이 압도적으로 승리했다. 같은 해 프랑스에서는 마린 르 펜Marine Le Pen의 국민전선이 지방 선거에서 13레지옹 가운데 6곳에서 1위를 차지하며 커다란 승리를 거두었다. 2016년 영국은 당시 총리였던 데이비드 캐머런David Cameron은 물론 모든 전직 총리들과 야당 대표와 오바마 전 미국 대통령의 만류에도 불구하고 유럽연합 탈퇴를 선택했다. 몇 달 후에는 미국 대통령에 도널드 트럼프Donald Trump가 당선되었다. 트럼프는 브렉시트 지지자였으며, 선거기간 내내 브렉시트가 자신이 대선에서 승리한다는 신호라고 주장했다. 유권자들은 전통적인 지도자들에 반기를 들었다.

화산이 폭발하는 것 같은 이 패턴은 기성 정치에 비추어 볼 때, 더욱 견고한 모양을 만들어 낸다. 많은 주요 정당이 정체성 위기를 겪었고, 이것이 부분적으로 아웃사이더의 반란을 설명해 주면서 그들의 영향력을 신장시킨다. 미국의 민주당원들은 2016년 대선에서 그들이 한 때 믿었던 지지자들의 신뢰를 어떻게 잃었는지 받아들이지 못하고 있다. 반면 공화당원들도 트럼프의 대통령 당선을 기뻐해야 하는지 멀리해야 하는지 망설이고 있다. 영국 노동당은 2015년 이후 두 차례의 당 대표 경선을 실시했고, 두 번 모두 코빈을 선출했다. 이는 깊은 불안감에서 비롯된 비정상적인 정치 행위였다. 보수당은 기대하지 않았던 총선 승리 이후 1년 만에 총리를 잃었다. 특이하게도 차기 지도자 선출을 며칠 만에 마쳤는데, 이 또한 노동당과 마찬가지로 깊은 불안감에서 비롯된 행동이었다. 독일에서는 앙겔라 메르켈Angela Merkel이 난민 위기에 관한 접근 방식의 변경을 요구받았다. 이는 메르켈의 신념이 잘못되었기 때문이 아니라 그녀가 속한 독일 기독교민주연합CDU, 기독교민주당이 다가올 선거에 두려움을 느꼈기 때문이다. 2017년 독일 총선에서 메르켈의 기독교민주연합은 득표율과 의석수에서 모두 이전보다 큰 폭의 하락을 겪어야 했다. - 편집인 프랑스의 프랑수아 올랑드François Hollande 전 대통령은 선거 완패에 대한 두려움으로 재선을 시도조차 하지 못했고, 니콜라 사르코지Nicolas Sarkozy 전 대통령 또한 재기에 실패했다. 미국에서는 클린턴이라는 가문도, 정치인으로서의 오랜 경력도 힐러리 클린턴Hillary Clinton을 돕지 못했다. 좌파와 우파를 막론하고 그리스의 기성 정당들은 함께 통치해 온 그들의 목적에 대해 고민하고 있다. 유럽 전역에 걸쳐 많은 연립 정부 파트너들 역시 같은 노이로제에 걸려 있는데, 자신의 모호한 반항적 위치를 놓고 이리저리 초조하게 살피고 있기 때문이다.

매끄럽지 못한 패턴의 경계 역시 중요하다. 민주주의 세계에서 아웃사이더들은 위협적일 만큼 강하지만 동시에 분명히 약하기도 하다. 그들은 권력을 쟁취했고 역사적 변화를 불러일으켰으며, 정권에서 멀어져 있을 때에도 정책에 영향을 미쳤다. 이는 마치 동네의 테니스 초보자가 윔블던이나 US 오픈에서 승리하는 것에 비견될 만한, 정치 초보자들의 예외적인 놀라운 성과다. 그러나 대부분의 경우 아웃사이더들은 무기력하고, 허술하며, 일관성이 없고, 경험도 일천한 데다가 종종 어리석기까지 한데, 이는 정치인으로서 진중하게 여겨지길 바라는 사람들에게는 피해야 할 자질이다. 그들은 대의명분이나 이상을 변덕스럽게 지지하지만 그것을 쌓아 나갈 견고한 기반은 없다. 그들의 목적은 종종 분명하지 않으며, 공개적으로 내부 분열이 드러나기도 한다. 정치인으로서 그들은 강력하면서도 동시에 절망적이다.

아마도 그들의 강한 듯하면서도 약한 애매모호한 위치가 아웃사이더들이 거의 모두를 충격에 빠뜨리며 선거나 중요한 지지를 끌어올리는 데 성공한 이유를 설명해 줄 수 있을 것이다. 유권자와 미디어, 그리고 때로는 아웃사이더들 자신조차 예상하지 못했거나 준비하지 못했던 성공에 대해 말이다. 어떤 면에서 그들은 너무 허술해서, 매번 또 다른 아웃사이더가 갑자기 등장하는 데 사람들은 더욱 놀란다. 한편 또 다른 측면에서는 우리 중 누군가가 아직도 그 사실에 놀란다는 사실이 더욱 충격적이다. 새로운 패턴은 우리 바로 앞에서 만들어지고 있는데 대다수 민주주의 국가에서 많은 유권자는 기성 정치인에게 등 돌리고, '외부'에서 온 이들이 격동적인 변화의 시기에 그들을 구원해 줄 것이란 기대를 갖는다. 어떤 아웃사이더들은 좌파에서, 또 어떤 아웃사이더들은 포퓰리스트 우파 가운데에서 갑자기 등장한다. 그들 중 몇몇은 급격하게 인지도를 높이지만, 치명적인 결함이 노출되면 그만큼 빨리 정치 무대에서 퇴장한다. 가끔 기성 정당과 개인주의적인 자유 진보주의자들은 힘을 합쳐 자신감을 가지고 인상적인 방식으로 선거에서 승리하기도 한다. 미국에서는 도널드 트럼프가 당선되었고, 캐나다에서는 쥐스탱 트뤼도Justin Trudeau가 총리에 올랐다. 오스트리아는 2016년 대선에서 극우파 대통령을 뽑을 뻔했지만, 결국에는 급진적인 녹색 대안을 선택했다.

2017년 3월, 네덜란드의 중도 우파 총리 마르크 뤼터Mark Rutte는 극우파 헤이르트 빌더르스Geert Wilders를 비교적 큰 표 차로 제치고 재선에 성공했다. 그러나 빌더르스의 네덜란드 자유당PVV도 얻은 것이 있었다. 네덜란드의 총선 결과와 그에 대한 반응은 선거 이슈가 어떻게 바뀌었는지 보여 준다. 비록 빌더르스가 희망했던 것만큼은 아니었겠지만, 자유당은 네덜란드 의회에서 두 번째로 많은 의석을 차지했다. 빌더르스는 총선 과정 내내 많은 의제를 선점했다. 때로 뤼터는 극우파 리더에 뒤처지지 않으려고 경쟁하는 것처럼 보이기도 했는데, 그가 투표일에 임박해서 터키와의 외교적 교착 상태에서 보였던 강경한 자세가 그에게 이익을 가져다주었을 수도 있다.

뤼터는 터키의 장관 두 명이 로테르담 집회에서 연설하는 것을 허용하지 않았고, 이는 선거에서 유리한 의견 대립을 불러일으켰다. 터키 장관들은 에르도안 터키 대통령에게 더욱 강력한 권한을 부여하는 국민투표에 대해 연설할 계획이었다. 이 논란은 뤼터에게 외국의 압력에 굴복하길 거부하는 '강력한 지도자'라는 인상을 심어 주는 기회가 되었다. 뤼터는 어느 정도는 승리를 향해 나아가면서, 빌더르스의 포퓰리스트들의 장단에 맞추어 춤을 춘 셈이다.

반대로 진보 쪽의 정치 영역을 살펴보면, 기성 정당인 노동당PvdA 지지율이 무너지는 동안 녹색좌익당GL 지지율은 눈에 띄게 상승했다. 녹색좌익당은 총선과 의회 내에서 가장 강한 인상을 가진 진보 세력으로 자리매김하며 노동당보다 조금 더 많은 의석을 차지했다. 한편 녹색 좌익당이 기성 중도 진보를 뛰어넘는 동안 빌더르스가 설정한 의제에 따라 그의 당이 획득한 의석수를 비롯한 선거 결과에 유럽연합 중심 국가의 지도자들이 안도를 표했다는 것은 격변의 시대에 두려움과 우려가 존재함을 시사한다.

패턴의 존재를 부정할 수는 없다. 아웃사이더들의 상승에 따른 정치 변화는 급격하며, 정치 풍토를 완전히 바꿔 놓는다. 불과 얼마 전까지만 해도 브렉시트는 겉보기에 기이해 보이는 몇몇 인사에 의해서만 제기되었을 뿐, 정치적 의제로는 전혀 상정되지 않았다. 1980년대 후반 마거릿 대처Margaret Thatcher 총리는 유럽연합에 격노했음에도 모든 조약에 서명했다. 영국 총리로서 그는 단 한 번도 영국이 유럽연합을 떠나야 한다고 이야기한 적이 없었다. 1990년대 영국 하원의 보수당 소속 유럽연합 통합 회의론자들은 마스트리히트 조약에 분노했고, 존 메이저John Major 총리의 정치 인생을 독특한 정치적 지옥으로 만들었지만 그럼에도 영국이 유럽연합을 떠나야 한다는 주장은 하지 않았다. 그들은 대신에 유럽연합을 더욱 키우려 했고, 단일 통화에만 참여하지 않기로 했을 뿐이다. 그들은 투트랙을 더욱 공고히 했다. 2010년 보수당 대표로 다시 선출된 데이비드 캐머런은 당을 향해 유럽에 대해서는 그만 이야기하라고 했다. 6년 뒤 그는 영국독립당이 부상하지 않았다면 일어나지 않았을 혁명인 브렉시트로 결론지어진 국민투표를 실시했다. 독일에서는 앙겔라 메르켈이 시리아 난민에 대한 일부 정책 변경을 압박받았는데, 동일한 노선에 섰던 다른 유럽 국가의 지도자들은 극우 정당들이 여론조사 결과와 지방 선거에서 급격한 지지도 상승세를 보이자 같은 문제에 대한 태도를 한순간에 정반대로 전환했다. 미국에서는 트럼프 대통령이 멕시코와의 국경 장벽 설치 문제로 여행 금지를 선언하면서 대통령직을 시청률을 경쟁하는 별난 티브이쇼처럼 수행하고 있다. 이는 그 자체로 혁명과도 같은 행동이다.

산더미 같은 흠결이 있다 하더라도 트럼프 대통령의 당선은 그리 충격적이지 않았어야 했다. 우리는 정치 무대의 한 부분에 빈자리가 열렸음을 그때쯤은 인지했어야 했다. 2016년 11월의 선거 준비 기간 동안 미국과 영국 그리고 여러 나라에서 이미 몇 개월 전에 있었던 브렉시트 국민투표에 대한 많은 논평이 있었다. 그러나 트럼프가 영국 국민투표 후 브렉시트의 승리는 자신이 대통령 당선에 가까워져 가고 있음을 보여 주는 것이라고 주장했을 때, 그의 말은 한낱 과장으로 들렸고, 패자의 소원으로만 보일 뿐이었다. 그러나 트럼프는 정확히 그 흐름을 읽고 미국에서도 논리적인 결과를 기대하고 있었던 것이다.

많은 칼럼니스트들이 두 선거를 형성한 비슷한 요인에 대해 썼다. 유사점들은 정확했다. 미국 대통령 선거는 이미 익숙한 틀림없는 양자 대결이었는데, 그것은 바로 아웃사이더와 엘리트 사이의 대결이었다. 영국 국민투표 또한 누가 봐도 알 수 있는 스스로 아웃사이더라고 주장하는 사람들의 주류insider에 대한 도전이라는 명백한 편가르기였다. 두 나라에서 '뒤처졌다'고 느꼈던 사람들은 '바깥쪽outside'에 있다고 주장하는 사람들에게 의지했는데, 주류와 아웃사이더라는 애매모호한 두 단어가 일부 환상을 더욱 부풀렸다. 미국의 선거 준비 기간이 브렉시트 유세 기간과 매우 비슷했다는 점을 고려할 때, 그 결과는 항상 같을 수밖에 없었다. 아웃사이더의 승리. 그러나 매번 패턴이 확인될 때마다 우리는 다시금 놀란다.

트럼프의 당선은 민주주의 세계의 큰 부분에 걸쳐 형성되고 있는 윤곽에 가장 큰 공헌을 했지만, 그의 승리는 비정통 세력이 성장하는 연장선상의 가장 최근 사건이었을 뿐이다. 미국에서는 민주당 대선 후보 경선에서 버니 샌더스Bernie Sanders가 힐러리 클린턴에게 좌파로부터 기대하지 않았던 두려움을 안겼고, 이 충격은 힐러리를 동요하게 만들어 덜 조심스러운 쪽으로 변화시켰다. 부분적으로 샌더스는 힐러리가 스스로 굴레를 벗어날 수 있도록 했지만, 그녀가 엘리트 집단의 일원이라는 인식으로부터까지 자유롭게 하지는 못했다. 결국 힐러리는 이를 전달하는 데 실패했다. 힐러리의 정책 의제는 많은 중도 좌파들이 제안한 프로그램보다도 급진적이었지만 이를 알아챈 사람은 거의 없었다. 그들은 다른 시대, 즉 2008년 글로벌 금융위기 이전에 만들어진 인물만을 보았을 뿐이다.

유럽에서는 우파에서 등장한 영국독립당이 바로 데이비드 캐머런으로 하여금 브렉시트 국민투표를 실시하도록 설득한 주요 요인이었다. 하원의원이 단 한 명뿐인 영국독립당이 아니었다면, 영국은 아직 유럽연합의 일원으로 남아 있었을 것이다. 캐머런의 보수당은 우파에서 새로이 등장한 정당과 브렉시트 국민투표에 대한 요구를 감당하기 어려웠고, 대응할 필요성을 느꼈다. 떠들썩할 만한 결과가 있었는데, 이는 캐머런이 예상하지 못했던 수준으로 총선에서 승리한 지 불과 1년 만에 총리직에서 사임하는 것을 포함했다. 캐머런은 미리 준비했어야 했다. 이전에 이미 스코틀랜드 독립 투표를 거치며 스코틀랜드국민당이 괄목할 만한 성장을 이루었고, 지금은 스코틀랜드에서 우세한 정치 세력이 되었기 때문이다. 2015년 영국 총선에서 압도적인 승리는 다시금 스코틀랜드의 아웃사이더들이 런던의 거대한 엘리트와 부딪치고 있다는 근거를 제공한다. 최근 프랑스에서는 중도주의자 에마뉘엘 마크롱Emmanuel Macron이 기성 정당의 국회의원을 한 명도 가지지 못한 상태에서 떠오르고 있다. 그리고 당선되었다. 당선 이후 총선에서는 마크롱의 정당, 앙 마르슈가 국민의회의 과반 의석을 획득했다. - 편집인

유럽의 다른 지역을 살펴보면, 오스트리아에서는 극우파 후보자가 대통령 선거에서 파동을 일으켰다. 한때는 극단주의에 경계를 품고 있었던 나라오스트리아가 이제는 극단주의자들을 거의 환호와 함께 맞이한다. 독일에서도 극우파 지지율이 높아지고 있다. 2017년 독일 총선에서 극우파 독일을 위한 대안은 제3당이 되었다. - 편집인 폴란드 국회는 우파 정당들로만 구성되어 있다. 프랑스 대통령 선거의 결선 투표는 대처 정책을 지지하는 후보와 극우파 후보의 대결로 이루어졌다. 우파는 헝가리에서도 겉보기에는 지배를 확고히 하고 있다. 심지어는 한때 활기찬 사회민주주의 모델로 자신감에 넘쳤던 북유럽에서조차 우파 정당들은 주류에 근심을 안기고 있다. 2018년 스웨덴 총선을 보라!

비록 구조의 많은 부분을 차지하기 위해 고군분투하고 있지만, 좌파 아웃사이더 또한 패턴의 일부를 담당한다. 시리자급진좌파연합는 그리스를 통치하며, 좌파연합Bloco de Esquerda은 포르투갈 연립 정부 구성원의 하나다. 토니 블레어Tony Blair가 명백한 중도주의자이자 소극적이며 편의주의적인 지도자였을 때, 영국 노동당 지도자 제러미 코빈은 좌파 내의 반항아였다. 스페인의 카리스마 넘치는 좌파 지도자들은 록스타처럼 묘사되며, 변덕스럽게도 정부에 조금씩 가까이 다가갔다가 다시 더 멀어진다.

한때 강렬했던 주류를 향한 지지는 분열되고 있고, 주류 또한 점점 더 일관성을 잃어 간다. 미국 대통령 선거에서 원로 공화당원들은 트럼프의 출마에 거리를 두었다. 그들의 주장은 아무런 변화도 일으키지 못

했거나, 심지어는 트럼프에게 도움이 되었을지도 모른다. 민주당원은 그들이 가장 존경할 수 있는 인물을 선택했는데, 필적할 수 없는 경험을 행정부의 최고위층에서 쌓은 인물이었다. 그러나 그들에게는 중요했던 신뢰성은 잘못된 선택이었다. 정부에서의 경험은 모든 것이 뒤죽박죽인 새로운 정치 시대에는 약점일 뿐이다.

권력 혹은 내부에서의 경험이 일천한 것이 선거에서 강점이 되는 동안, 정부를 향한 세계화된 경제의 도전은 점점 위협적으로 변했다. 이것이 바로 아웃사이더의 영향력을 강화시키는 기이한 아이러니다. 세계 경제는 숙련된 기술과 경험을 가진 지도자를 요구한다. 그러나 선거에서는 경험이든 뭐든 없는 것이 더 유리하게 작용한다.

종종 아웃사이더들은 이념적인 일관성으로, 심지어 권력을 얻지 못했을 때도 주류가 두려움을 느끼게 하며 주요 정책 결정에 영향을 끼친다. 주류 지도자들은 여론조사에 따라, 지방 선거 결과에 두려움을 느끼며 아웃사이더의 지지자들을 달래려는 시도로 정책을 바꾼다. 아웃사이더들이 총선에서 이길 수도 있다는 위협만으로도 정책과 관련한 영향력을 행사하기에 충분했다. 하지만 아웃사이더들이 권력 밖에서 영향력을 가지고 있는 것보다 더 많은 것을 할 수 있다는 현재까지의 가장 큰 신호는 트럼프다. 그들은 선거에서도 당선될 수 있다. 아웃사이더들은 새로운 주류가 되고 있다.

2011년 3월, 금융위기가 발생하고 채 3년이 되기 전에, 영국 중앙은행 총재 머빈 킹Mervyn King은 솔직하게 말했다. "나는 실제로 드러나는 분노가 그 분노의 실체만큼 크지 않다는 것에 놀랐다 … 일자리를 잃은 사람들은 과도한 금융 영역과 그것이 초래한 금융위기에 아무런 책임이 없다."[1]

킹의 분석은 깊은 통찰력을 보여 주었으나 시기상조였다. 그는 주목할 만한 관찰을 했다. 사회적 불평등에 저항하는 전 세계적인 점거 운동은 반란 시위에 가까웠지만, 유럽과 미국 전역에 걸쳐 금융위기에 직접적으로 관련된 폭동은 없었다. 유권자들의 분노는 폭동 대신 주류에서 벗어난 정당과 후보자를 향한 지지로 나타났다. 금융위기의 피해자 혹은 피해자라고 느끼는 사람들은 분노를 훨씬 더 효율적으로 표출할 수 있는 방법을 찾아냈다. 그들은 좌파나 우파를 가리지 않고 아웃사이더에게 투표함으로써 권력과 영향력을 부여했다. 만약 미국에서 폭동이 일어났다면 정책에 그렇게 큰 영향을 발휘하지는 못했을 것이다. 대신 성난 군중은 그들을 대변한다고 주장하는 대통령을 뽑았고, 영국에서는 브렉시트에 한 표를 던졌다. 이는 어마어마한 비율의 항변이다. 비록 어떤 면에서는 적어도 폭동에 견줄 만한 큰 위협을 민주주의 정치에 가했음에도 이 모든 것은 민주주의 혁명이었다.

아웃사이더들은 기원도 열망도 다양하다. 극우와 극좌를 막론하고 몇몇은 민족주의 포퓰리스트로 전환하며, 이는 공공연한 인종차별주의로 쉽게 빠질 수 있다. 대중에게는 대부분 미묘한 형태로 투영되는데, 의도적으로 더 폭넓은 지지를 획득하기 위해 열성적인 애국자인 양 주장하기 때문이다. 진보 쪽 인사들은 지속적인 세계화 혁명에 대한 반대급부로 경제 혁명의 필요성에 초점을 맞춘다. 보수 쪽 인사들은 이민과 안전 문제를 강조한다. 색깔이 겹치는 부분은 물론 공통된 영역도 있다. 보수와 진보의 아웃사이더 모두, 다른 방식으로 국가에 대한 믿음을 공유하며, 세계 경제의 결과로부터 지지자들을 보호하겠다고 맹세한다. 자본 지출을 크게 늘리겠다는 트럼프의 의욕은, 작은 주 워싱턴의 공화당원보다 샌더스와 더 비슷하다. 때로 마린 르 펜은 1970년대와 1980년대 초반까지 노동당을 진보로 나아가도록 만든 마음을 사로잡던 연설가인 토니 벤Tony Benn의 후기 모습에 더 가깝다. 프랑스 대통령 선거에서 르 펜은 우파의 대처 정책 지지자와 대결하는 우파 국가주의자였다.

아웃사이더들의 등장 뒤에 있는 일부 요소는 명백하다. 세계화로 인한 무기력함과 거대한 변화를 동반한 국가 정체성 상실은 그들이 성장한 배경을 형성해 주었다. 2008년의 글로벌 금융위기와 불평등의 확산, 이민 문제와 형체가 없는 새로운 일자리 패턴은 세계화의 폭풍과도 같은 결과였고, 이는 아웃사이더가 출마했던 선거에서의 돌파구를 설명해 준다.

동시에 연관성은 있지만 뚜렷이 다른 기술 혁명이 일어났다. 기술 혁명은 급증하고 있는 것은 아니나 빠르게 변화하고 있으며, 여러 영역에서 비교적 안정되었던 것들이 급격히 불안정하게 전환하고 있다. 소통 방식은 거의 매일 바뀌고 있고, 곧 무인자동차가 등장할 것이며, 그와 함께 로봇 기계와 소프트웨어는 분명 누군가의 평생직장을 대신할 것이다. 동네 커피숍은 한때 어딘가의 직원이었지만 지금은 무너진 일자리 세계의 일원이 된 사람으로 가득하다. 그래도 그들은 행운아다. 많은 곳에는 노트북을 손에 들고 망설이며 대안으로 일하려 할 커피숍조차 없다. 형태도 없는 허무함 속에서 간단하고 단순화된 메시지만이 울려 퍼질 수 있다.

덜 분명한 것은 왜 한때 번성했던 기성 정당들이 변화에 적응하는 데 애먹으며, 아웃사이더들이 믿을 수 없는 것들을 믿을 만하도록 보일 수 있게 만들 여지를 주었느냐 하는 것이다. 그들의 나라를 다시 위대하게 만들겠다는 아웃사이더들의 메시지는도널드 트럼프의 대선 구호는 '미국을 다시 위대하게(Make America Great Again)'였다. - 편집인 그들을 선거에서 승리로 이끌기엔 부족했다. 그들의 정치적인 적상대편이 아웃사이더들에게 기회를 이용하도록 여지를 준 것이었다.

이 책의 목적은 다음과 같은 질문에 대한 답을 찾는 것이다. 보수와 진보의 주류 정당은 왜 아웃사이더들이 번성하도록 내버려 두었는가? 왜 그들은 동일한 혹은 바깥 계층에서 온 포퓰리스트에게 별다른 저항을 하지 않았는가? 미국의 유권자들이 왜 트럼프와 같은 티브이 스타를 지지하는지 혹은 적어도 대통령으로 선출되기 충분할 만큼의 지지를 보내는지에 대한 당연한 이유란 없다. '뒤처졌다'고 느끼는 유권자에겐 부자 감세를 약속하는 백만장자를 지지하지 않을 이유가 더 많을 뿐이다. 이는 아웃사이더들이 변화의 메아리를 울리는 다른 나라에도 적용된다. 브렉시트는 불가피하지 않았으며, 브렉시트에 투표한 사람 가운데 일부는 영국이 유럽연합을 떠나는 과정에서 희생자가 될 위험도 있다. 오스트리아 극우파 대통령 후보 노르베르트 호퍼Norbert Hofer가 선거전에서 보인 굉장한 성과는 후보 유세의 따분함과는 어울리지 않았다. 호퍼는 1차 투표에서는 1위, 결선 투표에서는 0.6%의 박빙으로 낙선했다. - 편집인 이탈리아에서는 전직 코미디언 출신 베페 그릴로Beppe Grillo와 그가 이끄는 오성운동의 정책을 파악하기는 어려웠지만, 그는 반정치 후보였고 잠재적인 지도자와는 다른 부류였기에 구체적인 정책이 필요하지 않았다. 그러나 그의 주장이 명백한 호소력을 띠는 동안, 일부 지지자는 이탈리아가 그리스와 같이 유로존의 구성원 자격은 유지하면서도 자율적인 경제 정책을 요구한다는 일관성 있는 정책 프로그램에 의지할 것이다. 독일에서는 우파인 독일을 위한 대안AfD이 한층 부드러운 톤으로 더 넓은 지지를 꾀하는데, 난민을 향한 충격과 같은 어떤 부분에서는 그 지도력을 입증한 것처럼 보인다. 거대한 정치적 움직임은 없지만 그럼에도 그들의 영향력은 커지고 있다.

그렇다면 왜 기성 정당은 강화되지 않고 약해지고 있으며 그들의 대표자는 그들 혹은 그들이 되어야 하는 것만큼 강하지 못할까? 오래지 않은 과거에 공화당 대통령이었던 조지 H. W. 부시George H. W. Bush의 권력에 대한 대체적으로 실용적인 접근은 트럼프와는 너무나도 차이를 보여 두 사람은 다른 행성에서 왔다고 이야기할 수 있을 정도다. 1980년대 영국 보수당은 압도적인 승리를 거두었다. 1990년대 후반 노동당도 마찬가지였는데, 이때는 사회민주당원들이 독일과 유럽연합 대부분에 걸쳐 지배적으로 권력을 행사했다. 오늘날 사회민주당원들은 유럽 대부분의 지역에서 정체성과 목표의 위기에 봉착해 있으며, 주류 중도 보수 정당들은 초조하게 어깨 너머로 그들보다 더 우파인 세력을 주시하고 있다.

기성 정당의 설명하기 어려운 쇠퇴와 깊은 (때로 잠재적으로는 치명적인) 정체성 위기에 대한 해결책을 찾기 위해, 예전에는 오랫동안 민주주의가 발전하면서 번성하다가 이제는 갈피를 잡지 못하고 쇠망한 기성 정당이 존재하는 나라에 주로 초점을 맞출 것이다. 정치는 점차 악몽과 같이 복잡해지고 있으며, 결코 쉽지 않다. 정부와 대립하면서 선거에서 승리하길 바라는 것도 정당들이 분열하고 일관성을 상실하면서 마찬가지로 어려워지고 있다. 대립되는 위치에서 권력을 추구하는 것도 1990년대 중반이 지금보다 더 쉬웠다. 세계화는 권력을 잡고 있는 자와 잡으려는 자 모두에게 많은 새로운 딜레마를 던져 주었다. 제한된 권력을 추구하는 대신 유권자와 대부분의 언론은 더 쉬운 선택을 하고 마는데 그것은 바로 민주적 절차로 선출된 이들을 경멸 어린 시선으로 바라보는 것이다. 이 책은 부분적으로는 정치를 다루며, 또한 소명 의식이 어떻게 의도적으로 오해받는지 확인한다. 만약 민주주의가 위험에 빠졌다면 그것은 우리 모두의 책임이다.

클린턴이나 메르켈, 블레어나 캐머런의 마음속으로 들어가 보자. 그들의 내동댕이처진 희망과 빠르게 현실화되는 두려움, 무엇이 가능하고 불가능한지 판단하는 감각과 뒤떨어진 가정, 몇몇 경우에 보이는 얕은 철학 등 그들이 세상을 어떻게 바라보는지 이해하려고 노력할 때, 정치는 우리에게 더욱 생생하게 다가온다. 이런 점들은 우리로 하여금 그들이 모두 무능하고 어리석으며, 미쳤거나 범죄자라고 규탄하기 힘들게 만든다. 비록 그런 비난이 유행하고 있지만 말이다.

나는 정치를 다루는 라이브 원맨쇼를 진행하고 있다. 쇼의 후반부에 나는 시청자에게 어떤 특정한 지도자가 되어 그의 마음속에 들어가 그의 시선으로 세상을 바라보라고 한다. 그다음에는 지도자가 직면한 딜레마를 제시해 준다. 순식간에 이 저녁 시간은 우리가 정치인의 비극적 모순을 비웃거나 그들에게 화내는 것에서, 그들 중 한 사람이 되는 것은 어떤지 그리고 그들의 행동을 생각할 때 직면하게 될 위험을 탐구하는 순간으로 바뀐다. 칼럼니스트는 지도자들에게 이것저것을 설득하고, 그들이 충고를 따르지 않을 만큼 어리석게 행동할 때 그 의아함을 표현하기도 한다. 그러나 그들의 시각에서 그들은 하는 행동마다 따라오는 위험성을 고려할 것이다. 저널리스트는 그들이 행동하고 나아갈 수 있도록 충고하는 칼럼을 기고한다. 지도자들에게는 언제나 결과가 따라온다.

블레어의 선임 고문 가운데 한 명이 이야기한 적 있다. "총리는 매일 자신의 목을 벨지 아니면 손목을 자를지에 버금가는 결정을 내려야 합니다." 쉬운 해답이나 딜레마를 해결할 수 있는 명쾌한 노선은 거의 존재하지 않는다. 이때는 1990년대 후반으로, 블레어가 여론조사에서 혼돈에 처한 야당을 20% 이상 앞설 때였다.

그러나 주류 정치인의 고뇌에 감정이입하는 데도 한계가 있다. 그들은 비난받을 만도 하다. 수십 년 동안 진보 쪽 기성 정치인은 지나치게 자신감을 상실하여, 여전히 대처와 레이건 그리고 가벼운 규제 속의 1980년대에 적응하고 있는 것처럼 행동했다. 반대로 보수 쪽 기성 정치인은 특히 미국과 영국에서, 유권자가 정부에 더 많은 것을 요구할 때조차도 여전히 1980년대인 양 지나치게 이념적이면서도 단호히 작은 정부를 표방했다. 두 경우 모두 국가의 역할과 목적에 대한 명확성을 결여한 결과를 낳았다. 진보 쪽 기성 정치인은 사회보장을 위한 국가의 역할 확대를 주장하는 데 너무 망설였고, 보수 쪽 기성 정치인은 이념적으로 그것을 거부했다. 아웃사이더는 이를테면 심지어 손잡이가 더 이상 존재하지 않는다고 할지라도 수천 개의 손잡이를 당기겠다고 맹세하면서 그 공백을 메꾸었다. 그들은 국가주의자로 때로는 환상에 빠져 있지만, 기성 정당들이 그들에게 그렇게 할 수 있는 기회를 주었기 때문에 그것을 모면할 수 있었다.

기성 정치의 실패와 우리 민주 정치의 소명에 대한 이해, 혹은 이해에 대한 망설임이 모두 합쳐져 위기가 고조된 시대를 만들었다. 이것은 아웃사이더들이 민주주의 세계에서 반드시 권력을 장악하겠다고 마음먹었기 때문이 아니다. 위험은 선거전의 프레이밍에 있다. 선거는 급격히 아웃사이더로 불리는 이들과 선출된 기성 정치인의 대결로 인지되고 있다. 이런 결과는 선출된 기성 정치인을 점차 범죄자가 된다고 인식하도록 만든다. 이런 대결 구도는 순수한 기성 정치권 밖에 있는 아직 선출되지 않은 아웃사이더와 비교해 워싱턴, 런던, 파리, 베를린, 빈을 비롯해 그 밖의 다른 곳에서 선출된 주류 정치인은 고상하게 보호받고 있으며 유권자에게는 무심하다는 전제 속에서 작용한다. 민주주의 정치에 이보다 큰 해악은 없다. 우리가 선출한 이들은 유권자에게 거의 무관심하다고 할 수 있을 정도로 유권자들과 단절되며 거만하다.

이런 역학구조는 사실이 아니다. 현실에서 권력자 가운데 새로운 세계 질서를 이해하기 충분할 만큼 권력에 가깝거나 안정적인 사람은 존재하지 않는다. 그들은 민주주의 국가가 오래된 권력의 손잡이를 더는 이용할 수 없을 때, 어떻게 민주주의 국가를 번영하게 할 수 있을지 중대한 질문을 던지기에는 너무 약하다. 환자와 노약자에 대한 돌봄 수요는 급격히 증가하는데 예산은 어떻게 부담할 것인가? 급여는 낮고 일하는 시간은 훨씬 많은 노동자들이 대기하고 있는 국가와 경쟁할 수 있는 방법은? 한 나라가 감당할 수 없는 세계적인 현상인 기후 변화에는 어떻게 대처할 것인가? 현대 교통 시스템의 지불 체계는? 자살 폭탄 테러리스트의 위협은 어떻게 막을 수 있나?

더불어 선거, 여론조사, 미디어, 법률 그리고 정당 내부 노선 다툼의 조정 어려움 같은 것은 선출된 권력이 부서지기 쉬운 일시적인 것임을 의미한다. 민주주의 사회에서 대부분의 지도자와 정부는 불안정한 통치를 하는데, 이는 유권자에게 너무 많은 주의를 기울이기 때문이기도 하다. 그러나 유권자들은 민주적으로 선출된 이들조차 현실을 모르는, 도도하며 오만한 엘리트라고 간주한다. 그 반대가 진실에 더 가깝다. 어떻게 거짓말로 선거 정치에서 다시 이길 수 있겠는가? 어떻게 선출된 기성 정치인이 그 빛이 가짜일 때, 그들 스스로를 치명적인 빛 속에 보이도록 내버려 두겠는가?

　이러한 질문에 답을 구하는 동안, 어디에서나 보이는 문구로 되돌아가게 된다. ‘뒤처진 사람들left behind’, ‘재집권해야 할’ 필요성, ‘자유주의의 종말’, ‘중도 진영center ground에서의 선거 승리’ 등등. 어디에나 존재하는 모호함이 바로 선명성을 결여시킨다. 무엇으로부터 뒤처졌다는 것인가? 어떤 기관이나 개인이 재집권해야 하며, 어떤 형태여야 하는가? 자유주의에 대해 이야기하면, 이 애매모호한 신념을 몇 년 동안 연구해 왔으며, 쉽게 읽을 수 있는《자유주의: 신념의 역사Liberalism: The Life of an Idea》를 집필한 에드먼드 포셋Edmund Fawcett이 2016년 말 BBC에 출연해 다음과 같은 정의를 시도한 바 있다.

　하나의 이상으로서 추상적으로 들릴 수 있다는 위험을 무릅쓰고, 요약하면 그것은 사람들의 삶을 개선하기 위한 것입니다. 사람들과 그 조직들을 동일한 존중 아래 대하는 것입니다 … 또한 과도한 권력으로부터 보호하기 위한 것이기도 합니다 … 그것이 국가 권력이든, 재력이든 혹은 주류 대중의 권력이든 말입니다. 자유주의도 사회에 대한 그림을 그립니다 … 그들은 도덕과 물질의 충돌이 불가피하다고 생각합니다 … 자유주의자들은 논쟁과 실험과 대화를 거치며, 그들이 할 수 있다면 갈등마저 포함하며 세상을 더욱 풍요롭게 만들길 소망합니다.[2]

　이 모호한 단어를 설명할 수 있는 인상적인 시도는 더 이상 없을 테지만, 여기에도 많은 빈틈이 있다. 자유주의가 지도자들 혹은 그 지지자들에게 어떻게 건강보험을 운영할지 혹은 실패하고 있는 것처럼 보이는 시장에 어떻게 개입해야 할지에 대한 결정을 내리는 데 준거가 될 수 있을까? 단일 통화를 쓰는 국가에서 선출직도 아닌 중앙은행장이 전에는 시행하지 않았던 예산 삭감을 요구할 때, 긴축을 반대하는 유권자들과 어떻게 조화시킬 수 있을까? 시대의 종말을 그린 드라마로서 '자유주의의 종언'에 관한 여러 추측이 있어 왔지만, '자유'라는 단어는 너무나도 많은 의미를 가지고 있기 때문에 이제는 거의 무의미한 것과 다름없어졌다. 무의미한 단어로 한 시대의 종말을 정의할 수 있을까? 보수, 적어도 주류 보수에서는 대부분의 지도자가 스스로를 자유주의자라고 여긴다. 데이비드 캐머런은 자신을 토리당 자유주의자로 묘사했다. 진보에서는 국가 부담으로 적절한 사회보장을 제공해야 한다고 믿으며 완벽한 평등을 믿는 사회민주주의자들이 자신들을 자유주의자라고 정의한다. 진보 진영에는 다른 자유주의자들도 있다. 국가의 역할이 확대되는 것을 경계하는 사람들로, 오늘날을 '개방'과 '폐쇄' 사이의 거대한 분단 시대라고 여기며 자유무역과 국제기관을 지지하는 이들이다. 자유라는 단어는 변화무쌍하다.

영국 일간지 《인디펜던트 *The Independent*》는 스스로를 '자유주의자'라고 선언했다. 《인디펜던트》는 확실히 편향되지 않은, 특히 초기에는 시끄럽기만 하고 주로 보수주의만을 지지하는 다른 영국 신문들의 권위 있는 대안이었다. 발행부수 역시 많았다. 그러나 '자유'라는 단어로 일관된 정체성을 유지하기에는 부족했다. 마지막에 가서는 하루는 진보였다가 다음 날엔 보수였다가, 심지어 어떤 날에는 하루에 양쪽을 오가기도 했다. 경제적 자원의 부족함보다는 자체적인 모순과 신뢰성의 중대한 결여로, 종이신문 《인디펜던트》는 폐간되었다. 독자들은 이해하는 데 어려움을 겪었다. 같은 문제로 자유민주당원들도 고민에 빠졌다. 자유민주당은 2010년 보수당과의 연립 정부 구성 문제를 선택해야 했다. 그들은 선거에서 스스로를 진보 진영의 새로운 노동당이라 주장했지만, 일부 지도자들은 데이비드 캐머런의 사회적 혹은 경제적 자유주의에 더 가깝다고 느꼈다. 당시에는 그렇게 행동하는 것처럼 느껴지기도 했다.

'자유주의'를 대변하는 이질적인 사람들로 이루어진 그룹을 이어주는 공통된 주제가 있다. 국제주의, 관용, 열린 마음과 여러 가지 형태의 자유에 대한 모호하게 정의된 지지 같은 것들이다. 이것은 전면적인 변화가 일어나는 때의 정치 운동을 지속하는 데는 충분치 못하다. 오늘날 '자유'는 무엇을 뜻하는가? 이는 전 세계에 걸쳐 기성 정당들이, 심지어는 그 정당명에 '자유'가 들어가 있다고 하더라도 정확한 대답을 회피하는 질문이다.

선명성의 결여는 민주주의 정치에서 장점이 될 수도 있다. 다른 성향의 유권자들이 전혀 다른 속성으로 인식한다는 전제하에서 정당의 지지기반을 넓힐 수 있기 때문이다. 그러나 이것이 우리가 선출한 대표자를 얼마나 급격히 혐오하고 불신하는지에 대한 깊고 충격적인 질문과 어느 정도 관련이 있을까?

세계화 시대에 권력의 속성에 관한 답을 찾기 위해 많은 연구가 이루어진다. 누가, 어떤 형태로 통치하는가? 이 질문에 대한 대답이 변화가 분출하는 시대에 주류 기성 정치인이 유권자를 안심시키고 고무하는 데 실패한 일의 본질에 도달할 수 있는 시작점이다.

만약 "누가 통치하는가?" 하는 질문에 답이 분명하지 않다면, 명확하게 답하는 데 문제가 없는 것처럼 보이는 사람이 반드시 좋은 기회를 획득할 것이다. "내가 통치할 것이다"는 트럼프 메시지의 핵심이었고, 대부분의 아웃사이더들이 주장하는 요지였다. 이런 주장의 간명함은 힘이 넘치지만 국가 간에 장벽을 세우는 등의 어리석은 선언으로 이어진다. 권력 행사는 더 복잡하다. 어떤 이들은 무기력함을 실제보다 과장한다고 할 수 있을 정도로, 기성 정치인들은 그들이 직면한 제약을 절실히 깨닫는다. 그들의 가정과 우리가 그들에 대해 가지고 있는 가정은 아웃사이더의 약진을 설명하는 데 도움을 준다. 아웃사이더들의 정치적 탁월성으로는 그들의 성장을 설명할 수 없다. 대부분의 아웃사이더는 정치적으로 탁월하지 않기 때문이다.

그러나 바로 이 점이 새로운 (혹은 다소 새로운) 정치 세력이 적어도 정책에 영향을 주며 어떤 경우에는 국가 권력을 차지하는 현상을 이해하기 위해 우리가 시작해야 할 지점이다. 주류와 아웃사이더의 대결은 순진한 게임처럼 들린다. 이런 대립 구도는 너무 많이 사용되어 힘을 잃었다. 그러면서도 이 게임은 치명적으로 심각하다. 유권자들이 선출된 더 전통적인 정치인을 무분별하게 경멸의 시선으로 바라볼 때, 선출된 정치인만이 취약한 기반에 서는 것이 아니다. 민주주의 역시 위협받는다.

제1장

보수주의자 아웃사이더가 등장하다

세계화는 기술과 교통 혁명의 결과였지 정부 정책이 아니었다. 어떤 정당의 지도자도 선명하게 "우리는 세계화를 도입할 것입니다"라고 말할 수 없었다. 세계화는 의지와는 별개로 그냥 벌어지고 있는 일일 뿐이지만, 정치적 영향은 피할 수 없을 만큼 거대하다. 정부와 예비 정치 지도자에게 닥치는 도전은 격동적인 변화에서 일어나는 수많은 골치 아픈 질문에 직면하는 것이다.

평생직장이라고 생각했던 곳인데 앞으로는 평생 일하기 힘들고, 저렴한 수입품과 경쟁하느라 고군분투한 끝에 제철소는 과연 폐쇄될까? 이미 바뀌어 가는, 예전에는 익숙했던 정년이나 기타 등등의 보장이 거의 되지 않는 일자리 시장을 이민자들이 일그러뜨릴까? 주택 시장은 유권자나 그의 자녀가 어떤 지역에서 집을 사는 것, 아니 심지어는 빌리는 것조차 불가능하게 될까? 의료 공급은 수요를 따라가지 못하는데, 아프거나 늙는 것은 괜찮을까? 기계는 전통적으로 오랫동안

보장된 일자리를 가지고 있던 사람들을 쓸모없는 존재로 만들까? 이 혼란은 미국의 러스트벨트뿐 아니라 다른 나라의 비슷한 환경에 살고 있는 많은 유권자의 불안감을 부채질한다. 정치인들은 어떻게 이런 복잡한 질문에 안심할 수 있는 솔직한 대답을 내놓을까? 보수 아웃사이더는 정답을 가지고 있는 것처럼 보인다.

어떤 면에서 그들은 정답을 가지고 있다. 자신감을 잃은 기성 진보 세력과 작은 정부를 지향하는 기성 보수 세력에 비하면 그들은 국가주의자다. 그들은 기꺼이 시장에 개입하거나 최소한 그렇게 하겠다고 약속한다. 이민도 관리할 것이다. 산업은 저렴한 수입품으로부터 보호할 것이다. 범죄와 안전 문제를 엄격하게 다룰 것이다. 그들의 민족주의는 정부에 대한 신념을 거의 진보 쪽으로 나아가게 하는데, 이 점이 바로 애매한 자유주의에 대한 믿음의 인도를 받는 주류 정치인들이 국가의 역할에 혼란을 느끼는 지점이다. 보수 쪽 아웃사이더들은 '국가'보다는 민족국가에 대해 이야기하기를 선호한다. 이는 반향을 불러일으키는 정부에 매우 활발하게 참여하겠다는 약속이기도 하다.

이상적인 주장은 알아차리기에 충분할 만큼 특이한 대중적인 인물의 변덕스러운 카리스마와 조화를 이룬다. 심지어 사람들의 주목이 그 인물의 예측 불가능한 기행에서 비롯되는 경우에도 말이다. 어떤 유권자들은 괴짜를 좋아한다. 정통 기성 정치인의 신중하고 한정적인 '정상'성과 두드러진 차이를 보이기 때문이다. 그 인물의 구체적인 실제는 상관없어지고, 자동적으로 인식한 일반적인 면과 다르다는 점만이 부각된다.

2016년 오스트리아 대통령 선거의 극우파 후보였던 노르베르트 호퍼는 패러글라이딩 사고로 장애를 얻은 인물이었다. 날씬하고 젊지만 종종 지팡이를 짚고 걷는다. 호퍼는 첫 대통령 선거에서 장애인이라는 이유만으로 여러 차례 거부되었던 경험에서 깊은 상처를 입었다고 말했다. 그는 "그들은 반복해서 내가 불구라고 모욕했어요"라고 이야기했다. "그러나 나는 말할 수 있습니다. 그들이 나를 더 억누르려 할 때마다 나는 더 강해진다고."[1] 그의 약점은 유권자의 어려움을 함께 극복하는 지도자라는 인간미를 부각시켜 우파 아웃사이더로서의 매력에 중요한 요소가 되었다. 호퍼는 당내 장애인 담당 대변인이었다. 동시에 그는 열광적인 권총 팬으로 글록 권총을 지니고 다니면서 수수께끼 같은 남성다움을 과시했다.

네덜란드 자유당 설립자 헤이르트 빌더르스는 텔레비전에 더 잘 어울리는 지도자로, 놀리는 혹은 경외하는 의미에서 '금발의 폭탄'으로 알려져 있으나 사실 그의 고급스러워 보이는 머리색은 회색에 더 가깝다. 독일을 위한 대안AfD의 의장 프라우케 페트리Frauke Petry 역시 픽시pixie 헤어스타일에 탄탄한 몸을 지녀 텔레비전에 잘 맞는다. 레딩 대학교에서 공부해 영어에 유창하고, 인내심을 갖추었으며, 공격적인 인터뷰에도 품위 있게 대응한다. 페트리는 타고난 웅변가는 아니다. 그녀의 연설은 미사여구와 기술관료적 관점으로 지루한 면이 있다. 페트리는 평범한 사람들의 삶보다 경제학에 대해 이야기할 때 더 편안해 보인다. 그러나 극우파 지도자를 희화화한 모습의 표준이 지나치게 통제되지 않는 모습의 도널드 트럼프라면 페트리는 그로부터 벗어나 있는 인물이라는 면에서 두드러진다.

트럼프는 자신의 예측 불가능한 고집불통 카리스마를 기반으로 출마했다. 2016년 새해가 시작할 때, 트럼프는 도발적인 과장된 동작 속에 "기쁜 마음으로 분노의 역할을 받아들이겠다"고 선언했다.[2] 분노는 트럼프와 그의 지지자를 이끄는 원동력이었다. 유권자들은 분노로 가득 차 있었고, 트럼프는 그들을 대신해 똑같이 분노하고 있었다. 대통령 선거 유세가 시작되자 《뉴욕타임스》는 트럼프 지지자들의 분노는 "직업 정치인, 불법 이민자, 테러리스트와 복지 혜택을 누리고 있는 사람들을 향한다"[3]는 것을 알아차렸다. 커다란 분노였고 대상도 다양했다. 오직 트럼프만이 홀로 그들을 지켜 내겠다고 약속했다. 트럼프는 미국을 다시 위대하게 만들 수 있는 강력한 비즈니스 지도자였다. 결정적으로 트럼프는 국가의 화신이었다. 그는 국가 부담으로 적절한 사회보장을 제공하겠다는 식의 진보 쪽 주장을 전혀 하지 않았다. 대신 그는 자신의 자애로운 영향력에 관한 주장을 만들어 냈다. 다음은 2016년 여름, 트럼프가 공화당 대선 후보로 확정되기 직전 연설로, 2015년 6월 16일의 출마 선언 이후 거의 비슷한 형태의 연설이 이어졌다.

트럼프: 미국은 위기에 처했습니다. 미국은 더 이상 승리하지 못하고 있습니다. 미국은 항상 승리해 왔습니다만, 이제는 아닙니다. 미국이 무역에서 중국에게 마지막 승리를 거둔 것이 언제입니까? 중국은 미국을 죽일 겁니다. 나는 중국을 언제나 이깁니다. 언제나!

(박수)

청중들: 우리에게는 트럼프가 필요합니다. 우리는 트럼프를 원합니다!

트럼프: 어떤 것이든 우리가 일본을 이겼던 적이 언제입니까? 일본이 차를 수백만 대 보내는 동안 우리는 무엇을 합니까? 도쿄에서 마지막으로 쉐보레를 본 것이 언제입니까? 그건 존재하지 않아요, 여러분. 그들은 언제나 우리를 이깁니다.

국경에서 우리가 멕시코에게 승리한 적이 언제입니까? 그들이 우리와 우리의 어리석음을 비웃고 있습니다. 그리고 이제는 경제적으로도 우리를 이기고 있어요. 그들은 친구가 아닙니다, 날 믿으세요. 그들은 경제적으로 우리를 죽이고 있습니다. 미국은 점점 다른 모든 사람들의 문제가 쌓이는 쓰레기장이 되어 가고 있어요.

나는 장벽을 세울 거고, 누구도 나보다 장벽을 더 잘 세울 수는 없어요. 나를 믿으세요. 나는 아주 싸게, 아주 거대하고 거대한 장벽을 남쪽 국경에 세울 겁니다. 그리고 나는 멕시코가 그 장벽에 비용을 지불하도록 할 겁니다.

청중들 : 맞습니다!

트럼프 : 내 말을 명심하세요!

　　　(박수)

트럼프 : 누구도 도널드 트럼프보다 IS를 냉정하게 다루지 못할 겁니다. 누구도요.

　　　(박수)

트럼프 : 나는 우리 군대 안에서 찾을 겁니다. 패튼 장군을 찾을 거고, 맥아더 장군을 찾을 거고, 적임자를 찾을 겁니다. 나는 군대를 성공적으로 이끌 인물을 찾을 겁니다. 그 누구도, 그 누구도 우리에게 이래라 저래라 하지 못할 겁니다.

청중들 : 옳소!

　　　(박수)

트럼프 : 이란이 핵무기를 얻지 못하도록 할 겁니다. 그리고 협상이라는 개념조차 없는 케리 국무장관 같은 사람을 임명하지 않을 겁니다. 케리는 끔찍하게 실소를 금할 수 없는 거래를 하고, 적들이 지금도 무기를 만들고 있는데 도청이나 당하고는, 72세에 자전거 경주에 나갔다 넘어져서 다리나 다쳤죠. 나는 그렇게 하지 않아요. 나는 절대

로 자전거 경주에 나가지 않겠다고 약속할 수 있습니다. 확실히 선
언할 수 있어요.

〔박수〕

트럼프: 나는 즉시 오바마 대통령의 불법 이민 행정 명령을 종식시킬 겁니
다. 지금 바로요.

사람들은 전사戰士 트럼프를 응원했다. 마치 엄청난 군중이 모여
셰익스피어의 〈코리올레이너스Coriolanus〉를 환호하며 맞이하는 것 같
았다. 행복에 도취된 사람들은 트럼프를 코리올레이너스처럼 그들을
구원해 줄 고독한 장군으로 보았다. 트럼프가 마술 지팡이를 휘두르면
멕시코를 통한 불법 이민은 더 이상 없을 것이다. 그는 노동력의 이동
이 불가능하도록 장벽을 세울 것이다. 선거 유세의 후반에 트럼프는 무
슬림의 미국 입국 금지를 제안했는데, 멕시코인의 입국을 막기 위한 정
책보다 더욱 극단적이었다. 트럼프는 혼자서 IS를 패퇴시킬지도 모른
다. 이란의 핵 개발 계획을 통제할 것이다. 뉴햄프셔 승리 이후 트럼프
는 모호함에 도취되어 "어느 누구도 더 이상 이 나라를 함부로 할 수 없
습니다"[4]라고 선언했다. 트럼프 자신이 대통령이 되었을 때, 누구도 그
를 함부로 대해서는 안 된다는 뜻이었다.

열렬한 지지자들은 "우리는 우리를 대신해 행동해 줄 정부를 원합
니다"라고 응답하지 않는다. 이는 오늘날의 아주 열렬한 슬로건 가운
데 하나가 아니다. 그들이 찾는 것은 바로 "우리는 트럼프를 원해요"라
는 선언이다. 트럼프 지지자들은 자유무역의 냉혹한 결과에서 그들을
보호해 줄 수 있는 인물을 선출하고 싶어 했다. 그들은 투자를 원했고,
테러리스트의 위협으로부터 보호받길 원했고, 안정된 직장을 원했다.

그들은 트럼프를 원했다. 그들은 티브이 스타의 카리스마적인 국가의 역할에 대한 메시지에 무릎을 꿇었다.

그러나 트럼프는 이런 거대한 계획을 어떻게 달성할 것인지 거의 혹은 전혀 설명하지 않았다. 카리스마 정치는 한계가 있다. 아웃사이더들은 목적을 어떻게 이룰 수 있을지에 대한 명확한 로드맵은 없이 목표를 선언하기만 했다. 대부분의 아웃사이더들은 카리스마가 그 자체로 구체화된 목적을 전달한다는 가정에만 기대고 있을 뿐이다.

그럼에도 불구하고 시끄러운 미디어 환경 속에서 아웃사이더들은 거들먹거리며 민족국가를 대신해 그들이 성취해 낼 수 있는 것에 대한 자신감으로 우뚝 서 있다. 수많은 정당이 연합과 분열을 거듭하는 시기에는 눈에 띄는 것 자체가 일종의 선거 전략이 된다. 주목받기 위한 경쟁이 존재한다. 우파 아웃사이더들은 타블로이드를 통해 소통하며 헤드라인을 장악한다. 확실히 트럼프의 정책은 헤드라인 시리즈물에 가까웠다.

더 넓은 배경, 돋보이는 카리스마에 더불어 아웃사이더들은 그들이 주목받을 수 있는 이슈마저 선점하고 있다. 수십 년 동안 주류 기성 정치인들은 여론조사 결과 이민자 문제가 유권자에게 항상 가장 높거나 적어도 두세 번째에 해당하는 관심사라는 사실에 초조하게 혹은 기회주의적으로 눈치를 보고 있었다. 이렇든 저렇든 그들은 그 문제를 어떻게 다룰지를 두고 여러 차례 오판했고, 때로는 문제를 외면하기도 했다. 동유럽 국가들이 유럽연합에 가입했을 때, 회원국 거주민의 자유로운 이동이 미칠 영향을 설명하려는 대통령이나 총리 연설, 기자회견은 거의 없다시피 했다. 이행 과도기에 대한 규제가 마련되어 있지 않았던 영국에서 당시 총리였던 토니 블레어는 주요 연설에서 다른 모든 주제를, 매월 열렸던 기자회견에서는 공공 서비스 개선부터 이라크 문제까지 이야기했지만, 회원국 거주민의 자유로운 이동에 대한 언급은 단 한 차례도 없었다. 블레어는 대안으로 이민자 수 제한을 강하게 주장했다. 그러나 실현되지 않았고 실현될 수도 없다는 것을 그들은 알고 있었을 것이다. 브렉시트가 이슈가 되기 한참 전에 일부 보수당 지도자들은 영국 문제를 강조하면서 인기를 얻고자 했다. 2005년 총선에서 보수당 대표 마이클 하워드Michael Howard는 해마다 이민자 수에 제한을 두겠다고 약속하면서 선거 유세를 시작했다. 그렇지만 공약을 어떻게 달성할지는 설명하지 못했는데, 이것이 그가 나중에 국민투표에서 브렉시트를 지지하는 운동을 펼쳤던 한 가지 이유다. 2015년 총선 전에 데이비드 캐머런은 이민자 수를 줄이겠다는 비현실적인 공약을 내놓았지만 실현시키지 못했다. 하워드에게는 없었던 권력을 캐머런은 가지고 있었다. 캐머런에게 반대를 해야 할 이유 같은 것은 없었다. 이민에 관한 지나친 공약은 아무 약속도 하지 않은 것만큼이나 좋지 않았고, 일부 유권자들은 공약과 현실 사이의 괴리를 느끼며 현실을 바꾸어야 한다는 것과 주류 정치인들이 거짓말쟁이라는 결론에 도달했다.

이민은 복잡하고 긴장감 높은 정책 분야다. 사람들은 정치인들이 "이민은 좋다" 혹은 "이민은 나쁘다"처럼 명확한 입장을 표명해 주길 바란다. 반면 정치인들은 이민에 대해 단정적으로 이야기하기 어려워한다. 대신 경제 발전에 장애가 되거나 사회의 긴장이나 다양성을 자극할 수 있는, 또는 공공 서비스와 그 수요를 자극하는, 무엇보다도 선거의 승패를 좌우하거나 정당을 분열시킬 수 있는 민감한 경제적·사회적 질문을 붙잡고 미묘한 뉘앙스를 풍기고는 한다. 이민은 경제적 안정과 국가 정체성에 질문을 던지는 주제다. 어떤 유권자에게 이민이란 열악한 공공 서비스와 불안정한 일자리 전망에 대한 염려와 분노와 같은 더 큰 걱정거리를 설명해 주는 요소이기도 하다. 이슈들끼리는 때로는 연관되어 있고 때로는 그렇지 않지만, 무관해 보일 때조차도 이민자들이 다른 나라로 이동한다는 사실이 분열의 이유로 비추어지는 것은 흔한 현상이다.

그런데 오늘날은 뉘앙스의 시대가 아니다. 인터뷰에서는 주류 지도자에게 이민자가 그들의 나라로 오기를 바라는지, 1년 안에 그러기를 원하는지 끊임없이 묻는다. 취재원은 음식값이 떨어질 것인가에 대해서는 묻지 않는다. 지도자가 통제할 수 있는 영역 밖에 있다고 보기 때문이다. 결국 이민은 좋고 나쁜 문제로 단순화된다. 만약 정치인들이 단서를 달면서, 이민의 정도는 노동 수요에 달려 있고, 결국 국가 경제와 정부의 계획에 따라 결정된다고 지혜롭게 논쟁할 수 있다면 그들은 완승을 거둔 것이다. "그래서 당신의 답은 무엇인가요? 당신이 권력을 잡았다면, 이민자를 줄일 건가요? 그렇다는 건가요 아니라는 건가요?" 이것이 브렉시트 국민투표에서 영국 정치인들이 지속적으로 대답하길 요구받았던 '예, 아니오' 질문이다. 이런 선택의문문은 뉘앙스나 조건을 달 일말의 여지도 주지 않는다.

포퓰리스트 우파들은 조건을 걸지 않는다. 그들은 망설임 없이 "네. 우리는 이민자 수를 줄일 겁니다"라고 외친다. 이런 무조건적인 다짐은 우파 아웃사이더를 강해 보이게 한다. 앞장서서 브렉시트를 지지했던 사람들은 영국 총선에서 '다시 권력을 잡겠다'고 굳게 다짐하며 명확하게 입장을 드러냈다. 트럼프도 선거에서 같은 구호를 내걸었다.

그러나 선거에서는 유리할 이런 구호는 우리를 아웃사이더의 근본적인 약점으로 이끈다. 아웃사이더들은 자신이 어디에 서 있는지 알지 못한다. 그 혼란은 너무 유치하다. 우파 아웃사이더들은 반정부를 표방하면서도, 그들의 상대인 주류에서는 마치 전혀 그러지 않는 것처럼 정부라는 수단을 활용할 것이라고 약속한다.

크게 봤을 때 의도치 않게 국가주의자가 되어 버린 트럼프는 심지어 스스로가 정치인이라는 것조차 받아들이기 힘들어 한다. 그가 국가를 혐오하고 있기 때문이다. "그러니까 지금 내가 누군가 하면, 정치인이겠죠." 트럼프는 2017년 2월 워싱턴의 기자회견에서 절망하면서 자신을 정치인으로 만들어 버린 대통령이 된 것을 후회한다고 말했다.[5] 기자회견 며칠 후 트럼프가 주최한 플로리다 집회의 구호는 '우리는 정부에 앞서 사람을 먼저 생각할 것입니다'였는데, 이는 뒤틀린 혼란을 비춘다.[6] 트럼프는 정치인과 정부를 업신여기는 시선을 가지고 있지만, 이제 민주당 출신 대통령보다 더 적극적으로 국가를 운영하겠다고 다짐했다. 다른 우파 아웃사이더들은 서구 민주주의 사회에서 국가를 크고 비효율적인 괴물로 취급하는 흐름을 만들었다. 그러나 그들은 국가주의자이기도 한데, 노동 시장뿐 아니라 자유무역에 개입하려 하며 소비 시장 확대까지 제안한다. 그들은 다시 통제하겠다고 선언한다.

이런 간극과 명백한 사상적 모순은 극우파로서는 극복할 수 없는 문제다. 그들에게 향하는 대중의 지지는 노동 시장 개입을 서약하고 대규모로 실천하는 데 바탕을 둔다. 트럼프를 포함한 몇몇 선도적인 아웃사이더들은 일부 좌파들이 비참하게 보일 정도로 자본 투자에 대한 예산 투입의 증액을 계획한다. 그러나 그들은 전체적으로 정부와 정치인들을 마뜩잖아 한다. 그들은 반정부주의자이면서 동시에 친정부개입주의자다. 계속되는 정책 의제인 이민 문제에 있어 우파 아웃사이더들은 국가의 역할에 대한 일관되지 않은 태도를 노출시킨다.

그러나 여기에 전환점이 있다. 만약 주류 기성 정치인들이 그렇게 할 자신만 있었다면 이런 모순들은 노출되어 놀림감이 되고, 산산조각 났을지도 모른다. 그렇지만 주류 또한 자신감 결여로 인해 일관된 국가관을 가지고 있지 못하다. 여기에 다시 작고 연약한, 정치적으로 완전하게 형성되지 않은 아웃사이더들이 반란을 일으킬 수 있는 열쇠가 있다. 바로 주류가 그들을 책임지는 데 실패한 것이다.

주류 지도자들은 진퇴양난에 처해 있다. 그들은 2008년 글로벌 금융위기가 닥치기 전 정치 무대를 차지했던 예전보다 훨씬 무너지기 쉬운 상황에 있다. 그들이 불안정해 하거나 불안정해진다고 느끼는 동안에 아웃사이더들의 이념적 불일치를 드러낼 수 있을 만큼 강하지 않았다.

2016년 독일 곳곳에서 치러진 지방 선거에서 앙겔라 메르켈의 기독교민주연합CDU을 희생양으로 삼아 독일을 위한 대안AfD의 지지율이 매우 높아졌다. 반복되는 선거 패배에 기독교민주연합 지도부는 익숙한 답변을 내놓았는데, 로렌츠 카피어Lorenz Caffier 후보는 이렇게 말했다. "선거 기간 동안 단 한 가지 주제가 있었다. 그것은 바로 난민 정책이다. 난민에 대한 질문이 결정적이었다."[7]

큰 패배 이후 기독교민주연합 지도부의 일원이었던 피터 타우버Peter Tauber는 "씁쓸한 결과지만 새로운 경험"이라고 묘사했다. "우리 모두는 이 결과에 책임져야 한다. 난민이라는 주제가 매우 중요하다는 것에 주목해야 한다. 물론 많은 사람이 메르켈을 바라보고 있다."[8] 대략적으로 해석하자면, 타우버는 메르켈에게 전적으로 책임을 지우거나 비난을 가해야 한다고 본 것이다.

10년도 넘는 힘겨웠던 세월 동안 총리를 맡았던 메르켈은 해결할 수 없는 위기에 빠져들었다. 이것이 바로 오랫동안 권력을 쥔 지도자로 지낸 뒤 벌어지는 일이다. 선택할 수 있는 여지는 좁아지고 모순이 심해지면, 유권자들은 환멸을 느낀다. 메르켈의 리더십에 민주 세계가 환호했던 만큼, 독일에서 그녀는 비전 결여와 피로감으로 널리 비판받았다. 난민 위기가 닥치고 메르켈이 힘 있고 용기 있게 비전을 드러내 보였을 때는 더 조심스럽게 대책을 내놓지 못했다고 비난받았다. 메르켈의 협상력과 리더십에 경의를 표하던 많은 지도자는 난민 위기에 직면하자 그녀를 외면했다.

그러나 극우파는 이민은 물론 또 다른 이슈인 지옥 같은 나라에서 탈출해 망명하는 이들과 관련하여 무엇을 할 수 있는지 혹은 해야 하는지에 대해 완벽하게 설명해 내야 하는 문제를 교묘하게 면제받고 있었다.

한 인터뷰에서 독일을 위한 대안의 프라우케 페트리는 명백한 상황에서는 국경을 수비하는 경찰이 난민에게 총을 쏠 권리가 있다고 말하는 듯 보였다. 그 발언이 논란을 일으키자 페트리는 법적인 입장을 이야기했을 뿐, 통일 이전 동독German Democratic Republic의 수비대원들에게 내려졌던 명령과 같이 필요하다면 불법적으로 동독을 탈출하려는 사람들에게 화기를 사용해야 한다는 식의 '사격' 명령은 아니었다고 해명하며 논란을 잠재우려 했다.

페트리의 뒤늦은 해명은, 그녀의 언사가 유권자들이 중요하다고 여기는 영역에서 호소력이 있어 보였기 때문에 의도된 것처럼 느껴졌다. 페트리의 말이 어떤 의미였던 간에, 많은 사람들에게 일으킨 격분은 이민이나 망명에 관한 충실하고 신뢰성 있는 정책이 결여되어 있다는 사실은 잊게 만들었다. 비슷하게 트럼프가 미국과 멕시코의 국경에 장벽을 세우고 그 비용을 멕시코에 부담시키겠다고 주장한 것은, 그가 백악관에서 프로젝트를 서둘러 추진하고 있음에도 명백하게 비현실적이다. 이런 해법들은 노동 수요를 맞추거나, 또는 대부분의 이민자들 혹은 절망에서 벗어나기 위해 망명하려고 사람들이 옮겨 다니는 지금의 세계에서 해결책이 되지 못한다.

독일에서는 불가피한 난민 위기의 경제적 영향이 우파 아웃사이더들이 감히 인정하기를 두려워하는 것보다도 더욱 미묘하게 언급되었다. 우파는 뉘앙스를 풍기는 것조차 어려웠다. 조직이 무너질 수도 있기 때문이었다. 모호한 언급은 아웃사이더에겐 위협과 다름없다.

극우파의 주장 가운데 하나는 이민자들이 일자리를 두고 함께 경쟁하며 임금을 낮춘다는 것이다. 또 다른 주장은 이민자들이 공공 비용으로 수요 충족을 불가능하게 만든다는 것이다. 그러나 비용 지불과 관련해 독일과 인접국은 위협을 느낄 이유가 전혀 없다. 이민과 망명이 고용과 임금에 미미한 영향밖에 미치지 못한다는 증거는 많다. 가장 취약한 상태에 놓여 있는 비숙련 노동자와 기존 이민자가 새로 들어오는 이민자들에 의해 대체될 가능성이 가장 높다. 그렇지만 영향은 미미하다. 2016년 《이코노미스트 *The Economist*》에 실린 스티븐 니켈Stephen Nickell 과 주마나 살레힌Jumana Saleheen의 논문은 청소원 같은 비교적 저임금 직업군에서 이민자 비중이 10%가량 높아졌을 때 임금은 2% 정도 하락하는 데 그치며, 이러한 임금 하락은 심지어 긍정적인 외부효과를 불러온다고 했다.[9] 1991년부터 2008년까지 이루어진 난민 이주에 관한 덴마크의 연구에서는 이민자들이 교육 수준이 낮은 저임금의 현지인 노동자를 밀어내는 것은 사실이라고 확인했다. 그러나 그러한 결과에 불만을 가졌다기보단, 현지인들은 육체노동을 덜 하는 직업으로 이동하고, 때로는 더 높은 임금을 받게 된다는 설명이었다.[10]

아주 가깝게 국제통화기금IMF은 난민들이 유럽연합의 공공 지출에 약 0.19%의 GDP를, 독일에서는 0.35%를 높일 것이라고 추정했다. 난민들의 높은 실업률을 감안하면 공공 부채와 실업률은 물론 상승할 것이다. 그러나 시간이 지나 새로운 이주자들이 노동시장에 편입되면, 그들은 유럽연합 전체로는 0.1%, 독일에는 0.3%의 생산량을 끌어올릴 것으로 기대된다.[11] 또 난민들이 비교적 젊다는 점을 고려하면, GDP 비중이 조금씩 상승해 가는 연금의 방향성을 뒤바꾸는 데도 도움을 줄 것이다. 메르켈의 계산은 인도주의적인 해법을 넘어선 것으로, 난민들은 곧 독일 경제와 노령화되어 가는 노동 시장을 부흥시킬 것이다. 그녀는 결코 선거에서는 치명적일 수 있는 이타주의에 의해 움직인 것이 아니었다.

안타깝게도 이러한 수치는 부정확하며 얼마나 많은 난민이 도착하는지, 망명 절차가 얼마나 빠르게 진행되고 그들이 얼마나 빨리 일자리를 구하는지에 달려 있다. 정부는 이런 절차를 서둘러 추진함으로써 난민들이 더욱 원만하게 적응하도록 만들 수 있다. 그러나 유럽연합의 모든 회원국이 이 책임을 나누어 졌을 때, 인도주의에 입각해서 그리고 난민들이 이동하는 나라에 가져다줄 긍정적인 영향에 관해서 논의해야 할 것들이 있었다.

현실에서는 책임을 나눌 의지도 없고, 긍정적인 논의도 거의 이루어지지 않고 있다. 권력의 바깥에 있을 때조차 소위 강력하다는 정부의 정책을 바꿔가며, 무대는 좌파에서 우파의 아웃사이더에게로 옮겨 가고 있다.

2016년 영국에서 있었던 브렉시트 국민투표 기간 동안 이민 문제의 증거는 명백했다. 유럽 이민자들은 영국 재정의 순 기여자였지만 영국인들보다 혜택을 덜 요구했다. 이민자들은 평균적으로 영국 시민권자보다 젊었고, 더 많은 교육을 받았으며, 더 건강했다. 전체적으로 그들은 경제에 긍정적인 기여를 했고 마약에 중독된 것도 아니었으며, 혜택이나 수당을 요구하는 주정뱅이도 아니었다. 그들은 일하러 왔다. 만약 일자리가 없었다면 오지 않았을 것이다.

영국이 받아들인 모든 이민자들 덕분에 영국은 더 부유해졌고, 건강과 교육, 그리고 복지에 대한 비용을 더 잘 지불할 수 있었으며 수당이나 혜택에 덜 의지했다. 이민자들은 영국이 원하던 바로 그런 인구구조였다. 국민투표 기간에 유럽 외 나라의 사례 중 하나로 강조되어 화제에 오른 호주의 '포인트 시스템'에 대해 이야기하면, 영국은 이 제도에서 배울 것이 아무것도 없다. 영국 이민자는 호주 이민자보다 고학력자이며 더 좋은 기술을 가지고 있다. 게다가 이민 통계에 잡히는 대부분은 학생이다. 이민국에서 학위를 취득하고자 영국에 온 학생들을 이민자로 집계하기 때문이다. 2016년 영국 이민국에서 발표한 33만 명의 순 입국자 가운데 16만 9천 명은 학생이었다.[12] 영국에서 공부한 학생 대부분은 학위를 마치면 고국으로 돌아가고, 영국에 머물기를 원하는 이들은 엄혹한 조건에 마주한다. 그들은 반드시 일자리를 찾아야 하며, 실패하면 국외 추방당한다. 이민자들은 결코 영국의 노동 시장을 뒤덮고 있지 않다. 그들의 기술과 고된 노동에 필요한 능력을 감안하면 오히려 그들이 노동 시장을 뒤덮고 있기를 바라야 할 것 같다.

포퓰리스트들이 내세우는 긴장이 잔뜩 고조된 주장의 일부라도 반박하며 유권자들이 이해하기 쉽도록 주류에서 할 수 있는 주장이 있을까? 몇몇 예외를 제외하면 기성 정치권에서는 그런 시도를 한 적이 없기 때문에 이 질문에 대답하기는 어렵다. 주류에서는 이민과 관련된 모든 복잡한 요소들을 잘못 다루어 왔다. 유권자들의 관심이 척도의 한 부분이다. 2004년 영국 정부는 유럽연합의 새로운 회원국들로부터 유입되는 이민자 숫자를 제한할 수 있는 법적 권한이 있었지만, 그렇게 하지 않았다. 또한 그 후 몇 년 동안 영국으로 유입되는 이주민의 숫자도 적게 추산되었는데 실제와는 큰 차이가 있었다. 이때에도 토니 블레어 총리는 법적 권한을 사용하지 않았는데 그렇게 할 수 없는 강력한 이유가 있었기 때문이다. 이민자들은 영국에 일하러 왔고, 경제 성장을 북돋웠다. 그러나 급속도로 늘어나는 이민자로 혼란스러워졌고, 일부 이민자들이 삐걱대는 영국의 공공 서비스에 일하러 오는 동안, 공공 서비스 수요 역시 증가했다. 어떤 일이 일어나고 있는지 왜 일어나는지에 대한 설명은 거의 없거나 아예 없다시피 했다. 혼란스러운 유권자들은 변화를 받아들이기 위해 고군분투했지만 국가와 접점이 거의 없었기 때문에 소외된 느낌을 받았다. 중개하는 에이전시도, 지방 정부도, 국민건강보험과 학교들도 힘을 잃고 분열되었으며, 어떤 명백한 통제 체계도 없어 보였다. 이민국은 다우닝가 10번지 영국 총리 관저에서 지침을 받아 입국하는 이민자의 숫자는 적게, 영국을 떠나는 이민자의 숫자는 많게 추산하는 기관 가운데 하나였다.

정치적인 실패는 2016년 브렉시트 국민투표에서 여전히 나타났다. 마찬가지로 2015년 절망에 빠진 망명자들을 향해 보인 메르켈의 관용에는 많은 이유가 있었지만, 그 규모는 오히려 그녀가 회복을 위해 몸부림치고 있는 정치적 위기를 촉발시켰다. 의도치 않게 그녀는 극우파에 대한 지지를 북돋운 셈이 되었다.

그렇기는 하지만 이민에 대한 근거 없는 믿음은 현실을 압도한다. 이민의 긍정적인 면을 볼 수 있는 사람과 그에 반대하는 사람들 사이에는 왜 대립이 생기는가? 조금이라도 격차를 좁힐 수는 없는 것인가? 한 코미디언은 우리가 이민의 장점에 쉽게 접근할 수 있도록 해 준다. 영국에서 스탠딩 코미디를 진행하는 스튜어트 리Stewart Lee는 2014년 스탠딩 공연에서 한쪽으로 치우친 주장의 모순을 재치 있게 강조했다.

> 영국독립당은 불가리아 사람들이 곧 우리를 집어삼킨다고 경고합니다 … 그들은 심지어 최악의 상황을 경고하고 있어요 … 그들은 기술이 뛰어난 불가리아인들입니다 … 여기, 불가리아인들은 그들의 기술을 가지고 들어오고 있습니다 … 10년 전 폴란드인들이 같은 모습이었죠 … 망할 폴란드인들이 이곳으로 와서는 전부 폴란드식으로 모든 것을 수선한다고 … 여기에 와서는 우리가 고장 낸 것들을 고치고 … 우리보다 더 잘 수리합니다.[13]

촌극의 막바지에 스튜어트 리는 앵글로-색슨족이 '이곳으로 오는' 시대 이전까지 거슬러 올라간다. 그는 화가 나서 씩씩거리는 사람들의 삶을 더 낫게 만들기 위해 '이곳에 오는' 사람들을 향한 분노를 조롱한다. 자신감 있는 정치인이라면 똑같이 할 수 있을 것이다. 비록 선출직 정치인이 유권자를 놀릴 수는 없겠지만, 그들이 자유로운 이동에 몇몇 제한을 두어야 한다고 주장하는 상황에서도 이민에 대한 논거를 입증하고자 유머나 같은 맥락을 이용할 수는 있다. 스튜어트 리의 언어 능력은 토니 벤과 같은 훌륭한 소통 능력을 가진 정치인과 크게 다르지 않다. 토니 벤은 1980년대 영국 광부들의 파업을 예수와 레벌러스들the Levellers 영국 청교도혁명 당시 의회파에서 급진주의자들을 일컬음. – 편집인과 차티스트들 the Chartists과 여성 참정권 운동가들the Suffragettes과 연결시켰는데, 부분적으로는 웃음을 주기 위해서였지만 중요한 요점은 짚어 냈다. 그는 전혀 의미가 없는 것처럼 보이는 것에 어떻게 하면 의미를 부여할 수 있는지를 아는 소통 능력가였다. 심지어 때때로 그의 주장이 터무니없어 보이는 경우조차도 그랬다. 스튜어트 리는 이민 문제에 관해 아웃사이더들이 바보같이 보이도록 만드는 방법을 보여 주었다. 정치 조직은 바보같아 보이는 순간 운을 다한다. 영국에서 코미디언들은 그렇게 할 수 있지만, 선출된 주류 정치인들은 포퓰리스트들이 하는 주장의 약점을 효율적으로 노출시키지 못하고 있다. 이와 유사한 경우로 2017년 2월 토니 블레어는 브렉시트에 관한 연설 도중, "런던의 커피숍에서 일하는 동유럽 이민자들을 막는다고 해서 잉글랜드 북동쪽의 일자리가 남아 있진 않습니다"[14]라고 지적했지만, 전 총리는 코미디언처럼 극히 제한된 영향력만 가지고 있을 뿐이었다.

비록 아웃사이더들이 무너뜨리고 있긴 하지만, 코미디언은 대체로 선거에 출마하지 않는다. 이탈리아 오성운동의 설립자 베페 그릴로는 코미디언이자 블로거다. 트럼프는 〈디 어프렌티스 The Apprentice〉의 미국 버전에 출연해 빈정거리는 희극적 면모를 드러냈다.

포퓰리스트 우파를 이끄는 사람들은 그들만의 의제를 가지고 있는데, 이민 혹은 난민 문제, 기이한 카리스마나 불안정한 결과를 수반하

제1장 보수주의자 아웃사이더가 등장하다

는 세계화의 맥락에서 나타난다. 그러나 그들의 자신감 넘치는 거들먹거림은 연약함을 위장하기 위한 것이다. 그들은 자신들 가운데 한 명을 백악관에 들여보내기에, 영국이 유럽연합을 탈퇴하기에, 민주주의 세계에서 주류에게 경각심을 일깨우기에 충분한 정보를 가지고 있지 못했어야 옳았다.

그들의 어떤 약점은 피할 수 없으며, 그들이 힘의 정의^{뜻매김}라고 주장하는 것에서 비롯한다. 그들은 아직 정치 권력의 때가 묻지 않았다. 정치력을 다지는 것은 언어를 배우는 것과 비슷하다. 경험과 연습은 리듬을 익히기 위해 꼭 필요한 것이다. 정치는 과학보다는 예술에 가깝고, 훌륭한 지도자는 뛰어난 소통 능력을 가지고 있어야 한다. 그들의 공적인 언어는 정책과 연결되어 있어야 하고, 또 정책은 반드시 가치와 이어져야 한다. 가치나 정책은 정치인들이 이름을 남기기를 추구하는 변화하는 시대의 의미를 이해한 것이어야 한다. 그들은 정당을 이끌어야 하지만, 선거에서는 더 많은 유권자가 매력을 느끼도록 해야 한다. 똑똑한 리더나 장차 지도자가 되길 바라는 사람은 묘한 매력을 주는 교향곡 작곡가와 비슷하다. 요소들은 혼연일체를 이루기 위해 하나로 합쳐져야 한다.

대부분의 우파 아웃사이더는 정치에 갓 입문한 초보 작곡가다. 그들은 이 반정치의 시대에 무경험을 덕목으로 만들었지만, 전체적으로 그들은 거장이라기보다는 거리의 악사에 가깝다. 그들은 보이는 것만큼 스스로를 확신하고 있지 않다. 새로운 도전자로서 그들은 확신할 수 없다. 그 누구도 약간의 비즈니스 경험도 없이 성공적인 최고 경영자가 될 수 있다고 자신할 수 없을 것이다. 성공적인 신문 편집자는 언젠가 저널리스트의 도전에 직면한다. 테니스 라켓을 쥐고 윔블던에 도착하는 것과 중앙 코트에서 결승전을 치르는 것은 다르다.

그러나 국가를 지도하길 원하는 후보의 경우에는 선거에서 더 유리한데, 바로 그에게 민주주의 정치의 최상층 경험이 일천하기 때문이다. 트럼프는 대통령에 당선되기 전에는 그 어떤 관공서에서도 일한 적이 없었다. 그는 심지어 중앙 코트의 결승전에 나타나기 전까지 라켓을 쥐어 본 적조차 없었다. 이런 미숙함은 그를 선거에서 불리하게 만들어야 했지만, 오히려 그를 잠시 자질을 갖춘 사람으로 만들어 주었다.

무경험의 힘에 관한 분명하면서도 중요한 이유가 하나 있다. 권력의 시험에 든 적이 없었기 때문에 우파 아웃사이더들은 그들의 단순한 포퓰리즘이 '주류' 정치의 제약에 직면했을 때, 유권자들이 아웃사이더들에게 환멸이나 배신감을 느낄 만큼 오래도록 유권자의 주변에 머물러 있지 않았다. 이런 정치적 제약은 피할 수 없는 도전의 영역이다. 선출된 정치인이나 지식을 갖춘 고문들은 끝까지 이 도전에 맞서기 위해 모이고, 행운이나 불행이 따른 몇몇 경우에 정책을 시행할 수 있는 기회를 얻는다.

트럼프는 대통령으로 당선된 이후 구속받지 않는, 아직은 완전한 정치적 논쟁거리가 되지 않는 아웃사이더가 아니라 어쩔 수 없이 궁극적인 주류에 속했다. 승리에 도취된 트럼프는 무심결에 멍청한 기반을 치명적으로 연속해서 노출했다. 아웃사이더는 결국 선출되지 않았을 때의 존재일 뿐이다. 불가피하게 트럼프는 고군분투하기 시작했다. 트럼프의 악전고투는 피할 수 없는 정치적 요구들과 함께한다. 승리자로서 트럼프는 곧바로 내각에 누구를 지명해야 할지와 어떤 정책들이 적합한지에 관한 복잡한 결정에 직면했다. 불과 며칠 사이에 트럼프는 마치 그런 약속을 한 적이 없다는 듯이 그의 선거 공약 몇 가지를 포기했다. 새로 임명된 내각 구성원들도 그와는 다른 입장을 취했다. 어떤 것은 북대서양조약기구NATO의 미래나 러시아 정보기관에 대한 태도와 같이 사소한 것이 아니라 근본적인 문제에 관한 것이었다. 이런 이견에 대응하며 트럼프는 순식간에 정통 정치인으로 거듭났다. 그는 이와 같은 초기의 의견 대립에 편안한 모습을 보였는데, 사실 그가 취할 수 있는 유일한 방법이기도 했다. 트럼프는 2017년 1월 13일 트위터에 다음과 같이 말했다. "내각의 모든 후보자는 뛰어나고 또 일을 훌륭하게 수행할 것으로 보입니다. 나는 그들이 내 생각이 아니라 스스로의 생각을 표현할 수 있길 바랍니다!" 트럼프가 반대로 자신은 전혀 편안하지 않으며, 그가 막 임명한 사람들을 해고할 준비가 되어 있다고 말하기는 어려웠을 것이다. 대신 그는 스스로를 조금 가식적으로 숨겼다. 이는 주류 정치인의 숙명이다.

대부분의 주류 정치인처럼 트럼프 또한 제한적인 리더십에 직면해서 실망할 운명에 처해 있다. 내부에 진입한 아웃사이더는 생애 대부분을 주류 사회에서 보낸 사람에 비해 더 약한 정치 종족이다. 그들은 애초에 그들을 돋보이게 했던 것이 정치적 기득권자의 일부가 아니었다는 점뿐이었음을 드러내기 위해서 특수성을 주장했던 것일 뿐이다.

우파 포퓰리스트 대부분은 아직 국가 권력을 획득할 만큼 충분히 불운하지 않았다. 선거 유세 기간에는 참으로 현실화하기 쉬워 보였던 비전이지만, 선거에서 승리한 사람들은 어려운 도전에 직면하자마자 눈 깜짝할 새 현실을 인정해 버린다. 기대하지 않았던 승리를 거둔 아웃사이더의 반응은 거의 코미디에 가깝다. 대통령 당선 이후 처음으로 이임을 앞둔 오바마 대통령을 예방한 트럼프는 버릇없는 학생이 뉘우치는 것처럼 보였는데, 마치 기이한 이야기를 들려주기 위해 나타난 것 같았다. 트럼프는 머뭇거리며 예의 바른 모습을 보였다. 새로운 캐릭터의 특성이지만 그는 실존 인물이다. 트럼프는 연기자이지만 배우는 아니다. 그는 속이 훤히 들여다보이는 사람이다. 트럼프가 부린 모든 허세에서 그가 선거에서 승리할 것을 기대하지 않았음을 볼 수 있다. 트럼프는 권력의 아웃사이더로 남아 있을 것이라 생각했고, 그의 정치력은 의사 결정에서 오는 딜레마나 정책 실행과는 무관하게 그저 적당한 발언에 머물러 있을 줄로 알았다.

트럼프가 보여 준 재빠른 겸손한 태도는 두 명의 영국 보수당 브렉시트주의자의 처신에 대한 반향이었다. 보수당 정치인 보리스 존슨Boris Johnson과 마이클 고브Michael Gove는 질 것이라고 예상했던 국민투표가 끝나자마자 두려움에 휩싸여 창백한 얼굴을 보였다. 그들은 갑작스레 유세 기간 내내 펼쳤던 애매한 저항에 관한 주장들을 그럴듯하게 만들어야 했다. 전혀 기쁘지 않았다. 그들은 정치 영역 밖에서 편안한 시간을 보내고 있었지만, 이제 주류가 되어 심대하고 복잡한 결과에 맞닥뜨렸다. 영국독립당의 대표 나이절 패라지Nigel Farage는 큰 기쁨에 젖었지만, 그 결과에 직면하고 싶어 하지 않았다. 패라지는 사임을 발표함으로써 쉬운 길을 택했다. '브렉시트' 운동의 지도자 가운데 오직 보리스 존슨만이 외무장관을 맡아 브렉시트를 어떻게 실행할지의 역할을 하고 있다. 비록 그의 직무에는 한계가 명확하지만 말이다. 나머지 사람들은 우쭐대며 펼쳤던 유세의 결과에 맞닥뜨리지 않았다.

2017년 초, 고브의 옛 고문으로 2016년 국민투표에서 브렉시트로 가는 결과를 설계했던 도미닉 커밍스Dominic Cummings는 어떻게 브렉시트 지지자들이 승리했는지에 관한 도발적이고 재치 있는 설명을 내놓았다. 커밍스는 마이클 고브와 보리스 존슨이 구전되는 이야기와는 반대로 국민투표 다음 날 편안하고 즐거워했다는, 주목할 수밖에 없는 흥미로운 설명을 펼쳤다. 커밍스는 가까운 동료이자 무대 뒤편의 목격자로서 최종적인 판단을 내리기에 가장 좋은 위치에 있었음을 인정해야 할 것이다. 그러나 우리는 승리한 기자회견에서 갑자기 무거운 부담을 진 두 사람과 어떤 결과가 따라올지에 관해 그들의 주저하는 주장과 생기 잃은 얼굴을 시청했을 따름이다. 그들의 마음속에 다른 생각이 있었음은 의심할 여지가 없는데, 가령 그날 아침 사임한 데이비드 캐머런을 대신해 누가 총리가 될지 같은 것일 터다. 공교롭게도 고브와 존슨 모두 도전했지만 총리가 되지는 못했다. 서로가 서로를 자극했기 때문이다. 그들이 영국의 국제적인 지위 변화와 리더십에 대해 고려했든 아니든, 우리는 '아웃사이더'로서 유세를 다녔던 두 정치인이 주류에 편입되면서 엄청난 딜레마에 빠지는 것을 목도했다.

경기장에서의 대립은 전 세계적으로 아주 명백하게 거짓 아웃사이더와 주류 사이의 대립으로 나타나며, 이는 우파가 이념 감옥으로부터 벗어날 수 있도록 허용한다. 그들은 극우파가 아니라 그저 영역 밖에 있을 뿐이다. 이런 짜맞추기 식의 구도가 장악하고 있을 때는 진지하고 면밀한 토론이 거의 불가능하다. 경제에 관련된 근거나 그들의 주장에 도전이 될 만한 다른 이슈가 제기되면 포퓰리스트들은 그 주장이 단지 주류 엘리트에게서 비롯된 것이라며 쉽게 거부해 버린다. 토론을 본질이 아니라 주류에 뿌리를 둔 정치인들의 정당성에 대한 우회적인 논쟁으로 전환시켰기에, 포퓰리스트들을 명백하게 이길 수 있는 반박이란 존재하지 않는다.

이런 터무니없으면서도 위험한 논쟁의 한 부분에서 우파 아웃사이더들은 '국민'을 위해 이야기한다고 주장한다. 이 바보 같은 슬로건은 정말 많은 선거 유세에 기름을 끼얹듯 사용되었다. 극장이 아니었을 뿐이다. 만약 무언극이었다면 어떤 '국민' 가운데 일부는 "아니, 그렇지 않습니다"라고 소리쳤을 수도 있다. 권력을 향한 목숨을 건 다툼에서 아웃사이더들은, 그들보다 선거를 더 많이 치러 본 주류 경쟁자들에게 쉽게 노출될 수밖에 없는 값싼 방법을 효율적으로 사용한다. 선거 유세에서 그들이 피하지 않고 꾸준하게 사용하는 슬로건은 바로 '국민'이다.

포퓰리스트들의 익숙한 속임수에서 한 발자국 물러나서 보면, 아웃사이더는 국민을 대변하지도 않고 그럴 수도 없다. '국민'이라는 정치적 독립체는 없다. 민주적인 토론은 아직 끝나지 않았고, 유권자의 시선과 희망은 여전히 너무 다양하다. 그들은 언제나 그래왔듯이 앞으로도 그럴 것이다. 우파 아웃사이더들은 행진하고 있지만, 유권자에게 100% 지지를 얻고 있지는 않다. 여전히 꽤 많은 '국민'은 다른 곳을 바라보고 있다. 미국만 보아도 도널드 트럼프가 꾸준히 국민의 목소리가 되겠다고 주장했음에도 더 많이 득표한 것은 힐러리 클린턴이었다. 2016년 미국 대통령 선거에서 힐러리 클린턴은 득표 수에서 도널드 트럼프에 앞섰다. 그러나 선거인단 수에서 밀려 낙선했다. – 편집인

얀–베르너 뮐러Jan-Werner Müller는 그의 책《포퓰리즘이란 무엇인가? *What Is Populism?*》에서 이 주장이 포퓰리스트들의 목소리를 명확히 하는 데 도움을 준다고 설명했다. 오스트리아 자유당의 우파 후보였던 노르베르트 호퍼는 그의 경쟁자였던 경제학 교수이자 현 오스트리아 대통령인 알렉산더 판데어벨렌Alexander Van der Bellen에게 "당신은 상류사회를 배경으로 삼고 있어요. 나는 국민과 함께합니다"라는 치명적인 주장으로 고통을 주었다. 그러나 사실은 선거에서 호퍼에 대한 지지가 정점에 달했을 때조차도 국민 절반은 그와 함께 있지 않았다.[15]

'상류사회'라는 어휘는 호퍼의 반대편을 주류로 그려 내기 위한 또 다른 방법이었다. 판데어벨렌은 판결문과 공식 성명서의 근거를 엄격한 법적 증거에 두는 전문가 집단과 어울리는 경제 정책 전문가다. 호퍼는 이런 고귀한 사람들은 국민을 무시한다고 은근히 암시했다. 이 주장은 자신들이 대표되지 않는다거나 혹은 무시당한다고 느끼는 일부 유권자를 휩쓸어, 결국 호퍼를 선택하도록 했다. 그렇다면 국민을 대변하지 않는 엘리트주의에 빠진 교수에게 투표한 다른 유권자 절반은 누구인가? 그들은 엘리트와 결합했고, 국민이 아니다. 이런 속임수는 아주 단순하다. 만약 어떤 유권자들이 후보자가 그들을 위해 연설한다고 듣는 동안 경쟁자는 엘리트를 대표한다고 듣는다면, 누구를 대표하는가에 관한 주장은 유권자와 '아웃사이더'를 연결시키기에 충분하다.

민주주의 세계의 많은 유권자들은 그럴듯한 이유에서 국가 ─ 갈수록 멀어지고 그들의 삶에 혼란스러운 영향력만을 발휘하고 있을 뿐인 ─ 로부터 단절되어 있다고 느낀다. 유권자는 권력과 거리가 먼 후보자가 그들을 위한다고 연설할 때 반응한다. 다시 말하지만 매력을 느끼는 요소는 명백하다. 하지만 피할 수 없거나 어쩔 수 없는 것은 아니다. 국민을 위한다는 주장을 내세우는 것만으로 아웃사이더들이 의기양양하게 영향력을 행사하고 권력으로 나아갈 수 있어서는 안 된다.

그 주장은 그 자체만으로는 틀린 것이 아니다. 어리석은 주장이지만 위협적이진 않다. 1964년 영국 총선에서 노동당은 '국민이 중요합니다*People Matter*'라는 구호로 선거 유세를 했고, 이는 마치 보수당은 국민이 중요하지 않다고 주장하는 것 같았다. 기성 정당 사이에도 국민을 대변한다는 의미 없는 주장을 펼친 수많은 사례가 존재한다. 이는 '국민'을 선출된 주류 정치인과 대립시킨다. 으스스한 이야기다. 쉽게 말해서 이것은 국민에 의해 선출된 대표자는 도리를 모르고 국민을 배신한다는 일그러진 생각이 떠오르도록 만든다. 그렇게 되면 국민은 아웃사이더들을 바라보며 자신들을 민주주의 절차의 결과로부터 구원해 주길 바라거나, 아웃사이더들은 국민이 이런 위험한 방식으로 생각하도록 부추긴다.

부분적으로 포퓰리스트의 거들먹거림은 2016년 브렉시트 국민투표 유세를 이끌었던 이들의 매력을 설명해 준다. 브렉시트 지지자들은 기대치 않게 52% 대 48%의 득표율로 승리했는데, 상당한 승리였지만 압도적이진 않았다. 결과 발표 직후 영국독립당 대표 나이절 패라지는 브렉시트를 '진정한 국민의 승리'라고 선언했다. 유럽연합에 머물러 있길 바랐던 48%의 국민은 가짜 국민이라는 뜻인가? 패라지 역시 호퍼와 마찬가지로 말도 안 되는 이야기를 하고 있었다. 그렇다고 하더라도 진정한 국민이 승리했다는 주장은 왜 선거에서 패한 '잔류' 캠페인을 지지했던 현재 혹은 전임 총리가 아니라 패라지가 승리자인지를 어느 정도 설명해 준다. 민주적으로 선출된 지도자와 전임 지도자처럼 그들은 고상해서 시대 변화를 모르는, 그 자신들을 위해서 그 속에 머물러 있는 사람들로 인식되었다. 그들은 비현실을 대변하고 있었다. 대조적으로 패라지는 하원House of Commons 의원에 당선된 개인적인 영리를 추구하는 엘리트나 브뤼셀의 권력, 혹은 이전의 지도자에 대항해 국민을 대변했다.

우리는 패라지가 하는 말, 예전에 '국민'은 주류에 의해 무시당했지만 지금은 목소리를 내고 있다는 말의 의미를 알고 있다. 그러나 심지어 이 주장조차도 진실이 아니다. 유권자는 당선을 원하는 이들에게 의도적으로 혹은 비뚤어지게 무시당하지 않는다. 아웃사이더들은 그들을 대표할 필요가 없다. 소위 거품에 쌓여 보호받는다고 여겨지는 선출된 대표자들을 대신하기 위해 소수의 유권자만을 '국민'으로 승격시키는 것은 위험하다.

국민투표가 진정한 국민의 승리라는 패라지의 주장은 기이하면서도 좋지 않은 결과가 일어났음을 암시한다. 유권자는 하원의원을 선출해 웨스트민스터로 보낸다. 그리고 나서는 직접 뽑은 하원의원을 혐오하는데, 이는 심리학자들이 연구할 만한 기이한 자기혐오 방식이다. 이런 우스꽝스러운 이론은 하원의원 재선이 유권자의 성원에 달려 있음에도 그들을 무시한다고 가정했을 때만 가능하다. 하원의원들은 유권자를 무시하지도 않고, 그렇게 할 수도 없다. 비록 유권자 가운데 일부가 공격적으로 그것이 사실이라고 확신하고 있더라도 말이다. 유권자들의 자기혐오와 그들이 뽑은 마조히스트들이 자신들의 운명이 걸린 선거를 위해 희생한다는 조합은, 만약 사실이라면 정말 기이한변태적인 일이다. 민주주의 정치는 거짓에 의해 기반이 약해지지만, 아웃사이더들은 국민을 위해 일하고 선출된 주류는 오직 그 자신만을 대변한다는 가정은 강화된다.

다른 관점에서 '잔류' 캠페인은 현직 총리를 포함한 살아 있는 모든 전직 총리의 지지를 강점이라고 간주했을 수 있다. 1975년 영국이 비슷한 국민투표를 실시했을 때가 바로 그런 경우였다. 유럽경제공동체에 남아 있길 원하는 적극적인 운동가였던 에드워드 히스Edward Heath는 1974년 영국 총선에서 두 차례나 패한 바 있다. 그러나 영국을 경제공동체에 가입시킨 전직 총리로서 히스에게는 권위가 있었다. 전직 총리로서 부패한 엘리트들의 지지를 받는다는 것은, 2016년에는 잠재적인 표를 잃는 것처럼 보이는 게 당연했다.

오늘날의 민주주의에서 어제의 기억이란 별로 좋지 않은 것이다. 과거에 선출된 지도자들은 배신자라는 비난에 맞닥뜨린다. 과거 지도자들은 유권자를 의도적이고 고의적으로 실망시켰다고 여겨진다. 어떤 총리도 유권자의 등에 칼을 꽂기 위해 엄청난 노력을 기울이지 않는다. 그들은 끔찍할 정도로 오판하기도 하고, 잘못 판단할 수도 있지만 이것은 전혀 다른 문제다. 앞으로 계속 살펴보겠지만, 주류 정치인이 신뢰를 상실한 것이 실체도 없는 아웃사이더들이 떠오르게 만든 주요 요인이다.

만약 전직 총리가 경험을 바탕으로 주장의 정당함을 입증한다면, 일부 유권자는 민주주의에서 권력의 딜레마에 더럽혀지지 않은 패러지 같은 사람에게 경멸 어린 시선을 보내며 돌아설 수도 있다. 브렉시트 국민투표의 어떤 단계에서 '잔류' 캠페인 쪽은 전·현직 총리들이 함께 경험을 바탕으로, 영국이 유럽연합에 잔류하는 것이 더 낫다고 선언하는 중요한 행사를 계획했다. 잔류 캠페인 쪽은 이 행사를 포기하기로 결정하고 말았는데, 역효과를 불러올지도 모른다는 것 때문이었다. 이와 가장 비슷한 사례가 북아일랜드에서 열렸던 비교적 한산했던 집회로, 평화적인 과정의 대리인이던 존 메이저와 토니 블레어가 함께 연설했다. 한때 선거에서 이겼던, 영국을 지도했으며 유럽연합의 지도자들과 함께 일했던 정치인들은 목소리를 낮추어야 했다. 아주 많은 유권자들이 그 정치인들의 공헌을 도발적인 행동이라고 여겼다.

대조적으로 아웃사이더들의 목소리는 다른 사람을 현혹시킬 만큼 크고 자신감이 넘친다. 독일에서 프라우케 페트리는 독일을 위한 대안 AfD의 영역을 매력적인 스타일과 함께 더 넓히려 한다. 2013년 유로화와 유로존 영역에 대한 비판으로 설립된 독일을 위한 대안은 단일 통화를 넘어선 것들까지 아우르는 중요한 정치 세력이다.

지방 선거 승리를 기뻐하면서 페트리는 각 선거의 결과를 앙겔라 메르켈에 대한 타격이라고 묘사하며 다음과 같이 선언했다. "이제는 국민을 위한 정치를 하는 것이 우리의 책임입니다. 국민은 더 이상 기성 정당들이 국민을 위한 정치를 한다고 믿지 않습니다."[16] 이러한 정서는 대선에서 거의 승리를 거둘 뻔했던 오스트리아의 대통령 후보와 영국 패라지의 경우와 거의 꼭 들어맞는다. 페트리는 기성 정당이 국민에 반反한다고 말한다. 그는 국민을 위한 정치를 펼 것이다. 마치 선거에서 승리하고자 했던 다른 지도자들이 유권자에게는 무관심하고 국민을 제외한 다른 모든 사람을 위한 정치를 하기에 바빴다는 듯이.

덴마크에서는 우파 민족주의자들이 페트리와 같은 주장을 펼쳤다. 덴마크 인민당은 덴마크 국회가 소재한 복합단지 지명이자 인기 드라마의 제목이기도 한 '보르겐Borgen' 게임에 휘말리지 않고 진정한 국민의 근심거리 가까이에 머물렀던 결과가 당의 대중적인 지지도로 이어졌다고 평가했다. 1995년 덴마크 인민당을 창당한 피아 키에르스고르Pia Kjærsgaard는 다음과 같이 말했다. "대중에게 무슨 일이 일어나는지 알지 못하는 고위 정치인이 되는 것보다 국민의 일부가 되는 것은 매우 중요합니다."[17]

연정을 해야 한다는 요구에 부담을 느끼는 덴마크 정치인들이 정말 '국민'의 근심을 모를까? 그들은 선거를 생각하지 않을 수 없는 입장인데, 과연 유권자에게 무관심할까? 키에르스고르는 정치인은 결코 무심할 수 없다는 걸 이해해야만 한다. 그렇지 않으면 그 정치인들은 민주주의 세계에서 가장 단호하게 스스로를 파괴시키는 정치인이 되고 말 것이다. 게다가 정치인들은 결코 보르겐에서 협상 같은 것으로

진을 빼고 싶어 하지도 않는다. 이는 다른 정당과의 대화에 묶여 있기보다 행동하길 원하는 모든 정치인에게 지옥과도 같은 일이다. 그들은 절대 그런 무력함을 택하지 않는다. 정치인에게 어쩔 수 없이 협상해야만 하는 결과를 쥐여 준 것은 유권자다. 정치인은 거의 항상 한 정당이 최소한 다른 한 개의 정당과 함께 연립 정부를 구성할 수밖에 없는 선거제도 아래에서 경쟁한다. 그런 결과가 국민을 무시한다는 주장은 선거에서 '국민의 판결'이라는 응답을 피할 수 없는 오늘날, 아주 터무니없는 강력한 주장이다.

얀-베르너 뮐러는 그의 책《포퓰리즘이란 무엇인가?》에서 도널드 트럼프의 영광스러운 발언을 인용했는데, 이 발언은 극단적이면서도 의미는 없는 포퓰리스트의 메시지와 관련한 일그러진 현실을 폭로한다. 공화당 경선 중이던 2016년 5월, 트럼프는 선언한다. "가장 중요한 단 한 가지는 국민 통합입니다. 왜냐하면 다른 사람들은 아무런 의미가 없기 때문이죠."[18]

이 선언은 천재적인 언어 사용이었다. 주제를 하나로 모으려는 트럼프의 시도에는 대부분 솔직함이 묻어난다. 트럼프는 그가 대대로 부자였다거나 상류사회의 일원이었다는 비난을 반박하려고 하지 않는다. 선출직 정치인이거나 혹은 그들을 위한 자문 역, 또는 근거에 기초해 트럼프의 주장에 반박하려는 정책 전문가로서 워싱턴에서 힘들게 일하는 사람들은 모두 '아무 의미 없는 다른 사람들', 곧 대체 가능한 사람들일 뿐이다. 미친 듯이 즐거워하며 트럼프를 응원하는 사람은 '국민'이다. 트럼프의 당선 이후 그는 '다른 사람들'에 편입했다. 아웃사이더가 주류가 된 것이다.

여전히 꽤 많은 아웃사이더가 주류의 길 위에서 시작한다. 마린 르 펜은 명망 있는 정치인 가문 출신으로 성공한 변호사이다. 그녀는 아직 당선의 불행을 겪어 보진 못했지만, 여전히 정치 엘리트의 일원이다. 영국독립당의 나이절 패라지는 서리Surrey 출신의 부유한 증권 중개인 이자 유럽의회의 구성원이다. 브렉시트 캠페인을 이끈 보리스 존슨은 이튼과 옥스퍼드에서 교육받았고, 주간지 《스펙테이터Spectator》의 전직 편집장이자 런던시장을 지냈다. 네덜란드 극우 정당 대표 헤이르트 빌 더르스는 수년 동안 네덜란드 의회의 구성원이었다. 트럼프는 성공적 인 백만장자 사업가이자 수십 년 동안 유명인이었다. 그는 극소수 특권 층 엘리트의 일원으로서 대부분의 '국민'은 상상할 수도 없는 부와 명 성을 누리며 살았다. 더 간단명료하게 말하자면 트럼프 타워와 그의 지 나칠 정도로 화려하고 호사스러운 부유함과 텔레비전 도처에 등장하 는 그의 얼굴이 이를 명백히 증명해 준다.

어쨌든 그들은 주류와 대결하는 아웃사이더가 되었다. 그들은 전 문가와 대결하는 숭고한 아마추어다. 브렉시트 캠페인을 이끈 마이클 고브는 유세 기간 동안 "영국에는 충분한 전문가가 있습니다"라고 선 언했다. 당시 고브는 법무부장관이었고 이전에는 교육부장관을 지냈 다. 고브는 가끔 그가 어떤 정책에 대한 아이디어를 추진하는 과정에서 때때로 증거근거를 무시했던 주류 정치인이었다. 그렇지만 그 일들을 하면서 전문가를 완전히 무시하지는 못할 만큼 똑똑했다. 고브는 아웃 사이더의 속임수나 아웃사이더에 편입해 있는 주류의 주장 대신에 전 문가들을 비난했다.

지금 주류 정치인으로서 트럼프는 난제에 봉착했다. 권력과 거리를 두는 사치를 누리는 우파 아웃사이더에게 딜레마란 없다. 그들은 강하다고 느낄 자유가 있고, 어느 정도는 그들 스스로 그렇게 주장하기 때문에 강력해 보인다. 선거에서 승리한 지도자에게 자기 비하는 한때 고려해 볼 만한 정치적 자산이었다. 권력을 가지고 우쭐대지 않으면서 인간적으로 보일 수 있도록 코믹한 효과를 보이는 데 효율적이었기 때문이다. 민주적으로 선출된 지도자의 힘이 너무도 약한 오늘날의 자기 비하는 아웃사이더가 힘에 관해 우스꽝스럽게 과시하는 것과 비교되어 나약하다는 신호로 간주될 수 있는 위험성이 있다. 이렇게 민주주의가 연약한 시기에는, 선출된 지도자들의 자기 조롱 시도에 고개를 끄덕이며 동의하면서 "심지어 자신도 본인이 멍청하다는 걸 인정했어"라고 말하는 유권자를 만날 수 있다. 우파 아웃사이더에게는 유권자들이 그런 판단을 내리도록 유도할 만한 위험성이 없다. 그들 모두는 스스로 강하다고 주장하며 자기 비하에 빠지지 않는다.

힘에 대한 주장이 그들이 옹호하는 일관성 없고 모순된 근거들을 완전히 숨기지는 못한다. 결국 일관성이란 민주주의 정치에서 필수적인 요건이다. 새로움이 다른 무엇보다도 강력한 정치적 무기인 이 시기에, 철학에서 비롯하는 가치와 정책 사이의 일관성 따위는 중요하지 않다. 아웃사이더들이 자신 있게 예상하듯이, 어떤 유권자는 비논리적이며 모순된 주장들을 알려고 하지도 않고, 또 모르는 것을 택하기도 한다. 그러나 유권자가 하나의 전제에서 정반대되는 모순이 횡행하는 주장을 들었을 때조차도 절대로 주목하지 않을 것이라고 예상하는 것은 유권자를 지나치게 깔보는 것이다. 비록 처음에는 의도적으로라도 얕은 소견을 모르는 척하더라도, 만약 기성 정당이 새로운 적의 취약성을 입증하는 대신 드러내는 방법을 찾는다면, 유권자들은 시간이 지나면서 알아차릴 수밖에 없을 것이며, 또 그렇게 해야만 한다.

아웃사이더들의 사상적인 모순은 미국에서 가장 선명하다. 미국 대통령 선거에서 트럼프는 티파티 Tea Party의 주요 집단으로부터 지지를 받았다. 티파티 운동은 재정 의무, 작은 정부와 자유시장이라는 세 가지 중심 철학을 강조한다. 티파티를 정의하는 특징 가운데 하나는 의회와 백악관을 향해 소리 높여 분노를 표현하는 것이다. 정치인과 정부를 향한 불신은 뿌리가 깊다. 티파티 운동원들은 거대한 지출을 하는 조지 W. 부시 George W. Bush의 공화당에게도 버락 오바마의 민주당에게 느꼈던 것만큼의 환멸을 느낀다. 그들은 오바마에게 비난을 퍼부었던 것만큼 내부적으로도 반항하고 있었다.

그러나 트럼프는 국가 재정 영역에서는 보수적이지 않다. 공화당 대통령 후보로서 그는 지출을 많이 하려고 하는 편이다. 트럼프는 본인이 기분에 따라서는 보수적으로 재정을 운용한다고 주장할 수도 있겠지만, 그는 대통령 선거 유세에서 사회간접자본에 1조 달러우리 돈 1,100조 원가량의 정부 마중물 예산을 제안했다. 유세 기간에 트럼프는 폭스 비즈니스 네트워크에 출연해 힐러리 클린턴의 2,750억 달러 규모의 사회간접자본 예산은 필요한 계획의 '일부분'에 불과하다는 주장을 폈다. 트럼프는 큰손이었을 뿐 아니라, 그의 계획은 검소한 힐러리를 이길 수 있도록 도왔다. 기본적으로 힐러리야말로 티파티 운동의 후보자가 될 자격이 있었다.

트럼프는 우파의 작은 정부와 자유시장을 지지하는 보수주의자에게 신성불가침의 원칙이나 마찬가지인 자유무역에 대해서도 대놓고 적대감을 드러냈다. 그러나 작은 정부와 자유시장을 지지하는 보수주의자들은 그를 응원했다. 때때로 트럼프는 스스로를 반정부주의자이자 작은 정부주의자로 묘사했다. 그러는 동안 그는 전례 없는 규모의 정부 지출 프로그램을 앞당기려 스스로를 독려했고, 관세를 부과해 자국 산업을 보호하는 정책을 지지했다. 그리고 실현해 나가고 있다. 우파 아웃사이더들은 편견을 가지고 있지만, 일관된 이념이나 정책은 가지고 있지 않다. 트럼프의 야망은 역시나 그 자신의 기분에 따라서 행진 중인 좌파 아웃사이더들 가운데 누구보다도 더한 국가주의자에 가까웠다. 티파티가 트럼프를 지지했다면 일관성을 잃은 것이다. 트럼프는 재빠른 흉포함으로 국가라는 손잡이를 당긴 반정부주의자 대통령으로 일관성을 유지하고 있지 못하다.

정도의 차이는 있지만 이는 오스트리아 자유당, 프랑스 마린 르 펜의 국민전선, 스웨덴 민주당, 덴마크 인민당, 독일의 독일을 위한 대안AfD, 헝가리의 더 나은 헝가리를 위한 운동요비크, Jobbik, 네덜란드 자유당에도 동일하게 적용된다. 이 정당들은 각각 다른 가치를 추구하지만, 트럼프처럼 포퓰리스트 국가주의를 드러내면서도 그 자신의 목적보다는 이를 달성하기 위한 수단과 정책 결과에 더 모호함을 드러내는, 카리스마 있거나 뚜렷이 눈에 띄는 지도자들에게 의존한다. 난민과 이민자 그리고 테러리스트는 극우파 아웃사이더의 적으로, 극우파 아웃사이더들이 그들을 정리할 것이다. 그들은 악몽의 나라를 만들어 온 선출된 정치인들인 '주류'의 통치를 비난한다.

새로운 정당을 만드는 것은 쉽지 않다. 모든 새로운 정당은 확연한 위기에 맞부딪쳤다. 정체성 극복, 목적 그리고 당원과 지지자에 관한 문제와 같은 범위의 문제들은 피할 수 없다. 1980년대 초, 영국에서는 열렬할 성원 속에 중도 진보 정당 사회민주당이 창당되었다. 그러나 사

제1장 보수주의자 아웃사이더가 등장하다

회민주당은 10년을 살아남지 못했다. 영국 사회민주당은 1988년 자유민주당으로 흡수되었다. 자유민주당은 현재 영국의 제4당이다. ─ 편집인 유럽 전역에 걸쳐 많은 극우 정당이 새롭게 탄생했지만, 여전히 당헌과 당규를 만들어 나가는 중이고, 어떤 형식을 취해야 하는지 큰소리로 다투고 있다. 주류에 대한 환멸이 치솟을 때 그들의 새로움은 강점이 되지만, 극적인 자체 분열로 이어질 수도 있다. 구조적인 허약함은 지리멸렬한 이념과 합쳐질 때 그들이 더욱 쉽게 파멸에 이르도록 한다.

이탈리아 포퓰리스트 정당 오성운동의 보기 드문 약진은 상징적이다. 오성운동은 고작 7년 만에 이탈리아 제1야당이 되었다. 오늘날 오성운동은 2018년 총선을 통해 북부동맹과의 연정으로 연립 여당이 되었다. ─ 편집인 지난 2013년 이탈리아 총선에서 오성운동은 25%의 득표율을 올렸다. 2018년 총선에서 32%로 올랐다. 한때 민주당의 주된 라이벌이었던 실비오 베를루스코니Silvio Berlusconi의 포르차 이탈리아Forza Italia는 그때부터 스스로 붕괴하고 말았다. 이탈리아의 다른 주요 우파 정당인 북부동맹Lega Nord은 지역적 특성과 상층부에서의 반복된 분열로 매력이 반감되면서 지금까지 자리를 잡지 못하고 있다. 북부동맹 대표 마테오 살비니Matteo Salvini는 프랑스의 르 펜, 네덜란드의 빌더르스와 가까운 유대 관계를 형성하고 있다. 이념적 혼란은 극우파를 특징짓는데, 전임자를 포함한 다른 고위 지도자들은 더 좌파적으로 접근해야 한다며 그의 정치적 유대 관계를 비판했다. 이런 배경에서 오성운동 정부는 더 이상 상상하지 못할 일이 아니다. 그리고 실현되었다. 2016년 6월, 오성운동은 로마시장 선거에서 승리했고, 더 놀랍게는 민주당에게 충격을 안기며, 좌파의 근거지였던 토리노에서도 승리하였다.

오성운동이 창당된 2009년 당시에는 공동 창립자 둘 가운데 누구도 정치인이 아니었다. 활력 넘치는 코미디언인 베페 그릴로는 오성운동에 가시성과 유명인의 카리스마를 불어넣었다. 오성운동 초기에는 다른 아웃사이더도 발굴되었고, 정통 정치인이라는 것은 큰 장점이 되지 못했다. 그러나 IT 경영자였던 공동 창립자 잔로베르토 카살레조Gianroberto Casaleggio는 오성운동에 눈에 띄는 특성을 입혔다. 카살레조는 텔레비전에서 권력자들을 공격했다고 내쫓긴 이 코미디언에게 블로그를 권했다. 그는 헌신적인 블로그 추종자들이 오성운동을 창립하는 기반이 되는 화학작용을 일으키도록 미트업Meetup 플랫폼 이용을 독려했다.

오성운동 철학의 핵심은, 오성운동은 정당이 아니라 정당을 해산시키기 위한 조직이라는 점이었고, 이 때문에 많은 이탈리아인이 후원과 새로운 조직 이식의 원천으로 보았다. 이 이상적이면서도 거의 구원자에 가까운 비전은 기성 정당과의 타협을 거절하는, 맹신적인 (반대파들은 정기적으로 온라인 투표에서 제거된다.) 그리고 좌파도 우파도 아니라고 강조되는 (오성운동은 모든 유권자를 포용하려는 목표를 가지고 있다.) 오성운동 특유의 구별되는 특징을 설명한다.

오성운동은 리더십의 많은 부분이 좌파에서 비롯되었지만 우파에서도 많은 득표를 올렸다. 한 번에 양쪽 모두를 바라보면서 이탈리아의 새로운 선거법인 결선투표제에서 특히 무서운 경쟁자가 되었다. 예를 들어 포르차 이탈리아의 후보가 1차 투표에서 당선되지 못한다면, 오성운동은 낙선한 다른 수많은 정당의 투표자들을 결선투표에서 끌어들일 수 있다. 그러나 바로 이 강점이 오성운동을 취약하게 만들었다. 좌파와 우파 성향을 가진 구성원들이 오성운동 안에서 정책을 만들고 비공식적인 파벌을 형성하면서 갈수록 부딪치고 있다. 그들이 직면한 또 다른 거대한 도전은 공직 경험이 없는 후보자들이 이를 극복하

제1장 보수주의자 아웃사이더가 등장하다

고 효율적인 리더십을 보여야 한다는 점이다. 오성운동에 소속된 새로운 로마시장은 재난에 가까운 출발을 했다. 2016년 6월 비르지니아 라지 Virginia Raggi가 로마시장에 당선된 것은 오성운동의 중요한 승리였다. 2017년 2월, 고위 각료들은 사임했고, 라지의 보좌관 가운데 한 명은 부패로 구속되었다. 만약 오성운동이 한 도시를 성공적으로 운영하지 못한다면, 유권자들은 오성운동에게 국가를 맡길 수 없다고 결론 내릴지도 모른다. 더 넓은 유권자에게 호소하면서 정치 혐오 문화에서 이익을 보려고 시도하는 오성운동은 아웃사이더들의 한 극단을 보이면서도 동시에 전형적이기도 하다.

오성운동이 내거는 경제에 대한 특별한 접근이나 건강보험의 비용에 관한 정책들은 대개 절차에 관한 것이다. 오성운동은 온라인 투표로 후보자를 선출하는데, 이러한 형태의 민주주의를 시대에 뒤떨어진 정치 정당과 대등한 것으로 간주한다. 그들은 환경 문제를 강조하지만 기후 변화를 믿지 않는 도널드 트럼프의 당선을 지지한다. 이제는 거의 일관된 정책이 없는 것이 그들의 정책이라고 할 만하다. 오성운동의 주요 인물은 '현대적'인 것처럼 보이지만, 그들이 통치해야 할 때를 봤을 때 혼란이 고의적이면서도 순진했던 회피의 결과일 수도 있다는 것을 발견하게 된다.

처음부터 명확성 없이 가장 높은 위치에서 출발한 새로운 정당들에게는 이점도 있다. 그들은 그렇게 할 필요가 있다고 느낄 때 호소층을 넓히고 주장을 변화시킬 수 있을 만큼 유연하다. 치명적인 단점은 그들이 목적의식이나 방향성을 갖는 것을 재빠르게 멈춘다는 데 있다.

독일을 위한 대안은 2013년 유로존 채무국을 위해 주로 독일에서 출자되는 긴급구제자금에 대한 항의성 정당으로 창당되었다. 짧은 기간 동안 독일을 위한 대안은 극우 반이민 정당으로 변화하여 우파와 기득권층에게 저항하길 원하는 사람들을 향해 호소했다. 당의 근본은 나뉘어 있다. 한쪽으로는 비교적 중도적인 구성원들이 있는데, 그들에게 독일을 위한 대안은 기본적으로 저항 투표다. 다른 한쪽은 그들이 아프리카인의 '번식 전략'이라고 부르는 것이 순수 독일 민족의 비율을 희석시키고 있다고 진심으로 믿고 주장하는 사람들이다. 대표인 페트리가 두 계열을 연결시켜 왔지만, 더 명시적인 극단주의자들이 페트리가 원했던 것보다 독일을 위한 대안을 더 오른쪽으로 옮기는 데 성공하고 있기 때문에, 대표인 그조차도 어쩔 수 없이 취약할 수밖에 없다. 페트리는 어리석어 보이고 선동적인 아이디어를 지지하고 발전시키는 데 그들과 어느 정도 뜻을 함께한다. 그러나 그는 더 넓은 호소력을 가지기 위해서는 공정한 정책을 만드는 모습이 요구된다는 것을 깨달을 만큼 똑똑하다. 그녀는 이 두 가지를 잘 융합시키려 고군분투한다. 결국 그녀는 2017년 4월, 9월에 있을 독일 총선에서 당의 총리 후보가 되지 않겠다고 선언하면서 노력하는 것을 포기했다.

독일을 위한 대안의 선거 유세에는 '가짜 언론'과 '전쟁광 미국'에 반대한다는 피켓을 들고 있는 시위자들이 참가했다. 어떤 참가자는 제2차 세계대전 이전의 국경이 그려진 '범독일주의Großdeutschland' 선언을 새긴 티셔츠를 입었다. 또 다른 사람은 독일의 '단계적 이슬람화'에 항의했다. 어떤 참가자는 학교에서 어린이가 동성애에 대해 배우는 것과 같은 '성 주류화gender mainstreaming'에 반대했다. 유일한 공통점은 그들이 현 독일 정부의 난민 정책에 반감을 가지고 있다는 점이다. 나머지는 명백한 정책 안건에 이르지 못한 분노와 불만들의 모음이다.

독일을 위한 대안은 공산주의권이었던 동독일에서 인지도가 더 높지만, 서독일에서도 인지도가 상승하고 있다. 페트리는 한 인터뷰에서 독일을 위한 대안을 '자유주의 보수당'이라고 부르며 우파 포퓰리스트, 극우 그리고 반이민과 같은 딱지 붙이기를 거부한다. 흥미롭게도 어디에나 사용되는 '자유'라는 단어는 독일 극우파의 효율적인 무기로 사용되고 있다. 페트리는 때때로 작은 정부, 반국가라는 주장이 자유주의의 한 형태와 독일을 위한 대안 사이에 맞아떨어지는 경우 이 단어를 효율적으로 사용한다. 그러나 독일을 위한 대안은 국가주의이기도 하고, 그들이 취사선택하기에 따라 권위주의적이기도 하다.

2016년 한 인터뷰에서 페트리는 "우리 당의 이상은 '대안'이라는 이름에 구현되어 있습니다. 이것이 메르켈이 유로에 대한 정책에 반복해서 '대안이 없다'고 주장하는 것에 대한 답입니다. 기본적으로 우리에게는 독일과 유럽 정치를 바로잡아야 할 아주 큰 필요성이 있습니다"라고 말했다. 페트리는 이웃한 오스트리아 극우파인 자유당과 같이 독일을 위한 대안이 '거대 정당의 와해'로부터 이익을 얻을 것임을 예견했다.

페트리는 거대 정당을 휩쓰는 위기에 대해서는 올바로 알아차렸지만, 인터뷰에는 더 넓은 층의 지지를 원하는 극우파 지도자로서 그녀가 만들어야만 하는 곤란한 뒤틀림이 강조되었다. 가장 크게는 최근 독일을 위한 대안이 극우파인 오스트리아 자유당과 유럽 동맹을 맺겠다고 선언한 이후, 그녀가 극우라는 꼬리표를 떨쳐버리고자 한 모든 시도가 공허해 보일 수 있다는 것이다. "맞습니다. 오스트리아 자유당과의 만남은 우리 당이 더 오른쪽으로 옮겨지는 것처럼 보일 수 있겠습니다만, 다른 한편으로 오스트리아는 언어와 정치 구조가 우리와 비슷하기 때문에 독일인의 관점에서 무시할 수 없으며 서로 대화하지 않는 것은 바보 같은 일입니다. 우리는 덴마크 인민당이나 스위스 인민당, 스웨덴 민주당, 핀인당True Finns, 심지어는 국민전선에서도 비슷한 특성을 발견합니다.”그래서 페트리는 더 오른쪽으로 움직였다는 것을 받아들이는 것일까? 그녀는 가볍게 그렇게 보일 수 있다고 말한다.

“난민 위기는 우리 성공의 기폭제가 되었습니다.” 페트리는 한 인터뷰에서 인정했다. 비록 브란덴부르크 주의회에서 당 대표인 알렉산더 가울란트Alexander Gauland가 썼던 ‘하늘에서 주신 선물’이라는 말을 거절할 만큼 똑똑했음에도 말이다. 이는 새로운 극우 정당의 지도자에게 나타나는 전형적인 문제다. 지도자들은 열렬한 지지자들의 발언을 통제할 수 없다. 페트리는 독일을 위한 대안이 독일의 난민 수용을 반대한다는 생각 또한 틀렸다고 말한다. “진짜 난민을 이야기하는 게 아닙니다”라며 많은 이민자가 진정으로 어려움에 처한 것은 아니라고 주장한다. “독일에는 난민을 위한 충분한 공간이 있습니다. 그러나 문제는 더 이상 이민자와 망명 신청자를 구분할 수 없다는 것입니다.” 그러나 이민자와 망명 신청자를 단일한 문제집단으로 낙인찍은 것은 페트리와 다른 우파 지도자들이었다.

이제 발칸 루트가 닫히고, 유럽 주변으로 울타리가 세워지고 국경이 봉쇄되었기 때문에 새로운 이민 행렬은 대부분 중단되었다. 독일을 위한 대안은 두드러지게 당의 안건을 독일의 ‘이슬람화’ 중단으로 바꾸었다. 페트리의 관심사에는 교과과정 내 수영 수업의 남녀 분반, 그녀가 이주자들을 깎아내렸던 성범죄의 증가(그녀는 매일 보는, 경찰 보고서의 새 자료를 모아 둔 웹사이트를 인용했다), 망명 신청자들의 고향에서 발생하는 기독교 기도실 파괴 같은 것이 있다. “음, 가끔은, 우리가 사람들이 듣도록 도발적인 논쟁을 해야 한다고 생각하는 것을 저는 부정하지 않습니다."[19] 페트리는 가끔 솔직하게 말한다.

　그러면서 페트리는 독일을 위한 대안이 언론의 관심을 너무 받지 못한다며 불평한다. 그들은 국가와 개인 사이의 균형을 더 보길 원한다("바로 그 순간에 국가는 모든 것에 간섭한다"). 그러면서도 페트리는 국가가 노동 시장을 조정하기 위해 개입하길 바란다. 독일을 위한 대안은 국영방송 개선을 원한다("통지와 교육의 법적 의무 표지 없이 방영되는 축구와 드라마, 할리우드 영화").[20] 많은 것에 국가가 지나치게 개입한다고 믿는 지도자에게 이러한 개선을 위한 행동은 그 자체로 매우 국가주의자처럼 느껴질 수 있다.

　페트리는 당내의 빈번한 종교적·문화적·정치적 최고위자들의 대립과 더욱 '다채로운' 문제 발언들로 헤드라인이 채워지는 동안 이러한 쟁점들은 묻혀 왔다고 말한다. 우파의 새로운 정당들은 어느 정도 '다기한' 사건들로 창당된다. 그들은 젊다. 그들은 기이하게도 경험이 전무한 정치인을 끌어모은다. 영국독립당은 브렉시트에 일익을 담당했다. 동시에 당내의 몇몇 지도자는 인종차별 발언과 거짓으로 가득 찬 개인사의 발표에 관한 다툼에 연루되었다.

　독일을 위한 대안이 점점 더 지지를 얻자, 긴장감 또한 높아졌다. 그러나 '어떻게 더 지지율을 높일 것인가'와 같은 날카로운 질문은 우파의 좀 더 오래된 정당들에게도 적용될 수 있다. 초창기 영국독립당의 리더십은 우파의 대처리즘을 옹호했다. 한때 당의 변화무쌍한 프로그램은 국민건강보험NHS의 민영화를 지지했다. 지난 2015년 영국 총선에서 영국독립당은 토착 인구의 복지에 높은 예산을 투입하는 것과 국민건강보험을 강하게 지지했는데, 그것이 전통적인 노동당의 영역에 스며드는 길이라는 것을 알았기 때문이다. 당의 노선이 바뀐 것에 대한 질문에 오랫동안 대표를 맡아 온 나이절 패라지는 과거의 정책은 무관하며 자신은 과거의 정책 가운데 많은 부분을 기억하지 못한다고 말했다. 패라지는 영국독립당의 엉뚱한 선거공약 가운데 하나를 쓰기는커녕 읽기조차 거절했다.

패라지는 외적 매력과 재치 있는 접근으로 곤란한 질문을 교묘하게 모면했다. 그는 영국 정치에서 가장 뛰어난 소통 능력을 가진 정치인 가운데 한 명이지만, 세금과 공공 서비스 개혁에 관한 견해는 영국독립당이 끌어들이고 싶어 하는 노동당 투표자들의 시선과는 한참 동떨어져 있다. 패라지에 이어 대표가 된 폴 누탈Paul Nuttall은 북잉글랜드 지역의 노동자 출신임을 내세워 노동당을 무너뜨리는 것을 목표로 삼았다. 그가 노동자 출신인 것만으로 충분해서는 안 된다. 정책과 가치가 더 중요해야 한다. 영국독립당이 지지 기반을 넓히려고 노력할수록 모순도 더 커진다. 어떤 측면에서는 선거에서 득표율이 높아지는 것이 그들을 더욱 취약하게 만드는데, 그들이 영국독립당이 아닌 다른 무언가가 되려고 하기 때문이다.

극우 스웨덴 민주당은 그들이 백인 지상주의 운동에 뿌리를 두고 있다는 사실을 부인하는 것처럼 보인다. 덴마크 인민당 대표는 이민에 대한 언급을 줄이고, 공공 지출과 공공 지출의 할당 영역 선택에 초점을 맞춤으로써 당의 이미지를 부드럽게 하고자 노력했다. 그 핵심으로 인민당은 복지 정책의 수혜자를 제한함으로써 덴마크의 관대한 복지 제도를 지키겠다고 약속했다. 인민당은 결국 일부 사회민주당 지지자를 차지해 나가고 있는데, 인민당이 사회민주당이 수십 년에 걸쳐 이룩한 제도의 가장 훌륭한 수호자임을 자임함으로써 이룬 결과다.

"스칸디나비아 국가에서는 우리의 노인과 어린이, 환자를 돌봐야 하는 것을 생각해야 할 때, 너무 많은 복지 예산을 국외로 유출시키고 있는 것은 아닌지에 대한 우려가 있습니다.” 덴마크 인민당의 원내대표 페테르 스카루프Peter Skaarup는 복지 예산은 줄이면서도 현재 복지 예산의 주된 수령자인 노인과 어린이, 환자에 대한 예산은 증액하겠다는 영리하면서도 위험한 뒤틀린 맹세를 했다.[21] 위험은 아웃사이더들의 지지 기반이 점점 더 넓어지는 것보다는 그들을 더욱더 믿을 수 없다는 데 있다. 그러나 아웃사이더들을 믿을 수 없다는 점은 그들의 이념적인 격차를 주류가 노출시키는 데 달려 있다.

네덜란드에서 자유당을 창당한 헤이르트 빌더르스 대표는 오랫동안 그를 프랑스의 르 펜과 같은 유럽 극우파의 리더들과 나란히 하는 것을 거부했고, 스스로를 보수 자유주의자라고 규정하면서 “잘못된 우파 파시스트주의자들과 연결되는 것”에 우려를 표했다.[22] 2016년 말 빌더르스는 네덜란드에 모로코인을 ‘더 적게, 더 적게’라고 구호를 외치며 인종차별을 조장했다고 유죄 판결을 받았다. 그는 르 펜을 포함한 다른 우파 지도자들과 더불어 자주 눈에 띈다. 빌더르스는 자유주의를 반대하는 보수 자유주의자다.

동정심을 가지고 실용주의를 시도하는 것은 성의도 없고 설득력도 없다. 정당은 그들이 주창하는 것의 핵심에서 도망칠 수 없다. 스웨덴 민주당이 북유럽 극우 포퓰리즘 스펙트럼의 극단에 놓인 것은 그들의 뿌리 때문만은 아니다. 지난날 정당이 했던 주장들의 메아리가 그것에서 벗어나려 하는 지금까지도 들린다. 한 정당의 이론가는 “우리 문명,

우리 문화, 그리고 우리 국가의 생존에 관한 위대한 결정적인 전투"에 대해 썼다. 2016년 8월 당 대표 선거 연설의 주제 가운데 하나는 이슬람교가 "이 시대의 나치즘과 공산주의"라는 것이었다.[23]

크리스티안스타드Kristianstad 시의회의 스웨덴 민주당 원내대표 니클라스 닐손Niclas Nilsson은 "셀 수 없이 많은 이민자들"을 비난하면서 국가가 "서유럽에서 가장 무책임한 이민 정책을 펴고 있다 … 더 이상 스웨덴 사람들은 집에 있는 것 같은 편안함을 느끼지 못한다 … 문제는 대부분 이슬람교도에 기초한다. 그들은 동화에 어려움을 느끼며, 그들 문화의 많은 부분은 이슬람교에 기반한다"[24]고 말했다. 닐손은 스웨덴 민주당이 이민자가 거의 없다시피 한 고립된 시골에서 득표율이 더 높다는 사실에 대해 아무런 설명도 하지 않지만 인정한다.

프랑스에서 국민전선의 총재 마린 르 펜은 (대통령 선거에 입후보하기도 한) 그녀의 아버지보다는 더 합리적으로 말하지만, 그녀의 사회 비전은 신화에서나 볼 법한 이야기다. 단일민족이었던 프랑스는 지금까지 존재했던 적이 없다. 2015년 1월 밀라노에서 열린 우파 포퓰리스트 정당들의 정당 대회에서 르 펜은 유럽의 거듭되는 이민 위기는 유럽 대륙을 '빈곤'하게 만든다고 주장했다. 이탈리아 북부동맹이 주관한 정당 대회의 참가자는 천여 명에 가까웠다. 북부동맹은 오성운동이 정치에 무관심한 편의주의를 보이는 것과 달리 명확하게 우파에 뿌리를 두고 있었다. 정당 대회에는 네덜란드 자유당, 오스트리아 자유당을 비롯해 유럽의 여러 우파 정당들도 초대받았다.

르 펜은 개회사에서 유럽에 쇄도하는 이민자들로 "그들의 시민성이 영원히 사라질지도" 모른다고 말했다. 오스트리아 자유당의 하인츠 크리스티안 슈트라체Heinz-Christian Strache는 집회에서 "우리 모두는 유럽과 유럽의 문화 그리고 자유가 오늘날 무책임한 대규모 이민으로 위협 받고 있다는 데 동의한다"고 선언했다.

"유럽연합과 각국 정부 지도자들은 극적으로 실패했다. 우리는 여기서 유럽이 정상이길normal 바라고, 또 다른 유럽도 가능하다는 것을 이야기하고자 한다." 북부동맹 대표 마테오 살비니는 이렇게 말하며 반드시 "시급하게 주권을 회복해야 한다"[25]고 덧붙였다.

무엇이 '정상적인' 유럽인가? 그는 '주권'을 정확히 어떤 뜻으로 언급한 것인가? 르 펜이 빈곤, 그리고 시민성의 소멸을 경고한 것은 어떤 의미인가?

다른 우파 아웃사이더들과 마찬가지로 르 펜은 국가주의자다. 그는 프랑스에서는 테러리즘, 영국과 독일에서는 실직의 공포에 휩싸인 시대를 이야기한다. 미국의 트럼프처럼 르 펜은 정부를 다수의 중도 좌파보다 더 인자한 세력으로 본다. 그는 트럼프 같이, 유권자들을 세계화로부터 보호하고, 보호무역주의를 증진하며, 유로존을 떠나고, 외국인 노동자에게는 세금을, 수입품에는 관세를 부과하며, 은퇴 연령을 낮추고, 복지 혜택을 높이며 방위비를 증액시키는 등의 목표를 달성하기 위한 방법에 대해서는 확신하지 못한 채 일단 그렇게 하겠다고 선언한다. 단지 국가가 인자한 권력을 가지는 것에 주저하는 주류들이 아웃사이더들에게 수천 개의 손잡이를 당길 수 있다고 주장할 수 있는 기회를 부여한다.

아웃사이더들은 그들을 떠받치고 있는 부서지기 쉬운 구조만을 가지고 주장을 펼친다. 마린의 아버지가 총재일 때, 국민전선은 막돼먹은 경영자들을 위한 신자유주의 모임이었다. 장마리 르 펜Jean-Marie Le Pen은 홀로코스트 부역자로 유죄 판결을 받았고, 대중 선동에 큰 관심을 보였다. 마린 르 펜은 은근하면서도 세련되었지만, 그녀에게는 아버지를 따랐던 신뢰할 수 없는 기이한 면도 있다. 바깥쪽에 있는 어떤 정당 내부의 교묘한 술책은 음울하게 우스울 테지만, 아마도 어쩔 수 없을 것이다. 새로운 정당을 만들어 나가는 것은 어려운 일이며, 많은 정당이 오래가지 못한다.

영국독립당은 브렉시트 국민투표 이후 나이절 패라지를 뒤이어 당을 이끌 인물을 찾느라 애를 먹었다. 한 후보자는 수개월에 걸쳐 여러 차례 열린 대표 경선 과정에서 병원 신세를 졌다. 스티븐 울프Steven Woolfe는 영국독립당의 다른 유럽의회 의원과 '언쟁'이라고 묘사된 일에 연루되었다. 병원에서 회복 중인 울프의 사진에 근거하면, 그것은 대단한 언쟁이었다. 부상당한 울프는 경선 도중 사퇴했고, 얼마 되지 않아 영국독립당을 떠났다. 우여곡절 끝에 영국독립당은 폴 누탈을 대표로 뽑았다. 누탈은 그의 누리집과 링크드인에 변조된 학력과 축구 실력을 올렸던 인물이다. 나중에 그는 영국 텔레비전에 출연해 자신은 위조에 직접적인 책임이 없다고 주장했다. 대부분의 극우 정당이 비교적 최근에 창당되었음을 감안하면 그의 아마추어적인 볼품없는 모습에 크게 놀랄 것도 없다. 그들의 경험은 비교적 일천하며, 이는 그들의 잘못이 아니다. 정당이 완벽한 형태를 갖추고 탄탄해지는 데는 오랜 시간이 걸린다. 그렇게 때문에 그들이 살아남을 것이라고 보장할 수 없다.

명확한 정의 없이, 정당 대표의 자아는 이념이나 정책보다 더 강한 원동력이 된다. 그러나 한 인물의 자아에 의존하는 것은 정치 세력에겐 위험한 출발점이다. 자아는 불규칙하며 예측할 수 없다. 또 왔다 갔다 하기도 한다. 정당은 오랜 역사를 가지는 것이 좋다. 미국에서 아웃사이더들의 혁명을 이끈 것은 트럼프이지, 공화당의 나머지 구성원이

제1장 보수주의자 아웃사이더가 등장하다

아니다. 패라지는 영국독립당의 상승을 이끈 숨은 원동력이었다. 그가 없었다면 영국독립당도 없었겠지만, 패라지가 대표였기에 그 아래에서 브렉시트 이외에 별다른 구속력 있는 원칙이 없던 정당이 성장할 수 있었다.

이것은 민주주의 정치에서 부수적인 문제라고 할 수 없다. 일관된 이념과 가치는 대중성을 유지하는 출발점이다. 튼튼한 정당 구조는 지지를 묶어 두는 필수 요소다. 정당의 통일성은 선거에서 연속해서 승리하기 위한 전제 조건이다. 결국 크고, 잘 단련되지 못한 자아는 장애물이며 정당의 지지 기반을 넓힐 수 있는 해결 방법이 되지 못한다. 아웃사이더들은 널리 명성을 퍼트리기 위해 아주 특별한 자아에 의지하지만, 그 자아는 새로운 정당을 아주 빠르게 붕괴시켜 버릴 수도 있다. 다시 말하면 아웃사이더의 성공 씨앗은 그들이 위태롭게 존재하는 원인이기도 하다.

대통령 후보조차도 정당을 상징한다. 혹은 상징해야 한다. 미국 대통령 선거에서 트럼프는 공화당 후보였지만 고위 공화당원의 열렬한 지지를 얻지는 못했다. 그는 공화당이 위기라는 증상이었을 뿐, 미국 보수 우파의 대단한 부활은 아니었다. 대선 경선에서 트럼프 라이벌 가운데 일부는 적어도 그처럼 우파였다. 그들의 선거 유세는 이념적으로 더 혼란스러웠고, 트럼프가 더 편의주의적이고 세련되어 보이게 만들 정도로 지나치게 단순화된 도덕적 열정을 가미했다. 다른 경쟁자들은 트럼프의 상승에 지나치게 겁먹은 나머지 그와 아무 관계도 없음을 강요당하는 것처럼 느꼈다.

트럼프는 공화당이 아니라 그 자신을 대변한다. '국민'은 그에게 의지하는데 이는 그가 트럼프이기 때문이지, 공화당원이기 때문이 아니다. 그의 지지자들은 "우리는 트럼프를 원해요"라고 외친다. 그들은 트럼프를 가졌지만, 공화당은 여전히 부진하다. 트럼프의 주변 인사는 그만큼이나 경험이 일천하다. 트럼프와 함께 일하는 고위 공화당원들은 조심스럽게 주저하며 일한다. 지난날 공화당은 대통령에게 함께 일할 능력을 갖춘 당의 여러 부서 출신의 경험 있는 정치인을 제공했다. 그러나 트럼프는 워싱턴 공화당의 경험 있는 정치 인사들에 기반하기보다는 대부분을 친구와 가족에게 의존한다. 그 당시에는 매도당했던 부시 대통령조차도 딕 체니Dick Cheney와 도널드 럼즈펠드Donald Rumsfeld와 함께 콜린 파월Colin Powell과 콘돌리자 라이스Condoleezza Rice를 임명했다. 부시 행정부는 너무 넓어서 일관성도 부족하고 완벽하게 통솔되지도 않았지만, 적어도 그 넓이는 어느 정도 자신감에 찬 공화당을 반영했다. 트럼프는 그렇게 의지할 정당이 없는데, 오늘날의 이념적인 혼란 속에서 그런 정당은 더 이상 존재하지 않기 때문이다.

영국독립당은 괴짜의 집합체인 대통령 후보들과 폭넓은 혼란 속에 있는 미국 공화당조차 완전히 합리적으로 보이게끔 만들 정도다. 역사적인 브렉시트 국민투표에서 승리하고 몇 달 뒤, 영국독립당은 새로운 대표 다이앤 제임스Diane James를 뽑았는데, 그는 불과 18일 만에 대표에서 사임했다. 그 후 패라지가 세 번째로 다시 대표가 되는 웃음거리가 더해졌다. 비록 이번에는 임시 대표였지만 말이다. 패라지는 2015년 총선 이후 사임했는데, 그저 그가 다시 대표가 될 준비가 되었다는 것을 선언한 것에 불과했다. 그는 국민투표 이후 사임했지만 임시 대표로 다시 돌아왔다. 결국에는 병원에 입원한 당 대표 후보자 제임스가 당을 떠났던 것처럼 말이다. 이때는 영국독립당이 번성해야 할 시기였다. 국민투표에서 승리했으며, 지지자들은 브렉시트를 정의하고 실현해

제1장 보수주의자 아웃사이더가 등장하다

나가는 데 영국독립당이 선도 역할을 할 것이라고 믿었다. 대신에 영국독립당은 〈몬티 파이슨의 비행 서커스*Monty Python's Flying Circus*〉를 재현하는 데 참여한 것 같았다. 이 바보 같은 정당은 어리석음과 관련된 모든 기록을 깨는 듯했다. 국민투표 이후의 소란스러움은 넓어진 패턴을 반영한다. 지난 몇 년 동안 돋보이는 의원이나 후보자는 빈번하게 제명되었고, 어떤 경우에는 구속되었다.

이런 정당과 개인은 약해 보인다. 그러나 그들은 강하다. 북유럽의 자유주의적 민주주의는 이민과 망명에 대한 정책을 전환했다. 시리아 난민에 대한 메르켈의 휴머니즘적인 태도를 지지하던 지도자들은 공포에 휩싸여 자세를 180도 전환했다. 영국은 유럽연합을 떠날 계획을 세웠다. 트럼프는 세계에서 가장 강력한 선출된 지도자다.

정치적으로 약화되는 힘을 어떻게 설명할 것인가? 최근 유행하는 이론은 우리가 거짓말과 지식의 결여가 선거에서 자산이 되는 '후기 진실의 시대post-truth era'에 살고 있다고 설명한다. 납득할 만한 이유로 불평등과 경제적·사회적 불안의 희생자였던 혹은 그렇다고 느꼈던 유권자들은 그들이 듣고 싶은 것만 듣고, 보고 싶은 것만 본다.

바로 여기에 무언가가 있다. 권력의 복잡성에 오염되지 않은 아웃사이더의 제안은 시험받지 않았다. 그들은 환호에 찬 관중에게 말을 내뱉고는, 강렬한 환멸과 배신의 외침에 불붙일 수 있는 정책은 이행하지 않는다. 그러나 후기 진실의 시대의 콘셉트 역시 위험하게도 진실하지 못하다. 영광스러웠던 솔직함의 시대였다는 암시를 유발하는 것을 보면 말이다. 그 암시는 부분적으로 진실하지 않은데, 그것은 사실일 수 없기 때문이다. 정치에서 진실이란 언제나 주관적이며, 이는 정당하다. 어떤 사람의 공공 지출 공약은 다른 사람에겐 납세자의 돈을 쓸데 없이 낭비하는 셈이다. 더욱이 후기 진실의 시대의 콘셉트는 왜 기성 정당들이 그렇게 약화되었는지에 대한 주된 원인을 설명하지 못한다.

새로운, 세계화된 경제로 인한 정신적 충격을 강요받고 있는 현실에서 기성 정당들은 좌파나 우파 모두 그들이 무엇을 할 수 있는지, 무엇을 하길 원하며 무엇을 믿고, 무엇을 확신을 가지고 해야 하는지에 대한 진실을 이야기하는 방법을 찾는 데 불행히도 실패했다. 진실의 핵심을 바탕으로 논거를 만들어 나가는 데 실패한 그들은 아웃사이더들이 거짓을 융성시킬 여지를 주었다.

2015년 영국 총선은 거짓을 바탕으로 한 경쟁이었다. 조지 오즈번George Osborne은 차기 의회에서 적자를 없애려는 계획을 바탕으로 선거 구도를 짰는데, 이 구도는 현실과는 아주 조금밖에 연결되어 있지 않았다.

브렉시트 이후 펼쳐진 드라마에서 당시 총리는 거의 혹은 가볍게 목표를 낮추었으며, 그 목표를 달성할 수 있다고 전혀 생각하지 않았다고 발표했다. 그러나 1년 전 선거는 균형 재정에 대한 거짓말로 완전히 도배되었다. 영국 노동당 대표 에드 밀리밴드Ed Miliband는 정부 지출에 책임감 있게 보이도록 자신은 믿지 않았다는 주장을 하도록 강요당했거나 강요당한다고 느꼈다. 밀리밴드는 오즈번처럼 삭감을 주장했는데, 그렇지 않았다면 그 자신이 세금 폭탄의 방아쇠를 당겼다는 비난에 직면했을 것이다. 거짓된 균형 재정과 관련해서 오즈번보다 더 '책임감' 있는 모습을 보이고자, 노동당은 보수당이 제안한 국민건강보험 재정 지출의 소폭 인상마저 거절했다. 노동당 지도자들 개인적으로는 그들이 더 많은 지출을 해야 했다는 것을 알았지만, 적자에 초점을 맞추기보다는 노동당이 부주의하게 예산을 낭비했다는 비난을 받을 수 있었기 때문에, 그것을 드러내 놓고 말하지 못했다.

선거를 앞두고 BBC 프로그램 《퀘스천 타임*Question Time*》에 출연한 밀리밴드는 정직하게 구 노동당 정부의 지출이 금융위기를 야기했다는 주장은 받아들일 수 없다고 이야기했는데, 그의 솔직함은 대단히 치명적이었다. 그는 지난날의 낭비는 오즈번과 같은 엄격한 운용으로 대체될 것이라고 거짓말했어야 했다. 그는 지저분한 게임을 해야 했다. 비록 오즈번이 사람들의 생활과 경제를 파괴하지 않고 어떻게 균형 재정을 할 수 있는지 알 수 없으며, 보수당도 나중에는 모든 허울을 포기할 수 있더라도 말이다. 모든 선거는 환상에 기초한다.

트럼프는 환상의 정치에서 몇 발짝 앞서 있었지만, 선거 유세 기간 동안 환상은 언제나 작용하고 있었다. 환상을 폭로하고 그들의 말을 듣도록 만드는 것은 아웃사이더들이 그렇게 하고 있는 것처럼 반대편의 의무다. 그런데 이런 일은 일어나지 않고 있고, 그것이 우파 아웃사이더들이 아무런 도전을 받지 않는 이유다. 주류는 더 이상 **어떻게** 도전해야 하는지 확신하지 못하고 있다.

우파 아웃사이더들은 경험, 조직, 그리고 일관성에 심각한 약점을 가지고 있다. 그러나 그들은 큰소리로 자신 있게 나라에서 무시당하고 있다고 느끼는 사람들을 구원해 주겠다고 선언한다. 그들은 국가 — 그들의 국가 — 와 국가가 가져올 수 있는 안보와 안정에 대한 견해를 가지고 있다. 이것이 바로 세계화 시대에 그들만이 지닌 강점이다. 다른 이유로 좌파와 우파의 기성 정당들은 정부에서 스스로 의도를 내세우지 않는 쪽을 택했다. 우파 아웃사이더, 그리고 더해서 좌파 아웃사이더들과는 반대로, 중도 진보와 중도 보수의 주류 지도자들은 약해지는 쪽을 선택했다.

진보주의 아웃사이더의 약진

　　　어떤 면에서 좌파 아웃사이더는 우파 아웃사이더와는 비교할 수 없을 정도로 다르다. 그들 가운데 극히 일부는 우파 아웃사이더만큼이나 도드라지지만, 유행하는 통설만큼은 아니다. 2008년 금융위기 이후 정치 칼럼에서 인기 있는 주제는, 반직관적으로 우파는 이익을 얻었고 좌파는 도리어 위기에 빠졌다는 것이다. 그러나 우파로 이동하는 것이 일관된 현상은 아니다. 2008년 이후 미국 민주당은 대통령 선거에서 두 차례 승리했고, 뉴욕은 급진 좌파 시장을 선택했다. 캐나다는 야심에 찬 자유주의 총리를 선출했다. 프랑스는 비록 단임에 그쳤지만 사회주의자 대통령에게 투표했다. 심지어 1980년대에는 보수당이 눈 감고도 승리를 거두었던 영국에서조차, 2010년 금융위기 당시 보수당 대표였던 데이비드 캐머런은 전국적인 승리를 거두는 데 실패했다. 연립 정부를 구성해야 했다. 영국독립당은 2015년 영국 총선 이후 단 한 명의 하원의원만을 배출했는데, 대표였던 나이절 패라지와는 대화조차 하지 않는 사람이었다. 아웃사이더로서 약진한 좌파에 대해 이야기하자면, 그들은 그리스 정권을 잡았고, 미국 민주당 대선 후보 경선을 인생 게임으로 만들었으며, 몇몇 유럽연합 회원국의 정치적 역학관계를 바꾸었다. 환멸을 느낀 유권자들이 본능적으로 우파로 돌아선다는 것은 미신에 불과하다. 어떤 이들은 발끝을 왼쪽으로 돌린다. 그리고 그 가운데 소수는 급진적인 변화를 꾀한다.

좌파 아웃사이더와 우파 아웃사이더의 차이점은 극명하며 또 중요하다. 좌파 아웃사이더는 우파의 일부가 하듯이 포퓰리스트의 주제인 외국인의 '위협'이라는 주제를 언급하지 않는다. 국가를 대하는 그들의 시선은 '작은 나라와 큰 정부'를 주장하는 우파 아웃사이더와 비교해 훨씬 일관적이다. 좌파 아웃사이더는 우파 아웃사이더와는 반대로 하루의 절반을 국가를 반대하는 토론에 낭비하지도 않고, 그들이라면 정부의 손잡이를 어떻게 움직일지 이야기하느라 남은 절반을 흘려보내지도 않는다. 좌파 아웃사이더는 그들이라면 국가를 어떻게 운영할 것인지 말하는 데 **모든** 시간을 쓴다. 어떤 이들은 2008년 경제위기에 대한 분석을 기초로 경제 정책을 제안한다. 종종 존경받는 경제학자들이 그들의 동료가 된다. 좌파 아웃사이더의 급진성은 꽤 자주, 조심스러워 하는 진보 주류를 비슷한 정치 역정으로 끌어들인다. 만약 버니 샌더스가 힐러리 클린턴을 좀 더 대담하게 만들지 않았다면 그녀는 대통령 선거에서 더 처참하게 패했을 것이다. 영국 노동당은 지루해 죽을 것 같은 위험을 감수하고 2015년 제러미 코빈이 입후보하기 전까지 따분한 대표 경선을 치렀다. 그리스와 스페인의 주류 진보 정당들은 어떤 부류인지 다시 생각하도록 더욱 좌파쪽으로의 움직임이 일어나기 전까지는 활력을 잃어 가던 쇠약해지고 있던 중이었다.

좌파 아웃사이더는 다른 것들과 구별되어 뚜렷이 빛을 발하고는 있지만 그들은 우파의 대안과 하니의 중요한 연결점을 가지고 있다. 그들은 유권자의 인생을 변화시키기 위해서 손잡이를 당길 것이라고 이야기할 뿐 아니라 더 이상 존재하지 않는 일방적으로 행동하는 권력을 암시한다. 이는 세계화의 부정적인 결과를 지나칠 정도로 강조하면서도 같은 현상이 야기한 각 정부가 맞닥뜨린 장애물에 대해 언급하는 것은 주저한다. 좌파 아웃사이더는 마치 한 국가가 스스로 나아갈 방향을 결정하여 행동할 수 있는 것처럼 암시하지만, 그런 편협한 해결 방안으로 움직이는 데 따른 잠재적 위험에 대해서는 깊이 생각하지 않는다. 이런 점에서 그들은 우파 아웃사이더와 어울린다.

편견에 치우친 해결책이라는 망상은 권력이 안정되면 끝난다. 2015년 초 그리스 총선에서 급진좌파연합 시리자가 승리했다. 이는 한층 폭넓은 정치적 격변이 따라올 것이라는 이른 암시였다. 패턴은 점차 익숙해졌지만 그때까지만 해도 신선했다. 유세 기간에 돌입할 때까지만 해도 선거에서 승리한 시리자의 대표 알렉시스 치프라스Alexis Tsipras를 포함한 어느 누구도 시리자가 승리할 것이란 결과를 예측하지 못했다. 그러나 유세가 시작되자 치프라스는 자신이 유권자 상당수가 가지고 있는 도전적인 변화에 대한 욕구를 효율적으로 이용하고 있음을 발견했다. 대체로 그리스의 좌파 아웃사이더는 우파 아웃사이더에 비해 스타와 같은 대접을 받아 왔다. 대부분은 치프라스보다 약간 어린 축이었지만, 심지어 나이 든 좌파 인물조차도 마치 또 다른 환상적인 월드 투어를 떠난 믹 재거Mick Jagger처럼 환대받았다.

2015년 1월 BBC는 치프라스가 표를 행사하기 위해 투표소에 왔을 때 "록스타와 같이 환영받았다"고 보도했다.[1] 선거일이 다가오자 선거 유세의 지나친 희망은 훨씬 더 들뜬 집단 돌풍으로 변화했다. 유권자들이 사용하는 투표 제도의 명시적 권력은 저항을 위해서가 아니라 치프라스를 새로운 총리로 만드는 데 쓰이고 있었다.

몇 시간 뒤 개표가 시작되자 치프라스와 시리자가 어떤 분석가가 예상했던 것보다도, 심지어는 선거 유세 막바지에 예상했던 것보다도 훨씬 더 큰 격차로 승리했다는 것이 명백해졌다. 압도적인 승리가 확실해지자 치프라스는 아테네 한가운데에서 그를 맹목적으로 지지하는 군중을 향해 상징적인 선언을 했는데, 그 기만적인 방향의 내용으로 인해 그럴듯한 포장이 필요했다. "우리 앞날에 긴축은 없습니다 … 유로화 규정이 잘못되었음에도 불구하고 우리가 지켜야 합니까? 새 정부는 정의와 평등의 편에 설 것입니다 … 우리는 방향을 전환할 지침을 가지고 있습니다"[2]

그 선언은 우파 포퓰리스트들이 대표하는 '국민'만큼이나 의뭉스러운 것이었다. 어떤 형태로든 그리스는 장차 긴축 재정을 펼쳐야 했다. 심지어 '긴축'이라는 단어가 아웃사이더의 시대에 남용되면서 애매하게 사용되는 어휘라고 할지라도 말이다. '긴축'을 일축하는 것은 이 시대의 결정적인 본질을 밝히는 질문 가운데 하나를 수반한다.

유로화 규정이 잘못되었음에도 그리스인들은 단일 통화 원칙을 고수할까? 이 질문은 도발적인 '아니오No'라는 대답을 내포한다. 아니면 치프라스는 질문한 것이 아니라 그리스가 규정을 바꾸자고 제안한 것일까? 새로운 정책으로 꾸며진 모호함은 천재적인 아이디어였지만 그를 곤경에 빠뜨릴 것이기도 했다. 이런 확신에 찬 주장은 수많은 딜레마를 야기한다. 누가 규정이 잘못되었는지 아닌지를 결정하는가? 만약 그리스가 유연하게 적용되고 있는 규칙을 따르지 않을 예정이라면,

그리스는 어떻게 유로화를 계속 사용할 것인가?

　누가 통치하는가? 이 질문은 그리스 총선의 중심에 있는 근원적인 질문이기도 하고, 더 넓게는 다른 아웃사이더의 약진에 대한 핵심 질문이기도 하다. 아웃사이더는 자신들이 당선되기만 하면 충분히 원하는 바대로 통치할 수 있다고 주장한다. 그들이 핵심을 지적하고 있기는 하다. 민주주의 선거에서 당선인은 그가 선택하는 방법으로 통치할 수 있는 권한을 가진다. 그리고 각국은 적어도 공통의 관심사를 가지는 영역에 대해, 다른 나라와 함께 공동의 이익을 추구할 의무가 있다. 그러나 어떤 형태로 공동의 이익을 추구할 것인가? 그리고 공통의 관심사는 무엇인가? 이 질문은 단일 통화권 국가 가운데서도 저개발국에서 더 복잡한데, 그들은 독일 경제에나 적합한 이자율을 자신들에게도 적합한 척하고 있다.

　2015년 1월, 아테네 군중은 치프라스의 이름을 외치면서 밤새 환호했다. 그들은 선거 혁명을 통한 굉장히 아름답고 도전적인 정치적 변화에 열광했다. 새로 구성될 그리스 정부는 예산을 어느 정도 삭감하고 세금을 얼마큼 올릴 것인지, 고군분투 중인 경제에 어느 정도로 활력을 불어넣을지와 같은 그리스 경제 정책의 향방을 결정할 것이었다. 그것이 계획이었다. 유로존에 속한 강대국의 지도자는 물론 유럽 중앙은행을 운영하는 선출되지 않은 지도자들도 더 이상 그들에게 왈가왈부할 수 없었다.

　아테네가 터뜨린 성급한 축포 속에서 치프라스의 거짓 메시지에 담긴 모순은 쉽게, 그리고 아마도 의도적으로 경시되었다. 그러나 저항의 움직임은 보이는 것만큼 확실하지 않았다. 사실 치프라스는 "규정은 잘못되었습니다만 우리는 잘못된 규정이 적용되고 있는 프로젝트의 일부분으로 남아 있길 원합니다"라고 선언하고 있었다.

트럼프처럼 치프라스도 선거에서 승리했다는 행운과 불안을 모두 가지고 있었다. 그가 하는 말은 권력에 의해 시험받았다. 어쩔 수 없이, 그리고 매우 빠르게 그 말은 현실적이지 못하다는 것을 보여 주었다. 치프라스와 대부분의 유권자는 유로존 잔류를 원했고, 결국 단일 통화에 관한 규정을 거역할 수 없었다. 그는 유로존 파트너들과 협상할 수 있었지만 약자의 입장에서만이었다. 그들은 치프라스가 유로존 탈퇴를 원하지 않는다는 사실을 알고 있었다. 치프라스는 유럽연합과의 관계에서 영국과는 반대되는 입장에 서 있었다. 영국 또한 2016년 국민 투표 이후 똑같이 약자의 입장에 서 있다. 정부가 오해의 소지가 있는 협상이라 이름붙은 것을 시작해 떠나기로 결정을 내렸기 때문이다. 기껏해야 유럽연합을 떠날 수 있다는 위협이 가장 좋은 협상 도구였는데, 이제는 더 이상 유럽연합 탈퇴를 가지고 협상할 수 없다.

시리자의 집권은 민주주의와 책임에 관련된 근본적인 의문을 불러일으켰다. 그리스의 경제 정책은 누가 그리고 어떤 기관이 결정하는가? 긴축 재정을 종결하겠다고 서약한 당을 절박한 열정으로 지지한 사람은 그리스 유권자였나? 유로존 회원국을 다스리는 규칙을 관장하려 한 것은 유럽 중앙은행인가? 그리스 전 정부의 방만함을 깨닫고 보조금 지급을 중단했음을 유권자에게 보여 주었어야 했던 독일 정부인가(앙겔라 메르켈은 비록 그리스인의 시선에서는 그렇지 않겠지만, 그리스에 관대한 시선을 보였다는 이유로 선거에서 패했는가)? 가차 없는 예산 삭감을 끝내고 경제를 부흥시킬 투자로 대체하기 위해 케인스 이론을 펼쳐야 했던 새로운 그리스 정부인가?

초기에는 대체로 독일 정부와 유럽연합의 외무장관들과 다른 유럽연합 기관들의 강경 노선 때문이었다는 대답이 널리 퍼졌다. 그리스 정부가 유로존에 남아 있기를 원했다는 사실을 고려하면, 치프라스는 곧 유럽연합에 가입된 통치권의 현실에 맞닥뜨려야 했다. 치프라스와 유권자들은 그들 스스로 어떤 규정이 옳고 그른지 결정권이 없었다. 유럽연합의 다른 강경론자는 부분적으로 그들의 그리스가 아니라 그들 나라의 유권자에게 책임이 있다고 보았기에 그렇게 한 것이었다. 유로존에서 책임은 치명적인 문제가 될 수 있어 위협적인 첨예한 쟁점이 된다.

해결할 수 없는 권력의 딜레마에 맞부딪치면 주류에 편입한 아웃사이더는 해결 방안을 찾아낸다. 그는 2015년 8월 사임했다. 권위적이었던 그리스 재무장관 야니스 바루파키스 Yanis Varoufakis는 재빨리 새로운 정부를 떠났다. 이들이 밟은 수순은 피할 수 없는 것으로, 이임사는 시리자가 승리한 날 밤 쓰였을 수도 있다. 선거 반년 후인 2015년 6월 25일, 바루파키스는 유로존 잔류를 위한 최후 조건과 함께 나타났다. 조세 수입에 관한 제안, 개선된 의제와 더불어 바루파키스가 고심했던, 어떤 정부도 경제적으로 횡포를 부릴 수 없으며 그 자체로 반긴축 프로그램으로 구조화된 몇몇 근거를 갖춘 자금 지원 공식이 포함되어 있었다. 다음 날 치프라스는 국민투표에 부의했다. 이론상 그리스인들은 계획을 받아들일지 여부를 스스로 결정할 수 있었다.

짧은 유세 기간을 뒤로하고 2015년 7월 5일 국민투표가 실시됐다. 치프라스와 바루파키스는 '찬성'을 지지하는 그리스 미디어와 유럽 지도자에 대항해 힘차게 '반대'에 투표하자는 운동을 펼쳤다. 바루파키스는 자신의 입장을 명확히 드러내기 위해, 텔레비전에서 그리스인이 '찬성'에 투표하면 재무장관직을 사임하겠다고 선언했다. 결과는 '반대'가 61.5%의 완전한 지지를 얻었다. 바루파키스는 선거 결과가 발표되고 얼마 지나지 않아 텔레비전에 출연하여 그리스인의 과감한 용기에 축하를 보내며, 정부는 더욱 합리적으로 채권자들의 명예로운 동의를 얻은 이 권한을 반드시 지키겠다고 선언했다. 최근 가장 의미 없는 발언 가운데 하나였다.

몇 시간 후 깊은 밤, 치프라스와 논의를 끝낸 바루파키스는 사임했다. 바루파키스는 치프라스가 이미 예산을 삭감하는 데 폭넓게 기초하고 있음을 인정할 준비를 하고 있었다고 결론 내렸다. 어쩌면 바루파키스 입장에서는 따라갈 만한 명확한 길이 없었기에 헤쳐 나갈 방법이 보이지 않았을 수 있다. 그는 더 이상 권력의 딜레마, 그의 경우에는 아주 극심한 딜레마와 마주하지 않아도 되었다. 누가 통제하는가? 누가 결정하는가? 다음 날 아침 바루파키스는 이임사에서 '다른 유럽연합 회원국'이 그의 부재를 바랐다고 말했다. 훗날 바루파키스는 국민투표일 밤에, 치프라스가 회의 도중 '반대' 투표에 힘을 얻는 긴축 정책에 대한 제안 가운데 일부를 받아들이려는 의도를 표현하는 것을 보고, 물러나야겠다는 결심을 했다고 말했다. '항복' 서류에 서명하는 대신 바루파키스는 사임을 택했다.

치프라스에게도 선택의 여지는 없었다. 국민투표는 그에게 의미 없는 권한만을 주었다. 메르켈과 다른 유럽연합 정상이 자신들 나라의 유권자를 향해 그리스의 국민투표 결과를 감안해서 항복한다고 선언할 리 만무하다. 국민투표는 다시 한번 누가 누구를 통치하는가에 대한 질문을 야기했다. 그리스 국민이 독일 유권자에게 그들의 견해를 강요할 수 있을까? 그럴 수 없다. 치프라스는 국민투표를 부치는 데 판단실수를 했다. 국민투표 승리는 그에게 어떤 무기도 주지 않았고, 오히려 수많은 문제만을 안겼다. 지도자들은 국민투표를 택할 때 항상 실수를 저지른다. 국민투표는 악몽 같은 막다른 길에서 새로운 길을 내 줄 것처럼 보이지만, 실상은 그들을 가로막을 장벽일 뿐이다.

그 뒤 세계적인 도서축제에 가득 찬 청중은 바루파키스에게 열렬한 환호를 보냈다. 그는 열광적인 지지를 받을 만했다. 바루파키스는 유로화에 대해, 그리고 세계화 시대에 정부가 무엇을 성취할 수 있는지에 대해 유럽연합과 관련하여 야심 차게 강렬한 주장을 펼치는 선명주의적인 연사였다. 그럼에도 바루파키스는 사임이라는 쉬운 길을 택했다. 그는 더 이상 국민투표와 시리자의 투표 승리라는 큰 그림 사이에서 씨름할 필요가 없다.

치프라스는 유럽연합의 긴축 재정 부과에 반대하는 그리스 국민투표의 승리로 무장하면서 권력을 유지하고 있었다. 그러나 시간이 흐르자 그는 승리한 여러 선거 유세에서 제안했던 것들이 지나쳤음을 시인했는데, 대안이라고 보았던 그렉시트Grexit가 실은 더 좋지 않은 조건이었기 때문이었다.

2016년 여름, 치프라스는 엄격한 균형 재정 목표가 달성되지 않을 경우의 자동적인 예산 삭감에 동의했다. 이 자동 방아쇠는 860억 유로 규모의 세 번째 구제금융 지원 조건에 따라 유로 안정화 기구에 의해 당겨진다. 또 다시 우리는 골치 아픈 민주주의적 질문에 직면한다. 그리스를 움직이는 것은 누구인가? 유로 안정화 기구를 책임지고 있는 조직인가, 아니면 국민투표에서 이기고 경제 제재를 거부하는 것처럼 보이지만 만약 그리스가 만성적인 부채를 지니고 유로존에서 탈퇴한다면 연쇄적으로 경제 붕괴가 이어질 것이라는 점을 알고 있는 그리스 총리인가?

이러한 메커니즘에 따라 치프라스가 절대로 부과하지 않겠다고 맹세했던 새로운 세금이 아테네 의회의 승인을 기다리게 되었다. 정부의 모순에서 빠져나오는 유일한 방법은 권력을 잃거나 사임하거나 아니면 자서전의 저자 강연회를 떠나는 것뿐이었다.

영국 노동당 대표 제러미 코빈은 만약 그가 총리로 선출된다면 다르면서도 관련 있어 보이는 딜레마들을 어떻게 다룰지 단 한 번도 설명한 적이 없다. 정부의 규정은 물론이고 반대파에도 익숙하지 않았기에, 코빈은 계획 없이 정책을 내질렀다. 그가 만드는 한 그의 계획은 국가에 대한 믿음 아래에서는 일관적이었고, 분열된 정부 기관들로부터 뒤처졌다고 느끼는 사람들에게는 어느 정도 희망도 주었다. 그러나 영국 총선의 결정적인 테마인 그 정책의 대가를 어떻게 치를 것인지, 또한 내놨다가 사라졌다가 하는 특정 제안에 관한 세부 사항에 대한 관심의 부족은 코빈이 더 넓은 지지층을 얻고자 고군분투하고 있음을 말해준다. 브렉시트를 둘러싼 혼선에서, 코빈은 단호한 원칙으로 사람들의 자유로운 이동을 지지해 왔을까? 때로는 그랬고, 또 때로는 그렇지 않았다. 코빈은 영국 철도의 재국유화 비용을 어떻게 조달할까? 그는 '긴축'에 반대했으며 '삭감'을 뒤집겠다고 맹세했다. 이는 모든 삭감에 반대한다는 뜻일까? 코빈은 어디에서 이 모든 비용을 충당하여 삭감을 뒤집을 수 있을까? 어떤 경우에는 그렇게 하겠다는 강력한 주장이 있었지만, 어떤 연설에서는 어떻게 비용을 충당할지에 대한 설명은 하지 않고 더 넓게많은 서약하기만 했다. 코빈은 세세한 정책이나 지지층을 넓히는 주장을 어떻게 형성할지에 대해서는 거의 관심이 없었다.

코빈의 실패라기보다는 그런 세세한 정책을 세우는 것에 관한 실패는 현대 영국 정치사에서 가장 선풍적인 상승세를 따라간다. 다시 말하면 치프라스가 이미 큰 승리를 거두며 우리를 이미 놀라게 했음에도, 우리는 허를 찔린 것이나 다름없다. 대부분의 좌파 아웃사이더는 선명주의 노선의 극좌 정당에서 일어섰지만, 코빈의 약진은 그가 영국 기성 정당의 대표가 되었다는 점에서 일반적이지 않다. 노동당은 1997년부터 2010년까지 13년 동안 집권당이었고, 토니 블레어는 1994년부터 2007년까지 당 대표였다. 총리 임기가 끝나 갈 때쯤 블레어는 오른쪽으로 많이 옮겨 간 상태였다. 당시 보수당 대표 캐머런이 블레어가 총리로서 하고자 했던 것들의 대부분에 동의해 주었기 때문이다. 캐머런은 진심으로 그럴듯한 이유까지 대면서 스스로를 "블레어의 후계자"라고 주장했다.

코빈은 캐머런은 물론 블레어의 후계자도 아니었다. 이것이야말로 그가 노동당 대표가 될 수 있었던 이유 가운데 하나다. 사실 서로 이름을 바꿔 달아도 상관없는 캐머런과 블레어의 시대는 지금과는 다른 시대의 산물이며, 오늘날의 변화는 자업자득이나 마찬가지다. 정치에 더 이상 좌파와 우파의 구별은 필요하지 않다는 블레어의 견해와는 대조적으로, 1983년 블레어와 함께 하원에 입성한 코빈의 경우에는 초선의원 때부터 반항적인 좌파 노동당 하원의원이었다. 블레어와 달리 코빈은 여야 시절을 막론하고 단 한 번도 각료는 물론 당직도 맡지 않았다. 그의 등장은 영국 정치사에 전례가 없는 일이었다. 코빈은 대표 경선에 출마했고, 처음에는 본인 스스로도 이길 수 없다고 생각했었지만 좌파 소수 계파에서 당 대표로 선출되었다.

우파 아웃사이더들과 마찬가지로, 그의 일천한 경험이 초기에는 큰 자산이 되었다. 코빈은 이라크 전쟁을 지지했던 노동당 정부에서 일하지 않았다. 그는 은행 파산에 일조한 경제 정책에도 반대했었다. 비록 부분적으로는 그가 공직의 부도덕함을 피해 온 덕분이기도 하지만, 그의 경력엔 문제될 것이 없었다. 그러나 그의 이런 정치적 매력의 근거는 그를 약하게 만들기도 했다. 코빈은 영국에서 보수당의 유일한 대안 정당 대표로서 집권 여당을 이끌기 위해서는 무엇이 필요한지에 대해 잠시도 생각해 본 적이 없는 것 같았다. 이 점은 리더십에 장애 요인이 되었어야 했지만, 우파의 몇몇 경우와 마찬가지로 오히려 하나의 자산이 되고 말았다.

코빈은 2015년 영국 총선에서 노동당이 전대미문의 패배를 당한 뒤, 여름에 열린 전당대회에 출마한 네 명의 대표 후보 가운데 한 명이다. 코빈이 진보 쪽 계파의 대표자로 출마하는 데 동의했을 때, 그와 손잡은 하원의원 존 맥도널John McDonnell은 따분한 선거 유세를 돕고자 백방으로 노력했다. 맥도널은 코빈에게 자신들은 두 명의 노인이 텅 빈 방에서 인생을 회고하는 시트콤 〈마지막 여름 와인*Last of the Summer Wine*〉의 배우 같다고 말했다. 가혹한 시련을 겪은 뒤에 코빈이 사랑하는 주말 농장에서 채소를 재배하는 데 더 많은 시간을 보낼 수 있을 것이라고도 이야기했다. 그들 모두 다음에 무슨 일이 일어났는지 믿을 수 없어 했다.

선거 유세 초반, 코빈은 북런던 집회에서 연설했다. 캠던타운Camden Town의 강당은 열렬한 지지자로 가득 차서 코빈은 세 차례나 더 초만원인 곳에서 연설해야 했는데, 이것은 엄청난 변화가 오고 있다는 뜻이었다. 치프라스처럼 코빈 또한 록스타였다. 엄청난 인파의 열광적인 환호성 속에서, 넘쳐 나는 군중 가운데 코빈은 자신을 보이고 이야기를 들려주기 위해 소방차 위에까지 올라서야 했다. 불과 몇 분 전에

제2장 진보주의 아웃사이더의 약진

는 자리를 얻지 못해 코빈이 중앙홀에서 연설하는 것을 직접 듣지 못했던 몇몇 청년들이 열린 창문으로 그들의 새로운 정치적 영웅을 직접 볼 수 있을까 하는 희망에 바깥 벽을 기어올라 불안정한 자세를 취했다. 1990년대 중반 40대의 토니 블레어가 '진보적 중도radical centre'라는 말로 사람들을 흥분시킴과 동시에 안심시켰던 이후로 영국 정치인 가운데 어느 누구도 이런 열광적인 반응을 이끌어 내지 못했다. 코빈 역시 노동당을 이끌고자 했지만, 블레어보다 훨씬 왼쪽에 있었기 때문에 이 둘은 전혀 다른 행성에서 온 것이나 다름없었다.

야심에 찬 코빈은 2015년의 그 저녁, 같은 연설을 캠던타운에서 각각 그의 청중을 향해 했고, 남은 여름 동안 영국 전역에서 열린 비슷한 열광적인 집회에서도 연설했다. 66살의 나이 든 노동당 하원의원은코빈은 1949년에 태어났다. - 편집인 그의 청중에게 노동당은 '긴축보다 더 나은 무엇'을 제공할 의무가 있다고 했다. 내단히 성공적이었던 각각의 연설 서두에 그는 2008년의 금융위기가 '소방관, 간호사, 청소부들이 아니라 순전히 탐욕과 규제 완화'로 인해 일어났다고 주장했다. 이는 영리한 대조였고, 정확한 분석이기도 했다. 코빈은 그만의 방식으로 2011년 영국 중앙은행장 머번 킹의 분석에 동조하고 있었다. 코빈은 위기의 원인을 강조했을 뿐 아니라 위기에 책임이 있는 사람들은 아무런 처벌을 받지 않고 있고, 위기 극복 정책의 희생자들은 아무런 책임이 없다는 것도 지적했다. 이것은 좌파 아웃사이더에게는 가장 강력한 메시지로, 서구 국가에서는 심지어 우파에까지 강한 영향력을 미친다.

코빈은 경제위기 극복 과정을 평가하면서, 은행위기 후 일시적으로 정부가 떠맡았을뿐 영구적인 국유화는 진행되지 않았다며 그렇게 진행되었어야 한다고 지적했고, 2010년 야당이었던 노동당은 '긴축 재정을 이어 가고, 예산을 더 삭감하는' 것을 받아들이는 실수를 저질렀다고 주장했다. 대신 노동당은 당시 집권당이었던 보수당이 도입한 '임금 동결, 저임금 공공 근로, 복지제도 감축'에 반대했어야 한다는 것이다.

대조적으로 코빈은 그의 세 가지 주요 목표로 '가난 구제, 확장적 재정 정책, 모두에게 열린 기회'를 내걸었다. 연설의 절정에서 코빈은 이렇게 선언했다. "나는 모두가 다른 모두를 돌보는 시민 사회를 상상합니다. 자유시장 경제는 이제 됐습니다! 긴축 재정에 대해 이야기하는 것도 이제는 충분합니다! 우리는 우리가 제조업에 투자하고, 녹색 에너지에 투자하고, 철도와 주택 건설에 투자하는 경제를 만들어 나갈 수 있습니다. 그리고 더 이상 학생들에게 거대한 학자금 대출은 남아 있지 않을 것입니다!"[3]

군중은 환호했다. 미국에서 트럼프 집회와 그리스에서 치프라스의 승리 선포식에 참석했던 사람들처럼, 그들은 코빈에게 어떻게 그의 목표를 달성할 것인지 질문함으로써 과열된 분위기에 찬물을 끼얹으려 하지 않았다. 장차 지도자가 될 사람에게 빠른 속도의 정치 여정 초기 단계부터 그가 계획을 달성하기 위해 국채를 얼마나 발행할 것이며, 어떻게 낭비하지 않음으로써 거대 시장을 안심시킬지에 대한 세부적인 내용을 말할 의무란 없었다. 그러나 그는 다양한 선언을 통해 철도와 은행의 재국유화, 공공 부문 임금 상승, 복지제도 강화, 무상 등록금, 제조업·교통수단·주택 건설과 녹색 에너지에 대한 투자 등 거대한 규모의 추가 비용 지출을 암시했다. 군중의 열광적인 환호성은 당연한 결과였다. 따로 또 같이, 그 놀라운 가능성은 흥미롭게 들렸다. 그러나 대략적인 밑그림으로라도 어떻게 그렇게 할 것인지 설명하려는 시도는 없었다. 설명은 리더십의 필수 요건으로, 특히 잠재적인 지도자가 그

의 정당을 이상적인 방향으로 나아가게 하려고 할 때는 더욱 필요함에
도 말이다.

　단기적으로 이런 현실주의는 코빈의 열정적인 추종자들에게는 필
수 요건이 아니었다. 연설의 마지막에 청중은 반복해서 "제즈, 우리는
할 수 있습니다!*Jez we can!*"라고 외쳤다. 그들의 영웅인 제러미 코빈의
이름과 2008년 오바마 선거 캠페인을 흉내 낸 것으로, 코빈이 떠들썩
하게 노동당의 다음 대표가 될 것이라는 근거 있는 자신감의 외침이기
도 했다. 그 외침은 정확도가 떨어지긴 하지만, 코빈이 영국의 급진적
인 변화를 이끌어 낼 수 있으리라는 더 넓은 희망의 표현이기도 했다.

　8월 내내 코빈은 영국 전역을 돌아다닌 가장 새로운 정계 슈퍼 스
타였다. 열광적인 반응은 어디에서나 마찬가지였다. 다음 달에 코빈
은 큰 승리를 거두면서 노동당 대표로 선출되었다. 불과 두 달 전까지
만 해도 코빈은 경선 막바지에 승선한, 승리의 희망이란 없었던 후보였
다. 사실 코빈은 정기적으로 당 대표에 대항하는 그와 비슷한 생각을
가진 하원 내 소수 계파 일원으로서의 그의 역할을 하기 전에 경선 기
간 몇 주 동안만 좌파의 주장을 펼치려고 했을 뿐이었다.

　경선 기간 동안 (그리고 이후에도) 코빈은, 경선 기간을 가능한 한
더 많은 국민에게 사회주의를 '가르칠' 기회로 여기며 대표 경선에 참
여하길 좋아했던 토니 벤을 생각했다. 벤은 코빈의 영웅이었다. 코빈
보다 더 유능한 웅변가로 1970~1980년대의 영국 정치에서 사람들을
가장 매혹시킨 연설가였으며, 오랜 시간 부서를 옮기며 장관 생활을 했
다. 벤은 장관을 역임한 경험을 바탕으로 여러 권의 저술을 남겼고 민
주주의와 책임에 대한 사려 깊은 생각을 펼쳤다. 처음 견해를 내놓았
을 때는 사람들로부터 비웃음을 샀지만 그는 꾸준히 아웃사이더가 약

진하는 중심에서 누가 통치하는지, 그들은 어떻게 설명할지에 대한 질문을 던지곤 했다. 부분적으로 유럽연합을 반대한 결과로 몇몇 고위 보수당원들은 어떤 면에서 벤의 열렬한 지지자가 되었다. 토니 벤이 보여준 영국 의회의 자주권에 대한 열정과 아슬아슬하게 정의된 민주적 책임에 대한 의견에 동조를 표한 것이다. 2014년 벤이 사망했을 때, 그해 영국 최고의 정치 프로그램이었던 BBC의 한 프로그램에서 토니 벤을 향한 영광스러운 반직관적인 헌사를 바쳤던 인물은 훗날 보수당의 브렉시트 장관이 된 데이비드 데이비스David Davis였다.[4] (2008년 7월 데이비스가 그림자 내각 shadow cabinet 의 내무장관과 하원의원에서 물러나 그의 선거구에서 중간 선거를 촉발했을 때, 벤은 데이비스의 가장 열렬한 지지자 가운데 한 명이었다. 중간 선거에서 데이비스는 그가 목격한 몇몇 반테러리스트 수단을 반대하기 위한 민주주의적 지지 확보와 시민의 자유에 관한 폭넓은 권리를 가지고 다투었다.) 데이비스와 다른 고위 보수당원들은 토니 벤이 1970년대와 1980년대에 그랬던 것처럼 민주주의와 책임과 관련된 주장에 사로잡혔다. 그들은 끊임없이 유럽연합과의 관계와 관련해 의문을 제기했다. 누가 누구에게 책임이 있는가?

벤은 대표 경선에서 한 번도 승리하지 못했으나 코빈은 압도적인 승리를 두 번이나 거두었다. 둘 사이의 차이점은 민주주의 정치를 가로질러 형성되는 패턴이라는 배경이었지, 후보자의 자질이 아니었다. 갑작스레 영국의 반항기 어린 하원의원이 제1야당의 대표가 되었다. 그의 승리는 영국 정치사상 대표 경선의 가장 주목할 만한 결과 가운데 하나다. 그러나 코빈은 그가 어떻게 그의 꿈을 실현할지 설명하지 않은 채 노동당 대표 자리에 올랐다. 그는 평범한 하원의원으로 긴 정치 인생에서 단 한 차례도 '어떻게'를 설명할 필요가 없었다. 그는 정책을 실행함으로써 시험에 들지도 않았다.

단기적으로 이런 현실주의는 코빈의 광신도적인 지지자들에게는 필수 요건이 아니었다. 코빈이 당 대표직에 오른 첫해, BBC 라디오의 '4시리즈'에서는 코빈의 전당대회 연설에 참석했던 지지자가 한 "제러미는 꼭 종교 예언자 같아요. 그는 진실합니다. 그는 무언가 새롭고 흥분되는 것을 선사해 줘요"[5]라는 발언을 방송했다. 이런 상세한 관찰 결과는 왜 코빈이 적어도 대표 경선에서 승리한 데 더 이상의 설명이 필요하지 않은지를 말해 준다. 코빈은 지지자들을 구원의 땅으로 데려갈 수 있을 것이다. 그는 태생적으로 품위가 넘치며, 진실되고, 더 공정한 국가를 이룩하고자 하는 급진적 원칙주의자이기 때문이다. 이것으로 충분하다. 코빈은 대표 경선에서 네 명의 후보자 가운데 한 명이었고, 그 가운데 한 명은 1년 뒤에 대표직에 재도전했다. 그러나 그 가운데 누구도 코빈만큼 노동당원들로부터 지지를 받지 못했다. 심지어 모든 노동당 하원의원이 코빈 반대편에 서 있었음에도 말이다. 코빈은 갑작스레 대표에 당선되었기 때문에 다른 어떤 후보자도 노동당의 평범한 하원의원이었던 그의 약점을 확실하게 지적하지 못했다. 치프라스와 마찬가지로 코빈 역시 금융위기 정치의 결과물이었고, 치프라스와는 다르게 코빈은 영국의 새로운 노동당을 오랫동안 이끌게 된다. 그러나 치프라스 또한 2015년 9월, 조기 총선을 통해 화려하게 복귀하였다. – 편집인

코빈이 예상을 뒤엎고 영국 노동당 대표에 당선되고 몇 달 뒤, 포르투갈에서는 진보 정부가 출범했다. 진보 정부가 구성될 수 있었던 것

104

은 비교적 최근 출범한 정당인 좌파연합의 약진 덕분으로, 이 정당의 대표는 과거 카리스마 넘치는 배우였던 카타리나 마르틴스Catarina Martins 였다. 2015년 11월 총선에서 좌파연합은 10%의 득표율을 올렸다. 포르투갈에서 세 번째로 높은 득표율이었다. 좌파연합은 새로 구성된 의회에서 사회당 서기장 안토니우 코스타António Costa를 지지하기로 결정했다. 코스타의 지도력 아래에서 사회주의자들은 지나치게 편파적이라고 간주되었기 때문에, 뜻하지 않게 그들은 마르틴스가 사회당의 왼쪽에서 지지도를 높일 수 있는 여지를 만들어 주고 말았다. "포르투갈인들은 변화와 긴축 재정의 종식을 원합니다." 선거 유세 기간 매일 밤 마르틴스의 메시지가 울려 퍼졌다. 다른 좌파 아웃사이더들과 마찬가지로 그 주장은 "어떻게"나 "'긴축 재정의 종식'은 정확히 어떤 의미인지"에 관한 설명을 요구받지 않았다. 다른 좌파 아웃사이더처럼 카타리나 마르틴스는 달라 보임으로써 더는 변화를 기다릴 수 없음을 전달했다. 심지어 그녀는 코빈보다 훨씬 젊었다.

청바지와 빨간 블라우스를 즐겨 입는 1973년생 여배우는 넥타이를 맨 정장 차림의 남성들로 가득 찼던 리스본의 정계 풍경을 뒤흔들었다. 코빈은 특별히 깔끔해 보이지 않고 외모에 전혀 신경을 쓰지 않는 듯한 느낌을 줌으로써 마르틴스와는 다른 방식으로 같은 효과를 냈다. 시리자의 지도력은 캐주얼하고 쿨해 보이는 외모로 만들어졌다. 포르투갈에서 주요 정당을 이끄는 유일한 여성 대표인 마르틴스는 1970년대 중반 혁명으로 40년간 지속된 우파 독재를 종식시킨 이후로는 처음으로 극좌파로서 연립 정부의 구성원이 되었다. "그들은 대부분 동일한 성장 배경과 동일한 사고방식을 가진 남성들입니다"라고 마르틴스는 포르투갈 정치 수업에서 이야기했다. "정치인은 사람들이 이해할 수 있도록 그들이 이해할 수 있는 언어로 말할 필요가 있습니다."[6]

마르틴스의 단언은 우파의 호언과 비슷하다. 그녀는 사람들이 이해할 수 있는 언어로 소통한다. 다른 선출직 정치인의 경우에는 그렇지 못하다. 전반적으로 기성 정치인은 소통의 기술, 계속해서 그들이 무엇을 하려고 하며 왜 그러는지 설명하는 기술을 잃어버렸다. 아웃사이더는 뛰어난 의사소통 능력자이거나 혹은 최소한 직접적으로 이해하기 쉽게 이야기한다. 이해하기 어려운 빽빽한 메시지에서는 요점을 거의 찾아볼 수 없다.

그러나 마르틴스는 리더십에 협상력이 요구된다는 것을 금세 알아차렸다. 좌파연합이 포르투갈의 중도 진보 사회주의자들과 전통적인 공산주의자들과 '반긴축 정부' 수립을 위해 협상하는 동안, 그들은 나토 탈퇴라든지 유로존의 예산 기준을 어긴다든지 하는 더 급진적인 요구에서 한 발짝 물러섰다. 치프라스처럼 좌파연합도 유럽연합에 속해 있기를 원하는 정부의 일원이었다. 그들은 규정을 지켜야 했다.

1999년에 창당한 좌파연합은 시리자나 스페인의 포데모스Podemos 보다 역사가 길지만, 여전히 신설 정당에 속한다. 우파의 새로운 정당들과 마찬가지로 좌파연합 또한 그들로부터 일어난 가치들과 정책들엔 동의했지만 지지층을 넓히고자 노력하면서 당내 분열과 계파 간 충돌로 고군분투하고 있다. 정치란 어렵다. 초창기의 신선함을 넘어서 새로운 정당을 만들어 가는 것은 거의 불가능하다고 할 만큼 어렵다.

2012년 마르틴스는 당 대변인이 되었다. 그녀의 정치는 중도 성향의 유권자에게 구애하기 위한 직설적인 말하기와 행동주의자들을 단결시키기 위한 날카로운 웅변의 조합이었다. 마르틴스는 한 인터뷰에서 이렇게 말했다. "나는 비록 정당 정치나 공직 경험이 거의 없다고 하더라도 언제나 정치적이었습니다.”

그녀는 좌파연합을 적극적인 젊은 여성을 지지하는 자세로 이끌었다. “나는 공공 행사에서 여성들이 눈에 더 많이 띄도록 하기 위해 싸웁니다. 그것이 평등을 향한 유일한 방법이라고 생각하기 때문입니다.” “나는 한 여성이 선거 유세를 이끈다는 것에 여성들이 많은 영향을 받는다는 사실을 발견했습니다. 그것은 우리가 어떤 주제에 관해 논의할 수 있도록, 더 많은 정치 의제를 제안할 수 있도록 친밀감을 형성해 주었습니다.”

그녀와 다른 여성 지도자들은 정치에 다른 톤으로 소리를 낸다. 그들은 젊고 형식에 치우치지 않는다. 그들은 기성 정치권에서 너무 쉽게 뒤로 제쳐 버리는 문제들을 제기한다. 그러나 그들 역시 정부와 함께 해결할 수 없는 딜레마를 풀기 위해 고군분투한다.

포르투갈 정부는 그리스 정부와 같은 질문으로 고뇌한다. 누가 통치하는가? ‘반긴축’이라는 목표와 균형 재정을 요구하는 유럽연합 사이에서 중심을 잡기 위해 노력한다. 어떤 측면에서는 권력의 딜레마와 창의적으로, 혁신적으로 씨름한다. 2016년 포르투갈 정부는 유럽연합의 균형 재정 규칙과 충돌하지 않으면서도 연금을 올리고, 소득세는 줄이며, 빈민층을 지원하는 계획을 발표했다. 안토니우 코스타 총리는 포르투갈이 다른 구제금융을 필요로 할 정도의 위기에 처해 있지 않다고 투자자를 안심시켜야 했다. 코스타 총리는 유럽 중앙은행의 채권 매수 프로그램에서 포르투갈을 제외시킬 수도 있는 리스본의 유일한 투자등급과 신용등급 하락을 두려워하면서 정부 재정의 중요한 안전망을 제거해 가며 위험한 외줄타기를 했다.

재무장관 마리오 센테노Mário Centeno는 정부의 경제 계획을 ‘좌파 예

제2장 진보주의 아웃사이더의 약진

산'으로 묘사하며, 소득은 높이고 세금은 낮추는 동시에 브뤼셀Brussel 과 '좋은 관계'를 보장한다. 이것이 유럽연합 안에서 권력을 가진 혹은 권력에 가까운 좌파 아웃사이더들이 보여 주는 영원한 균형 잡기다.

비록 유럽연합은 2016년 8월 반복해서 재정 적자 한계를 초과한 포르투갈에 벌금을 부과하는 데 그쳤지만, 위원회는 포르투갈이 계속해서 균형 재정 달성에 실패한다면 유럽연합의 구조적인 자금 지원을 멈출 수도 있다고 경고했다. 정부는 세금을 높이고 선택적으로 지출을 삭감함으로써 예산 적자를 줄이는 것 외에 어떤 선택의 여지도 없었다. 균형 잡기는 연립 정부에 참여한 장관들 사이의 길고 긴 협상을 수반했고, 소수당 정부였던 사회당 정부는 의회에서 급진적인 좌파연합과 강경한 공산당의 투표에 의존할 수밖에 없었다.

몇몇 영역의 과도한 지출을 상쇄하고자 정부는 새로이 당류 음료에 '비만세'를, 집값이 60만 유로를 넘는 경우에는 논란을 불러일으킨 '사치세'를 부과하는 대담하면서도 공정해 보이는 선택을 했다. 에어비앤비Airbnb처럼 아파트를 관광객에게 빌려 주고 얻은 수입에 매기는 세금은 15%에서 35%까지 상승했다. "긴축의 고비를 넘겠다"고 맹세했던 코스타는 이 같은 방법으로 '경제를 30년 전으로 후퇴시킨 3년여 간의' 유럽연합의 구제금융 프로그램으로부터 소득을 다시 상승시키는데 기여하겠다고 말했다.

그러나 세계적인 분석 전문가와 신용평가사, 그리고 야당에서는 낮은 성장률과 높은 부채, 위태로운 금융 분야에 우려를 표했다. 2016년 9월 국제통화기금은 포르투갈의 위태로웠던 경제 회복 기운이 '쇠했다'고 경고했다.[7]

마르틴스는 대중의 언어로 말했을지 모르나, 그녀는 당장 IMF와 유로존의 통치자들에게, 그리고 그녀의 진보적인 공약에 지지를 보냈던 유권자에게 동시에 응답해야만 하는 정부를 유지하는 데 관여되어 있다. 누가 통치하는가? 반복되는 질문은 통치권 내로 진입한 좌파 아웃사이더에겐 더 극심한 악몽과도 같다. 그러나 그것은 유럽연합에게도 동일하게 악몽 같은 일이다. 규정대로 집행하는 일은 아웃사이더를 향한 지지에 기름을 끼얹는 것이나 마찬가지다.

포르투갈에서 진보 좌파 연합이 의회를 구성하고 있을 때, 미니 진보 정당들은 사회주의 정부에 지지를 보내고 있었다. 스페인에서는 총선 열기가 한창이었다. 포데모스는 아직 권력의 도전을 받은 적이 없었지만, 집권당을 향한 지름길 위에서 분열로 불가피하게 시험을 치렀다. 포데모스는 2016년 총선에서 지지를 잃기 전까지 큰 파도를 만들어 냈다. 치프라스, 코빈, 마르틴스와 마찬가지로 흥미진진한 초반 유세의 뒤에는 익숙한 허약함이 있었다. 재차 말하자면 그것은 선거를 치르며 발전해 나가는 정당에서 나타나는, 아직 완전히 자리 잡지 못한 초기 정당에서 나타나는 허약함이었다. 정당 초기의 선거 돌풍에서 이념과 전략에서의 긴장이 생겨났다. 우리는 실용주의를 더 추구하면서 더 넓은 지지층을 확보할 것인가? 우리는 진보 대중운동으로 발전을 이어 갈 수 있을까? 아웃사이더들은 초기의 선거 돌풍에서 자신의 정당은 무엇이며, 무엇을 목적으로 하는지 같은 아주 근본적인 의문에 맞부딪친다. 기성 정당들도, 위협적으로 부상하는 아웃사이더들도 스스로 동일한 질문을 던진다는 것을 알아차리지 못한 채 똑같이 고뇌에 찬 질문에 직면한다.

2015년 스페인 총선 유세 과정의 스타는 포데모스('우리는 할 수 있다'는 뜻으로, 2008년 오바마 대통령의 선거 유세에 대한 동조다)의 대표 파블로 이글레시아스 투리온Pablo Iglesias Turrión이었다. 몇 년 전만 해도 포데모스는 존재하지도 않았다. 그러나 포니테일 머리를 한 독특한 지도자 아래 지금은 강력한 영향력을 발휘하고 있다. 영국《인디펜던트》특파원은 마드리드의 집회에서 이글레시아스를 "록스타나 받을 법한 호응을 받고 있다"[8]고 보도했다. 이글레시아스가 무대에 오르기 전, 영화 〈고스트버스터즈Ghostbusters〉의 주제 음악이 연주되면서 미리 흥분을 고조시킨다. 정치계의 록스타는 업비트 음악의 도입부 이후 단호한 자신감으로 반긴축 메시지를 전달했다. 그의 연설 뒤에 군중은 "예스, 위 캔Yes, we can"이라고 소리치는데, 정확한 정책 목표라기보다 새로운 권한 부여와 가능성의 느낌을 축하하기 위해 갈수록 효과적으로 사용되는 주장이었다. 포데모스는 선거에서 20%가 넘는 득표율로 제3당이 되었다. 바로 직전 총선 때만 하더라도 존재하지 않았던 정당임을 감안하면 매우 경이적인 성과였다.

그러나 의기양양했던 2015년이 지나고, 포데모스 지지율은 떨어졌다. 스페인의 경제적 어려움과 부패에 대한 대중적인 불만에서 혜성처럼 등장해 40여 년을 이어 온 양당체제를 위협하며 맹렬하게 성공적인 세력이 되었던 정당이 왜 갑자기 몰락하게 되었을까? 초반 여세를 생각하면 전혀 예측하지 못했던 일이다. 그러나 이런 쇠락은 바로 아웃사이더들이 더 많은 약점을 가지고 있었다는 또 다른 신호다.

아마도 2016년 영국의 브렉시트 국민투표는 스페인 유권자들을 익숙한 스페인 사회주의노동자당Partido Socialist Obrero Español(PSOE)과 보수적인 스페인 인민당Partido Popular(PP)의 품 안으로 돌아가도록 했을 것이다. 당 지도부의 전략이 갈라진 점도 원인이었을 것이다. 그렇다면 그들은 중도에 더 다가서야 했을까? 어떻게? 당의 지역 분파는 사실상 독자적으로 행동해야 했을까? 만약 그렇다면 지역 갈등과 지역 내부의 갈등은 누가 조정할까? 국가적 리더십과 지역 분파 간의 권력 조정은 어떻게 했어야 할까? 이런 질문들은 민주주의 정치에서는 익숙한 딜레마로, 경험 많은 정치인은 성공적으로 항로를 찾는다. 대부분의 아웃사이더는 정치 경험이 일천하며, 혹시 경험이 있다면 그는 주류일 것이다. 피할 수 없는 이런 차이점은 새로운 정당이 완전한 형태로 창당되지 않은 데서 비롯한다. 정당을 어떻게 발전시킬지를 둘러싸고 피할 수 없는 분열이 발생한다. 이런 긴장은 당을 더 탄탄한 지위로 발전시키거나 혹은 당을 파괴한다. 해결되지 않은 차이점이 보여 주는 공통된 패턴은 대개 파멸이라는 종착역이다.

이유야 무엇이든 간에, 포데모스의 빈약한 성과는 당을 지도부의 이념적 긴장이 더 극명하게 드러나도록 하는 자기비판의 시간으로 인도했다. 정당에게 자기비판 논쟁은 건설적이기도 하지만 위험하기도 하다. 신설 정당인 경우 위험도는 더 높아진다. 일부 최고위원들은 권력을 나누려는 입장에서 기성 중도 진보인 사회주의노동자당 쪽으로 더욱 실용적인 접근을 요구하고 나섰다. 반대로 이글레시아스는 비록 당의 지지도를 넓히려고는 했으나 주류 사회주의자들의 반감을 사는 노선을 택했는데, 그는 그들에게 지지를 호소하는 데는 관심이 없었고 대신 그 자신들이 좌파의 주요 세력으로 대체되길 희망했다.

이글레시아스는 포데모스의 간판 아래 정당에 기반하지 않은 스페인의 반자본주의 운동과 동맹을 구축하며 권력을 향한 강력한 행진을 만들기를 꿈꿔 왔다. 그의 동료 가운데 일부는 권력을 잡기 위한 단기적인 해법에 초점을 맞추었다. 포데모스의 정책위의장 이니고 에레혼 Íñigo Errejón은 "먼저 당신은 국민을 위해 전달하고, 국민을 위한 일을 해야 합니다. 그러면 우세해질 수 있습니다"[9]라고 주장했다.

정치 컨설팅 업체 테네오 인텔리전스Teneo Intelligence의 분석가 안토니오 바로소Antonio Barroso는 내부 분열이 포데모스가 정치적으로 충분히 발전하는 과정에 있다는 신호라고 본다. "이것은 신생 정당이 모습을 드러낼 때, 국민을 대표하는 실무진círculos을 구성하는 것과 같습니다. 결국 가장 중요한 것은 내부에서의 권력 다툼을 거치면서 평범한 정당이 되는 것입니다."[10] 다른 말로 하면, 아웃사이더들은 기성 정치인과 마찬가지로 피할 수 없는 정치적 딜레마에 마주해 있다.

한편으로 바로소는 포데모스가 사회주의노동자당과 거의 다르지 않다면서 주시하고 있다. 과거 사회주의자들의 대표였던 페드로 산체스Pedro Sánchez는 어떤 정당도 단독으로는 집권할 수 없었던 선거 결과가 야기한 딜레마에 직면했다. 그는 중도 보수 정부를 구성해야 했을까, 아니면 순수한 야당으로 남아 있어야 했을까? 그런데 포데모스도 비슷한 질문에 맞닥뜨렸다. 그들은 주류의 딜레마에 맞부딪친 아웃사이더였다. 의회를 구성하기 위해 불가피하게 다른 정당과 협상해야 하는가 말아야 하는가의 문제에서 이미 낭만적인 요소는 사라졌다. 유럽에서 비례대표제는 아웃사이더에게 기회이자 도전이다. 비례대표제는 아웃사이더에게 의원 자리를 선물하지만, 기성 정당에게 강요되는 것과 마찬가지로 협상을 통해 다른 정당과 함께 일할 것을 고려하도록 강요한다. 아웃사이더는 초기에는 강해 보일 수 있다. 그들은 협상으로 도출된 타협안이라는 지옥을 경험하지 않으면서 강하게 단언하고 비전을 제시할 수 있기 때문이다. 한 정당이 단독으로 집권할 수 없는 의회에 들어서면 매력적이지 못한 쓴웃음을 짓게 되는데, 힘없는 의회 안에서 정당들이 서로 협상해야 하기 때문이다.

❖ ❖ ❖

미국에서 대통령 후보 혹은 대통령 후보가 되기를 희망하는 사람들은 정당 내 계파 다툼에 관련성이 덜하다. 그들이 완전히 자유로운 것은 아니라고 할지라도, 백악관을 향한 산처럼 높은 장애물을 뛰어넘어야 하는 이들의 계산은 다를 수밖에 없다. 어떻게 해야 당의 지명을 받을 수 있을까? 어떻게 해야 대통령 선거에서 승리할 수 있을까? 수많은 질문이 쌓여 가지만, 대통령 당선과는 무관한 민주주의에서 어떻게 하면 당을 하나로 통합시킬 수 있는지에 관한 원칙과는 무관하다.

2016년 미국은 아웃사이더들로만 첫 번째 대선을 치를 뻔했다. 새해를 맞이하여 텔레비전 인터뷰에서 1972년 존 맥거번John McGovern 이후의 어떤 민주당 후보보다도 진보적인 계획을 내비쳤던, 민주당의 유력 주자 버니 샌더스는 경제 정책에서는 심지어 맥거번보다도 더 급진적이었다. 코빈, 치프라스, 포데모스의 지도력과 어울렸던, 샌더스의 가장 강력한 이슈는 금융위기 이후 월가Wall Street에 대한 엄청난 규모의 구제금융이었다. 대조적으로 중산층과 서민은 생활수준이 낮아져 고통을 겪어야 했다.

샌더스는 더 나은 미국 사회를 만들기 위해서는 부자와 대기업이 '공정한 몫의 세금'을 내야 한다고 주장했다. 부분적으로 그가 '공정세fair tax'라고 부르는 것을 포함해 정부 수입을 늘림으로써 모든 국민에게 무상 의료를 '보장'하겠다고 선언했다. 민주당의 선두 주자였던 힐러리 클린턴을 대체할 의미를 찾으면서, 샌더스는 그가 힐러리와는 달리 워싱턴의 주류 기득권층이 아니며, '재난과 다름없는' 이라크 전쟁에도 반대했음을 강조했다.[11] 샌더스는 텔레비전 스튜디오 밖에서 힐러리보다 훨씬 많은 어마어마한 군중을 끌고 다니며 연설했다. 그는 노련한 록스타 같았고, 코빈의 경우처럼 지루한 경선에 활기를 불어넣었다.

힐러리 클린턴은 1990년대 남편의 선거 전략과 유사하게 조심성 있고, 기술관료적이며, 중도적인 메시지를 내놓았다. 빌 클린턴과는 다르게 힐러리는 조심성이라는 편법을 흥미진진하게 만들 수 있는 정치 기술자가 아니었다. 샌더스가 약진하자 힐러리로서는 선거 유세 경력에서 처음으로 진보 쪽으로 이동하는 것 외에는 다른 길이 없었다. 샌더스는 반기득권층 정치인으로 시장도, 기후 변화도 어쩔 수 없는 자연의 힘은 아니라고 했다. 여기에 바로 이상주의와 지나치게 단조로운 현실주의가 결합된 샌더스의 강한 정치적 잠재력이 있다. "우리가 직면한 문제는 하늘로부터 주어진 것이 아닙니다. 그것은 만들어졌습니다. 바로 악한 사람들의 결정으로요. 선한 사람들의 결정으로 그것을 바꿀 수 있습니다."[12] 샌더스는 뛰어난 소통가였고, 이해하기 쉬운 언어로 주장하거나 혹은 그렇게 하려고 노력하는 정치 선생님이었다.

샌더스는 그렇게 함으로써 힐러리에게 호의를 베푼 셈이 되었다. 샌더스가 힐러리 클린턴이 민주당 대선 후보 경선에서 승리하는 데 위협이 되면서 힐러리는 덜 조심스러워졌고, 덜 지루해졌다. 힐러리는 트럼프에게 패했지만, 의도했던 것보다 선거 유세에 더 적극적으로 나섰다.

샌더스는 패턴의 일부였다.

좌파 아웃사이더들 각각의 경우에 청중은 그들의 정치적 영웅의 열정 어린 연사를 듣기 위해 셀 수 없이 많이 모였다. 어떤 진보 지도자도 지지자들의 일방적인 찬사와 같은 대중적인 반응을 기대하지 못했다. 그들은 그들이 넓은 명성을 얻으며 약진한 것에 놀란 다른 모든 사람과 마찬가지로 매우 놀랐다. 지지도가 높아지면서 그들은 두 가지 주제를 기획했다. 그들이 반기득권층 후보라는 것과 그들의 주장은 정확한 경제 분석에서 비롯한다는 것이었는데, 이는 청중으로부터 분노를 이끌어 내면서도 희망적인 에너지도 불러왔다.

2008년 금융위기의 영향은 아주 정확하게 측정할 수 있다. 갑작스레 등장한 진보 쪽의 잠재적 지도자들은 은행위기와 무엇이 뒤따랐는지를 언급하면서 주장을 만들어 냈다. 그들이 연설에서 끊임없이 반복해서 언급한 것은 금융계가 금융위기를 초래했지만, 고통은 중산층과 서민이 받고 있다는 점이었다. 샌더스는 뉴햄프셔 경선에서 큰 승리를 거둔 뒤에 "시민들이 월스트리트를 구제했습니다. 이제는 월스트리트가 시민들을 구제할 때입니다"라고 선언했다. 다른 좌파 아웃사이더의 경우와 마찬가지로 그의 열렬한 지지자들은 '구제'가 어떻게 이루어질지에 대해 구체적으로 알아보진 않았다.

금융위기와 그 극복 과정은 좌파 아웃사이더에게 '공정성'이라는 주제를 가지고 사람들이 이해하기 쉽게 강력한 주장을 펼칠 수 있는 여지를 만들어 주었다. 유권자 대다수는 범죄 행위로 간주될 여지가 있는 금융인의 행동과 부주의의 결과로 고통받고 있는데, 정작 위기를 촉발한 당사자들은 계속해서 천문학적인 급여와 보너스를 받고 있는 현실이 불공정하다는 점에 동의하지 않을 사람이란 거의 없을 것이다. 금융위기 이전, 좌파에서는 공정성과 관련한 이슈를 포퓰리스트처럼 이야기할 방법을 찾느라 꽤나 골치 아파 했다. 공정한 사회를 추구한다는 것은 쉽게는 유권자 스스로가 땀 흘리며 번 돈을 그들만큼 성실하지 않은 사람에게 재분배하기 위해 넘겨준다고 해석할 수 있었다. 공정성은 자동으로 대중성을 획득할 수 있는 주제는 아니었다. 그러나 2008년 이후, 진보 진영은 새로운 캔버스 위에 그렇게 그림을 그렸다.

금융위기에 대한 기성 정치권의 대응은 진보 진영에 더 많은 기회를 주었다. 아웃사이더들은 금융위기 이후에 따라온 '긴축', 공공 지출 삭감과 세금 인상에 반대했다. 그들은 유권자에게 삭감의 고통이 전해지는 동안, 월가에서는 지속적으로 보너스를 챙기고 있다는 사실에 주목했다. 우울한 현실 속에서 좌파의 록스타들은 일련의 다른 정책과 접근으로 무엇을 이루어 낼 수 있는지 희망을 주면서 하늘에 빛을 쏘아 올리는 것처럼 보였다.

그리스, 포르투갈, 스페인에서는 정치적 에너지가 높아졌는데, 이들 국가 모두가 유로존 가입국이었기 때문이다. 유권자들은 금융 이외의 다른 목표도 가지고 있었다. 그들의 시야에는 유럽 중앙은행과 유로존을 하나로 묶는 다른 비선출 기관들이 존재했다. 그러나 한층 더한 복잡성도 미국과 유럽연합에 걸쳐 있는 좌파의 공통된 기원과 메시지를 딴 데로 돌리지 못했다. 사실상 각 지도자들은 유로존이나, 음속에 가까운 속도로 자본이 이동하는 세계 시장의 일원으로서 제한받는 것은 고려하지 않고 그들 국가에서 경제 정책을 결정할 수 있는 권리를 단언했다. 그들 개개인은 '긴축 재정의 종식'과 공공 지출 증가에 찬성했다. 그들 모두는 공공 지출을 늘리기 위해 부자에게 세금을 더 걷고, 대기업을 통해 자금을 마련해야 했다. 비록 모두가 특히 자본과 관련된 분야에 지출을 늘리면 정부가 전면적으로 지출을 삭감하는 것보다 경제가 더 빨리 성장한다고 주장하기는 했지만. 그들 각각은 적자 감축에 집중하기보다 국채 발행을 더 선호했다. 그들은 이런 정책을 기초로 적자를 줄이려고 노력했던 사람들보다 더 빨리 적자를 없앨 것이었다.

"예스, 위 캔Yes, we can"이라는 구호는 생각보다 더 중요했다. 몇몇 좌파 지도자들이 록스타일 분위기의 집회에서 환호받았던 이 말은, 한 국가가 자국의 정책을 결정할 수 있다는 자주권을 강조하고, 천문학적인 부를 받을 자격이 없는 자에게만 보상하고 나머지 사람을 돕는 데는 실패한 세계 경제에 대한 도전이었다. 무력해 보이는 그들의 분노는 더 이상 그들이 무력함을 참지 않겠다는 것을 암시하는 외침이기도 했다.

민주당 대선 후보 경선에서 샌더스는 힐러리 같이 부유한 사람과 비교해 자신은 예산도 기반도 없다고 이야기했다. 그는 기득권층에 대항하는 1인 예술가였다. 그에 대한 대응으로 힐러리는 자신이야말로 워싱턴의 기득권층을 위협하는 후보라고 주장했다. 2016년 1월 있었던 첫 번째 텔레비전 토론에서 힐러리는 샌더스를 향해 "나는 미국의 첫 여성 대통령이 되기 위해 서 있는데, 내가 어떻게 기득권층에 속해 있다고 할 수 있죠?"[13]라고 물었다. 이때만은 샌더스가 반격할 수 없었다. 그가 중산층 백인 남성이라는 사실로부터 벗어날 수 있는 방법은 없었다.

가끔은 이런 논쟁이 반기득권 논쟁의 얕은 수준을 보여 주지만, 이는 좌파에 더 유리한 무기를 제공한다. 2008년 대선 후보 경선에서 힐러리는 백악관에서 얻은 경험을 강조하며 버락 오바마의 경험 부족을 지적했다. 이제 비로소 아웃사이더의 시대에 지명을 바라며 힐러리는 자신의 기득권층 경험을 축소한다. 공화당의 트럼프와 테드 크루즈Ted Cruz가 '밖'으로부터 안쪽으로 성큼 들어왔을 때, 한때 당의 희망이었던 젭 부시Jeb Bush의 성姓은 치명적이었다. 비슷하게 힐러리의 성姓도 엇갈리는 축복이었다.

영국에서 제러미 코빈은 노동당 경선에서 하원의원이라는 그의 혁명적인 경력으로 부상했는데, 예전 경선 같았으면 그의 경력은 대표를 맡기엔 부족해 보였을 것이다. 비록 1983년부터 하원의원이었지만, 코빈은 '웨스트민스터' 기득권층의 일부로 보이진 않았다. 그리스에서 시리자는 아테네 기득권층뿐 아니라 브뤼셀_{유럽연합 본부가 위치해 있다. – 편집인}에도 대항했다. 포르투갈과 스페인에서 지지도를 넓혀 가고 있는 좌파 정당은 비교적 최근에 창당되었고, 지금까지 정치가 행해진 방식에 안으로부터 도전 중이다. 그 지도자들은 젊고 캐주얼한 의상을 입었다. 그들은 좋아 보였다. 더 나이 많은 대표, 코빈이나 샌더스의 경우에도 기득권층에 대한 도전을 소망한다고 주장하면서 젊은 청중의 관심을 끌었다.

돌이켜 생각해 보면 시리자가 그리스 총선에서 승리한 이유는 명백했다. 치프라스는 유로존 회원국으로 보호받는 동시에 긴축 재정의 지옥에서 탈출할 수 있도록 해 줄_{방법을 정해줄 듯 보였다} 것처럼 말했다. 그는 어떻게 이런 모순된 복표를 달성할 수 있는지는 설명하지 않았다. 치프라스는 그리스 경제가 어떻게 긴축 정책으로 손해를 입었는지에 관한 몇 가지 강한 주장을 펼쳤지만, 그의 모순된 비전이 어떻게 합쳐질 수 있는지에 대한 설명은 모호했다.

그리고 코빈은 여름 한 계절 만에 노동당을 탈바꿈시켰다. 그의 연설은 금융인에 대한 처벌, 삭감된 공공 지출 복원, 긴축 재정 종식, 철도의 재국유화 등 소망의 연속이었다. 재차 말하지만 이것들은 완벽하게 타당한 목표이기는 하나 어떻게 달성할 것인지는 설명이 이루어지지 않았다. 미국에서 샌더스는 저소득층과 중산층이 고통받는 동안 이루어진 금융 시장 부활의 부당함을 생생하게 강조했다. 그러나 어떻게 다시 균형을 잡을지에 대한 설명은 덜 정확했다.

좌파의 약진을 초래한 바로 그 환경이, 좌파가 그들이 한때 그랬던 방법으로 더 이상 존재하지 않는 손잡이를 당기겠다는 그 약속을 지키는 것을 거의 불가능하게 한다. 세계 경제에서 비롯한 불안정과 명백한 불공정은 진보적인 해결책을 지지하는 사람을 더 많이 만들어 낸다. 2016년 영국에서 불거진 구글세 논쟁은 민주주의 세계에 걸쳐 반향을 일으킨 전형적인 사례다.

영국 재무장관 조지 오즈번이 구글에 고작 1억 파운드_{당시 한화로 약 1,700억 원}의 세금을 부과하는 '현명한' 세무 행정을 펼쳤을 때, 그는 완전히 어리석지도, 이념적으로 무모하지도 않았다. 영국에서 구글은 다른 방식으로 어마어마한 소득을 올렸다. 구글은 원한다면 영국의 사업장을 다른 곳으로 옮길 수도 있었다. 구글에 조금 더 많은 세금을 부과할 수 있었던 이탈리아가 오즈번이 따라야 할 사례로 언급되기도 했다. 그러나 부과 총액의 차이는 크지 않았고, 자금이 아주 부족했던 공공 서비스 자본으로도 충분하지 않았다. 오즈번은 무슨 일을 한 것일까? 구글이 주소지를 옮길 만큼의 세금을 매겨 모든 세금 수입과 수많은 일자리를 잃을 것인가? 그런 움직임을 옹호하는 주장도 있지만, 여기에는 위험이 따른다. 이것이 세계 경제의 주류들이 처한 딜레마다. 과연 그들은 도덕적인 목적만을 강조하며 일방적으로 행동해 세계적인 거대 기업이 다른 곳을 향하게 함으로써 경제성장률을 떨어뜨릴 것인가?

구글세는 강력한 저항에 부닥쳤다. 2008년 금융위기 이후로 초고소득자를 위한 법과 다른 평범한 사람을 위한 법은 따로 있다는 심각한 사회적 인상 때문이었다. 중산층의 소득은 정체되어 있는 가운데, 초고소득층에 대한 보상은 계속 높아져 갔다. 분노는 민주주의 세계에서 우파의 도널드 트럼프가 — 비록 그 자신은 부유층 엘리트를 대표했지만 — 수직 상승하게 만든 가장 중요한 동력이었다. 분노는 힐러리 클린턴이 민주당 경선에서 버니 샌더스와 치열하게 다툼해야 했던 이유였고, 또한 유럽 전역에 걸쳐 좌파와 우파 포퓰리스트 정당들의 도약을 부채질했다.

각국 정부는 한 나라가 거대 기업을 유치하기 위해 세율을 조정해 다른 나라를 약화시킬 수 있는 글로벌 경제에 볼모로 잡혔다. HSBC 은행이 영국 사업부를 동아시아로 옮길 수 있다고 암시한 지 몇 분 되지도 않아, 오즈번은 은행에 대한 미래 계획을 조금 덜 엄격하게 들리도록 이야기하기 시작했다. 노동당 정부에서 오랫동안 재무장관을 지낸 고든 브라운Gordon Brown은 엄격해지고 비즈니스를 잃는 위험을 감수할 것인지, 낮은 세율로 대기업을 유치해야 할지의 딜레마에 직면했다. 브라운은 대체로 후자를 택했다.

최근의 경험에서 좌파 아웃사이더 지지자가 주의해야 할 점이 있음을 알 수 있다. 1981년 프랑스 미테랑François Mitterrand 대통령은 '한 국가에서의 사회주의'라는 공약 아래 당선되었다. 미테랑은 불과 2년 만에 급격하게 세계화되고 완전 경쟁 체제화하는 경제 환경 속에서 그의 급진적인 경제 정책을 실현하기란 무력하다는 것을 깨닫고, 여러 정책을 180도 전환시켰다. 올랑드 대통령도 어느 정도는 비슷한 한계를 발견했다. 올랑드의 당선은 영국 미디어에서 폭넓게 그리고 잘못 믿어져 왔던, 유권자들은 위기 이후에는 자동적으로 보수화된다는 미신의 반증이었다. 그러나 고소득층 소득세 인상 등을 포함해 그의 실패한 정책 시도는 일방적인 진보주의 경제 정책 마련이 얼마나 어려운지를 보여 주었다. 곧 올랑드는 최근 대통령 가운데 가장 낮은 지지율을 받아 들었다.

코빈, 샌더스와 다른 이들과 마찬가지로 치프라스 또한 세계화된 경제로 인한 불안정 속에서 이득을 보았지만, 집권하자마자 그는 곧바로 국경과 민주주의적 의지를 인정하지 않는 힘과 규정의 피해자가 되고 말았다.

좌파 아웃사이더들은 유명해졌고, 어떤 경우에는 몇몇 정책을 거의 실행할 수 없도록 만드는 경제 질서에 대항하며 집권에 성공했다. 우파 아웃사이더들처럼 그들 또한 집권하자마자 그들이 경멸해 마지 않았던 기성 정치권의 첨예한 딜레마에 직면했다.

지금까지 우리는 왜 그리고 어떻게 아웃사이더들이 — 비록 우리가 매번 갑자기 또 다른 인물이 나타날 때마다 놀라긴 하지만 — 움직임을 만들어 냈는지 살펴보았다. 그러나 변화의 시대에 그들의 매력은 분명하다. 기이한 사실은 주류가 변화를 수용하고 무너지기 쉬운 새로운 경쟁자들을 설명하는 데 실패한다는 점이다. 이제부터 그 기이한 사실을 살펴보자.

진보 : 무력해지는 쪽을 선택하다

2005년 9월 브라이턴 Brighton 에서 열린 영국 노동당 연례회의는 열광적인 분위기였어야 했다. 그해 초, 노동당은 총선에서 3연속 승리를 거두었는데, 이는 전례 없는 성과였다. 그러나 분위기는 조심스러웠고 가라앉아 있었다. 노동당 총리 토니 블레어는 2003년 개전 이후 이라크 전쟁에 끊임없는 지지를 보내 왔는데, 전황은 점차 수렁으로 빠져들었다. 또 다른 요인은 블레어와 그의 재무 장관으로 최대한 빠른 시간 내에 총리직에 오르고 싶어 했던 고든 브라운 사이의 치열한 알력 다툼이었다.

세 번째 요인은 블레어가 언급한 노동당의 정치 노선이었다. 블레어는 회의에서 피할 수 없는 세계화의 물결과 이에 무력한 정부에 대해 발표했다. 그동안 그는 국가의 역할에 대해서는 거의 언급하지 않았는데, 혹 국가의 역할을 이야기할 때가 있으면 세계화 시대에 국가가 할 수 있는 것 혹은 해야 하는 것의 한계를 강조하는 전략을 택했다.

변화는 다시 움직이고 있습니다. 아마도 우리보다 우리 아이들이 더 빨리 이해하고 받아들일 겁니다. 아이팟이 얼마나 빠른 속도로 언어와 우리 일상생활에 진입했습니까? 팩시밀리의 도입은 불과 몇 년 전에 기적처럼 여겨졌지만, 이미 추월당하지 않았습니까?

한 아이가 태어납니다. 아버지가 휴대전화로 사진을 찍습니다. 몇 초 안에 전 세계의 가족들이 보고, 축하합니다. 우리가 태어났을 때와는 다른 세상입니다. 더 빠르고, 더 흥미진진하지만, 위협도 함께 옵니다.

변화의 속도는 우리를 압도하고, 우리의 삶을 더 낫게 만들며, 우리 나라를 더 강하게 만듭니다. 우리에게 불가능한 것은 변화를 일어나지 않은 것으로 여기는 것뿐입니다.

가끔 사람들이 이제 그만 멈추고 세계화에 대해 논의해야 한다고 말하는 것을 듣습니다. 아마도 여러분은 여름 다음에 가을이 와야 하는지에 대해 토론할 수 있을 겁니다. 중국과 인도에서는 이런 것을 토의하지 않습니다. 그들은 우리와 그들의 삶을 바꿀 수도 있는 가능성을 꽉 부여잡고 있습니다 … 변화하는 세계는 전통에 무관심합니다. 약점을 봐주지 않습니다. 과거의 명성을 존중하지 않습니다. 관행이나 관습도 없습니다.

정부를 통해 우리 자신을 세계화의 파도로부터 차단하여, 규제를 통해 노동자를 보호하고, 정부 보조금으로 회사를 지키며, 관세로 산업을 보호함으로써 우리 자신을 지켜내야 한다는 유혹을 받습니다. 이 모든 것이 오늘날엔 소용없습니다.

세계화된 경제를 막아 내던 댐은 이미 몇 년 전에 터졌기 때문입니다. 경쟁은 막을 수 없고, 오직 이기는 방법밖에는 없습니다.[1]

연설 가운데 '변화'를 의인화한 부분에 주목할 필요가 있다. '변화' 가 움직이고 있었다. 선출된 정치인이 아닌 '변화'가 유권자의 삶을 만들고 망가뜨리는 요소였다. 블레어는 전후 영국 정치계에서 가장 뛰어난 연설가 가운데 한 명이었다. 당선 뒤 회의 석상에서 한 연설에서, 산문적 우아함은 세계화를 맞이하는 당선된 총리로서의 단호한 수동성을^{단호한 수동적 입장} 강조하는 역할을 했다. 블레어는 명확하게 이야기할 수 없었다. 변화는 전통에 무관심했고, 약점을 봐주지 않았으며, 선출된 지도자가 할 수 있는 혹은 해야 하는 대응이란 거의 없었다.

우파와 좌파의 아웃사이더들은 이에 반대했다. 전통에 대한 도전을 걱정하고 갑작스런 나약함을 느끼는 유권자에게 아웃사이더는 희망을 제시했다. 블레어는 어느 정도 승리하기 위한 목적 아래 편의주의적으로 행동하며 그의 정치 여정을 시작한 중도 진보 가운데 한 명이었다. 오래전 블레어는 대부분의 정책 실행에 관해 노동당이 정부에 더 많은 역할을 부여하는 것은 표를 잃는 길일 뿐이라는 결론을 내렸다. 2005년까지 그는 국가의 역할에 제한이 있다고 믿었다. 블레어는 이 시점부터 아주 분명하게 정치는 '진보와 보수'의 대결이 아니라 '개방과 폐쇄'로 나뉜다고 언급했다. 이 부분에서 그는 주류 보수에 가까웠다.

블레어는 중도 진보의 거대한 움직임을 이끌기도 했고, 그 일부이기도 했다. 독일 사회민주당 대표 게르하르트 슈뢰더^{Gerhard Schröder}는 총리로서 그의 당에서 공식적인 분열을 일으켰던 일련의 개혁에 착수했다. 그는 2003년 어젠다 2010^{Agenda 2010}을 시작했다. 복지 지출 삭감과 노동 규제 완화로 구성된 정책 묶음이었다. 여러 방면에서 그는 더 작은 정부를 선호했다. 블레어와 슈뢰더는 여러 측면에서 건설적으로 서로 가깝게 일하려 했는데, 그들은 함께 중도 진보 혹은 블레어가 때때로 '진보적 중도'라고 부르는 영역에 대한 새로운 정의를 찾고자 했다. 두 사람은 모두 세계화가 많은 기회를 포함하고 있으며, 정부 정책처럼

'멈추거나' '반대로 갈 수' 없다는 것도 이해하고 있었다. 그러나 그들과 중도 진보의 다른 이들은 변화가 일부 유권자들을 얼마나 나약하게, 그리고 '뒤처진 것처럼' 느끼게 만드는지를 간과했다.

선출된 주류 정치인마저 통제할 수 없는 권력이 무수히 존재하며, 이는 세계화 시대에 통치권을 쥔 주류 정치인을 약하고 불안정하게 만든다. 이 피하기 어려운 나약함에 대해서는 다른 장에서 살펴볼 예정이다. 그렇게 함으로써 우리는 선출된 주류 정치인과 그들에게 조언하는 전문가 집단이 얼마나 무차별적이고 불공정하게 혐오당하는지 발견할 수 있다. 그러나 한 가지 중요한 관점에서 기성 진보와 보수 정당은 아웃사이더의 부상에 직접적인 책임이 있다. 그들은 격동적인 변화 속에서 선택을 했다. 어떤 면에서 그들은 상당수 유권자들이 일과 집과 공공 서비스의 질과 그들의 장기적인 경제 계획에서 불안감을 느끼기 시작했을 때 무력해지는 쪽을 택했다. 각국 정부는 그들이 유권자를 대표해 일방적으로 행동했을 때만큼 자유롭지는 못할 것이다. 그러나 그들은 사실 세계적인 변화를 맞이했을 때 주류 정치인들이 선택했던 것만큼 무력하지는 않다.

기득권을 가진 정당들은 정치 무대의 많은 영역을 떠났고, 급변하는 환경 변화에 어떻게 대응하여 경제 정책을 수립하고 정부의 역할을 정할지에 관해 일치된 의견을 모으기 위해 한자리에 모였다. 가상의 중심으로 향하는 움직임에 정돈된 균형이란 없었다. 주류 진보는 선거에서 승산이 있다고 생각한 중도층을 향해 움직였는데, 대부분 보수 쪽으로 정의된 것으로 결국 정통주의자나 마찬가지로 덫에 갇힐 뿐이었다. 그들이 받아들인 것은 시대에 뒤떨어진 것이었다. 다수의 유권자가 정부로부터의 도움을 외치며 앞으로 나아갔다. 그러나 기성 정치인 대부분은 이를 알아차리지 못했다.

이것이 기성 진보주의 정부와 정통 보수주의 정부 사이에 차이가 없었음을 의미하지는 않는다. '진보적 중도' 주위에서 초조하게 춤을 추었음에도 불구하고 커다란 차이가 남아 있었다. 그들은 '뼛속까지' — 클리셰는 위험해 보이면서도 생각도 없는 것처럼 민주주의 세계 전역에 걸쳐 적용된다 — 똑같진 않았다. 그러나 이런 차이점은 때때로 고의적으로 숨겨졌는데, 아슬아슬하게 나뉜 양쪽 지도자들의 '중도'라는 합의의 일부는, 그들이 정부를 향해 나아가고, 그곳에 도달하면 권력을 유지하는 데 도움이 될 것이란 가정 아래 있었기 때문이다.

수십 년 동안 사회적이고 경제적으로 진보적 자유주의 합의란 가장 안전하면서도 직접적으로 권력으로 향하는 길처럼 보였다. 실제로 1980년대부터 2008년까지 그 합의는 선거 승리로 향하는 **유일한** 길처럼 비쳤다. 작은 정부를 강조했고, 금융 영역의 신들을 축복했으며, 어떻게 유권자들이 그들 자신을 돕고자 '자유로워'져야 하는지에 초점을 맞추었다. 2008년 금융위기 이후에서야, 스펙트럼이 다를 수밖에 없던 두 정당 사이의 공식적 혹은 비공식적 연합이었던 이 합의가 족쇄가 된다. 비록 기성 정치권의 많은 지도자들은 여전히 덫에 걸렸다는 것을 인지하지 못하고 있었지만. 그들은 금융위기의 역사적 중요성과 그것이 정치 역학에 어떻게 묶여 있는지 잘못 해석했다. 그들은 은행이 파산을 향해 가고 경제가 벼랑 끝으로 몰려가는 것을 목격했다. 대부분의 경우에 그들은 금융위기가 시대를 변화시키는 것을 알아차리지 못했다. 실제로 그들은 모든 것이 얼마나 빨리 위기 이전의 편안한 격변으로 돌아오는 것처럼 보이는가에 놀라고 안심했다. 머빈 킹이 너무 일찍 알아차렸듯이, 정치를 바꿀 분노란 보이지 않았다.

대단히 충격적인 위기 이후에 종종 그렇듯이, 주류 통치자들은 금융권이 번창하고 사람들이 쉽게 돈을 빌리던 가장 가까운 과거로 돌아가려고 했다. 그들이 알고 있던 진보적 합의의 과거였다. '누아르 영화'의 등장인물처럼, 그들은 비록 이미 그들이 그렇게 함으로써 위험에 노출되어 있었지만 죽음을 향해 나아가기로 선택했다. 그 결과는 격동의 1970년대 영국과 같았다. 물가와 임금을 통제하는 정책은 1974년 테드 히스Edward Heath 총리의 몰락을 초래했다. 노동당 정부는 어떻게 대응했을까? 그들은 물가와 가격을 통제하는 정책을 내놓았다.

주류 진보와 보수의 연합은 1990년대 초반 미국과 영국을 필두로 곧 다른 나라들이 따라하면서 강화되었다. 방어 논리 형성을 위해 이념적 합의가 이루어졌고, 진보 정당들에서 먼저 움직임이 시작되었다. 미국의 깨인 민주당원과 영국의 노동당은 경제에 관해 지나친 중도 진보적 주장을 펼쳐서는 선거에서 이길 수 없다는 결론에 도달했다. 대규모 세금 인상을 통한 재분배와 높은 공공 지출은 선거에서 패하는 지름길이었다. 그들을 공정하게 평가한다면, 그들은 그렇게 판단할 셀 수 없이 많은 근거를 가지고 있었다. 1980년대 민주당은 규제 완화와 부자 감세 내용을 담은 로널드 레이건Ronald Reagan 대통령의 '레이거노믹스' 때문에 고군분투했는데, 그의 정책은 영국 마거릿 대처의 시끄럽고 단호한 열정을 포함했다.

두 사람 모두 선거에서 적수가 없었다. 레이건은 미국에서 재선했고, 마거릿 대처는 영국에서 두 차례의 압도적인 승리를 포함해 총선에서 세 차례 승리했다. 매우 다른 경로를 걸었지만, 그들은 둘 다 그들이 하는 일이 무엇인지 거의 이해가 되지 않는 일이라 할지라도 이해할 수 있도록 만드는 선생님이자 의사소통 능력자였다. 마치 타고난 재주처

제3장 진보 : 무력해지는 쪽을 선택하다

림, 두 사람은 오늘날 어디든 따라다니는 홍보수석의 지도도 받지 않은 채 야당이 도전하고자 고군분투했던 포퓰리스트의 반정부 언어를 효율적으로 구사했다. 그들은 국민을 자유롭게 해 주었다. 그들은 국민이 땀 흘려 번 돈을 정부에서 필요 이상으로 거두어 가는 것을 원하지 않았다.

대처는 고향 그랜샘Grantham에서 식료품점을 운영하던 그녀의 아버지 알프레드 로버츠Alfred Roberts는 버는 것 이상으로 쓰지 않았다고 말했다. 정부도 같은 길을 걸어야 했다. 실제로 레이건 행정부는 세수보다 훨씬 많은 지출을 했고, 대처 정부 역시 긴 통치 기간의 여러 단계에서 마찬가지였다. 그 진실은 별로 중요하지 않았다. 그들은 권력을 유지할 수 있는 숫자만큼의 유권자를 흥분시키기 위한 언어와 충분히 상징적인 정책을 가지고 있었다. 공공 서비스는 줄어들었고, 부유한 사람을 포함한 유권자의 삶의 질은 악화되었다. 성장률 하락은 경제에 심각한 영향을 미쳤다. 두 나라의 경영자는 열악한 사회간접자본에 더 많은 투자를 요구했다. 그러나 중도 진보 야당들은 자신들이 선거에서 승리할 만한 국가에 대한 더 적극적인 주장을 만들어 내지 못했다. 마침내 그들은 포기했다.

빌 클린턴Bill Clinton은 1980년대 '레이거노믹스' 아래에서 자란 중산층 유권자에게 위협이 되지 않을 만한 정책을 지지하면서 처음으로 중도 진보의 주장을 성공적으로 재구성한 인물이었다.

클린턴이 당선되기 직전, 그리고 1992년 4월 영국 총선에서 보수당이 네 번째로 연이은 승리를 거두기 전, 영국의 전직 재무장관 나이절 로슨Nigel Lawson은 인상적인 예측을 했다. 1991년 여론조사에서 노동당이 넉넉하게 앞서 나가고 있을 때, 로슨은 보수당이 선거 이슈를 선점하고 있으므로 다가오는 총선에서도 승리할 것이라고 장담했다. 로슨은 비록 도중에 위기를 맞이하더라도 선거 이슈를 선점한 정당이 언제나 선거에서 이겨 왔다고 덧붙였다.

영국의 사례에서는 로슨이 옳았다. 1992년 보수당은 복음주의 전도사 같았던 대처가 아니라 더 실용주의적인 존 메이저의 지도 아래에 있었음에도 쉽게 승리했다. 미국에서는 빌 클린턴이 선거 구도를 바닥에서부터 뒤집고 당선되었다. 클린턴은 공화당에게서 경제적 능력의 언어를 선점했다. 무엇보다도 그는 지난 선거에서 세금 인상은 없다던 부시의 약속에 조롱을 퍼부었다. 부시는 "제 말을 잘 들으세요 … 새로운 세금은 없습니다"라고 선언했었지만, 집권 4년 동안 현저한 증세 정책을 폈다.[2] 클린턴의 집요한 공세는 반직관적이었고 성공적이었다. 세금과 높은 세출에 대한 중도 진보의 주장으로 선거 의제를 선점하는 대신, 클린턴은 세금 인상으로 공화당 상대를 공격했고, 그렇게 함으로써 부시의 진실성에 대한 의문도 제기할 수 있었다. 이것은 클린턴에게 어떤 말을 해도 믿을 수 있는, 경제를 운영할 수 있는, 신뢰할 만한 후보자가 될 여지를 주었다.

클린턴의 선거 유세는 우아하게 지지도를 최대한도로 높이는 것으로 판단되었다. 그는 '잊혀진 중산층'을 위해 싸우겠다고 선언했다. 클린턴은 선거 공약에서 오직 최상류층만을 제외하고는 대부분의 유권자를 포함하는 계층에 초점을 맞추었다.

10년도 넘는 시간 동안 우리 정부는 부자의 입맛에 맞게 운영되어 왔습니다 … 가장 부유한 미국인이 더 부유해지는 동안, 중산층 미국인은 더 열심히 일하고 더 적게 벌면서 우리가 필요로 하는 경제 성장에 더 도움이 되는 일자리와 세계적인 수준의 교육, 적당한 비용의 건강보험, 안전한 거리와 이웃을 제공해 주는 데 실패한 정부를 위해 더 많은 세금을 내고 있었습니다 …[3]

이 나열은 큰 승리를 가져왔다. 클린턴은 아주 극소수를 제외한 국민 대부분을 대변했는데, 영국의 노동당 또한 1997년 총선에서 똑같이 대승을 거둘 때 같은 방법을 사용했다.

1992년 봄, 영국 총선에서 보수당이 네 번 연속해서 승리를 거둔 뒤, 노동당은 다시는 집권하지 못할 것이라는 예측이 널리 퍼졌다. 노동당 대표 닐 키녹Neil Kinnock은 단호한 결단으로 9년에 걸쳐 당을 환골탈태시켰다. 1992년의 노동당은 유럽에서의 지위, 공공 지출, 세금, 국영화와 일방적인 핵군축 등에 대해 1983년 키녹이 대표가 되었을 때와는 눈에 띄게 다른 입장에 서 있었다. 키녹은 지치지 않고 당을 내부에서부터 혁신했고, 모든 과정을 미디어에 노출시켰다. 그러나 비록 각 당이 확보한 의석수를 보면 우열을 가리기 힘든 것처럼 보였음에도, 노동당은 여전히 득표율에서는 완패한 것이나 마찬가지였다.

노동당에서 두각을 보인 야심 찬 두 명의 하원의원, 토니 블레어와 고든 브라운이 워싱턴을 방문하고 클린턴의 기술을 따라한 것은 이해될만한 일로, 별로 놀랍지도 않다. 클린턴은 이겼고, 노동당은 또다시 패했다. 새로운 노동당은 클린턴의 전략을 거의 정확히 따라했다. 블레어와 브라운은 가차 없이, 그리고 반직관적으로 '보수당 세금 인상'에 초점을 맞추었다. 이는 클린턴이 부시에게 했던 것과 같았다. 그들은 '절대다수'를 대변했다.[4] 그들은 경영계와 금융계와 함께 일하며 같이 앞으로 나아갈 수 있는 경제적 안정과 재정 절감을 지지했다. 또 보수당의 예산 계획을 2년간 준수하고, 집권 기간 내내 소득세율을 바꾸지 않겠다고 천명했다.

그러나 정치란 종종 그렇듯이, 그들이 당연히 표밭을 확보한다고 믿는 길로 조심스럽게 방어적이고 편의주의적인 발걸음을 떼어 나가는 길이 어떤 면에서는 그들을 파멸로 이끄는 것이기도 했다. 블레어가 '제3의 길'이라고 주창한 노동당의 단호한 실용주의는 1980년대와 1990년대 초반의 정치에 대응하는 것으로, 그들은 정치적 리더십을 향한 요구가 변화하고 있음을 알아차리는 데 실패했다. 그들의 조심스러운 움직임은 노동당이 총선에서 세 차례 승리할 수 있도록 했지만, 표를 잃는 과거의 덫을 피하기 위해 뒤돌아봄으로써 엄청난 파도의 새로운 변화가 밀려오는 것은 보지 못했다.

클린턴, 블레어, 브라운, 그리고 중도 진보 진영에 속한 다른 많은 유럽 정상들은 경제의 한 영역으로 확실히 팽창하면서 세수 증대에 일익을 담당하고 있던 금융계와 함께 일하고자 했다. 이들은 이 영역이 기업가적으로 위험을 감수하며 위험해 보이는 활동에서 커다란 보상을 얻어 낼 수 있도록 격려했다.

이렇게 함으로써 그들은 무심결에, 중도 진보는 물론 중도 보수에게도 거대한 도전이었던 폭풍 같은 2008년의 글로벌 금융위기로 나아가고 있었다. 음악이 멈췄을 때는 많은 중도 진보 정부가 집권하고 있었다. 그들은 가벼운 자본주의를 탓할 수 없었는데, 이때 한걸음 뒤로 물러서 있기를 선택했었던 까닭이다.

이는 설명일 뿐 그들에 대한 비난은 아니다. 다음에 무슨 일이 일어날지 모른 채, 중도 진보 지도자들은 표를 잠식당할 세금 인상은 하지 않고 공공 서비스 지출만 늘렸다. 이것이 중도 진보가 성공한 투자자들과 어울리며 언론과 대중에게 사랑받으면서, 성공한 지도자라는 자격에 윤기를 더한 방법이었다. 중도 진보는 더 이상 부를 창출하는 혁신을 억압하는 세금 인상주의자와 부패한 정치인을 포함하고 있지 않았다. 그들은 혁신가 집단의 구성원이었다. 1980년대의 정치에는 아주 뛰어나게 대응하고 있었지만, 문제는 1990년대에도 계속 그렇게 하고 있다는 점이었다. 과학적으로는 선거 승리 전략을 찾는 과정에서 대성공을 거두었다. 다만 어떻게 통치해야 하는지 방법을 찾는 데는 10년 넘게 뒤져 있었다.

금융위기를 이념적으로 설명하는 데, 앞으로 다시는 이런 위기가 발생하지 않도록 대안을 제시하는 데 있어 중도 진보는 더 힘 있는 자리에 있어야 했다. 오히려 중도 진보는 많은 경우 중도 보수만큼 비난받을 만한 처지였다. 그들은 금융인에 대한 무제한적인 믿음을 선거와 경제를 통해 돌려받을 수 있을 것이라는 쪽을 택했다.

뒤돌아보느라 바빴던 중도 진보는 앞으로 그들의 눈앞에 무슨 일이 벌어질지 보지 못했다. 세계화에 따른 새로운 요구가 분출되고 있었다. 중도 진보는 개입주의자로 비치는 것을 두려워했다. 국민은 손쉬운 대출놀음에 빠져 있었다. 흥을 깨는 사람이 될 것인가? 경제는 부흥하고 있었다. 활력을 깰 수도 있는 규제를 했어야 했을까?

빌 클린턴 대통령은 1990년대 미국에서 소위 '카지노 은행' 영역을 시내 중심가의 은행 부서에서 분리시켰던 장벽을 철폐했다. 금융계의 강력한 로비에 뒤이은 클린턴의 움직임은 이른바 '슈퍼뱅크'의 탄생을

예고하였다. 유럽 대부분의 지역에서 확장되던 은행으로, 공식적으로 카지노 은행과 시중 은행이라는 구분이 없었다.

클린턴은 또한 금융 시장 규제를 한층 완화하는 상품선물현대화법the Commodities Futures Modernization Act에 서명함으로써 레이건 대통령 아래에서 이미 충분히 완화된 규제를 누려 온 금융계가 더욱 규모를 키우도록 했다. 비슷한 시기에 클린턴은 카터 대통령 때 제정된 지역사회재투자법Community Reinvestment Act마저 보강했다. 주택 사다리를 오르려는 서민 대출자에게 대출기관이 더 호의적으로 접근하도록 강요하는 법이었다.

카터처럼 클린턴도 가슴속에 숭고한 목표를 품고 있었다. 지금부터 시작할 이야기에 선출된 정치적 악당은 없다. 악의적이며 실성한 무능한 지도자의 사연보다 훨씬 더 복잡하며 미묘하게 흥미롭다. 이는 선거에서 패배한 과거에 사로잡혀 앞으로 나아가길 시도하고 성공했던 중도 진보 지도자에 관한 이야기로, 그 결과 그들은 성공한 방식에 도취되어 새로운 정치적 기회가 훨씬 더 앞으로 나아가길 요구하고 있다는 사실을 알아차리지 못했다.

클린턴은 부분적으로는 빈곤층까지도 집을 소유하길 바라는 것처럼 행동했는데, 당시에는 이를 불평하는 사람이 거의 없었다. 상환이 불가능했던 사람에게까지도 주택담보대출이 가능했기 때문이다. 클린턴은 수동적으로 편의주의적이었고, 이타적인 이유로 빈곤층을 돕고자 했다. 그는 민주당이 금융 부문에서도 레이건의 공화당처럼 건설적으로 일할 수 있다는 것을 보여 주고 싶어 했다. 클린턴은 경제 부문에서도 자신을 믿어도 된다고 유권자를 안심시키기 위해, 자유시장 자본주의의 대규모 에이전트들과 함께 일하면서, 20년쯤 뒤 버니 샌더스 같은 사람이 그들의 주장을 펼쳐 나갈 수 있도록 열정을 가지고 길을 만들어 갔다.

동일한 뉘앙스의 조합은 아주 비슷하게 클린턴의 경로를 따라왔던 영국 노동당 정부도 덫에 걸리게 했다. 유럽의 나머지 중도 진보 정당 들도 차례로 새로운 노동당의 선거 승리, 특히 블레어의 1997년 총선 압승과 집권 1년 차에 지속된 대중적인 지지에서 영향을 받았다. 이들 은 세계화가 이념적 독창성에 새로운 요구를 하고 있음을 알아차리지 못하고, 1990년대 초를 배경으로 하는 선거에서 승리하는 방법에만 환 호했다.

노동당은 1992년 총선에서도 패했다. 블레어와 브라운은 선거 이 후 당에서 주관한 전영全英집행위원회에 참석했다. 침체된 분위기 속 에서 주요 여론조사 및 표적 집단 권위자인 필립 굴드Philip Gould는 노동 당은 선거에서 연거푸 네 차례 패배했으며, 이는 유권자가 노동당의 경 제 운영 능력을 신뢰하지 못하기 때문이라고 솔직하게 이야기했다. 그 의 지적은 아주 명확했다. 굴드는 유권자가 노동당 정부에 힘들게 벌어 낸 세금을 믿고 맡기지 못한다고 했다. 또한 유권자는 노동당이 세금 을 현명하게 사용하며 공정하게 걷을 것이라고 믿지 못하고 있으며, 이 러한 믿음이 지속되는 동안 노동당은 결코 집권할 수 없다고 주장했다. 덧붙여 기업들이 노동당을 신뢰하지 않았으며불신했으며 경제 정책이 신 뢰성을 얻기 위해서는 어느 정도 경제계 중요한 영역의 지지가 필요하 기 때문에, 경영자 집단의 신뢰를 얻지 못하는 동안에는 노동당은 선거 에 이길 수 없을 것이라고 했다.

노동당에게 불신의 시대는 오래전에 시작되었고, 블레어와 브라운 의 가장 큰 사명은 신뢰를 회복하는 것이었다. 그런데 두 사람이 과거 의 어떤 총리보다도 더 큰 불신 속에서 퇴임했다는 것은 비극적인 모순이다. 그들이 신뢰를 회복하기 위해 추구했던 정책들이 결국 비이성적으로 더 높은 불신을 불러일으켰다는 사실에 모순은 더욱 깊어진다.

1992년 고든 브라운은 그림자 내각의 재무장관이 되었다. 이 순간부터 그는 부분적으로는 클린턴을 따르면서도, 다음 선거에서는 유권자가 신뢰할 수 있는 경제 정책을 내놓겠다고 결심했던 초심을 좇아 역할을 계속해 나갔다. 이를 실행하기 위해 고든 브라운은 노동당이 한두 가지의 세금 인상을 뛰어넘는 더 높은 세금을 주장할 수 없다는 사실을 명백히 했고, 이것이 당의 인기를 보장한다고 생각했다. 이것 역시 클린턴에게 배운 것이었다. 가령 인기 없는 민영화된 공익사업에 대한 세금은 잠재적 유권자의 지지를 보증해 줄 것이었다.

그러나 브라운은 대체로 노동당이 기회를 잡기 위해서는 오랫동안 집권해 온 보수당 정부의 틀 안에서 일해야 한다는 것을 알고 있었다. 시대의 흐름 속에서 그는 완벽히 유효한 판단을 내렸다. 브라운은 경제계의 리더들과 가까워 보여야 한다고 느꼈다. 특히 그들의 눈앞에서 빠른 속도로 형성되는 글로벌 경제 속의 선진국에 걸쳐 부를 창출하는 명망 높은 은행가들과 가까워 보여야 한다고 생각했다.

브라운은 은행가와 사진 찍기를 좋아했다. 모든 공식 석상에 등장할 준비를 하는 것은 그에게 마치 전쟁 준비 같았고, 런던 금융가에 새로운 은행이 문을 열면 브라운은 조심스럽게 공개 방문을 연출할 것이었다. 이것이 바로 런던 금융가의 반대에 서는 게 아니라 그들과 함께 일하는 새로운 노동당의 모습이었다. 브라운이 재무장관이었던 시절, 국민건강보험을 개선하기 위해 반드시 필요했던 보험료 인상을 기술적으로 탐색하며 방어할 수 있는 방법을 찾고 있을 때, 그는 한 은행장에게 세금 인상에 관한 독립 연구 용역의 의장 자리를 부탁했다. 다른 시대였다. 은행가들은 노동당 정부가 대담하게 행동하고 있을 때 겉치레로나마 존경을 표했다. 금융계와의 교류는 중도 진보 정당에게는 커다란 힘이 추가된 것처럼 보였다. 젊고 성공한 금융권 인사들과 어울려 자신의 지위를 고수하는 것은 중도 보수만이 아니었다. 이제 중도 진보도 이 행렬에 동참했다.

하나로 합쳐진 영국의 보수당과 노동당, 유럽연합의 다른 국가들, 그리고 하나로 뭉친 미국의 민주당과 온건파 공화당은 중도 진보 정당들에게 지지의 기반이 될 빅텐트를 만들 수 있는 기회를 제공했다. 영국에서 대처를 지지했던 《선*Sun*》지는 토니 블레어의 치어리더가 되었다. 미국에서 클린턴은 공화당이 대통령 선거에서 비교적 쉽게 승리했던 지난날 민주당원이 가능하다고 여겼던 것보다 더 넓은 지지층을 확보하기 위한 구도를 만드는 데 성공했다. 그러나 이 텐트는 내구성이 떨어졌고, 오랫동안 지속될 수 있는 내용도 갖추지 못했다. 유권자들은 모순된 기대를 안고 입장했는데, 어떤 사람들은 금세 제외된 것 같은 느낌을 받았다.

1990년대 — 진보에게는 잃어버린 10년으로, 마거릿 대처는 토니 블레어를 그녀의 가장 큰 업적이라고 표현했다 — 양쪽 정파 사이에는 여전히 커다란 차이가 있었다. 빌 클린턴의 정책 수립과 우선순위는 야당이던 공화당의 주류 정파와는 거리가 있었다. 클린턴이 두 번의 임기를 마치고 나서 조지 W. 부시가 대통령에 취임했을 때, 모두가 그것을 느낄 수 있었다. 부시 행정부에서 공공 지출은 더욱 제한받았고, 부자 감세가 추진되었으며, 외교 정책은 더욱 부주의하면서도 일방적이었다. 클린턴은 아버지 부시가 세금을 올렸다고 비아냥대며 선거 유세를 펼쳤으면서도, 대통령에 당선되고 나서 본인 또한 과감하게 세금을 인상했다. 힐러리를 통해서는 건강보험을 개혁하려 했다. 금융 규제 영역에서 워싱턴의 공화당 지도자들은 오른쪽으로 움직여 거의 무한 경쟁의 지점에 다다를 때까지 규제를 가볍게 하기 위한 압력을 가했다. 보수파에서는 클린턴이 세출 목표를 미묘하면서도 상당하게 빈곤층에 맞추었을 때조차도 예산 삭감을 원했다. 클린턴의 경제적 역량과 사회 정의에 대한 주장은 잠재적으로 공허한 한 쌍 같았지만, 경제가 호황을 이루면서 구체화되는 것 같아 보였고, 균형 재정을 이루었으며 일자리 도 늘어났다.

영국에서 노동당 정부는 특히 재무장관이었던 고든 브라운의 정책 을 통해, 은밀하게 재분배 정책을 펴면서, 공공 지출을 상당히 끌어올 렸다. 그러나 무엇을 하고 있는지에 대한 얘기 또한 없었다. 1980년대 노동당의 총선 참패로 분명해졌기에, 블레어와 브라운은 불공평이 확 산되는 시대였지만 재분배라는 말은 입 밖으로 꺼내지도 않았으며, 공 공 서비스에 대한 투자도 너무 크게 얘기하지 않았다. 그들은 국가의 역할과 '세금과 지출'을 둘러싼 과거의 덫에 다시 빠지는 것을 두려워 했다. 블레어와 브라운은 다른 총리나 재무장관보다 훨씬 자주 연설했 다. 정부의 역할에 관련된 내용은 딱 하나였는데 시장이 작동할 때와 그렇지 않을 때, 국가와 시장의 관계에 관련된 것이었다. 2003년 봄 브 라운이 한 연설이었다. 이라크 전쟁 참전에서는 길을 잃었고, 브라운 의 모든 발언은 지도력을 보이기 위한 노력이라는 느낌을 주었다.

공공 격차는 부당한 환멸에 기름을 부었다. 아웃사이더의 약진과 기성 정당의 실패에 대한 통찰 가운데 하나는 단 한 번도 새로운 인물 의 상승을 경험하지 못한 정치인으로부터 비롯했다. 2005년 사망한 영 국의 전직 외무장관 로빈 쿡Robin Cook은 상대적으로 빈곤한 지역이었던 스코틀랜드 리빙스턴Livingston의 하원의원이었다. 집권 노동당 2기 정부 초반이었던 2001년 노동당 전당대회의 프린지 미팅fringe meeting에서 쿡은 스코틀랜드 지역구 유권자가 정부의 세금 공제 혜택을 받고 있다는 사실을 알아차렸다. 세금 공제는 극빈층, 특히 최저임금을 받고 생활하는 사람들의 소득을 향상시켰다.

그러나 쿡은 예언자적인 통찰력으로 노동당 정부가 이 정책을 드러내 놓고 펼치지 않았기 때문에 — 게다가 이 정책은 대중에게 거의 알려지지 않았다 — 그의 지역구 유권자들은 소득 향상이 영국 국세청의 기술적 조정에 불과하다고 생각할 것이라고 주장했다. 유권자들은 이 정책을 도입한 노동당 정부와 정책의 아무런 연관성도 추측하지 못했다. 세금 공제를 성립시키기 위한 브라운과 다른 인사들의 고된 노력은 대부분 드러나지 않았는데, 부분적으로는 장관들이 대중이 알아차리길 원하지 않았기 때문이기도 했다.

런던에서 만들어진 정책과 수혜자 사이를 연결 지으면서 고든 브라운과 토니 블레어가 세금 공제에 대해 말하지 않은 이유는 다층적이므로, 역시 시대적 배경을 통해서만 이해할 수 있다. 블레어는 세금 공제를 지지하지 않기도 했고, 언제나 잉글랜드의 중산층과 그들이 읽는 신문의 지지를 받을 만한 대중 연설을 하길 원했다. 그와 대조적으로 브라운은 세금 공제에 열정적이었지만, 선거에서 결정적인 역할을 하는 잉글랜드 중산층이 별로 선호하지 않을 것 같았기 때문에 새로운 노동당의 선거 유불리를 따져 이 정책을 강조하지 않았다. 잉글랜드 지역의 중산층 유권자라면 자신이 낸 세금이 재분배되고 있다는 것을 알면 깜짝 놀랄 것이다.

그러나 브라운은 슬며시 재분배를 하고 있었다. 수혜를 입은 유권자 다수가 브라운이 무슨 일을 했는지 전혀 깨닫지 못했다는 사실은 곧이어 스코틀랜드에서 어떤 일이 일어났는지 설명해 준다. 스코틀랜드국민당은 — 이 당 자체가 아웃사이더들이 권력을 획득한 가장 놀랄 만한 사례 가운데 하나다 — 웨스트민스터의 정당은 모두가 거의 비슷하다는 주장을 강력하게 펼쳤다. 노동당과 보수당 모두 스코틀랜드를 실망시켰다는 것이 스코틀랜드국민당의 강력한 메시지였다. 양당은 똑같이 빈곤층에는 관심이 부족했던 반면, 대기업을 신경 쓰고 잉글랜드 중산층에게는 친밀하게 대했다는 주장이었는데, 어떤 면에서 그들SNP의 주장은 정확히 그 반대가 진실이었다.

오히려 '헌신적인 스코틀랜드인'이라는 브라운의 배경 덕분에 영국의 다른 지역과 비교해 스코틀랜드는 일방적인 혜택을 입었다. 그러나 어떤 연결고리도 없었다. 한때는 우세했던 스코틀랜드의 노동당을 저버리고 이제는 스코틀랜드국민당에 투표하는 스코틀랜드인은 새로운 노동당 시대에는 보수당과 노동당이 거의 서로 대체가 가능하다는 잘못된 가정하에 그런 선택을 했다. 그들은 메시지만 들었을 뿐 정책은 확인하지 않았다. 저 아래 웨스트민스터에 있는 정당들은 모두가 빌어먹을 정도로 똑같다고 결론 내린 뒤, 스코틀랜드인의 노선은 정해졌다. 2014년 스코틀랜드 분리독립 주민투표에서 실은 더 공공연한 좌파였던 노동당 대표 에드 밀리밴드는 데이비드 캐머런과 거의 다르지 않은 인물로 간주되었다. 실제로 밀리밴드의 견해는 스코틀랜드국민당의 지도자들이 주장하는 사회민주주의에 더 가까웠다. 그러나 그가 에든버러를 방문했을 때, 캐머런에게 그랬을 것처럼 많은 시위대가 나와 있었다. 한때 밀리밴드는 시위대가 물러가길 기다리며 이발소에 숨어 있었다. 그의 경험은 무엇이 뒤따라올지에 대한 전조였다. 주민투표 이후 스코틀랜드 유권자는 노동당에 등을 돌렸고 스코틀랜드국민당을 향해 갔는데, 이것이 2015년 총선에서 노동당이 패한 가장 중요한 원인이다.

새로운 노동당의 무언의 호소와 새로운 잉글랜드 중산층 유권자의 공포에 대한 두려움이 브렉시트의 배경 가운데 하나였다. "웨스트민스터의 정치인들은 모두 뼛속까지 똑같아 … 우리는 아웃사이더를 지지할 거야"라는 것이 공통으로 반복되는 말이었다. 주류 보수만큼이나 주류 진보를 형성하고 있는 '엘리트'에 저항하는 투표였다.

주류 진보와 주류 보수의 진정한 차이점이 덜 중요하게 여겨지는 동안, 실제로 그들이 어느 정도까지 통합되었는지 역시 중요했다. 위기 이전에 연합이 있었고, 이는 그 후에도 여전히 남아 있었다. 많은 유권자가 일어난 일에 체념하고 결과를 두려워하는 사이, 중도 보수와 중도 진보의 선출된 지도자들은 대략 비슷한 점을 이야기했다. 은행가들이 비난받아야 하지만, '국민'이 전례 없는 공공 지출 삭감이라는 벌을 받게 된다는 것이었다.

2008년 금융위기 이후 레이건-대처 시대에 걸쳐 모습을 갖춘 체계 ― 규정을 넘어서까지 견뎌 내면서 중도 보수는 물론 중도 진보까지 흡수했던 ― 는 갑자기 약해졌다. 금융위기는 국가와 금융계와의 관계, 또한 국가와 개인 간의 관계에 대한 중요한 질문을 불러일으켰다.

금융위기는 다음과 같은 질문을 촉발시키기 위해 필요했다. 정부는 어떻게 더 강하게 규제할 수 있는가? 국가가 은행을 소유해야 하는가? 위기 이전에 이런 질문들은 정치적인 악몽을 불러일으킬 것이었다. 정부는 더 강하게 규제했어야 했고, 너무 쉽게 주택담보대출에 접근할 수 없도록 개입할 수도 있었다. 그러나 규제 완화라는 정책은 너무 인기가 좋았고, 사람들이 비교적 저소득으로도 주택을 구입할 수 있었던 것을 비롯해 신용으로도 집을 살 수 있을 만큼 명백히 자비로운 정책이었기에, 그렇게 한다는 것은 용기와 더불어 예언 능력을 가진 행정부가 필요했을 것이다. 유권자를 소외시킨 정부가 자신감을 가지고 활동적일 수 있는 확실한 방법이란 존재하지 않는다. '복지국가nanny state'에 대한 헤드라인은 아주 작은 변명에도 화산 같은 폭발력이 있다. 금융위기 이전에 국가가 저소득층이라는 이유로 손쉽게 대출할 수 있었던 사람들의 권리를 제한했다고 상상해 보사. 무엇이 옳은지와 무엇이 정치적으로 가능한지는 때때로 인지할 수 없을 만큼의 차이가 있다.

위기는 곧바로 정치적 역학을 변화시켰다. 어떤 것을 하는 게 옳은지는 정치적으로 가능한 것일 뿐 아니라 당장 필요한 것이기도 했다. 그러나 중도 진보는 바로 직전의 과거와 앞으로 무엇을 해야 하는지에 대한 가능성 있는 주장을 만들어 내는 데 실패하며 덫에 빠졌다. 리먼브라더스Lehman Brothers가 붕괴의 전주곡을 울릴 때, 당시 장관 에드 밀리밴드는 라디오 인터뷰 말미에 세계적으로 발생하는 금융위기를 막기 위해 정부가 개입해야 한다고 설명했다. 그는 인터뷰하는 두 사람이 중도 진보라고 가정했다. 기쁘고도 놀랍게도 한 사람은 골드만삭스Goldman Sachs에서 온 사람이었고, 다른 한 사람은 절벽의 끝을 향해 달려가는 리먼브라더스에서 온 사람이었다. 밀리밴드는 노동당 정부에서 가장 왼쪽에 서 있는 장관 가운데 한 명이었고, 자비로운 역할을 할 적극적인 국가에 대한 주장을 만들고 싶어 어쩔 줄 몰라 하고 있었다. 물론 그는 위기를 중도 진보의 주장이 형성될 수 있는 기회가 생기는 순간이라고 보았다. 그러나 그는 다른 차원에서 분위기를 잘못 읽었는데, 금융위기 당시 집권하고 있던 중도 진보 정부가 얼마나 비난받을지

제3장 진보 : 무력해지는 쪽을 선택하다

에 대해 지나치게 과소평가한 것이다. 곧 밀리밴드는 금융위기의 수혜자가 아니라 정치적 희생자가 되고 말았다.

　여러 나라에서 기성 중도 진보 정당들은 당시 벌어지고 있는 일들을 보며 오랫동안 경제 정책 입안을 주도해 온 정통적 신념에 의구심을 가지려 노력하였으며 또한 이를 제시하기도 했다. 그러나 그들 스스로가 정통적 신념주류 이론을 지지해 왔고, 지지하는 것으로 비쳤기에 그들의 시도는 널리 지지받지 못했다.

　금융위기의 분명한 발생 원인에 대한 토론을 이끌어 갈 정치적 기회가 결여된 점은 뒤따른 결과와 잘 어울렸다. 위기에서 벗어나기 위한 가장 일반적인 대응은 긴축 정책이었고, 아주 분명히 말한다면 극심하고 실질적인 공공 지출 삭감이었다. 금융위기를 야기한 장본인들이 아니라 이전까지 안정된 직장에서 높은 공공 지출의 혜택을 누리며 행복하게 살던 사람들이 희생자가 되었다. 다시 말해서 금융위기로 정부에게 더 많은 역할이 요구되었을 때, 주류 진보와 주류 보수는 더 작은 정부의 필요성에 어느 정도 공감했다.

　기성 진보 정당들은 2008년 이후 또 다른 덫에 걸렸다. 만약 그들이 금융위기 이후 극심한 지출 삭감에 관한 합의에 도전하려 했다면, 대출이 '통제 불가능'할 때 지출을 제안하는 것은 그들을 무책임하고 부주의하게 보이도록 만들 수 있었다. 그러나 2008년 이전은 물론 1990년대 초·중반과는 달리 소위 중도에서 이루어진 연합은 편안하면서 선거에서도 유익한 지대로, 지출 삭감 지지를 둘러싼 이 새로운 연합은 주류 진보에 도전적인 만큼 정치적으로도 위험했다. 빈곤층의 금융위기 희생자에게, 새롭게 주류 이론을 차지한 '긴축'이라는 모호한 용어는 금융위기 책임자에게는 계속해서 지지를 보내고 책임이 없는 사람들을 벌주려는 야합처럼 보였다.

재차 말하지만 각 정당 사이에는 공공 지출 삭감 규모라든지 금융위기를 초래한 은행가들이 얼마나 처벌받아야 하며 앞으로 있을 정책 수립 과정에서 제외되어야 하는지 등에 관한 주장에서 미묘한 차이가 있었다. 그러나 주류 진보와 주류 보수 간의 근본적인 합의는 여전히 그대로인 것처럼 보였고, 이 연합은 좌파와 우파의 아웃사이더들 모두에게 기회를 부여했다.

금융위기 이전에 형성된 중도 혹은 중도 진보 이념은 — 그것이 클린턴과 블레어가 주창한 '제3의 길'이든, 여전히 영국 총리였던 블레어가 가장 열정적으로 주장한 '이제 보수와 진보의 구분은 없다'는 주장이든 — 더욱 저항성을 띠며 여전히 좌파와 우파에 남아 있는 사람들이 가진 기회를 소멸시켰다. 1990년대 초반까지 중도 진보와 중도 보수는 정부가 무엇을 할 수 있고 무엇을 할 수 없는지 그 역할에 대한 치열한 논쟁을 벌인 바 있다. 클린턴과 블레어 같은 지도자 아래에서 이념 다툼의 목소리는 극히 잦아들어 거의 알아차릴 수 없을 정도였다. 이념에 대한 주장이 비어 있는 공간에서, 아웃사이더들은 집권하면 무엇을 할 수 있을지에 대한 거창한 주장을 만들어 나가기 시작했다.

진보와 보수를 소멸시키는 데 있어, 블레어와 그 주변 인물들은 결국 중도 진보의 지위를 강화하는 데는 실패하고 말았지만 정당을 뒷받침하는 가치들을 약화시키는 것에는 결탁했다. 블레어는 2005년 총선 이후 보수당의 새 대표 데이비드 캐머런과 공유하는 점이 늘어나는 것을 발견하고 '정치적 크로스드레싱 political cross-dressing' 시대의 도래를 찬양했다. 당 대표는 소속 정당을 돌아보지 않고 다른 정당의 색깔을 입을 수 있으며 입을지도 모른다는 것, 거꾸로 상대 정당도 마찬가지라는 것을 제안하는 비유였다.

개인적인 여정을 바탕으로 세계적인 새로운 흐름을 추론하는 것은 블레어에게는 흔한 일이었다. 대표직을 마무리할 즈음 블레어에게는 이미 보수적인 색채가 더 짙었다. 보수당의 색깔이 너무나도 짙었기에 보수당 의원이나 《타임스 *Times*》 칼럼니스트 다니엘 핀켈스타인 Daniel Finkelstein 은 토니 블레어가 보수당에게 인기가 높은 이유 가운데 하나는 총리가 누가 봐도 중도 보수에 선 인물이기 때문이라고 했다.

블레어는 논쟁을 완벽하게 이해하고 있었다. 세계화 시대에 조지 오즈번, 데이비드 캐머런, 닉 클레그 Nick Clegg, 그리고 블레어 자신과 같은 자유무역 세계주의자들이 한편에 서 있었다. 개입주의자들과 보호무역주의자들은 그 반대편에 있었다. 그러나 이런 단순한 비교는 기성 정당에게 닥친 새로운 도전을 무시한 것이었다. 그들은 어떻게 세계화가 유권자에게 이익이 되도록 효과적으로 만들고, 국가 정체성과 목적을 유지하거나 재창조하도록 개입할 수 있을까? 이 가시 돋친 질문에 대한 대답은 비록 응답자 가운데 절대다수가 개방 사회와 자유무역을 지지한다고 하더라도 진보와 보수를 기반으로 나뉠 터였다.

아웃사이더들이 주류는 모두 똑같다고 주장했을 때, 그들은 터무니없이 위험한 이야기를 하고 있는 셈이다. 때로는 거의 드러내 놓고 블레어와 캐머런 같은 이들은 '전부 동일한' 것에 가깝다고 말했다. 국가가 어떻게 나아갈지를 형성할 수 있고, 강당에서 연설할 수 있는 드문 특권을 가진, 보수와 진보의 연합이 효과가 있었다고 이야기하는 지도자들의 주장을 들으면서 유권자들이 다른 곳을 바라보게 되는 것은 결코 놀라운 일이 아니다.

영국의 어떤 유권자는 미국과 유럽 일부에서처럼, 그들은 공공 서비스를 '선택'할 수 있으며 경제 성장으로 혜택받을 것이라고 (아마도 다른 정당의 지도자에게) 들었겠지만, 실제로는 삶의 질 하락과 믿기 힘들 정도로 열악한 공공 서비스로 힘겨운 나날을 보내고 있었다. 이제 그들은 노동과 보수 양당이 옷만 바꿔 입었을 뿐, 서로 이념과 견해를 공유하는 비슷한 정당이라는 이야기를 들었기 때문에 아예 다른 곳^{아웃}^{사이더}을 바라본다. 그들은 오랫동안 정권을 바꾸어 가며 국가를 이끌어 온 철학마저 교환하는 기성 진보 그리고 보수 정당의 지도자들에게서 전혀 혜택을 받지 못했다고 느끼고 있다.

미국에서는 2016년 대통령 선거에서 힐러리 클린턴이 민주당 대통령 후보로 지명되자, 1990년대 초반의 연합(힐러리의 남편, 빌 클린턴이 대통령이 되었을 때)에서 제외되었다고 느꼈던 유권자들은 시선을 돌리기 시작했다. 힐러리 클린턴은 상당히 진보적인 인사였다. 그녀는 온건한 공화당원과 비교해도 확실히 다른 정책 결정을 내렸을 것이다. 클린턴 1기 행정부에서 건강보험 개혁을 시도했을 때, 그리고 대통령 선거에서 숨겨 왔던 정책 가운데 일부를 드러냈을 때, 힐러리는 국가에 대한 중도 진보적 믿음을 보여 주었다. 힐러리 클린턴은 사회적 자유주의와 관련된 정책을 열정적으로 추진하는 모습을 보였다.

힐러리는 1990년대 초반에 태동한 오래된 연합의 일원이었다. 그녀의 남편 빌 클린턴이 중심에 있었는데, 어떻게 힐러리가 연합의 일원이 아닐 수 있었겠는가? 지도자를 꿈꾸는 사람은 그가 받은 정치적 지도와 자신이 대중적 인물로 완전히 발돋움한 시대를 벗어나지 못한다.

힐러리는 중도 진보가 이념적 바탕을 인정받아 가던, 조심스럽고 방어적인 1990년대에 정치적 자아를 형성했다.

아이러니하게도 민주당 진영과 온건파 공화당 진영의 — 게다가 진정한 공화당 진영까지 — 많은 시사 평론가들이 힐러리 주위로 뭉친 방식이 그녀가 선거에서 패한 이유를 부각시킨다. 힐러리는 겉보기에는 정치에 무관심한 비이념적 엘리트로, 어떤 사람들이 보기에는, 혹은 재산을 빼앗기고 소외당했다고 느꼈던 일부 유권자들이 보기에는 이미 그 자체로 권력을 잃은 것이나 마찬가지였다. 힐러리와 주변 인물들은 모두 서로가 서로를 지지했으며, 같은 정치적 입장에 서 있거나 혹은 그래 보였고, 금융위기와 이라크 전쟁을 초래한 영역에 함께 옹기종기 모여 있었다.

영국에서도 비슷한 연합이 만들어졌는데, 자신이 노동당이자 블레어의 추종자라고 여긴 상당수가 첫 연립 정부 총리였던 데이비드 캐머런의 선출을 반겼고, 2015년에는 전반적인 다수를 차지했다. 다우닝가에서 블레어와 함께 일했던 이들 가운데 일부는 두 차례의 선거에서 개인적으로 캐머런을 지지했고, 일부 시사 평론가들도 블레어에서 캐머런으로 지지를 바꾸었다. 그들은 고든 브라운이나 그의 정반대편에 서 있는 후계자 에드 밀리밴드와는 관계할 수 없었다. 이들은 정당 간의 연합에서 왼쪽으로 2, 3밀리미터 정도 치우쳐 있어 위험한 좌파처럼 보였기 때문이다.

이념적 기반이 없는 상황에서 — 중도 진보와 중도 보수에서 연합한 인물들은 자유무역, 자유로운 이동, 자유시장, 작은 국가, 규제 완화 성향의 정부를 지지했다 — 잃어버린 것은 국가와 정부의 역할에 대한 관점이었다. 이는 근본적으로 보수와 진보를 구분하는 지점이었다.

양쪽 모두 완벽하게 타당한 근거를 가지고 있었고, 시대가 변함에 따라 주장은 끊임없이 새롭게 적용되어 왔지만, 1990년대와 21세기에 들어서는 사라지고 없었다.

힐러리 클린턴은 정부의 역할을 거의 고려하지 않았다. 오바마 대통령은 생각은 했었지만, 그가 당선되기 전까지만이었다. 오바마 대통령은 자신의 책《버락 오바마 담대한 희망 *The Audacity of Hope*》에서 부분적으로 복지국가 정부의 역할에 대한 내용을 담았다. 미국 대통령이 되길 희망하는 민주당의 다른 많은 후보자보다 확실히 사회민주주의적인 모습이었다. 그러나 당선에 가까워지면서 오바마는 훨씬 조심스러운 자세를 취했다. 블레어와 브라운은 수천 번씩 연단에 섰지만 국가의 역할은 단 한 번도 언급하지 않았는데, 그들 스스로 분명한 관점이 없어서이기도 했지만 잉글랜드 중산층이 가장 힘들었던 1970년대로 회귀하는 것처럼 느낄 수도 있다는 두려움 때문이기도 했다.

조심스러움과 관련된 문제는 — 아웃사이더들이 극도로 포퓰리즘적으로 국가에 접근할 수 있도록 기회를 주고 있다는 명백한 문제 이외에 — 변화하는 세계에서 무슨 일이 벌어지고 있는지 이해할 수 있도록 설명하기 위한 정보가 충분하지 않다는 데 있었다. 만약 정부가 기술관료적으로 상충되는 이념적 위치 사이에서 나아갈 길을 찾는 제3의 길로 보인다면, 2008년처럼 포용했던 질서가 붕괴될 때 무엇을 할 수 있겠는가? 확실히 통제되지 않는 금융 영역의 규제와 관련해 어떤 입장을 취할 것인가? 작은 정부주의자로서 2008년 금융위기를 맞은 경영계의 대응을 바탕으로 공공 지출에 대한 결정을 내려야 한다고 주장할 때, 이념적으로 어떤 입장에 서겠는가? 더 많은 지출이 필요하다는 주장과 정부가 경제를 자극할 수 있고 또 공공 서비스 영역에서는 확실히

제3장 진보 : 무력해지는 쪽을 선택하다

더 효과적일 수 있다는 주장을 어떻게 만들어 나갈 것인가?

기성 진보 진영의 지도자들은 현대 국가의 크기와 역할에 대한 논의를 피한다. 모든 수세적인 회피가 그렇듯 빠뜨리는 것은 이해할 수 있다. 보수 성향 매체의 영향을 받았을 때, 국가를 둘러싼 논쟁은 높은 세금 부담률, 공공 지출의 낭비와 숨 막힐 듯한 개인주의에 대한 담론을 촉발한다. 그러나 논의되지 않는 것이 더 위험하며, 아웃사이더에게 더 넓은 여지를 내준다는 사실이 증명되었다.

기성 정치 리더들은 세계화의 기회와 위험에 놀라고 당혹한 유권자를 납득시켜야 하는 도전에 직면했기 때문이다. 지도자들은 빠르게 변화하는 시대를 통치하고 있으며, 우리가 살고 있는 이 시대에 대해 설명해야 할 의무가 있다. 기성 정치인 가운데 훌륭한 교육자는 거의 찾아볼 수 없다. 정치 선생님이 되는 능력은 선택사항이 아니라 지도력에는 필수적이다.

아웃사이더는 한층 뛰어난 교육자다. 매우 호전적이며 때로는 터무니없고 종종 위험하기조차 하지만, 그들은 이 광범위한 시대의 변화를 이해하고 있는 것처럼 보인다. 기성 정치인들은 심지어 이런 노력조차 전혀 하지 않았다.

더 근본적으로 기성 정치인들은 — 잠재적인 혹은 현실의 지도자로서 — 어쩔 수 없이 불안정한 세계화된 경제의 결과로부터 유권자를 보호하기 위해 어떤 노력을 할 것인지, 모든 사람이 각자의 잠재력을 발휘하기 어려운 이 새로운 세계에서 기회를 부여잡을 수 있도록 — 개개인의 지도자로서 — 어떻게 운영해 나갈지를 유권자에게 설명할 의무가 있다. 각국에서 이런 정치적 논의가 이루어져야 한다. 기성 진보 진영은 그들이 외면할 수 없는 세계 경제에서 국가와 그 규모, 책임과 기능, 그리고 역할과 관련해 어디에 서 있을지 지각하고 있어야 한다. 마찬가지로 기성 보수 진영 또한 작은 정부를 원한다면 작은 정부가 어떻게 빈곤층과 부유층에 이익이 되는지 설명할 필요가 있다.

그러나 그동안 이런 논의는 마땅히 존재해서는 안 되며, 존재하지도 않는다는 가정 아래 그저 회피되어 왔다. 불안정하며 연약한 기성 지도자에게 가장 편안한 선택지는 능숙함과 무능이었다. 어느 단계에 들어서면 정부의 복잡성으로 그들은 무능해 보일 것이고, 또 실제로 무능할 것이기 때문에 그들은 덫에 걸려들 운명이다. 결국 더 넓은 층에 호소하기 위한 이념적 구도는 필수적이며, 궁극적으로는 정치적으로도 더 안전하다. 이념적으로 명백한 것은 기성 정치인의 사익을 위한 것이었지만 이제는 거의 드러나지 않는다.

미국 대통령 선거에서 주류 중도 진보와 주류 중도 보수의 힐러리 클린턴을 향한 지지는 브렉시트 국민투표에서 '잔류'를 택하기로 한 연합을 반영한다. 다시 한번 1990년대 초반부터 경제에 명백히 비슷한 관점을 가졌던 사람들의 연합이 있는 것처럼 보였다.

2016년 브렉시트 국민투표 기간에 BBC는 콘월Cornwall에서 몇몇 유권자를 인터뷰했다. 한 도배업자는 '브렉시트Out'에 투표하겠다고 했는데, 그 이유는 조지 오즈번(당시 재무장관)을 비롯한 노동당 고위 당직자(전 재무장관 앨리스터 달링Alistair Darling과 고든 브라운의 특별 고문이자 전직 장관인 에드 볼스Ed Balls) 등이 만약 영국이 유럽연합을 벗어나면 최근의 혜택들이 사라질 것이라고 경고했기 때문이었다.

"우리는 어떤 혜택도 없었다고 느낍니다. 그들은 내가 아닌 다른 사람을 대상으로 이야기하고 있어요. 우리는 여기서 집을 살 만한 여유가 없습니다. 우리 형편은 계속 나빠지고 있어요. 대다수가 일자리를 찾기 위해 고생합니다. 유럽을 지지하는 엘리트들은 우리를 위해서는 아무것도 하지 않았어요."[5]

브렉시트에 투표한 유권자 가운데 다수는 브렉시트로 인해, 브렉시트 협상 과정에서도, 그리고 장기적으로도 희생자가 될 가능성이 농후하다. 그러나 많은 쟁점에서 두 주요 정당의 지도부가 연합하는 모습을 보였고, 지도자들이 '중도'라는 존재하지 않는 미지의 영역을 찾는 과정에서 제외되었다고 느낀 사람들이 대안을 찾아 나선 것은 이해할 수 있는 일이었다.

위험, 게으름, 바보 같은 반정치적 기질이 이념적 연합에 있을 법한 경계심을 부채질했다. 사실 합리적이지도, 진실에 기반하지도 않은 민주주의를 위협할 법한 성향이었다. 그러나 진보, 보수의 기성 양당이 이념적으로 연합한 가운데 유권자는 당연히 대안의 필요성을 느낄 수밖에 없었다.

그들의 관점에서 대안은 국민을 대변해야 마땅한 정부나 공공 기관을 부르는 외침의 형태를 띠었다. 환멸을 느낀 이들 가운데 대다수가 반정치적이며 반정부를 지향했다는 점에서 매우 아이러니한 일로, 이것이 바로 기성 진보 진영에서 정부에 관한 이야기를 꺼내기를 두려워했던 이유이기도 하다.

환멸을 느낀 유권자들은 더 이상 정부가 그들의 삶에 개입하지 않고 자유롭게 방조해야 한다는 주장을 펴는 선거 유세라면 뭐든 긍정적으로 반응했다. 그러나 이면에서는 정부가 국민의 삶에 더욱 깊숙이 관여해야 한다고 주장하고 있었다. 정부가 노동력의 자유로운 이동을 더 엄격하게 제한해야 한다는 명백한 요구가 있다. 이민에 대한 걱정은 유권자들이 일자리를 오래 유지할 수 있을지, 심지어는 일자리를 얻을 수나 있을지에 대한 깊은 불안, 그들이 아프고 늙었을 때를 대비한 복지 제도가 준비되어 있는지에 대한 공포, 적당하고 믿을 수 있으며 가격이 적절한 공공 서비스에 대한 필요 등 이민 그 자체보다 더 많은 것을 의미한다.

'뒤처졌다 left behind'는 표현은 정부에 의해 뒤처졌다는 뜻이다. 이 주장은 아웃사이더들이 필요로 했던 모든 정치적인 기회를 찾을 수 있도록 도와주었다. 트럼프는 세금 감면을 주장하는 보수주의자이면서도 큰 정부를 지향하는 행동가였다. 반면 힐러리 클린턴은 정확한 언어로 이해하기 쉽게 주의를 끌 만한 정책 대안을 이야기하지 못했다.

트럼프는 결코 아웃사이더가 아니었다. 경이적인 영향력을 통해 미디어 유명 인사에게 부여된 권력은 때로 선출된 정치인이 행사하는 것보다 더 컸다. 많은 선출직 정치인은 영향력은커녕 권력도 없었다. 힐러리는 트럼프와 비교해 여전히 경멸받는 주류의 일부였다. 중도 연합이 형성되던 시기에 정치인으로 두각을 나타냈기 때문이다.

비슷하게 브렉시트 논의에서 수십 년 동안 영국을 통치한 것으로 보이는 무리들이 — 노동당이든 보수당이든 혹은 자유민주당이든 간에 — 유럽연합에 대한 하나의 메시지를 홍보하고 있었다. 그 사이 최근 수십 년 동안의 몰락에 아무런 책임도 없는 사람들은 정반대편에 섰는데, 분명한 아웃사이더들로 영국이 '브렉시트 Out'하는 것이 더 낫다는 주장을 펼쳤다.

문제는 '개방 혹은 단절'이라는 이념적으로 유일하게 관련 있는 논쟁을 벌였던 사람들이 지난 수십 년 동안 함께 지지한 '개방'이 많은 위기를 불러일으켰다는 점이다. 비록 '개방' 연합의 지지자들은 트럼프와 다른 지지자들이 대표하는 것에 진심으로 정당한 두려움을 느꼈지만, 그들은 금융위기와 이라크 전쟁, 그리고 많은 국가에서 한때 활기를 띠었던 제조업이 사라지고 불안한 일자리와 소득으로 대체되는 현상을 주도했다. 훌륭한 자유주의 연합은 많은 성과를 거두었지만, 마찬가지로 많은 위협과 불안정과 무모하고 거친 위험한 순간도 불러왔다. 개방을 찬성하는 쪽으로 연합하면서 마치 그들이 절대적인 발전을 이루었다고 주장할 수 있는 것은 아니다. 오랜 시간 동안의 통치 후에는 대가를 치른다.

기성 주류 대부분이 같은 영역에 있었다는 사실을 고려할 때, 주류에서 통치한 지난 몇 십 년 사이에 일어났던 문제에 대한 평가는 연정의 구성원에 속하지 않았던 이웃사이더에게 남겨졌다. 중도 진보와 중도 보수 사이에서 더 적절한 논의가 있어야 했지만, 서로 동의하지 않을 때에만 가능했다.

영국 신 노동당의 총선 승리에 영향을 받은 독일의 중도 진보 사회민주당SPD에게도 같은 문제가 생겼다. 1997년 신 노동당의 총선 승리 이후 사회민주당 소속으로 니더작센Niedersachsen주 총리였던 게르하르트 슈뢰더는 블레어, 피터 맨덜슨Peter Mandelson 등과 함께 '제3의 길' 통치 철학을 시도했다. 독일의 몇몇 중도 진보 평론가는 '제3의 길' 합의문은 어느 정도는 독일 기독교민주연합 혹은 그보다도 더 보수적인 정책에 가깝다고 주장했다. 사회민주당은 창당 이래로 정체성과 목표 확립을 위해 고군분투해 왔지만 자신감 넘쳤던 방향성을 상실했는데, '제3의 길' 합의문에는 언급되지 않았다. 심지어는 신 노동당을 지지하는 영국 정치 평론가 가운데 일부는 영국과 독일의 중도 진보가 너무 보수화되었다고 여겼다. 《파이낸셜 타임스*Financial Times*》의 정치 평론가 필립 스티브스Philip Stephens는 그 제안은 1980년대 대처 지지자들의 생각과 지나치게 가깝다고 묘사했다.

블레어와 슈뢰더가 서명한 합의문은 중도 진보 진영의 지도자들이 얼마나 보수화되었는지를 보여 준다는 점에서 중요한 의미가 있다. 1990년대 후반 그들은 이 문서를 기초로 선거에서 승리했지만, 그들의 가정과 이념은 아웃사이더들이 약진하는 계기를 마련해 주었다. 그들은 지나치게 망설였고, 당시의 상황에 아무런 의심도 품지 않았기에 비교하자면 심지어는 해럴드 윌슨Harold Wilson이나 빌리 브란트Willy Brandt 같은 과거의 온건주의자나 실용주의적 중도 진보 지도자마저 과격한 사회주의자로 보일 지경이었다. 사회민주당에서 더욱 좌파쪽으로 이동한 코빈, 오스카어 라퐁텐Oskar Lafontine과 계속되고 있는 독일 녹색당의 정치적 생리, 그리고 무엇보다도 오스트리아를 이해하는 데 이 '제3의 길' 합의문은 유용한 가이드가 된다.

이 문서는 — 영국에서는 '제3의 길', 독일에서는 '새로운 중심Die Neue Mitte'이라고 이름 붙여진 — 중도 진보 진영에서 관심을 가졌던 만큼 과거에 있었던 주장으로 시작한다.

사회 정의를 실현한다는 의미는 그들이 무엇을 달성하든지에 상관없는 높은 수준의 공공 지출 혹은 경쟁력, 고용, 삶의 질을 위한 자금을 확보하는 데 있어서의 세금의 영향력으로 정의되었습니다.

이 문장의 문맥은 영국을 잘 드러낸다. 집권 1년 후인 1998년에도

제3장 진보 : 무력해지는 쪽을 선택하다

노동당 정부는 너무 엄격해서 보수당마저 재집권하더라도 지킬 의도
가 전혀 없었던 지출 계획을 완고하게 준용하고 있었다. 공공 비용이
쓰이는 방식을 철저히 검토할 필요성은 늘 존재해 왔지만, 영국의 공
공 서비스는 지속적인 자금 부족이 한 원인이 되어 1998년 위기를 맞
았다. 만약 영국에서 노동당 정부가 국민건강보험에 필요한 공공 지출
을 독일 수준으로 끌어올렸다면 출범 단계의 통찰력은 유효한 힘을 가
졌을 것이다. 그러나 그들은 그렇게 하지 않았다. 따라서 문서에 언급
된 어휘는 그들의 순진한 안이함으로 인해 숨이 막힐 듯했다. 중도 진
보 진영의 게으른 염려는 반드시 필요한 공공 투자를 어떻게 지속할 것
인가에 대한 고민을 대신한, 잘못 결론된 편견으로 끝을 맺었다.

이와 유사한 안이함이 시장과 국가의 관계에 관한 피상적인 영역
에도 적용되었다.

국가가 위험한 시장 실패를 다루어야 한다는 믿음은 때로 큰 정부와
그에 따라오는 관료주의를 이끈다. 개인과 집단 사이의 균형은 왜곡되었다.
개인적 성취나 성공, 기업가 정신, 개개인의 책임과 공동체 정신 같은 시민
에게 중요한 가치는 종종 보편적인 사회 안전망에 부수적이었다.

권력을 잡은 중도 진보 가운데 다수가 10년 후에 야기된 금융위기
에 잘못 대응했다는 것은 놀랄 일도 아니다. 1990년대 후반 중도 진보
는 오로지 그리고 게을리, 마치 여전히 1970년대인 것처럼 국가가 무
엇을 할 수 있는지에 대해서만 생각했다. 그들이 초점을 맞추어야 할
것은 정부의 새로운 역할과 책임을 수반하는 새로운 시대의 변화였다.
합의문의 나머지 부분은 블레어와 슈뢰더가 세계화의 새로운 요구를

다루는 미래를 내다보는 문서라기보다는 1970년대와 1980년대에서 교훈을 얻었음을 증명하는 것같이 쓰여 있었다.

> 성장과 일자리를 지키기 위한 중앙 정부의 경제 조정력은 과대평가되었다. 부를 창출하기 위한 개인과 기업가 정신의 중요성은 과소평가되었다. 시장의 약점은 부풀려졌고, 그 힘은 경시되었다 …
>
> 세출에서 공공 지출이 차지하는 비중은 거의 한계에 다다랐다. '세금과 지출'에 관한 제약은 공공 영역과 공공 서비스 개혁을 통한 진보적 현대화로 돈·가격에 합당한 가치의 실현을 강요당했다. 공공 영역은 시민을 위해 일해야 하며, 우리는 효율성, 경쟁력과 고성능을 촉진함을 주저하지 않는다.[6]

필립 스티븐스가 말한 것처럼 마거릿 대처는 모든 말에 동의했을 것이다. 1990년대 중도 진보 진영의 어떤 사람들은 이념 전쟁에서 이기려고 하는 대신 패배를 받아들였으며, 뉘우치는 한편 대처와 같은 기반을 가지고 선거에서 승리하길 바랐다. 수세적인 경로를 답습한 중도 진보 정당들은 심각한 정체성 위기를 겪었고, 유권자들은 존경받기 위해 끊임없이 노력했던 정치인들의 지도력에 의문을 품기 시작했다.

아나나 다를까, 블레어도 슈뢰더도 확신이 결여된 자신감을 내보인 그들의 이념의 길을 그대로 따르지 않았다. 특히 블레어는 1년 반 뒤에 갑자기 노동당을 통해 국민건강보험 지출을 유럽연합의 평균 수준으로 올리겠다고 발표했다. 대규모 공공 지출 선언이었고, 필연적으로 세금 인상과 연결되어 있었다. 그러나 이는 1998년에 상징적인 두 인물이 무슨 생각을 하고 있었는지, 그들이 다가오는 시기에 어떻게 공공의 논의를 형성하고 있었는지 보여 준다.

혼란한 소심함의 동일한 결과가 프랑수아 올랑드 대통령이 당혹스런 통치를 이끌어 나갔던 최근의 프랑스에도 적용된다. 분명히 선출될 당시 그들은 이념적으로 튼튼했다. 그들의 승리는 금융위기 이후 진보는 선거에서 승리할 수 없다는 것은 미신이었음을 드러냈다. 경제력이 강력한 몇몇 국가를 돌아보면, 금융위기 이후 진보는 선거에서 실패하지 않았다. 하지만 올랑드는 앞선 정권에서 총리를 역임한 리오넬 조스팽Lionel Jospin과 같이 애처롭게 고군분투하며, 수세적인 길에서 자기기만적인 안전을 향해 나아갔다. 한때 조스팽은 오만한 자세로 유명한 말을 했다. "내가 사회주의자가 아니라고 생각하지 마세요." 그는 무엇이었나? 그는 프랑스의 중도 보수 대안과 무엇이 달랐나?

이민과 망명 문제에서 — 이 두 가지 눈에 띄는 정책 영역은 우파 아웃사이더들이 가짜로 뭉쳐 놓은 것이다 — 기성 중도 진보 진영은 일관성 있는 이벤트를 생각해 냈을 뿐 아니라, 심지어 일관성 있는 이벤트를 하는 것처럼 **보이기** 위해 고군분투했다. 아웃사이더들은 완벽히 비일관적으로 접근했지만, 일관적인 것처럼 **보였고** 자신감을 가지고 말했다. 정치라는 예술의 영역에서는 어떻게 보이는지가 중요하다. 예술가들은 권력의 딜레마에 직면하여 그들이 무엇을 해야 할지 아무런 실마리도 없는 상황에서조차 일관적이라는 인상을 준다. 1997년 선거 준비 기간에 영국이 유로에 가입해야 할지의 문제에 신 노동당이 접근한 방법을 보자. 정책 영역에서 지도력은 죽어 가는 존 메이저 정부만큼이나 분열되었고 혼란스러웠다. 그러나 블레어는 보수당의 분파를 조롱하면서 명확성과 목적을 전달했다. 블레어는 정치적 예술가였고, 그것은 무례한 관찰이 아니었다. 예술적 기교는 지도력에서 선택 사항이 아니라 필수 요건이다. 아웃사이더들이 상승하면서 기성 정치권에는 예술가가 모습을 감췄다.

적어도 1990년대에는 블레어주의 신봉자들의 수세적인 태도로 중도 진보는 선거에서 큰 승리를 거두었다. 망명 위기와 관련해 두려움에 휩싸였던 중도 진보의 기회주의는 시지율을 더욱 떨어뜨렸다. 시리아 난민들이 악몽 같은 모국에서 탈출했을 때 보인 앙겔라 메르켈의 관용적인 태도는 선거에서 이익을 하나도 가져오지 못할 소심한 편의주의였다.

당시 오스트리아 총리였던 베르너 파이만Werner Faymann은 전형적인 태도로 대응했다. 초기에 파이만은 독일 지도자와 어깨를 나란히 하고 확고한 자세로 난민 위기에 대한 '유럽의 해결책'을 요구했다. 훌륭한 구호였고, 국제적인 협조만이 위기를 해결할 수 있는 유일한 방법이라는 제안을 내놓았다.

사실 2015년 9월 초, 메르켈이 무더웠던 헝가리 부다페스트의 켈레티동(東), Keleti역과 헝가리와 오스트리아의 국경 사이에서 오도 가도 못하던 난민들을 받아들이기로 결정한 것은 파이만의 강요나 마찬가지였다. 파이만은 과장된 몸짓으로 메르켈과 함께 "인류를 위해 국경을 해제하고 있다"고 이야기했다.[7] 훌륭한 문구였다. 파이만은 효율적으로 의사소통했지만, 이후 그가 전달하던 정책을 전환했다.

2015년 9월 중순 파이만은 대표단과 함께 메르켈을 비롯한 독일 내각과 협의하고자 베를린으로 향했다. 가을 사이에 상황은 악화일로

를 걸었고, 다른 유럽 국가들은 도와주겠다는 말뿐이었으며, 파이만
은 단호했다. 파이만은 부다페스트의 난민에 대한 거친 대우를 보고 제
3제국을 떠올렸다고 말했다. 2015년 11월 메르켈을 만나기 위해 다시
베를린을 방문한 파이만은 "누가 제일 훌륭하고 가장 높은 장벽을 지
을 수 있는지 경쟁"[8]하고 있는 상황을 경고했다.

그러나 그때 오스트리아도 슬로베니아와의 주요 국경 지대에 장
벽을 칠 준비를 천천히 시작했다. 빈에서는 이 움직임이 난민의 움직
임에 더 나은 방향을 제시하기 위한 '일시적인' 수단이라며 대단치 않
게 생각했다. 그러나 장벽을 설치한 진짜 이유는 오스트리아 대중이 날
카로워지고 있었기 때문이다. 2015년 9월 초부터 11월 중순 사이에 45
만 명에 가까운 난민이 오스트리아로 쏟아져 들어왔다. 대다수는 독일
을 향한 여정을 계속했지만, 수천 명 정도는 오스트리아에 망명하려
했다.

중도 보수 정당인 오스트리아 국민당과 대연정을 통해 정부를 이
끌어 가고 있던 파이만은 행동을 취하라는 압력을 받았다. 극우 포퓰리
스트 정당인 오스트리아 자유당은 메르켈의 난민 정책을 수용한 파이
만을 공격했고, 여론조사에서 상승세를 탔다. 난민 위기가 공식화되기
전까지 파이만의 사회주의자들과, 국민당과 자유당은 26% 안팎의 비
슷한 지지율을 올리고 있었다. 2015년 11월 중순 극우 자유당의 지지
율은 32%까지 치솟으며 사회민주주의자들을 10% 가까이 앞질렀다.

유럽연합 차원에서 난민에 대한 부담을 나누어 져야 한다는 눈물
겨운 노력은 실패했다. 이는 유럽연합이 각국에 무엇을 해야 할지 가리
켜 준다고 잘못 믿고 있던 유럽 통합 회의론자들의 주장에 명백한 반박
거리가 될 수 있다. 난민 위기를 둘러싼 분열된 대응은 유럽연합의 권

력이 충분하지 못하다는 것을 보여 준다. 2015년 9월, 유럽연합 회원 국들은 16만 명의 난민을 권역별로 분배하는 데 동의했지만, 동유럽 국가들과 다른 나라들은 합의 이행을 거부하고 있었다.

그동안 파이만은 실망하면서도 독일의 정치 논쟁을 따르고 있었다. 메르켈은 보수적 지지 기반 안에서 끊임없이 공격받고 있었고, 지지율은 하락세였다. 바이에른 사람들은 다시 국경을 통제하고 난민 수를 제한해야 한다고 요구했지만, 메르켈은 두 가지 요구사항을 모두 거절했다.

메르켈의 다짐에도 불구하고 오스트리아 연립 정부는 자신들에게 난민에 대한 모든 부담을 지운 채로 독일 국경이 닫힐 수도 있다는 걱정을 하기 시작했다. 이미 독일에서 국경 검문을 도입한 가운데, 더 엄격한 제도는 오스트리아 경제에 위협이 될 수 있었다. 독일은 오스트리아 수출의 3분의 1을 차지하는 단연코 오스트리아의 가장 큰 무역 파트너였다.

2015년 12월 초 전환점이 찾아왔다. 10월까지만 해도 하루에 1만 명에 가깝던 난민 숫자가 2~3천 명 정도로 줄어들었다. 대신에 독일은 태도를 바꾸어 이전에 모든 난민을 수용하려던 것에서, 이민자들은 독일에 망명하려는 게 아니라 벨기에나 네덜란드와 같은 다른 나라로 향하려고 한다고 주장하며 일부는 거절했다.

오스트리아 연립 정부는 공황 상태에 빠졌다. 2016년 3월 오스트리아 정부는 국경에서 거의 모든 망명 신청자를 거절하는 강력한 새 계획을 발표했다. 새로운 제도로 모든 망명 수용 여부는 국경에서 한 시간 안에 결정될 것이었다. 이미 오스트리아에 망명한 가족이 있는 이민자에 한해 입국이 허용될 예정이었다. 파이만은 오스트리아는 더 이상 독일을 향한 망명 경로에 있는 사람들에게 국경을 개방하지 않겠다고 선언했다. 그들은 유권자들을 달랠 목적으로 국경을 닫았다. 오스트리아 연립 정부의 일련의 행동은 아웃사이더들이 만들어 낸, 주류는 '국민'에게 일말의 관심도 없다는 것이 미신임을 드러낸다. 사실 오히려 연립 정부는 너무 많은 주의를 기울이고 있었다. 파이만은 만약 독일이 이민자를 받아들이겠다면, "그들이 불법적인 여정을 시작하기 전에 그들이 있는 곳에서부터 태워 가라"고, 엄청난 선거 기반을 상실한 채로 메르켈에게 등 돌리며 이야기했다.[9]

실용주의 기성 정당들이 근거를 내세울 때 종종 그랬던 것처럼 메르켈과의 작별은 파이만을 강하게 만들지 못했다. 오히려 그는 더 약해졌다. 그의 강경책은 연합의 지지도, 그 자신의 입지도 신장시키지 못했다. 수개월 동안 그는 사임을 요구받았고, 국경에 장벽을 세우라는 우파 포퓰리스트들의 요구에 굴복했다는 소속 정당의 비난을 받은 끝에 유럽 난민 위기에서 첫 번째 주요 정치적 희생양이 되고 말았다.

당에서 파이만의 입지는 급격히 약화되었다. 2016년 빈의 노동자의 날 기념식에서 — 제2차 세계대전 이후 강한 지지 기반을 가지고 있던 사회민주당Sozialdemokratische Partei Österreichs(SPÖ)에게 매우 상징적인 날이었던 — 파이만은 오스트리아 사회민주당 지지자들에게 그의 사임을 요구하는 현수막과 함께 야유와 조롱을 받았다. 8년 가까이 재직했던 파이만은 총리실에서 열린 기자회견에서 소속 정당의 지지를 잃었다는 것을 받아들이며, 사회민주당 대표직에서 내려오겠다고 발표했다.

파이만은 "이 나라는 정당이 완벽하게 후원하며 신뢰하는 총리를 필요로 합니다"라고 말했다. "정부는 새롭고 힘차게 시작해야 합니다. 강한 지지가 없이는 어느 누구도 이 일을 해낼 수 없습니다. 많은 것이 위험에 처해 있습니다. 이것은 오스트리아에 관한 것입니다." 이어 그는 "이 나라를 위해 봉사할 수 있도록 허락해 주셨던 것에 깊이 감사드린다"[10]고 덧붙였다.

파이만의 유턴은 중도 진보의 뿌리가 없다는, 혹은 일부는 1970년대부터 대개는 1980년대에 주장을 잃어버렸다는, 선거에서 산더미같이 쏟아진 증거에서 형성된 심각한 불안감의 반영이었다.

그들의 회한 어린 편의주의는 변화하는 시대를 이해할 만한 어떠한 총알도 가지고 있지 못했다. 어떤 경우에는 똑똑한 선택이었다고 증명되었던 것들이 — 1990년대 초부터 2008년까지의 눈부신 전략적 실용주의 — 세계화된 경제의 분열된 결과 속에서 길을 찾으려 노력하던 그들에게 재앙과도 같았다. 그것은 심지어 그들이 현상을 설명하고 사람들에게 영감을 불어넣으며 이끌어 나갈 수 있는 언어마저도 찾을 수 없게 만들었다.

힐러리 클린턴은 2016년 대통령 선거 유세에서 다양성을 지지했고 미국에서 첫 여성 대통령이 당선되는 것의 역사적 중요성에 대해 자주 언급했다. 힐러리는 극히 다양한 남성 우월주의자들에 직면한 열정적인 사회적 자유주의자였다. 사회적 자유주의는 제한된 방식 아래 그녀의 메시지 가운데 핵심이 되었다. 힐러리의 선거 유세 구호였던 '함께 강하게Strong Together'는 여성이 권력을 잡는 것을 포함해 다양성과 관용을 자축하는 메시지였다. 그러나 일자리와 경제에 관해서는 무엇을 제시했는가? 그들이 맞춘 초점은 변화하는 세계화된 세상을 설명하기에 충분하지 않았고, 충분할 수도 없었다.

이와 비슷하게 협소한 아이디어가 2015년 영국 총선에서 참패한 뒤 노동당에게도 적용되었다. 당시 선거에서 여론조사들은 어떻게 해도 노동당이 승리한다고 발표했었다. 주요 인사들이 패배하며 반향을 일으켰을 때, 그들은 진부한 말과 상투적인 문구 말고는 무슨 일이 일어났는지 이해할 수 있는 아무것도 갖추지 못했다. 전직 외무장관 데이비드 밀리밴드처럼 사려 깊었던 인물조차 말 그대로 공허한 통찰을 내보였다. 밀리밴드는 노동당이 "페이지를 뒤로 넘겼었고" 이제는 "페이지를 앞으로 넘길 때"라고 말했는데, 어떤 수준에서도 전혀 구체화되지 않은 의미 없는 통찰이었다.[11]

지난 몇 년 동안 뒤편에서 당의 정책을 이론적으로 검토하면서 원내 노동당 철학을 대표해 온 존 크루더스Jon Cruddas는 사후 발표된 인터뷰에서 "지금은 당이 어두운 곳들을 방문해야 할 때"[12]라고 말했다. 비유적인 이 말의 의미는 그들이 처한 현실을 직시해야 한다는 것이었는데, 노동당이 바라던 것은 아니었다. 그러나 그것은 정확한 분석이었다. 당은 어느 곳으로도 가고 있지 않았다.

노동당의 전 하원의원이자 이후 다시 당선되었다 사학자인 트리스트럼 헌트Tristram Hunt는 주요 매체에 "당은 급격히 무관한 것으로 간주되고 있다"[13]고 기고했다. 마치 세계 어느 곳의 정치 지도자라도 신념을 정의하는 것과는 무관하다고 주장할 것처럼 말이다. 헌트는 2017년 초 정계를 떠나 런던 빅토리아 앨버트 박물관을 운영하고 있다.

존 크루더스, 트리스트럼 헌트 등 현 상황에 대해 얘기했던 사람들 가운데 누구도 명백한 가치와 이 가치에 의해 도출된 정책을 바탕으로 한 세세하고도 충분히 고민한 분석을 기반으로 삼지 못했다. 아웃사이더들이 떠오르는 흔적과 관련된 또 다른 패턴이 만들어지고 있었다. 이 또 다른 동반되는 패턴은 사회민주당원들이 더 넓은 지지층에 호소할 수 있도록 일관된 정책 의제를 만들 수 있는 깊은 생각을 하는 데 실패했다는 것을 보여 준다. 2015년 이후의 노동당은 미국에서 힐러리 클린턴이 선거 이슈를 만들어 갈 때 떠오른 문제들의 전조와도 같았다. 힐러리는 1990년대 초반부터 어떤 방식으로 움직였는가? 어떤 방법으로 미국인 다수의 삶의 방식을 변화시키고 있던 세계화 혁명을 이해하도록 만들었나? 어떤 경로로 구별된 사회민주적인 해결책을 제시했던가? 선거 유세 기간 힐러리가 강조한 것에서는 답을 찾을 수 없다. 힐러리가 대통령에 당선되었을 때 추진할 세부 정책 계획을 가지고 있지 않았다는 뜻이 아니라, 더 다양한 범주의 유권자에게 자신감을 가지고 전달할 수 있는 이념적 구상과 알아듣기 쉬운 언어를 가지고 있지 못했다는 뜻이다.

세금 인하와 관련한 모순된 주장을 비롯해 어떤 행동을 원할 때면, 무분별하게 행정부를 움직이면서 화면 속에서 우쭐거리는 트럼프의 모습은, 정치적 과정이 어느 정도는 그들을 단절하려고 선택하기도 했지만 최소한 정치적 과정에서 단절되었다고 느낀 유권자 사이에 울려 퍼졌다.

트럼프가 약진하고 힐러리가 몰락하기 전, 스페인의 새로운 진보 정당 포데모스의 이른 선거 승리에서 살펴보면 포데모스의 정책위의장 이니고 에레혼과 진보주의 학자 샹탈 무페Chantal Mouffe 사이에는 선명한 의견 교환이 있었다. 그들의 통찰력 있는 의견 교환은 책을 만들 수 있을 정도로 방대한 분량이었다.[14] 깊이 있는 분석과 선거 전략의 필요성에 관한 명확한 시선에 전략적인 초점을 맞추었는데, 거기에는 1990년대 초 기성 중도 진보의 인물들이 서로 나누었던 강렬히 명석하며 전략적인 대화의 종류와는 다른 진지한 의도가 반영되어 있다.

블레어와 클린턴, 영국에서는 블레어와 브라운, 그들 모두는 끔찍한 선거 패배의 기억과 명백한 이념적 퇴보에서 10여 년이 흐른 뒤 중도 진보로 회귀할 방법을 찾기 위해 애쓰고 있었다. 그들은 최근 자신들이 소속된 당의 실패에 에너지만 소모되는 초점을 맞춘 채 연설했지만 그 최근조차 이미 예전 일이었다. 포데모스 듀오의 토론은 좌파 아웃사이더가 어떤 형태로든 집권할 수 있는 잠재력을 반영했지만, 어떻게 그 일이 일어날지를 함께 강조했다는 점에서 차이가 있었다. 추상적인 대화가 아니었다. 논쟁은 선거에서 무엇이 가능한지에 기초했고, 좌파 아웃사이더가 주장을 만들 수 있는 아이디어에 기반을 두고 있었다. 여러 가지 가능성을 생각하면서 무페는 다음과 같이 관찰했다.

당신의 투표가 진정한 변화를 만들어 낼 것이라는 믿음, 이것이 기본입니다. 이는 아주 흥미롭습니다. 현재의 중도 연합이라는 후기 정치 모델은 정치의 핵심 요소 가운데 하나인 열렬한 지지층을 제거했기 때문입니다. 우리가 보아 온 것처럼, '우리'에게 속하기 위해서는 '그들'이 있어야 합니다. 민주주의 정치에서 '그들'은 바로 반대파를 뜻합니다. 많은 나라에서 사람들이 갈수록 정치에 흥미를 잃고 투표율이 낮아지는 것은 중도 보수와 중도 진보 사이의 차이가 극도로 작아서 사람들이 아무것도 위기에 처해 있다고 느끼지 않기 때문입니다. 믿을 수 없는 선거 뒷이야기를 하나 상기시켜 드리겠습니다. 2002년 프랑스 대통령 선거 1차 투표에서 장마리 르 펜은 사회주의 후보였던 리오넬 조스팽을 꺾었습니다. 학생들과 함께 조스팽과 시라크의 차이점은 코카콜라와 펩시 광고 차이와 같다고 농담하곤 했죠. 조스팽은 물론 훌륭한 사람이었지만, 시라크에 대항하는 선거 유세에서 "나는 사회주의자가 아닙니다"라고 선언한 아주 좋지 않은 아이디어를 가지고 있었습니다. 그 뒤 대부분의 친구들은 1차 투표에서는 조스팽에게 투표하지 않고, 2차 투표에서만 조스팽에게 투표하겠다고 이야기했습니다. 열정이 없었기 때문에 사람들은 조스팽을 위해 결집하지 않았고, 르 펜이 사회주의자들을 추위 속에 버려두며 유유히 결선투표에 올랐습니다.

이 관찰은 여러 가지 면에서 너무 광범위하게 요약되었다. 주류 진보와 주류 보수에 서 있는 사람들 사이에는 커다란 차이점이 있고, 또 있어 왔다. 어느 한쪽의 당선은 정책적으로 의미 있는 차이를 촉발한다. 그러나 그는 연합에 대한 지각은 강하고 궁극적으로는 위험하다는 올바른 관찰을 했다. 유권자들 가운데 일부는 파리, 마드리드, 런던 혹은 워싱턴의 지도자나 지도자가 되려는 자들은 모두 똑같다고 여긴다. 반면 아웃사이더는 — 그들이 스코틀랜드 분리독립주의자이든 스페인의 포데모스이든 간에 — 계속해서 요점만 말할 것이다. 비록 게으르고 고의적인 왜곡이 있더라도, 적어도 그들을 그렇게 만들도록 촉발시키지 않았다면 반향을 일으키지 못했을 것이다. 1990년대에는 많은 중도 진보 진영에 결실을 맺게 한 일부 보수 의제를 함께한 연합은 반향을 일으키는 데 크고 복잡한 문제가 되어 왔다.

포데모스의 정책위의장 에레혼은 다음과 같이 대답했다.

어떤 본질적인 것도 논쟁하지 않고 있기 때문입니다. 가장 중요한 결정은 시민의 어떤 통제도 받지 않는 멀리 떨어진 선출되지 않은 권력에 의해 이루어졌습니다. 그동안 정치 대표자들은 서로 닮아 갔고, 유권자들은 점점 더 달라졌습니다. 이념과 정책에 대한 모든 논쟁이 사라진 상황에서 민주주의는 쇠약해지고 사임은 퍼져 나가며, 지도자의 위기가 심각해지면서 불평은 자라나고, 기관은 점점 힘 있는 소수의 영향 아래 놓여 갔습니다.

이것은 물론 관찰이면서 정치적 메시지이기도 하다. 어떤 면에서는 스코틀랜드 분리독립 첫 번째 주민투표 유세기간 동안, 스코틀랜드 독립당의 앨릭스 새먼드Alex Salmond와 니컬라 스터전Nicola Sturgeon이 스코틀랜드 정치에서 우세를 점하면서 강력하게 언급한 메시지이기도 하다. 이들은 "런던과 웨스트민스터와 〔당시〕 총리 캐머런과 〔당시〕 노동당 대표 밀리밴드를 보세요. 그들은 모두 똑같고, 모두 공모했고, 두 기성 정당이 완벽하게 지지한 일련의 정책과 예측이 초래한 금융위기에 대응한 긴축 프로그램에조차 함께 서명했습니다"라고 주장했다. 그런 식으로 공유되는 일련의 억측과 함께 권력이 소수에게 집중되어 있다는 인식은, 선거에서 무슨 일이 일어나는지 개의치 않고 기성 정당에 대한 분노와 환멸에 기름을 끼얹었다. 이 기성 정당들은 그 정도의 환멸과 분노를 받을만하지 않았다고 명백히 말할 수 있다.

무페는 주목했다. "이것이 바로 정치에서 필요로 하는 것입니다. 시민이 분명하게 구별되는 정책 사이에서 선택할 수 있도록 뭔가 실질적인 것이 위험에 처해 있어야 합니다."

미국에서는 명백한 선택을 하기 어려웠다고 주장할 수도 있다. 한 번도 공직을 거치지 않았고 여성을 멸시하는 트럼프와 공직자로서 고위직을 역임한 페미니스트 힐러리 클린턴 사이에는 분명 많은 차이가 있었다. 그러나 클린턴은 1990년대 초반 연합의 구성원이었고 이로부터 벗어날 수 없었던 까닭에, 별났던 선거에서 선택은 비교적 아슬아슬했다. 버니 샌더스가 민주당 후보로 출마했다면 환멸을 느꼈던 이들이 더 확실하게 명백해 보이는 선택을 했을지도 모른다. 그러나 샌더스가 후보가 되었다면 무슨 일이 일어났을지는 전혀 알 수 없다. 우리가 알 수 있는 것은 힐러리가 대통령으로 선택되지 않았다는 사실뿐이다.

이어지는 논의에서 포데모스의 정책위의장은 계속해서 말한다.

내 생각에 후기 정치적 민주주의의 편협성으로 대다수 결정과 가장 중요한 선택은 대중의 통치권을 벗어난 곳에서 일어나고 있습니다. 대중의 영역에 남겨진 것은 동일한 동의의 변형일 뿐, 대안 사이에서의 선택은 아닙니다. 이것은 시민의 삶에 진정한 차이를 만들어 내지 못합니다. 또한 어떤 열정도 이끌어 내지 못합니다. 이런 환경에서 사람들이 정치를 전문가에게 맡겨 놓거나 복잡한 기계적 절차에 맡겨 두는 것은 전혀 놀랍지 않습니다.[15]

오늘날 사람들에게 일어나고 있는 일은 전문가들의 견해를 공공연히 거부하고 있는 것이기에 — 전문가에게 정치를 내맡기는 것과는 거리가 있는 — 어떤 면에서 이는 잘못된 분석이다. 어쩌면 정치가 심각하게 잘못된 정책을 가진 전문가의 손에 달려 있는 것처럼 보여, 전문가적인 지식을 가진 이들에 대항한 폭동일 수도 있다. 바로 이것이 정치적 논의가 불가능해졌을 때의 요점이다. 전문가는 단정 지을 수 있지만, 우리는 이미 전문가를 충분히 가지고 있다는 대답만 들을 뿐이다. 답은 없다. 민주주의의 붕괴가 뒤따를 뿐이다.

1990년대 주류 진보는 전략적인 목표를 변론할 수 있는 감각을 지닌 설득력 있는 의사소통가를 강력한 정치적 대표자로 선출했다. 그러나 그들은 예언자가 아니었다. 그들은 흐름을 명석하게 분석하고 정당이 적응할 수 있게 조정했지만, 더 먼 미래는 내다보지 못했다. 그들이 바라볼 수 있었을 때는 — 빌 클린턴과 토니 블레어와 같은 인물이 그들을 둘러싼 폭발적인 세계적 혁명을 깊이 느꼈을 때 — 받아들일 이념적 깊이가 결여되어 있었다. 그들은 복잡성을 인정하고 싶은 사람이 거의 없는 복잡한 시대를 이끌어 나간다. 그렇지만 결정을 내리는 것도 그들이다. 그렇게 함으로써 그들은 진보와 보수 양쪽의 아웃사이더들에게 기회를 주었다.

제4장

보수 : 무능력해지기로 하다

2011년 1월 오바마 대통령이 연두교서를 발표했을 때만 해도 관심은 매우 높았다. 다음 해는 차기 대선이 예정되어 있었는데, 오바마 대통령의 첫 번째 당선을 환호했던 열기 대부분은 이미 사라지고 없었다. 강력한 환멸이 — 열광의 피할 수 없는 결과물로서 — 몰려오고 있었다. 실망감은 일정 부분 오바마가 작은 정부의 덕목을 강한 이념적 열정으로 신봉하는 워싱턴의 보수 공화당원에 직면하면서 야기되었다. 상대에게 망신을 주기 위해서가 아니라 확신에 찬 것이었기에 공화당은 처음부터 경제 정책을 입안하는 오바마의 빈틈을 찾는 데 여념이 없었다. 공화당의 맹습에 대응하기 위해 오바마는 2011년 신년 연설에서 조심스레 자애로운 권력을 가진 정부를 강조했다. 오바마는 정부와 정치를 혐오하면서도 여전히 엄청난 규모의 지출과 통치를 약속하는, 자신감을 가질 자격이 없는 보수 아웃사이더 트럼프와는 달랐다. 오바마는 제3의 길을 찾아 나갔고, 먼저 공공 지출의 혜택을 보여 주었다.

우리는 무너진 길과 다리를 수리하기 위해 더 많은 미국인을 고용할 것입니다. 공사비는 반드시 지급될 것이고, 개인 투자를 끌어들일 것이며, 정치인이 아닌 경제에 무엇이 가장 좋은지를 바탕으로 프로젝트를 선별할 것입니다.

우리의 목표는 25년 안에 80%의 미국인이 자동차보다 절반 이하의 시간이 소요되는 고속철도를 이용할 수 있도록 하는 것입니다. 어떤 여정에서는 비행기보다도 빠를 것입니다. 이 말을 하는 동안에도 캘리포니아와 중서부에는 이미 철도가 놓이고 있습니다.

5년 안에, 다음 세대의 초고속 무선 인터넷을 98%의 미국인이 효율적으로 이용할 수 있습니다. 더 빠른 인터넷과 끊어지지 않는 전화통화에 관한 이야기가 아닙니다. 디지털 시대에 미국의 모든 부분이 연결된다는 것입니다. 아이오와와 앨라배마의 시골 마을에 사는 농부나 자영업자도 전 세계에 물건을 판매할 수 있게 됩니다. 소방관은 불타는 건물의 내부 구조를 손안에 바로 내려받을 수 있고, 학생은 디지털 교재로 수업을 들으며, 환자는 의사에게 영상으로 원격 진료를 받는 것을 이야기합니다.

오바마는 유행하는 반정치의 한 부분인 정부 지출에 대한 주장을 만들 만큼 충분히 현명했다. 영리하게도 오바마는 그가 하는 일은 정치인을 위한 것이 아니라 경제에 가장 좋은 것이라고 강조했다. 또한 사회간접자본에 대한 계획은 세출 동결과 동반해서 추진할 것임을 확실히 했다.

혁신, 교육, 사회간접자본에 대한 이 모든 투자는 미국을 사업과 일자리 창출에 더 나은 환경으로 만들 것입니다. 그러나 경쟁에 처한 우리 기업을 돕기 위해 우리는 성공의 길에 놓인 장벽을 무너뜨려야 합니다…

금년을 시작으로 다음 5년 동안 복지 예산 동결을 제안합니다. 다음 10년 동안 4천억 달러 이상의 적자를 줄일 수 있으며, 드와이트 아이젠하워가 대통령이던 시절부터 가장 낮은 몫을 배정받았던 우리 경제에 좀 더 재량껏 예산을 투입할 수 있게 됩니다.

동결은 고통스러운 삭감을 요구합니다. 이미 우리는 앞으로 2년 동안 힘들게 일하고 있는 연방 정부 공무원의 임금을 동결했습니다. 저는 지역사회 활동 프로그램처럼 제가 깊이 관심 가졌던 것들도 삭감할 것을 제안했습니다. 국방부 또한 우리 군에 필요성이 떨어지는 수백억 달러의 지출에 대한 삭감에 동의했습니다.

나는 이 의사당에 있는 몇몇 분께서 이미 더 많은 삭감을 제안했다는 것을 알고 있고, 정직하게 우리에게 없어도 무방한 것은 무엇이든 삭제할 의지가 있습니다. 그러나 우리가 우리의 가장 연약한 시민 몰래 하고 있지 않다는 것은 확실히 합시다. 그리고 우리가 삭감하는 것은 정말 초과된 몸무게를 줄이는 것임을 명백히 합시다. 소화기관과도 같은 혁신과 교육에 대한 투자를 줄여 적자를 없애려는 것은 과적한 비행기의 엔진을 빼내 가볍게 만드는 것이나 마찬가지입니다. 처음에는 높게 날 것처럼 느껴지겠지만, 그리 오래 걸리지 않아 추락을 느끼게 될 것입니다.[1]

예산 삭감 부분의 마지막 비유는 투자가 정치인에게 혜택을 주기 위한 계획이 아니라고 선언한 것만큼 영리했다. 과적된 비행기의 엔진을 제거한다는 그림은 성급하게 균형 예산을 추구함으로써 생길 수 있는 위험을 명확하고 이해하기 쉽게 강조했다. 오바마는 복잡한 주장을 더 생생하게 이해할 수 있도록 만들어 내는 보기 드문 중도 진보 지도자였다.

워싱턴의 공화당 지도자들은 이 주장이 관철되도록 허락하지 않았다. 늘 그렇듯이 오바마는 예산을 두고 전쟁을 치렀다. 하원 예산위원회 의장 폴 라이언Paul Ryan은 2011년 1월 대통령의 미묘한 연설에 대한 공화당의 공식적인 답변을 내놓았다. 라이언은 완전히 무시하는 것 같았다. "우리는 몇 가지 단순한 신념을 가지고 있습니다." 그는 말했다. "끊임없이 빌리는 것은 전략이 아닙니다. 예산 삭감이 우선입니다."

라이언에게 오바마의 언급은 배척되어야 할 것이었다. 사흘 후, 미국기업연구소American Enterprise Institute의 보수주의 블로거 제임스 페토쿠키스James Pethokoukis와의 대화에서 라이언은 대통령을 향해 혹독한 비판을 퍼부었다. "순진한 비전에서 나온 것 같아 보입니다." 라이언은 오바마의 발언이 "사회와 경제의 중심은 정부일 뿐, 국민이 아니라는 생각"을 바탕으로 한다고 말했다. 계속해서 "큰 정부의 세출 계획은 일자리 재건과 성장에 실패하고 만다"고 이야기하며, "국가주의자의 자유 공동체에 대한 공격"이라고까지 언급했다.[2]

라이언은 '국민'에게 권한을 부여했다고 가정한 중재 단체에 대해서는 설명하지 않았다. 데이비드 캐머런이 2005년 영국 총리에 취임하고 나서 그의 '큰 사회'를 실현하기 위해 고군분투하던 때 발견했던 것과 마찬가지로 서구에서 작은 정부와 보수 사이에 빠진 연결고리였다.

대신에 라이언은 오바마가 손쉽게 대통령에 당선되고 재선에까지 성공했음에도, 그 자신만이 '국민'을 위해 이야기한다는 가정하에 이념 강의를 이어 나갔다.

다음 해에 오바마와 의회는 거의 교착 상태인 경제 정책을 두고 재차 논쟁을 벌였고, 라이언은 그다음 해에《번영의 길 *The Path to Prosperity*》이라는 예산 제안서를 펴냈다. 고위 공화당원들의 열성적인 지지 속에 라이언은 5조 달러 우리 돈으로 5500조 원 상당 규모의 예산 삭감을 제안했고, 오바마 대통령의 일부 세금 인상에 반대하면서 2015년까지 재정 적자를 GDP의 3% 이하로 줄이자고 제안했다. 지난 몇 년 동안 전례 없는 규모의 실질적인 삭감을 포함하는 목표였다. 동시에 자신이 오바마의 낭비라고 묘사했던 것에 대해서는 멸시했다. 작은 정부를 지향하는 공화당원과 자신 없는 중도 진보 대통령 사이에 다시금 죽음의 무도가 펼쳐졌다.

라이언과 워싱턴의 고위 공화당원들은 주류 보수라는 패턴의 더 넓은 한 부분이었다. 영국에서는 데이비드 캐머런과 조지 오즈번이 2010년과 2015년 아슬아슬하게 집권에 성공하고, 의회 집권기 동안 적자를 없애겠다고 약속했다. 2008년 금융위기 이후 프랑스 사르코지 대통령은 실제로 몇몇 공공 영역에서 지출 삭감을 단행했다. 야당에서는 경찰과 정보부가 부족하다며 대통령을 비난했는데, 실제로 프랑스는 사르코지가 퇴임하고 몇 년이 흘러 2015년과 2016년 테러리스트의 공격으로 고통받았다. 그들은 '사르코지의 삭감'이 경찰과 정보부에서 신속하게 대응할 수 없었던 이유를 설명한다고 주장했다.

일부 기성 진보는 방어적인 편의주의적 행동으로 무력해지는 쪽을 택했다. 그들은 사안을 정부에 의탁함으로써 선거에서 승리할 수 있다고 믿지 않았다. 기성 보수 일부는 이념적으로 확신에 찬 자신감을 바탕으로 똑같이 수동적인 경로를 걸었다. 트럼프 이전 워싱턴의 공화당 리더십은, 아주 뚜렷한 확신에 차서 자신들은 신념에 따라 작은 정부를 지향해야 할 뿐 아니라 그들의 이론적인 지도력이 꾸준한 인기 비결이라고 보았다. 확신과 선거 승리를 짝지으면서 우연히 꿈속으로 들어가는 입장권을 구했다고 생각했다. 그들은 지출과 복지를 선택하지 않았다. 대신 무능력해지는 쪽을 택했다. 야호!

미국을 훨씬 넘어선 기성 보수 일부는, 작은 정부가 '사람을 자유롭게 만든다'는 — 기만적으로 안심시키며 표면적으로는 희망을 주는 구호 — 포퓰리스트의 이해하기 쉬운 말을 열정적으로 믿기 시작했다. 이런 시선에는 근거가 있다. 여론조사와 대표 집단 연구에서 유권자를 향해 정부가 그들의 삶에서 사라지고 스스로 결정을 내리길 원하는지 물었을 때, 대다수는 그렇다고 답했다. 비슷하게 정부가 그들이 힘들여 번 돈을 너무 쉽게 지출하고 낭비한다고 생각하는지 묻자, 열정적으로 동의를 표했다.

그러나 필연적인 답변을 유도하는 감정을 자극하는 뒤틀린 질문은 유권자의 복잡한 욕망과 필요와 희망의 모든 목록을 조금도 알려 주지 못한다. 대폭적인 공공 지출 삭감이 이루어졌을 때, 국가는 그들을 더욱 필요로 하는 유권자로부터 더 멀어졌다. 일부 유권자는 '버려졌다'고 느꼈다. 작은 정부를 향한 포퓰리스트의 지지와는 정반대로 그들은 정부가 자신들을 보호해 주길 바란다. 만약 정부가 그렇게 할 수 없거나 혹은 그렇게 하는 쪽을 선택하지 않았을 때, 그들은 도널드 트럼프처럼 그들의 삶을 바꾸겠다고 약속하는 — 국가를 의인화한 트럼프의 독단적인 행동을 통해 — 우파 국가주의자에게로 향한다. 작은 정부와 무능력한 기성 보수에 실망한 것은 가난한 유권자만이 아니다. 기업가는 정부가 사회간접자본에 더 크게 투자하고 더 적극적으로 산업 전략에 개입하길 바란다. 눈에 띄게 활성화된 대도시 권역에 사는 비교적 부유한 사람조차도 교육과 주택, 의료 서비스를 염려한다. 대부분의 유권자는 국가가 전달에 실패했을 때 소외되었다고 느끼기 시작한다. 우파 포퓰리스트들은 유권자와 국가 사이를 연결하거나 혹은 적어도 그들의 언어와 그들의 서약을 통해서 이어지도록 한다.

트럼프는 워싱턴을 대표하는 대다수 공화당원과는 아주 다른 위치에 있다. 트럼프 아래에서도 폴 라이언은 하원의장이자 공화당 내에서 가장 높은 지위에 있다. 만약 오바마가 트럼프의 지출 계획 가운데 일부라도 제시했다면 라이언은 이를 막고자 밤을 새워 가며 일했을 것이다. 그는 강박적으로 삭감의 필요성에 시선을 맞추고 있었는데, 라이언은 연방 정부의 수용력과 미국의 통치력을 줄이고자 많은 노력을 해왔던 공화당원이었다.

작은 예산에도 벌벌 떨며 모든 것을 마비시키는 워싱턴의 교착 상태가 오랫동안 계속되자 정부가 국내 정책에 대해 거의 무력하다는 인상이 생겨났고, 실망과 포기의 감정은 강하게 자극되면서 트럼프를 더욱 강력하게 만들었다. 유권자들은 공화당 지도부의 공공 지출 삭감에 고마워하지 않았다. 대신에 트럼프 같은 공공 지출 주의자에게로 돌아섰다. 트럼프로서는 예산과 구체적인 정책이 무척 지루했다. 바로 이 점이 트럼프의 매력이었다. 공화당의 엄준함은 결코 선거에 유리하지 않았다. 부유층을 위한 세금 삭감과 공공 서비스 지출 삭감은 유권자의 다른 영역에서만큼이나 필연적으로 공화당의 입지를 강타했다. 비록 국민은 그들 스스로 길을 만들어 나가도록 내버려 두어야 한다는 반국가주의 공화당 정치인들의 믿음에서 비롯된 것이었지만, 삭감 결과는 — 오바마의 계획을 과소평가하고 막을 만큼 작은 정부 — 정치 혐오를 향한 분노를 격발시켰다.

정부는 많은 것을 할 수 없고 만약 어떤 노력을 한다면 이는 오직 비효율적일 것이라는 믿음은, 비록 우연히 그런 것이겠지만 트럼프와 그의 지지자들로부터 도전받았다. 레이건 대통령의 작은 정부 보수주의는 그 자신의 실용주의적인 본능과 1980년대 워싱턴 정치의 편의주의적인 요구에 의해 부분적으로 제어되었다. 트럼프에 앞선 시대에는 그 반대로 적용되었다. 공화당 우파의 이념적인 요구는 편의주의적인 대통령이 조심스레 통치하는 일을 훨씬 어렵게 만들었다. 오바마는 티 파티가 워싱턴의 공화당 상층부의 사고를 형성하고, 경직된 전통적 보수주의 본능이 정부의 지출과 세금에 관한 중요한 쟁점에서 고집스럽고 독단적으로 접근하던 시기에 대통령을 지냈다.

트럼프는 통치 철학을 충분히 고민했기 때문이 아니라 본능적으로, 유권자들은 능동적인 정부의 원칙을 싫어하는 게 아니라 — 확실히 그들은 어떤 면에서는 더 적극적인 정부를 외쳐 왔다 — 실패한 시간과 말하자면 유권자 자신들이 추구하는 것을 전달받지 못했던 것을 싫어했음을 알아차렸다.

트럼프에 앞서 공화당 출신으로 대통령을 지낸 조지 W. 부시는 오바마 대통령 때의 라이언이나 다른 공화당 고위 인사들과 비교하면 국가를 향한 태도에 미묘한 차이가 있었고 좀 더 세련되어 보였다. 부시는 보수 인사였고, 자신에 바로 앞선 공화당 출신 대통령이었던 아버지 부시보다도 더 보수적이었다. 그러나 텍사스 주지사와 대통령으로서 부시는 최소한 가난한 아이들의 교육 개선을 위해서 국가 권력을 활용하려고 애썼다. 오바마 대통령 집권기 티파티의 열정적인 작은 정부 보수주의가 부시처럼 온건한 행동주의로 공화당을 휩쓸기 시작한 것은 이제 당의 절대다수가 혐오하는 쪽이었다.

적어도 공화당 내부에서 티파티가 흐름을 만들어 내기 시작하자, 2008년 저명한 보수 시사 평론가 윌리엄 크리스톨William Kristol은 오바마가 미국 대통령이 되면 보수주의자들은 "작은 정부 보수주의라는 현수막을 들고 오바마 대통령에게 맞서기 전에 다시 한번 생각해야 한다"[3]고 말했다.

크리스톨은 날카로운 통찰력으로 이념이 이론적으로는 매력적으로 들릴지 몰라도 공화당 출신 대통령들은 잇달아 그것이 행정에 성공적인 공식은 아님을 발견했다고 인정했다. 2008년에는 "1932년 이래 다섯 명의 공화당 출신 대통령이 있었다. 아이젠하워, 닉슨, 레이건과 아버지와 아들 부시다. 이 가운데 오직 레이건만이 작은 정부 보수주의에 그나마 근접했다"고 지적했다. 물론 레이건도 실제로는 전혀 가깝지 않았다. 지출 계획은 대부분 삭감하지 않았고, 적자가 늘어나는 것을 보고만 있었다. 적자에 대한 레이건의 한갓진 접근은 클린턴이 레이건 시대의 공화당 기록과 비교하며 클린턴 자신은 균형 예산을 추구할 것이라고 주장하며 결국 경제적으로 더 능숙한 인물처럼 보일 수 있도록 만드는 여지를 주었다.

레이건이 퇴임하자 곧바로 '큰 정부 보수주의'는 남용되는 어휘 표현이 아니라 묘사에서 비롯되었고, 영국에서 나중에 아주 인기를 끈 '진보적 보수주의'와 '기회 균등 보수주의'와 같이 사용되었다. 이것은 조지 W. 부시가 처음 대통령에 당선되었을 때 제한적으로 따랐고 또 따르기를 원했던 모델이었다. 부시는 첫 번째 대통령 선거 유세에서

'온정적 보수주의'라는 말을 썼다. 그러나 부시의 대통령 재임기에 오바마의 인기와 더불어 작은 정부 이념이 공화당을 장악해 나갔다.

그만의 기괴한 방식으로 트럼프의 견해는 이데올로기적인 애착에서 작은 정부를 향한 큰 도약을 이뤘다. 오직 그의 경우에만 정부라는 것은 그의 기분에 따른 것이었다. 그는 그 자신 외에 다른 식으로 그의 뜻을 전달하는 중재 단체에는 아무 관심이 없었다. 참으로 트럼프는 어떤 형태이든 간에 전달을 위한 방법에는 아무 관심을 보이지 않았다. 그가 약속했듯이 미국을 다시 위대하게 만들기 위한 세부 계획은 아무것도 없었다. 대신 그는 대통령직 혹은 그의 개인적 위대함을 찬양했다. 그것은 상당한 공공 지출의 증대, 특히 자본 지출을 수반했다.

트럼프가 차지한 것과 같은 공간에서 — 미국의 기성 진보와 워싱턴의 이념적 열정에 찬 주류 공화당에 의해 소심하게 비워진 영역 — 영국에서는 영국독립당이 약진했다. 자격을 갖추는 것은 중요하다. 대부분의 우파 아웃사이더들처럼 영국독립당은 모든 지역에서 도약했다. 적극적인 정부를 옹호하는 주장은 신속하고 우발적으로 일어났다. 영국독립당의 지도력은 적어도 브렉시트와 큰 정부 보수주의의 형성을 암시하는 약속으로 시작했다. 실제로 많은 정책 영역의 메시지는 "만약 유럽연합의 족쇄에서 풀려난다면 영국 정부가 할 수 있는 것을 보세요."였다. 심지어 브렉시트 유세에 동참한 이론적으로는 작은 정부 자유 보수주의 지지자였던 보수당의 그림자 내각 각료마저도 그들의 다른 주장에 대한 타당성에 부딪치면서 더 큰 정부를 이야기해 댔다.

나이절 패라지와 가장 돋보이는 각료 두 명은 '브렉시트' 선거 유세를 펼쳤고, 마이클 고브와 보리스 존슨은 국가가 노동력의 자유로운 이동을 제한하기 위해 반드시 개입해야 한다고 주장했다. 정부 개입을 가장 분명하게 드러내 보인 선거 유세였다. 시장의 순수성과 효율성에 대한 그들의 주장은 잊어라. 시장의 아주 적극적인 규제 기관으로서의 정부에 관한 경고도 잊어라. 그들은 국가가 노동 시장이 어떻게 기능할지를 결정하길 원했다.

예전에는 국가가 산업에 개입하는 것에 대한 자신의 열정을 몰랐던 고브는, 텔레비전에 출연해 유럽연합에서 벗어나면 정부가 위협받고 있는 타타Tata 철강의 폐업을 막는 데 더 자유로울 수 있다고 주장했다. 토니 벤과 같은 열정으로 고브는 유럽연합 법률은 영국 정부가 개입하는 것을 복잡하게 만들지만, 유럽연합의 테두리 바깥에서는 중국의 값싼 수입재로 인해 문 닫을 위험에 처한 산업을 자유롭게 구제할 수 있다고도 주장했다. 그것은 마치 고브와 다른 정치인들이 스스로를 대항하기로 규정했던 1970년대의 정치인들이 말하는 것처럼 들리게 했다. 그러나 그들은 브렉시트를 지지한 결과로, 유럽 내 의무로부터 자유로운 정부가 자애로운 결과와 함께 새로운 권력을 가져야 한다는 주장의 필요로 인해 큰 정부 개입주의자가 되었다. 브렉시트 지지를 납득시켜야 했던 이들은 보수당 지도부에 대처리즘을 따르는 소울메이트들을 남겨 둔 채로 갑작스레 큰 정부 보수주의자가 되었다.

국가주의의 무기로 '브렉시트' 유세단은 유럽연합 분담금에서 자유로워지면 국민건강보험에 일주일에 약 3억 5천만 파운드우리 돈으로 5천억 원가량를 추가로 지출할 수 있다고 주장했다. 전에도 높은 국민건강보험 보장률에 열정적인 지지를 보냈었는지 확인할 수 없는 유세단 지도부는 '브렉시트'를 지지하는 다수의 유권자들이, 그들을 소외시켰던 영국 정부가 오랜 시간이 흐른 지금에는 과연 그들을 어떻게 보호할 것인지 듣고 싶어 한다는 것을 깨달았다. 흥미로운 문구들은 또 다른 중요한 질문을 유발한다. 누구에 의해, 무엇으로부터 소외되었는가? 어느 쪽이든 대답은 국가라는 것이고, 중재 단체들은 그들을 오도 가도 못하게 버려두었다. 트럼프처럼 브렉시트를 이끄는 지도부는 — 환멸과 소외감을 느끼는 사람들을 목표로 삼아 — 우파 국가주의자가 되었다.

2005년부터 데이비드 캐머런의 지도력 아래 보수당은 매우 제한적인 방법으로 '현대화'되었다. 캐머런과 재무장관이 된 가까운 동료 조지 오즈번은 '현대화'를 대부분 정당이 사회적으로 더 자유주의화 되는 관점으로 간주했다. 그들은 여러 중요한 방법으로 이 목표에 도달했지만, 잘못된 목표였고, 국가와 정부의 목적에 대한 당의 태도에 깊은 생각을 요구했던 더 큰 도전에 대한 지나치게 옹색한 대응이었다. 워싱턴의 공화당 지도부처럼 그들은 국가와 관련해 더 의미 있는 이념적 움직임을 만들지 않는 쪽을 택했다.

만약 여성과 동성애자와 소수 민족을 향한 태도에서 이론뿐 아니라 더 많은 여성 후보자와 청년 대표와 소수 민족 출신 하원의원을 선출하면서 사회적 자유주의를 모색하지 않았다면 보수당은 터무니없는 구식으로 비쳤을 것이다. 캐머런과 오즈번은 보수당이 전체적으로 영국을 더욱 대표하면서 사회적으로도 더욱 관용 있게 만드는 데 성공했다. 2014년과 2015년의 보수당 전당대회는 비교적 나이가 많은 백인 남성 위주로 참가했던 1990년대 초반과는 확연히 달랐다. 더 많은 청년 당원이 있었고, 소수 민족 출신과 여성도 전당대회에 참석했다. 캐머런이 당 대표와 총리직에서 사임했던 2016년 여름 보수당 원내에서 이는 어느 정도 진실이었다.

그러나 캐머런과 오즈번은 강경파 워싱턴 공화당원처럼 국가관에 있어서는 단호한 대처주의자로 남아 있었다. 때때로 그들은 공화당원들보다 사람들을 놀래키는 데에는 더 솜씨가 좋았다. 2015년 오즈번은 시끌벅적하게 국가적인 생활임금제 도입을 선언했는데, 너무 진보적으로 보일 것 같은 두려움에 노동당조차 완전히 지지하지는 못할 제안이었다. 또 뒤늦게 몇몇 주요 투자 프로젝트의 치어리더가 되기도 했는데, 영국의 노후화한 교통 체제에 고속철도를 도입하는 따위였다. 그러나 야심 찬 행동은 오바마의 적절한 표현을 사용하자면 심지어 비행기에서 엔진을 떼어 내는 것이라 하더라도 적자를 빠르게 해소해야 한다는 끈질긴 메시지를 모호하게 만들지도 못했고, 만들 수도 없었다. 오즈번은 계속해서 국가의 규모를 줄이려는 야망과 중도 영역에서 총리를 개혁하려는 희망의 덫에 빠졌다. 생활임금제 도입 제안은, 많은 보수당 하원의원이 그것을 인정사정 없다고 여겨 의회에서 그들을 패배시켰던 심각한 복지 지출 삭감에 동반되었다. 또한 그들은 보수당이 유럽에 도전하기에 너무 늦지 않게 충분할 정도로 유럽연합 회의론자로 남아 있었다. 당 지도부를 승계할 인물들을 보수당의 공격적이며 강박적인 유럽연합 회의주의로 내려오게 만들었다. 스스로 현대화한다고 부르짖는 사람들은 이 주제를 언급하고 싶어 하지 않았다.

이처럼 그들은 1980년대 노동당 대표로서 핵 군비 확충을 끝내는 것부터 영국의 유럽연합 가입에 관한 노동당의 반대를 제거하는 것까지 당대의 모든 첨예한 문제에 저돌적으로 도전했던 닐 키녹과 비교해 아주 소심한 내부 개혁가였다.

공공 지출과 세금, 무엇보다도 그들의 현대화 프로젝트를 약화시킨 국가의 규모와 역할에 대한 새로운 접근을 발견하는 데 캐머런과 오즈번은 실패했다. 지난 2001년까지 영국의 공공 서비스는 수십 년 동안 다양한 이유로 투자가 충분하지 못하여 극도로 재정이 결핍된 상태였다.

지출은 유럽연합의 평균에 크게 못 미쳤고, 서비스도 열악했다. 1970년대 노동당 정부는 하나의 위기에서 연달아 다른 위기에 빠지며, IMF로부터 긴축을 강요받았다. 1980년대와 1990년대 보수당 정부는 유럽의 대다수 비슷한 수준에 있는 국가들의 투자비율로 공공 서비스 지출을 늘리지 않기로 결정했다. 1997년 재출범한 노동당 정부는 첫 2년 동안 보수당의 엄격한 재정 정책을 지키겠다고 선언했고, 오직 첫 번째 임기 후반과 두 번째 임기 동안에만 의미 있는 개선 작업을 이루어 내기 시작했다.

그러나 캐머런과 오즈번은 그들이 보수당을 맡았을 때, 국가에 대한 새로운 관점을 찾으려 하지 않았다. 대신에 그들은 약간 변화를 주었다. 옛것을 지키면서도 새롭게 접근한다는 인상을 주려 노력한 것이다. 캐머런은 영리하게도 마거릿 대처의 명언 "사회 같은 것은 없다no such thing as society"는 말을 차용했다. 대표로서 캐머런은 2010년 12월 개회사에서 "사회 같은 것은 있었지만 국가와는 달랐다"고 주장했다. 마거릿 대처의 주장에 도전하는 것 같아 보였지만, 명백히 같은 주장이었다. 대처는 공공 서비스를 전달하는 자선 단체 같은 다른 중재 기구들을 가리킨 것이었다. 캐머런은 자선 단체에 대한 정부 지출 삭감을 약속하면서 완전히 똑같은 요점을 만들었는데, 자신의 지도력의 천박함을 강조하는 성급한 반박이었다.

세계 경제와 새로운 벅찬 도전을 받아들이려 노력하는 많은 정치인처럼 캐머런과 오즈번에게도 2008년 금융위기는 전환점이 되었다. 이전까지 그들은 노동당 정부의 지출 규모를 지지하는 데 영향을 미쳤는데, — 확인되지 않은 미신과는 반대로 — 그것은 무모하지도 지나치지도 않았다. 캐머런과 오즈번은 지출 증가와 세금 삭감을 위한 '성장의 진행'을 위한 곳에 예산을 쓰겠다고 약속했다. 모호한 공식은 그들이 무엇을 원하는지 충분한 여지를 남겨 두었는데, 모든 유연성에도 불구하고 이 공식은 2008년 금융위기를 넘어서까지 유지되지 못했다.

캐머런은 2005년 대표 경선 기간 기자간담회에서 자신은 노동당의 지출 계획을 준수할 것이며 어떤 것도 그의 마음을 바꿀 수 없다고 주장했다. 그는 전임자들이 이른 시기에 비슷한 주장을 했고 그것을 매우 빨리 어겼다는 사실을 알아차렸다. 윌리엄 헤이그 William Hague 는 1997년 보수당 대표로 한 첫 번째 전당대회 연설에서 반복해서 당이 과거로부터 '나아갈' 때라고 주장했다. 3년 뒤 헤이그는 세수 고갈을 알리며, '파운드를 절약할' 시간이라고 주장하면서 선거전을 준비했고, 대규모 지출 삭감을 암시했다. 헤이그는 2001년 참패했다. 2003년에 이언 덩컨스미스 Iain Duncan Smith 를 대체한 마이클 하워드는 당이 변화해야 한다고 주장하며 승리 연설을 했지만, 곧 세금과 지출 삭감이라는 익숙한 조합을 옹호했다. 캐머런은 자신은 그렇게 하지 않겠다고 주장했다. 그는 더 강했다. 그러나 2008년 그는 전임자들이 그랬던 것처럼 선회해서 당의 편안한 영역으로 돌아왔다.

캐머런과 오즈번은 노동당의 지출 규모를 받아들이는 것으로부터 몇몇 영역에서 즉각적이고 실질적으로 지출을 삭감하는 것을 제안하는 쪽으로 옮기며 금융위기를 보수당 정책 수립을 재구조화하는 기회로 이용했다. 대처리즘보다도 더 오른쪽으로 향하고 있었다. 마거릿 대처는 작은 정부를 지지했지만 그가 총리였던 1980년대에는 실질적인 지출 삭감이란 없었다.

두 사람은 금융위기로 인해 재정 적자에 관한 한 선택의 여지가 없었다고 말하며 그래야 했기 때문에 그럴 수밖에 없었다고 주장했다. 그들은 작은 국가의 덕목에 대한 이념적 확신을 숨기고 효율적으로 기술관료적인 주장을 이용했다. 이는 보수 정치인이 취할 수 있는 완벽하게 타당한 자세였지만, 영국 정치에서 진보적인 중도가 되겠다던 그들의 사뭇 달랐던 주장이 논거를 흐릿하게 만들고 말았다. 그들은 단 한 번도 작은 국가에 대한 이념적 지향을 공공연히 드러내지 않았지만, 분명하게 선택하고 있었다. 다른 국가의 지도자들은 금융위기에 매우 다른 방식으로 대처했다. 국가 재정을 자극해야 한다는 주장이었다. 초기에 대부분의 주류 지도자들은 대규모 재정 편성을 적극 지지하는 쪽으로 대응했다. 캐머런과 오즈번은 금융위기에 대한 초기 대처로 지출 삭감을 주장한 주류 정당의 거의 유일한 지도자였다. 그들은 '현대화하는 사람들'이라는 주장을 펼쳤다. 남용되던 모호한 단어가 어떤 의미라도 가진다면 그것은 정당이 과거로부터 나아가고 있다는 것임에 틀림없다. 그러나 캐머런과 오즈번은 당이 충분히 발전하도록 하지 않았다. 그들은 마지막으로 대처리즘의 부활을 시도했다. 당시 고위급 협력자는 시사 평론가와의 사적 대화에서 "우리는 다시 대처리즘의 열기를 높이는 중입니다"라고 이야기했다.

그동안 이들은 우파 아웃사이더들에게 적극적인 정부를 향한 열정을 주장할 여지를 내주고 말았다. 패라지는 국민건강보험을 구하기 위한, 억지로 꾸민 듯한 열정을 겉으로 분명하게 드러낸 인사였다. 영국의 주류 진보가 캐머런과 오즈번을 따라야 한다고 강요받고 있었다는 느낌과 몇몇 지출 삭감에 비슷한 입장을 취했다는 것을 감안하면, 이들은 좌파 아웃사이더들에게도 생명력을 불어넣었다. 2010년 이후 노동당 대표였던 에드 밀리밴드와 그림자 내각의 재무장관이었던 에드 볼스는 수년간 노동당 정부에서 재정 고문을 지냈다. 이것은 어떤 면에서 그들에게 정치적인 약점이 되었다. 노동당 집권기에 일어난 금융위기에 연관되어 있었기 때문이다. 그러나 그들은 금융위기의 해법이 케인스 경제학이라고 인식할 수 있는 지식의 깊이와 경제적 전문성과 이념적 확신을 갖추고 있었다. 국가 재정에 대한 자극은 2008년 시작되었고, 볼스는 노동당이 집권에 실패한 2010년 이후로 훨씬 더 큰 재정 투입이 필요하다고 주장하고 있다.

그러나 유권자 조사에서 매서운 표적 집단은 그들이 유권자의 돈을 소중하게 다루지 않는 것처럼 보인다고 말했다. 자동차 사고를 낸 사람에게는 키를 돌려주지 않는다는 — 경제적으로 우스꽝스러운 생생한 문구 — 영리한 비유를 만들어 낸 조지 오즈번은 주류 노동당의 지도력을 캐머런-오즈번 예산 제안을 지지하는 것처럼 보이도록 덫에 빠뜨렸다. 오즈번은 교육하는 정치인이었고, 그가 하려는 것을 설명하고 싶어 했다. 밀리밴드와 볼스는 그에 맞먹는 설명을 찾지 못했다. 그들은 엄밀하게는 오즈번을 따르지 않았다. 실제로는 오즈번이 적자를 급격하게 줄이겠다는 말도 안 되는 약속에서 암시했던 것보다도 조심스러운 삭감으로 그들의 뒤를 따랐다. 그렇지만 가까이에서 모든 우여곡절을 지켜보지 않았던 유권자들은 양당이 매우 비슷하다는 인상을 받았을 수도 있다. 실제로 공공 지출에 엄격한 듯 보이면서 '재정적으로 책임진다'는 이미지를 주는 것이 모호한 노동당 지도력의 부분적인 목표이기도 했다. 노동당은 균형 재정의 경제적 이익에 관한 논쟁에서 이길 수 있다고 생각하지 않았기 때문에, 외부에서 그런 인상을 풍기길 원했다. 나중에 밝혀진 것처럼 오즈번은 엄격하게 이야기하면서도 큰 폭으로 적자를 없애겠다는 목표를 반복해서 달성하지 못하면서 혼란스러운 신호를 보내고 있었다.

❖ ❖ ❖

그러나 말은 역시 중요하다. 공개적으로 선언한 입장이 이야기를 만들어 낸다. 보수와 진보의 '긴축 연합'에서 기회를 찾은 이는 영국독립당이었고, 마침내 노동당은 2015년 총선 패배 이후 제러미 코빈을 대표로 뽑았다. 바로 이 지점에 미국과 유럽의 다른 나라들과 정확히 유사한 점이 있다. 영국독립당은 도널드 트럼프와 아주 비슷한 주장을 폈다. 그들은 국가주의자였지만 때로 자유무역에 지지를 선언하면서도 보호무역주의자였고, 높은 수준의 세금 지출을 약속하면서 원주민에 대한 복지 예산을 지키고 국민건강보험에 더 많은 예산을 사용할 것을 서약했다. 불과 몇 년 전만 해도 국민건강보험의 일부 민영화에 지지를 보냈음에도도 불구하고.

유럽의 극우파들은 보수 주류 덕분에 기회가 생겼다는 사실을 인지하면서 유행하는 방식으로 비슷하게 왜곡되어 갔다. 뻔뻔스럽게도 극우파는 정치적으로 유턴하면서 보건, 복지, 자본에 대한 높은 지출을 옹호하기 시작했다.

트럼프 당선과 브렉시트는 영국에서 캐머런과 오즈번의 작은 국가에 대한 접근, 그리고 워싱턴의 고위 공화당원들이 선거 전략에서도, 경제 정책에서도 얼마나 구태의연한지 확실히 보여 주었다.

트럼프는 국가에 대해 주장할 기회를 인지했고, 진보 진영의 샌더스 또한 마찬가지였다. 2008년 금융위기의 희생자는 위기를 야기한 금융인들이 아니라 비교적 높은 수준의 정부 지출에 의존하던 유권자들이었다. 아웃사이더들은 이해하기 쉬운 언어로 강력한 주장을 만들어 나갔다. "나는 소외된 사람을 대변합니다"라고 트럼프는 선거 유세 기간에 수차례 언급했다.

당선 이후 트럼프의 경제 고문은 2008년 금융위기 이후 소위 일괄적인 '긴축' 프로그램 주위에서 유행을 따랐던 연합의 약점을 노출시켰다. 선거 후 주말에 《파이낸셜 타임스*Financial Times*》는 트럼프의 경제자문위원회 위원 앤서니 스카라무치Anthony Scaramucci의 글을 실었다. 그는 '역사적으로 낮은 부채와 민관 파트너십'으로 — 야심에 가득 찬 — 새로운 지출 계획의 재원을 마련할 것이라고 말했다. 그는 트럼프가 그렇게 함으로써 고무적인 경제 성장으로 재정 적자를 줄일 것이라고 주장했다. 그는 유럽에 걸친 주류 진보와 일부 미국인이 하고 싶어 했지만 샌더스, 그 뒤에는 코빈이나 그리스의 시리자, 스페인의 포데모스 같은 이들을 제외하고는 그렇게 하는 데 실패했던 익숙한 케인스 경제학의 주장을 제안했다.

계속해서 스카라무치는 "대체로 세계 경제는 금융위기 이후 재정 긴축을 향한 움직임에서 비롯된 디플레이션을 극복하고자 애쓰고 있습니다. 우리는 금융위기 수준의 이자율과 재정 확대로 미국의 빈부 격차를 줄일 수 있습니다"[4]라고 주장했다.

이는 곧바로 우파 아웃사이더가 만들어 낸, 경제 정책을 이해하고 있는 경제 자문에 의한 구조적인 변화로 인식되었다. 승리에서 오는 의기양양한 어느 정도의 자신감에서 오는 신뢰감과 그들이 약진할 여지가 있었던 덕분에 가능한 일이었다.

1997년부터 영국에서 집권하고 있던 이들은 2016년 여름, 미국에서 힐러리 클린턴이 무참하게 거절당했던 것처럼 갑작스레 정부에서 쫓겨났다. 블레어, 캐머런, 오즈번, 클레그를 비롯한 고위 자문단은 국가의 역할과 크기, 공공 서비스 개혁, 유럽연합에 대해서 비슷한 견해를 가지고 있었다. 캐머런은 블레어의 후계자를 자임했다. 그러나 2008년 금융위기 당시 재정 확대에 단호히 반대했던 캐머런과 오즈번은 사라지고 없었다. 캐머런은 정치를 떠났고, 오즈번은 한낱 하원의원이었다. 노동당에서 토니 블레어의 정책을 따르던 이들은 무슨 말을 해야 하고 무엇을 해야 할지 몰랐다. 1980년대에 반대 의견을 가졌던 노동당 하원의원들에 대한 대응과는 매우 다르게, 일부는 의회를 떠났다. 1980년대에는 일부는 사회민주당을 만들었고 혹은 노동당에 그대로 남아 장기전을 대비했다. 자유민주당 전 대표인 닉 클레그 역시 유럽에 대해 누구보다 분명히 설명했던 평범한 하원의원일 뿐이었지만 의회의 소수 정당이었던 자유민주당 의원 중 하나였다. 한 시절을 주름 잡았던 자유민주당은 이제 정치적 노숙자 신세였다. 블레어, 오즈번, 클레그와 피터 맨덜슨은 그들이 정당 구성원의 일부보다 때로는 더 많은 공통점을 가진다고 생각했다. 블레어는 브렉시트 반대 의견을 공유하는 배경 속에 이 생각을 거의 공개적으로 드러냈다. 2016년 10월 블레어는 《뉴 유러피언 *The New European*》에 "모든 정당에 중심을 만듭시다. 조직하고 설득합시다. 매우 빠르게 변화하는 세계입니다"[5]라며 단결을 요구하는 글을 발표했다. BBC 인터뷰에서도 기고문과 일관되게 블레어는 브렉시트의 결과에 대한 경고 이상의 분명한 공통 의제도 없이 다른 정당의 비슷한 이념을 공유하는 중도주의자들이 갑자기 권력을 잃었다고 주장했다.[6]

어떤 면에서 캐머런의 후임자 테리사 메이 Theresa May 는 보수당을 대처리즘에서 한발 나아가게 만든 진정한 현대화된 총리에 가깝다. 메이는 영국에서 국가에 대해 설명한 수십 년만의 첫 보수당 대표다. 그녀는 대표로서의 첫 전당대회 연설에서 정부가 할 수 있는 좋은 것에 대해 이야기할 때라고 선언했는데, 이는 그보다 더 자유주의자였던 전임 자조차도 말하지 못했던 문장이었다. 그녀는 맥밀런과 히스, 잉글랜드 시절 토리당의 정치에 더 가까웠다. 메이는 세계화와 브렉시트의 격동 속에서 정치적 언어에 적용될 수 있는 정서를 만드는 데 도전했다.

기성 정당들이 아웃사이더의 약진과 더불어 왜 그리 빠르게 몰락 했는지에 대한 수많은 이유가 있다. 그들은 유권자가 지나친 복잡성과 맥락을 인지할 의지가 거의 없는 시대에 복잡한 악몽 같은 딜레마에 직 면했다. 그러나 진보의 불안하고 조심스러운 편의주의적인 면모와, 몇 몇 경우에서 진보의 이념적 굴복은 선택의 문제였다. 더 넓은 지지를 확보하기 위한 대담한 개입주의자의 정책을 위해 논쟁은 생성될 수 있 었고, 언어는 효율적으로 쓰였다. 민주주의 세계에서 주류 진보의 대 표자들은 대체로 그렇게 하지 않는 쪽을 택했다. 주류 보수는 — 인기 있는 정치 용어인 — '현대화'가 작은 정부와 지출 삭감에 대한 이념적 지지를 지속하는 게 항상 인기 있고 경제적으로 성공적인 접근일 것이 라는 가정에서 벗어나 국가에 대한 새로운 관점을 만들어야 함을 인지 할 수도 있었다.

지도자들은 항상 변화하는 시대에 적응하기 위해 고군분투한다고 하지만, 그들은 일련의 가정들 속에서 자라났고 외부 상황이 완전히 다 를 때조차도 거의 변화하지 않는다. 힘겨웠던 1970년대의 후반부를 이 끌었던 노동당 출신의 전직 총리 짐 캘러헌James(Jim) Callaghan은 죽을 때 가 다 되어서야 연임한 정권은 격동 같은 10년 동안 같은 실수를 반복 했다는 것을 알아차렸다. "1930년대에 자라난 우리에게 압도적인 우 선순위는 대공황기의 실직과 가난, 삶의 낭비로 돌아가는 것을 막는 것 이었습니다. 참고로 삼기 위해 과거를 되돌아보았지만, 우리 앞에 무슨 일이 펼쳐지고 있는지는 보지 못했습니다."[7]

에드워드 히스, 해럴드 윌슨과 캘러헌 자신에 의해 제기된 선의의 협동조합주의는 제대로 작동하지 않았다. 영국은 유럽연합 안팎으로 경쟁자들과 경합하느라 몸부림치고 있었다. 무역조합은 강제된 임금 정책에 대한 대응을 거부하고 있었다. 그러나 개개의 정부는 1930년대를 공포에 떨게 만든 높은 실업률을 받아들이기보다는 임금 정책을 강제하고 쓰러져 가는 산업을 구제하고자 개입하려 했다. 1979년 선거에서 캘러헌은 패배를 피할 수 없게 만든 깊숙한 힘에 의한 '상전벽해[sea change]' 같은 변화를 감지했다. 마거릿 대처는 깊은 흐름을 어떻게 헤쳐 나가야 하는가에 대한 새로운 생각을 가지고 있었다. 2008년 금융위기 이후 다시 상전벽해 같은 변화와 세계화라는 거대한 파도가 일어나고 있지만, 1970년대 영국 지도자들이 그랬던 것처럼 대표들은 참고하기 위해 곧장 — 그들이 아는 세계인 — 과거를 돌아본다.

이 책에서 우리는 특히 주류 정당을 비롯해 정치인들이 직면한 산더미 같은 도전을 탐구할 것이다. 민주주의는 점점 위기에 처해 있고, 우리는 딜레마를 더욱 명확하게 이해할 필요가 있다. 그러나 일부 기성 지도자들과 지도자를 꿈꾸는 사람들은, 세계가 분명히 변화하고 있으며 20~30년 전과는 비교할 수 없을 정도로 다른 도전에 직면한 정치 무대를 떠나는 쪽을 선택하고 있다. 20년 전부터 이어져 온 중도 영역이 그때처럼 사라졌다는 것을 인지하지 못하고, 그들은 중도 영역에서 선거에서 이길 수 있다는 비슷한 가정과 비슷한 접근법을 고수하고 있다. 그들은 무능력해지는 쪽을 선택한 것이다. 아웃사이더의 반란에 그들이 비난받아 마땅한 이유다.

제5장

권력은 원래 무력하다

　　2009년 4월, 세계에서 가장 강력한 지
도자들이 G20 정상회담에 참가하고자 런던으로 향하고 있었다. G20
은 세계를 선도하는 혹은 급부상 중인 산업국이 한 자리에 모이는 국제
회의다. 원래는 1976년에 설립되었던 G7을 기반으로, 1998년 러시아
가 가입하면서 확장된 G8을 — 선진 주요 8개국 정상회담 — 바탕으로
만들어졌다. 캐나다, 프랑스, 독일, 이탈리아, 일본, 러시아, 영국, 미
국이 회원국이며 러시아는 2014년 크림 반도 합병으로 회원국 자격이
정지되었다. 이후 러시아는 2017년 G8에서 스스로 탈퇴했다. – 편집인 G20이 선진국과
개발도상국의 경제적 이익을 폭넓게 반영하는 반면, G8은 주요 산업국
이 직면한 경제 문제에 협력을 추구한다. G8과 G20은 모두 강력한 권
력을 시사한다.

　　G20은 경호 준비만으로도 엄청난 힘을 과시한다. 런던 경찰국은
2009년 4월의 G20 정상회담 경호가 역대 가장 크고 복잡한 공공 질서

작전 가운데 하나였다고 묘사했다. '글렌코 작전Operation Glencoe'으로 불린 G20 경호 전략에 경찰은 무려 8만 4천 업무 시간을 할당했다. 이 기간 동안 런던 모든 경찰의 휴가는 취소되었다.

M25 고속도로 바깥으로는 베드퍼드셔Bedfordshire, 에식스Essex, 서식스Sussex에서 온 경찰이 정상들이 도착해 대사관과 호텔로 향할 때까지 안전을 책임졌다. 런던에서는 수행단의 이동을 보조했고, 정상회담이 열릴 이스트런던East London에 위치한 엑셀ExCeL 센터가 보안과 청결 모든 면에서 안전하도록 환경을 조성했다.

G20은 대통령에 당선된 이후 오바마의 첫 런던 방문이었다. 취임 초 허니문 기간에 오바마 대통령은 영화배우 같은 카리스마와 함께 새로 선출된 대통령으로 강력한 권위가 있었다. 정상회담을 주관한 고든 브라운 영국 총리는 2008년 금융위기 이후의 주요한 일괄적인 재정 자극 프로그램을 공동으로 채택하려고 밤낮으로 몇 달을 애쓰고 있었다. 참가국 정상 가운데는 독일 총리 앙겔라 메르켈, 프랑스 대통령 니콜라 사르코지, 이탈리아 총리 실비오 베를루스코니, 호주 총리 케빈 러드Kevin Rudd 등이 있었다.

정상회담의 막바지에 고든 브라운은 1조 1천억 달러우리 돈 1,200조 원 상당 규모의 세계 경제를 위한 구제 자금을 발표했다. 기자회견에서 오바마 대통령은 "오늘은 세계의 회복과 개혁을 위해, 말이 아닌 계획으로 세계적 불황에 대항해 전 세계가 하나 되어 저항하기로 한 날입니다"[1]라고 선언했다.

G20은 권위적인 남자다움을 상징하는 영화 같아 보였다. 전 세계에서 날아온 정상, 근무 가능한 모든 경찰을 동원해 철저하게 보장된 안전, 유명 요리사 제이미 올리버Jamie Oliver는 정상회담 전야의 만찬을

담당했고, 시위대는 안전한 간격을 유지한 채로 통제당했으며, 정상들은 한 명씩 번갈아 기자회견을 열었다. 수천조 원의 돈이 쓰인 G20은 위대함의 모임이었다.

그렇게 보였을 수도 있다. 한편으로는 그랬을지도 모른다. 정상들은 악몽 같은 금융위기를 극복할 해법을 찾고 싶어 했다. 오직 그들만이 출구를 찾을 수 있는 권력을 가지고 있었다. 그러나 외부의 화려함과 장엄한 입장과 퇴장은 물론 G20 정상회담 마지막의 재정 자극 선언까지 모든 것은 기만이었다.

이미 오바마의 손은 묶여 있었다. 워싱턴의 공화당원들은 미국 재정 적자가 더 빠르게 줄어들길 원했다. 오바마 임기 시작부터 공화당은 재정 자극보다 극심한 긴축을 요구했다. 오바마는 브라운과 함께 세계적인 대규모 확대 재정을 원했을 것이다. 그러나 워싱턴의 공화당은 파업할 준비가 되어 있었다. 일부는 경제 계획과 관련해서는 오바마에게 허니문 기간을 허여할 마음이 전혀 없었다. 오바마는 런던에서 제이미 올리버가 준비한 화려한 저녁 식사와 전 세계적으로 사랑받는 정상과의 회담을 떠나면 곧바로 미국에서 입법 지옥에 빠져들 참이었다.

회담은 영국 총리 고든 브라운이 주최했다. 그는 최종 프로그램에 많은 희망을 품고 있었지만, 사르코지와 메르켈이 더 확장된 재정 정책에 서명하도록 설득하긴 어려웠다. 프랑스와 독일 정상은 더 많은 돈을 지출하고 빌리는 것보다는 새로운 형태의 금융 규제를 간절히 열망했다. 강대국 정상의 의견은 통일되지 않았고, 브라운이 구상했던 것만큼 효과적이지 않았다. 자국 내에서도 브라운은 이미 정부 고위 인사들의 반대에 부딪혀 약자의 위치에 처해 있었다.

인간적으로 브라운은 정상회담이 총리로서의 지위를 강하게 뒷받

침해 줄 것 또한 바랐다. 그러나 달라진 것은 아무것도 없었다. 정상회담 직후 개인적으로 브라운을 만난 사람들은 감정 기복이 심한 그가 활력을 보이기보단 우울해 한다는 것을 눈치챘다. 브라운은 영국 유권자들이 정상회담에서 이끌어 낸 그래도 중요한 장점들을 연계시키지 못할 것이라는 점을 알아차렸다. 그들은 일자리와 생활비를 걱정했다. 브라운은 자신이 감동을 주고 싶었던 유권자들이 타당한 근거로 정상회담을 그들과 무관한 것으로 간주할 것이라는 점을 느꼈다. 국민 일부는 그들의 불안이 브라운 때문이라고 비난했고, 이는 계속 이어졌다. 브라운의 공보비서관이자 가까운 동료였던 데이미언 맥브라이드Damian McBride는 확인되지 않은 고위 보수당원의 성추문을 격론 초기 웹사이트에 넘긴 일에 연루되어, 정상회담 후 몇 주 만에 사임해야 했다. 브라운은 맥브라이드의 사임에 개인적으로 엄청난 충격을 받았고 자신과 연관된 인사의 연루로 심각한 타격을 입었다. 미디어는 맥브라이드와 브라운의 정치적으로 악랄한 접근에 강하게 분노했다. G20 정상은 영국의 희미한 추억으로 사라졌다. 이해 후반과 다음 해 초반, 브라운은 내부에서 또 다른 저항에 직면했다. 2010년 그는 총선에서 패배했고 다시는 권력을 잡지 못했다. 이후 고든 브라운은 2015년 정계에서 은퇴했다. - 편집인

같은 해, 런던 G20 정상회담에 참석해 브라운과 오바마의 제안을 지지했던 호주 총리 케빈 러드 또한 당 대표 선거에서 패배했다. 그는 성공한 '당 내 쿠데타'의 희생양이었고, 줄리아 길라드Julia Gillard가 그를 대신했다. 줄리아 길라드 또한 오래가진 못했다.

이탈리아 총리 실비오 베를루스코니는 정상회담에 참석할 당시부터 이미 권력이 위태로운 상태였다. 이때 그는 경찰 조사 대상이었다. 정상회담 후 수개월이 지난 2009년 10월, 이탈리아 대법원은 그가 총

리라고 해도 기소를 면치 못할 것이라고 판결했다. 이제 베를루스코니
는 평소보다 더 심각한 문제에 봉착해 있었다.

사르코지는 정상회담 후 2012년 선거에서 패배할 때까지 몇 년을
더 위태위태하게 프랑스를 이끌었다. 그는 30년 만의 첫 단임 대통령
이었다. 격동의 시대에 그의 뒤를 이은 올랑드 대통령도 재선에 실패했
다. 메르켈은 오래 버티고 있지만 정상회담 직후 유로존 위기에서 난민
위기, 세계적인 테러리즘의 위협까지 불가능할 것만 같은 힘겨운 도전
에 맞닥뜨려 있다.

선출직 정치인인 G20 정상들은 위태롭고 불안정했다. 어쩌면 그
들은 수천조 원의 지출을 논의했을지도, 서구의 가장 삼엄한 경비 작전
에 통제되었을지도 모르겠다. 그러나 G20 정상회담의 연출과 그런 모
든 모임은 환상과도 같았다.

대부분의 선출직 지도자들은 겉으로 보이는 만큼 힘이 있지 않다.
상당수는 권력을 유지하거나 그 자신의 확신을 따르게 할 만큼의 인기
를 유지하기 위해 무척이나 애쓴다. 안쓰럽게도 그들은 오히려 우여곡
절을 강요받는다. 민주주의 통치는 결코 쉽지 않다. 세계화가 강력해
지면서 통치는 더욱 힘들어지고 있다.

사람들에게 인식되는 선출된 주류와 그리고 권력을 유지하기 위해
전전긍긍하며 자신을 잃은 그들의 현실과의 간극은 블랙코미디다. 토
니 블레어의 전 공보비서관 앨러스테어 캠벨 Alastair Campbell은 세계적인
지도자들이 모인 G20 정상회담에 참가해 미디어가 G20을 위협적이며

강력한 거대한 모임으로 묘사하는 것에 주목했다. 자신의 건재함을 뽐내며 그들이 가진 세계적인 권력으로 다음에 무엇을 할지 결정하는 지도자들이 여기 있었다. 캠벨은 직접 이 모임이 그런 편견과는 아주 다르다는 사실을 관찰했다. 주말이 지나자 근심에 찬 지도자들은 다가올 선거와 안보 문제, 그리고 미디어를 걱정했다. '주류'들의 노이로제에는 합당한 사유가 있었다. 그들 가운데 몇몇이 강해 보인다 해도, 그들 대부분은 취약한 정치적 맥락 속에서 국가를 운영하고 있었다.

이들 가운데 감히 자신이 허약한 이유를 설명하려고 하는 사람은 거의 없었다. 이는 심지어 그들을 더 약하게 만드는 덫과 같았다. 대부분은 강한 인상을 심기 위해 강하고 전능해 보여야 한다고 느꼈다. 그들은 자신의 약함을 인정할 수 없었는데, 인정하면 희망 없는 나약함의 사인이나 자기충족적 예언의 일부가 되지 않을까 하는 두려움 때문이었다. 그러한 두려움은 대중이 그들이 가진 제한된 권력을 인식한다면 그들의 권위가 상하고 더 무력해지지 않을까 하는 생각에서 비롯되었다. 그렇기 때문에 그들은 자신의 허약함을 인정할 수 없었다. 덫에 걸린 것이다. 만약 그들이 허약함을 설명하려 했다면, 그들은 더 나약해졌을지도 모른다. 대신에 선출된 정치인들은 자신이 얼마나 잘하고 있는지, 자신의 정책으로 대중의 삶을 어떻게 낫게 바꾸어 나가는지 낙관적인 인터뷰를 했다. 이렇게 그들은 힘든 현실에서 벗어나려는 것처럼 보였고, 더 좋지 않게는 현실에 무관심한 것 같았다.

세계 경제가 종말론적 위기로 치닫던 2008년 여름의 끝자락에 영국에서는 딜레마를 보여 주는 전형적인 사례가 있었다. 이미 엄청난 정치적 압력을 받고 있던 새로 취임한 총리 고든 브라운은 1년 중 새롭게 시작할 수 있는 몇 안 되는 기회인 여름휴가 이후에 일이 성공적으로 잘 풀리길 바랐다. 중국 하계 올림픽 방문에 동반한 영국 언론인에게 브라운은 간단히 영국 경제에 관한 긍정적인 설명을 내놓았다. 격동적인 몇 달이 지나고, 브라운은 긍정적인 감정을 느끼고 싶어 했다.

브라운은 몰랐지만, 재무장관 앨리스터 달링Alistair Darling은《가디언The Guardian》과의 인터뷰에서 세계 경제가 지난 60년 가운데 가장 좋지 않다고 경고했다. 솔직했고, 어떤 면에서는 명백한 사실을 이야기한 것이었다. 그러나 기사가 나왔을 때, 달링이 한 말은 자기충족적 예언이 되고 말았다. 월요일이 지나고 파운드화의 가치는 급락했다. 긍정적인 전망을 — 어느 정도는 경제를 조금 회복시키는 원동력이 될 수 있었던 메시지 — 내놓으려던 브라운의 계획은 달링으로 하여금 수동적으로 물러설 것을 지시하면서 철회되었다.

누가 옳았을까? 달링은 어떤 진실을 큰소리로 이야기하는 중이었다. 브라운은 재무장관이 지나치게 솔직하길 바라지 않으면서 고상하게 한걸음 떨어져 있지 못했다. 자신에 대한 평가가 바닥에 떨어져 있다는 것을 알았고, 내부로는 쿠데타 계획에 위협받아 신경이 무척 곤두서 있었다. 전환점이 필요했다. 앞으로 닥칠 어려움에 대한 지적은 그가 생각한 전환점이 아니었지만, 아이러니하게도 다음에 닥친 위기는 그에게 새로운 목적의식을 던져 주었다. 그는 60년 만의 최악의 위기에서 정치적 수혜자가 되었다.

아웃사이더에게는 실제 권력과 인식된 권력 사이의 큰 격차가 선물과 같다. 바깥에서 그들은 원대한 주장을 만들 수 있다. 실망하고 분노한 유권자들은 아웃사이더의 헛된 맹세에 도전하는 대신 그들의 비전을 찬양한다. 주류의 오랜 편의주의가 조소 어린 유권자들이 시선을 돌리게 만들었다. 아웃사이더들이 무엇을 더 달성할 수 있는지를 자랑하자, 주류 또한 더 큰 주장을 만들어 내야 한다고 느꼈다. 그들이 추락할 수밖에 없는 또 다른 덫이다. 언어 전쟁 후나 혹은 도중에 주류는 이행을 기반으로 평가받는다. 이 순간 그들의 주장은 급락한다. 특히 정치인이 통제할 수 없는 전면적인 변화가 일어나는 시점에 정책은 결코 계획대로 실행되지 않는다. 오바마는 수천 번에 걸쳐 타협한 예산안을 통과시키기 위해 의회와 처절할 정도로 전쟁을 벌였다. 캐머런은 자신은 별로 원하지도 않았던 브렉시트 국민투표 실시를 강요받았다. 메르켈은 망명을 원하는 사람과 그리스의 허약한 유로존 멤버십을 두고 고군분투 중이다. 모두 민주주의 정치에서 익숙한 장면이다. 중간이라도 하려면 우여곡절은 필수다. 그러나 유권자 대다수는 이런 복잡한 경로를 살피지 않는다. 어떤 사람은 자신이 뽑은 정치인이 불쌍하게 흔들리는 것을 경멸 섞인 시선으로 바라본다. 혼자서 미국을 다시 위대하게 만들겠다고 약속한 트럼프만이 정치적으로 안전한 모서리 바깥에 있다. 그들의 나라를 다시 위대하게 만들겠다는 고집 센 해결책을 내놓은 독일, 프랑스, 네덜란드의 우파 포퓰리스트들이 그다음이다.

정책 실행에 따른 피할 수 없는 혼란에 대한 반응으로, 일부 유권자는 선출된 지도자의 명백한 권력을 보고 그들이 오만으로 유권자들과 단절되어 있다고 오해한다. 이것은 힘 있는 주류들이 제대로 전달하지 못했기 때문이다. 유권자들은 더 절망한다.

오만함은 지도자에게 거의 문제되지 않는다. 대체로 그들은 오만함과는 거리가 있다. 권력의 덫은 어떤 지도자를 고뇌에 차게 만들지만 그들 역시 불안감에 힘겨워한다. 그들은 권력의 덫을 놓고 싶어 하지 않는다. 여론조사 결과가 권력자들이 잘하고 있다고 할 때조차도 얼마나 더 정상에 머물 수 있을지 불안해한다. 분명히 도도한 주류도 여론조사 결과, 표적 집단, 보궐선거, 당내 계파 갈등, 의회의 장애물과 집권 내각 안에서 곤란한 긴장감에 직면한다. 선출된 정치인이 정책을 실행시키기 전에 — 실행할 수나 있다면 — 수천 개의 장애물을 통과하는 동안, 세계적인 투자자들은 손가락을 한 번 움직여 엄청난 양의 자금을 세계의 다른 지역으로 송금할 수 있다.

이런 골치 아픈 무력한 불안감의 원인은 여러 가지 모습으로 나타난다. 가장 근본적인 이유는 민주주의에서 권력을 가진 사람에게 부과되는 이론적으로 숭고한 제약이다. 위험한 아이러니인 이 민주주의적 제약은 민주주의의 약화를 위협한다. 이 제약은 지도자에게 권위 있는 권력이 필요할 때 그를 무력화시킨다. 어떤 유권자가 점점 더 혼란스럽게 처리되는 일들을 배신으로 간주하며 즉각적으로 환멸을 느낄 것 같은 기미가 보일 때, 이 제약은 지도자에게 타협안을 요구한다.

아웃사이더들이 카리스마 넘치게 거들먹거리는 동안 기성 정치인들은 길을 가로막고 의도하지 않은 방향으로 전향을 강요당하는 등의 산더미 같은 장애물 속에서 나아갈 길을 찾는다. 유권자에게 자신이 강하고 대담하다는 것을 분명하게 보여 주어야 한다고 느끼면서 만들어 내는 스트레스 넘치는 움직임에서 이들은 눈에 띄게 늙어 간다. 비록 유권자가 그들이 이리저리 횡보한다고 느낀다 하더라도, 기성 정치인은 자신들 또한 아웃사이더처럼 유권자를 약속된 땅으로 이끌고 있다고 주장한다. 불신의 시대에, 일부 유권자들은 갈지자 행보는 피할 수 없는 필수 조건이 아니라 고의적이며 의도적이라고 결론 내린다.

제2차 세계대전 이후 일부 유럽 국가 헌법은 의도적으로 통치가 장애물 코스와 비슷하도록 초안되었다. 선거 제도 또한 거의 필수적으로 연립 정부가 만들어지도록 설계되었다. 원래 의도는 극단주의자의 등장과 극단주의만의 단독 정부 수립이 불가능하게 만들려는 고귀한 목적이었다. 그 의도는 숭고할 뿐 아니라 이전에 다른 부류의 극단적 아웃사이더들이 정권을 잡았던 사건 이후에 가능했던 유일한 해법이었다. 그럼에도 결과는 세계화 시대에서 전반적으로 자애롭지 못하다. 연립 정부는 대체로 주류 보수 정당과 주류 진보 정당 간의 연합으로 구성된다. 연립 정부를 구성하는 각 정당의 대표는 그들만의 선명한 목적이 없으며 원칙이 없다고 느껴질 정도로 타협 외에는 아무런 선택지가 없다. 위대한 신뢰의 시대에는 정당들이 힘을 합쳐 일할 때 찬양받는다. 그러나 극단적인 불신의 시대에 연립 정부는 유권자들의 혐오에 불을 지핀다.

2013년 말, 《포브스Forbes》는 세 번째 임기를 시작하는 독일 총리 앙겔라 메르켈을 세계에서 가장 영향력 있는 여성으로 선정했다. 어떤 면에서 그것은 사실이었다. 독일은 유럽연합에서 압도적인 영향력을 가지고 있었고, 메르켈은 독일을 오랫동안 책임져 온 아마도 가장 강력한 지도자로서 유럽연합이 정치적·경제적인 힘으로 작동할 수 있도록 혼자 움직일 수 있었다. 그런 메르켈조차도 연립 정부의 소모적인 역할을 뛰어넘는, 자신의 실권을 제한하는 어려운 제한에 직면했다.

메르켈은 '약한 맥락에서 강한 지도자'의 명백한 사례다. 지도자의 권력 규모를 가늠하기 전에 항상 그가 다스리고자 하는 배경에 주목할 필요가 있다. 허약한 유로화에서부터 난민 위기, 테러리즘에 의한 위협까지 계속되며 유럽연합은 비틀거리고 있었다. 메르켈이 해법을 찾고 있을 때, 일부 독일 유권자는 그녀를 커져 가는 경계심과 경멸의 시선으로 바라보았다. 믿고 따르는 신념을 말할 수 있을 만큼 충분한 권력을 가지지 못했던 메르켈은 대연정을 유지해야 할 필요가 있었고, 왼

제5장 권력은 원래 무력하다

쪽으로는 사회민주당 등을 포함했다. 이때 국가 권력의 딜레마에서 편안하게 멀리 떨어져 있던 그녀의 오른쪽에 있던 정당은 시리아 난민 위기의 뒤에서 새로운 흐름을 만들어 내기 시작했다.

길고 복잡한 협상과 타협을 거쳐 해결책을 찾는 사이, 메르켈은 간단한 해법과 강력한 지도력을 원하는 유권자들과 소원해졌다. 그 결과 중 하나로 일부 유권자는 극단주의로 옮겨 갔다. 민주주의 정치에서 서로 머뭇거리며 협상하는 것은 피할 수 없는 구조다. 그러나 민주주의 세계에서 점점 더 많은 유권자들이 정치력을 통해 해법을 찾으려 고군분투하는 지도자를 그런 관점에서 보려 하지 않는다. 그들은 오직 지도자 개인 혹은 개인적인 약점만을 본다.

메르켈 혼자 비교적 무기력한 것이 아니였다. 그녀는 권력 없는 권력에 둘러싸여 있었다. 연립 정부를 구성한 오스트리아의 두 주류 정당은 — 사회민주당과 중도 보수 오스트리아 국민당 — 2016년 대통령 선거에서 개망신을 당했다. 환멸을 느낀 유권자는 권력에 오염되지 않은 극우 자유당과 녹색 대안Die Grünen의 후보자를 선택했다. 연립 정부의 주류 정당들은 대통령 선거에서 주목받지 못했다. 두 명의 아웃사이더를 지지함으로써 유권자들은 크게 요동치는 또 다른 정부, 또 다른 대연정에 반기를 들었다.

대조적으로 오스트리아의 아웃사이더들은 이념적 순수성은 유지하고 있었다. 중도 진보와 중도 보수 정당들은 금융위기 이후에 수반되는 조건과 난민 위기에 대한 입장을 바꾸고 정부를 변덕스럽게 운용하면서 순수함을 잃었다. 대연정의 위엄을 떨칠 때가 아니었다.

유럽에서 주류 중도 보수와 중도 진보의 연합에는 '크다'는 딱지가 붙었다. 유권자의 80%에 가까운 평범한 대다수를 대표했기 때문이다.

이 딱지는 터무니없이 잘못 붙여졌다. 대부분의 국가에서 대연정을 지지했던 다수는 줄어들거나 사라지고 있었다. 2016년 말 독일의 여론조사에서는 메르켈의 기독교민주연합과 사회민주당 연립 정부가 50.5% 내외의 지지를 받으며 함께 통치하고 있다고 발표했다. 겨우 유권자의 과반을 넘긴 수준이었다. 서로를 해치는 2017년 총선에서 양당은 100석이 넘는 의석수 감소를 경험함으로써 이 우려는 현실화되었다. - 편집인 이 연합은 다음 총선을 위해 유지될 수밖에 없는 운명이었다.

두 정당은 함께 덫에 갇혔다. 대안이 될 만한 협력 관계가 더 악몽 같았기 때문도 한 이유다. 독일뿐 아니라 다른 어느 지역에서라도 대연정에 대한 비판은 주류 양당이 함께 고통받을 것이라고 예측한다. 매번 독일의 주요 두 정당은 대연정을 구성했고, 우연하게도 극단주의자들을 강하게 만들었다. 1966년부터 1969년까지의 대연정은 극우반동 독일 국가민주당Nationaldemokratische Partei Deutschlands(NPD)을 부활시켰다. 또한 극좌파 무장단체였던 적군파Baader-Meinhof Group를 태동시키기에 충분한 사회 불만을 양산해 냈다. 비슷하게 2005년에서 2009년까지의 대연정은 좌파당Die Linke과 녹색당Die Grünen의 지지율을 급등시켰다. 2013년에 출범한 가장 최근 대연정의 최대 수혜자는 극우 반이민 정당인 독일을 위한 대안AfD이다.

불행히도 이 패턴은 반복되었다. 독일은 결국 2013년 다시 대연정을 구성했는데, 부분적인 사유는 두 주요 정당이 극단주의 정당과 가능성 있는 거래를 거절했기 때문이다. 그럴 수밖에 없었던 이유는 타당했고, 이론적으로도 이해관계에 맞았다. 왜 보수와 진보가 서로의 맞수에게 권력의 신뢰를 보내야 하는가? 그러나 그 근거와 자신들의 이해관계를 추구하는 데 있어, 주류 정당들은 고조된 부조리의 중간에 선

희생자였다. 대연정은 평범한 다수를 이끌 수 있는 산술적으로 실현 가능한 유일한 선택지였다. 극단주의자들은 권력의 제약 바깥에서 흐름을 만들어 낼 수 있는 자유가 있었다. 국가적인 차원에서 사회민주당은 좌파당과의 연합을 거부했다. 기독교민주연합도 독일을 위한 대안과의 연정을 거절했다. 남아 있는 네 개의 주요 정당이 ― 연정에 참여한 두 정당과 소수 정당으로서 녹색당과 자유주의 이념의 자유민주당FDP이다 ― 협력해서 정부를 구성할 수 있었다. 이런 환경에서 많은 약점에도 불구하고 독일을 위한 대안은 중요한, 영향력을 미치는 야당으로서의 입지를 차지할 수 있었다.

독일의 두 연정 참여 정당 가운데 중도 진보 진영에 선 사회민주당의 쇠퇴가 가장 눈에 띈다. 2016년 말 여론조사에서 독일의 현존하는 정당 가운데 가장 오랜 역사를 자랑하는 사회민주당에 대한 지지는 20% 아래로 떨어졌는데, 1998년 총선 당시 40.9%와 비교할 만하다. 대연정의 구성원에 포함되는 것이 사회민주당에게는 과분했다. 메르켈 정부에 함께하는 것은 실용적인 선택으로 보였다. 그러나 사회민주당은 엄청난 대가를 치렀다.

기독교민주연합기민련은 앞으로 다가올 어느 시점까지 통치해야 할 불운에 처해 있다. 거대한 복잡성과 도전에 대해 이해하려는 유권자는 극소수인 상황에서 기민련은 계속해서 권력의 딜레마에 직면해 있어야 할 것이다. 기독교민주연합의 집권 기간 연장은 미래의 어느 순간에 있을 독일을 위한 대안의 집권을 향한 길을 닦아 주고 있는 것이라는 걸 증명하게 될지도 모른다. 메르켈은 극우파가 얕지만 중독성 있는 비전의 윤곽을 제시하는 사치를 누리는 동안 근면 성실한 협상가가 되는 것 외에는 아무런 선택지가 없다.

❖ ❖ ❖

허약한 연립 정부에 의한 통치는 유럽연합 국가들 사이에서 급증하고 있다. 주류 정당 지지율은 하락하고 신생 정당이 유권자를 두고 경쟁하면서, 선거 결과는 점점 덜 결정적인 경향을 띠었다. 다양한 정당으로 구성된 정부 안에서 확고한 희망의 정신으로 형성된 개개의 정당은 연합 내 다른 정당과 영향을 주고받으면서 거의 무력한 권력에 의한 굴욕적인 괴로움 속에서 창당 초기의 낙관주의를 유지하기 위해 무척이나 애쓴다.

수년 전 경제 안정을 약속하며 정권을 잡았던 그리스 연정은 주류 정당들이 정부에서 함께 일하는 것을 반대한 직접적인 결과, 2015년 1월 시리자급진좌파연합에 완전히 무너졌다. 중도 보수 성향의 총리 안토니스 사마라스Antonis Samaras는 집권 초 허니문 기간, 정부의 목표는 "위기에서 국가를 구하고 국민의 희생에 보답해야만 합니다. 책임감 있는 정부이며, 거대한 변화를 만들어 내는 정부입니다"[2]라고 선언했다.

처음에 유권자들은 안도했다. 나라를 위해 초당적으로 협력하는 정당들이 있었다. 1981년 역사적인 압승을 거둔 바 있는, 자신들의 권위와 함께 통치하는 것처럼 보이는 사회주의 정당, 범그리스 사회주의 운동Panhellenic Socialist Movement(PASOK)도 연정에 참여했다. 그러나 연정은 경제 안정 달성을 힘겨워했다. 오히려 전면적인 지출 삭감을 강요받았고, 고통 분담으로 무엇인가를 얻고 있다고 느끼는 유권자는 거의 없었다. 많은 것을 약속했던 총리는 거의 아무것도 하지 못했다.

몇 년 동안 그리스 연립 정부에 더욱 깊게 연관된 범그리스 사회주의 운동은 고등학교 선생님, 학교 경비원, 자치 경찰을 포함한 1만 5천

명의 공무원을 해고했고, 싱글 재산세와 주택 경매 법안마저 통과시켰다. 그리스 유권자들이 진보 쪽으로 눈을 돌렸을 때, 그들은 권력을 공유하며 쇠퇴하는 주류 정당 그 이상을 보았다.

유럽연합의 다른 연립 정부들도 비슷한 낙관주의를 품고 성립되었지만, 전면적인 외부의 영향력에 직면해서는 지지도가 추락할 뿐이었다. 그들 모두는 지속적인 협상의 필요성을 피할 수 없어 연립 정부를 구성했지만, 연립 정부 초기에 높았던 희망은 엄격한 정책들이 실행되면서 내쳐졌다.

심지어 영국은 마치 오바마를 맞이했을 때 유권자의 열렬한 환호와 비슷하게 너무 일찍, 그리고 위험하게 신 노동당의 승리를 기뻐했던 1997년 이후 오랫동안 지속된 유권자들의 환멸 속에, 제2차 세계대전 이후 처음으로 2010년 연립 정부를 출범시켰다. 소수 정당의 약진, 두 주류 정당에 대한 지지도 하락과 급격한 경제 변화라는 요소 또한 나머지 유럽 국가들과 똑같았다.

구조 또한 일치했다. 연립 정부는 2015년 차기 총선에서 소수 정당 구성원이었던 자유민주당을 거의 무너뜨렸는데, 연립 정부에 참여한 소수 정당의 운명이었다. 자유민주당은 2010년 총선 이전 그들이 대변한다고 주장하던 것을 배신하는 것처럼 비춰짐으로써 완벽하게 무너졌다. 당 대표였던 닉 클레그는 2015년 총선 참패 이후 사임했다. 5년 동안 부총리를 역임한 클레그는 갑자기 전직 대표이자 하원에서 여덟 명뿐인 소멸 직전인 정당에 속한 평범한 하원의원이 되었다. 1년이 지난 2016년, 클레그는 유럽연합 전역에 걸쳐 연정에 참여한 소수 정당들은 다음 총선에서 거의 참패한다는 사실에 주목한 다원주의 정치 사례를 설명한 책을 출간했다.[3]

클레그는 연립 정부 파트너였던 보수당을 포함해서 주류 정당들이 더욱 약하다는 사실을 지적할 수도 있었다. 연립 정부의 보수당 총리 데이비드 캐머런은 2015년 영국 총선에서 기대치 않게 과반수를 갓 넘겼을지도 모르지만, 그는 보수당을 의미 있게 개혁하겠다고 공표한 목표를 단 한 번도 성취하지 못했다. 그는 기이하게도 유령 같은 대표였는데, 함께 기괴한 춤을 추는 것 같은 연립 정부를 구성하는 두 정당이 계속 함께하는 데 그의 활력을 소모하면서 스러져 갔기 때문이다. 경험이 부족했던 젊은 총리 캐머런은 이를 5년 동안이나 유지했고, 진두지휘하는 지도자라기보다는 노련한 관리자가 되었다. 2016년 브렉시트 국민투표에서 패배한 이후 그는 정치에서 완전히 떠났다. 유령 같은 지도자는 시야에서 사라졌다.

캐머런의 운명은 아직 미완성된 정치적 개성을 반영하기도 하지만, 블레어처럼 너무 이른 나이에 당 대표와 총리가 되었기 때문이기도 했다. 심지어 캐머런은 블레어가 1983년부터 1994년 사이에 내부 계파 갈등을 거치면서 정치적으로 성장한 경험조차 가지지 못했다. 그러나 두 주류 정당이 쇠락하면서, 어느 정당도 단독 다수 정부를 수립할 수 있을 것이라는 희망이 없었던 배경도 한 요인이었다. 후임자 테리사 메이는 거의 전능에 가까운 이른 명성을 얻었지만 노동당이 혼란한 상태였던 덕분이었다. 과반수를 갓 넘겼고 브렉시트 출구 협상을 해야 하는 메이는 정치적 무대 위에서 제한된 공간만을 가진다.

연립 정부의 편의주의와 명백히 취약한 지도력은 아웃사이더를 실제보다 더 가치 있고 원칙 있는 것처럼 보이게 만들었다. 그러나 그들의 원칙 있는 자신감은 환상일 뿐이다. 아웃사이더들이 연립 정부에 참여한다면, 실용주의적이고 약해 보이는 것 외에 선택지는 없다. 그러나 그들 가운데 대다수는 강해 보이면서 밖에 머물러 있다. 선출된 주류에서 신념의 순수성에 대한 고민은 끊이지 않고 이어진다. 정치 무대에서 캐머런에게 주어진 작은 여지는 전형적이다. 패라지는 유럽에 대해 그가 좋게 생각하는 것을 말할 수 있고, 실제로 대부분의 시간을 그렇게 보냈다. 캐머런은 패라지에 동의하는 많은 하원의원이 소속된 정당을 이끌면서, 동시에 유럽연합을 지지하는 자유민주당과 연립 정부를 구성하고 있었다. 그는 이튼 졸업생으로서 자신감을 가지고 있었을지도 모르지만, 권력에 갇힌 그를 자유롭게 하기에는 충분하지 못했다.

2008년 금융위기 이후 덫은 점점 위험해졌다. 주류 진보 정당은 지출 삭감을 시행하는 연립 정부의 일원이었다. 주류 보수 정당 또한 아마도 그들과는 정반대되는 견해를 가졌을 진보 쪽 동반자의 의견을 수용해야 했다. 유권자의 시선에서, 그 둘의 차이점이 뭐라고 느꼈을까?

피할 수 없는 많은 중요한 차이점이 있는데, 만약 그렇지 않았다면 문제의 정치인들이 한 정당에 몸담으려 하지 않았을 것이다. 이 점은 분명하다. 그러나 정당들이 함께 통치하거나 그러려고 노력할 때, 차이점은 알아차리기 어렵다. 아웃사이더는 주류 보수와 진보가 한때 치열한 논쟁을 벌였을 영역 속으로 그들의 자신감 넘치는 이념적 특수성과 함께 진입한다.

2008년 금융위기는 주류 정치에 대한 환멸을 고조시키면서 한 정당이 단독으로 집권할 수 있을 정도로 선거에서 승리하기 더욱 어렵게 만들었다. 정당들이 연합할 수밖에 없는 필요성은 환멸을 더 키웠다. 주류 정치인의 잘못된 선택이 아니라, 환경에 의해 만들어진 뫼비우스의 띠 같은 덫이다. 연립 정부의 필요성이 대두되면서 선거 전에 정당 대표들이 선언했던 것과는 대조적인 방향으로 정책은 시행되었다. 연립 정부에 참여하는 각 정당의 수반이 모두 동의해야 한다는 점을 고려하면 이 격차는 피할 수 없는 것이다. 정당 대표들은 결코 똑같지 않다. 그러나 연립 정부에서 그들은 동일한 정책에 통일된 입장을 취해야 한다.

이탈리아 총리 마테오 렌치Matteo Renzi는 그에게 최악의 해로 기억될 2016년 말, 정부의 제약을 축소하는 것을 승인받으려는 치명적인 움직임을 보였다. 통치를 불가능하게 만드는 제한사항을 줄이려는 바람에서 나온 행보였다. 또 다른 명백하게 전형적인 일련의 사건들이 있다. 그 결과, 렌치는 이탈리아 의회에서 강력한 상원을 폐지하고 하원 제1당이 더 강한 정부를 구성할 수 있도록 추가로 많은 의석을 배정해주자고 제안했다. 이탈리아 정부는 오래 지속되지 않으므로 긴 호흡을 가지고 정책을 수립하기란 거의 불가능하다는 점을 고려했을 때, 이 제안은 어느 정도 합리적이었다. 그러나 렌치가 개헌 국민투표가 가결되리라고 가정한 것은 지나친 낙관이었다. 개헌의 근거는 국민투표 유세에서 거의 아무런 역할이 없다. 국민투표는 어떤 제안이 옳은가 그른가에 대한 토론회가 아니라, 피할 수 없는 정치적 이전투구가 된다. 투표는 수천 가지의 다른 이유를 제시하며, 심지어 때로는 투표 주제와는 전혀 무관하기까지 하다. 이때에도 렌치는 반정치 시대에 최악의 질문을 던졌다. 선출된 주류인 제가 권력을 더 가져도 될까요? 그의 질문은 이렇게 인식될 수밖에 없었고, 이렇게 인식되었다.

2016년 말 국민투표에서 렌치는 부끄럽게도 무려 20%의 격차로 패했다. 렌치의 패배는 브렉시트 국민투표에서 캐머런이 4% 차이로 패배한 것을 승리한 것처럼 보이게 할 정도다. 총리는 그들이 약하기 때문에 국민투표를 실시한다. 이 국민투표 결과는 그들을 여전히 더 약하게 만든다.

이 책의 집필 시점을 기준으로 2017년 상반기 제2차 세계대전 이후 이 탈리아에서는 정권이 65번 수립되었다. 2011년 실비오 베를루스코니 이후 세 명의 총리가 정부를 이끌어 왔는데, 마리오 몬티 Mario Monti (17개월), 엔리코 레타 Enrico Letta (10개월), 그리고 렌치(33개월)다. 모두 투표가 아니라 대통령의 위기 관리 혹은 정치적 모의에 의해 취임했다.

렌치는 강력한 정부라는 이름으로 그의 개혁을 납득시켰다. 이론적으로 유권자들은 ― 특히 이탈리아 유권자들은 ― 잦은 변화보다는 강한 정부를 동경한다. 그러나 동시에 반정치 분위기가 너무 강해서 그들은 전통적인 정치인들이 갈망하는 만큼의 강한 정부를 원하지는 않는다. 렌치는 온건한 중도 진보 인사였지 과대망상증 환자는 아니었다. 그러나 그는 주류 사회의 일원으로 간주되었고, 선출된 기성 정치인이었다. 이렇게 렌치는 반정치 정당이면서 보수도 진보도 아니었던, 코미디언을 지도자로 삼은 오성운동에게 선물을 주었다. 오성운동은 정치적으로 인식되지 않았기에 강해지는 것이 허용되었다. 이것이 바로 반정치다. 그러나 오성운동 지도자들이 국내 무대에서 선출된 정치인이 된다면 강한 권력은 오래 허용되지 않을 것이다. 유권자들은 오성운동에도 등을 돌릴 것이다.

브렉시트 국민투표에 관한 캐머런의 결정은 명백히 느긋하며 자신감 넘치는 자신의 지도력에 몇몇 신경질적인 장애물이 유발한 결과물이다. 이 모든 것이 정치 권력이 얼마나 허약해졌는지를 강조하는데, 캐머런뿐 아니라 선출된 정부의 모든 지도자들이 해당된다. 보수당은 유럽이라는 쟁점을 놓고 이끌어 가기가 거의 불가능할 정도였다. 캐머런은 지도력 초기 단계에서 보수당이 유럽에 관해 '쉴 새 없이 이야기하는 것을' 멈춰야 한다고 주장했는데, 확신에 찬 개혁적 움직임은 아니었다. 그는 영국의 유럽연합 회원국 지위와 관련된 정책적 차이점을 해결하려 하지 않았고, 대신 이 문제에 침묵하길 요구했는데 음울한 잘못된 열망이었다. 2015년 총선 전 캐머런은 유권자와 하원의원 가운데 몇몇이 영국독립당으로 이탈할지도 모른다는 두려움에 휩싸였고, 타당한 근거가 있었다. 두 명의 하원의원은 이미 그렇게 했다.

탈당은 그들의 정당과 지도자에게 상당히 충격적인 일로, 거의 항상 쇠락의 신호이다. 여론조사에 대한 신뢰는 급격히 떨어졌다. 탈당은 당의 운명에 더욱 정확한 신호를 준다. 1970년대와 1980년대 영국에서는 노동당의 총선 참패로 탈당 행렬이 이어졌다. 1990년대 중반부터는 노동당으로의 탈당 행렬이 줄을 이었다. 노동당이 압승을 향해 나아가고 있었기 때문이다. 어느 방향으로 바뀌는지 보면 더 큰 이동의 흐름을 알 수 있기에, 캐머런과 오즈번은 정당을 이끄는 초기에 보수당 입당 행렬을 간절히 바랐다. 그들은 단 한 명의 하원의원에게도 노선을 바꾸라고 설득하지 않았지만, 하원의원 둘이 영국독립당으로 떠났다.

캐머런은 보수당을 이끄는 동시에 다른 모든 총리와 마찬가지로 총선 사이사이의 선거에서 도전에 직면했다. 이 선거들도 총선만큼이나 선출된 지도자에게 많은 타격을 입힐 수 있었다. 2008년 유럽의회 선거에서 영국독립당은 다른 어느 정당보다 높은 득표율을 올렸는데, 돌이켜 보면 기회가 주어진다면 영국이 유럽연합을 떠나겠다고 투표하겠다는 전조로 볼 수 있는 사건이었다. 캐머런은 선거 결과를 그렇게 읽지 않았다. 대신 그는 보수당을 온전하게 유지하고 영국독립당으로 향하는 유권자를 다시 끌어들이기 위해서는 브렉시트 국민투표를 실시해야 한다는 그의 견해를 확인했다. 브렉시트 국민투표에서 승리할 것이라고 가정했기에, 이 제안으로 당 내부를 진정시키면서 지지율까

제5장 권력은 원래 무력하다

지 높일 수 있었다. 절반은 맞았다. 보수당은 조금 안정되었지만, 브렉시트 국민투표에서는 패했다. 캐머런은 그가 통제할 수 있는 이상의 구권력을 다루고 있었다. 그 힘들을 처리하려 애쓰면서 그는 모든 통제력을 잃었다. 그는 무능력해졌다.

어떤 유형의 중간 선거든 선출된 지도자의 권위를 약화시키는 경향이 있다. 메르켈의 기독교민주연합은 지방 선거에서 그녀가 더 오래 집권할 것인가 혹은 해야 하는가에 대한 의심을 불러일으키며 심각한 차질을 야기해 고생했다. 메르켈은 매번 살아남았지만 권위는 약해졌고, 그녀는 오른편 혹은 소위 중간 영역의 이들을 달래기 위해 평소보다 훨씬 더 많은 노력을 기울여야 했다.

메르켈은 최소한 권력에 남아 있는 행운, 혹은 불운을 가졌다. 호주에서 최근 총리들은 메르켈 같은 긴 정치 생명을 갈망했을 것이다. 호주는 최근 5년 사이 다섯 명의 총리가 번갈아 집권했는데, 어려운 정치 문화에서 불안정의 증상이자 원인으로, 지도자들은 예전보다 더 강해 보여야 했다. 2천 3백만 인구, 호주 대륙 전체, 풍부한 천연자원, 입헌군주제, 튼튼한 법률 등 모든 요소들은 호주에서 선출된 총리가 위대하게 통치할 수 있도록 제자리에 있는 것 같아 보였다. 대신 호주는 피도 눈물도 없는 쿠데타의 땅이었다. 2010년 줄리아 길라드는 인정사정 없는 내부 쿠데타로 케빈 러드를 물리쳤고, 러드는 길라드에게 복수를 계획하는 시간을 가지면서 비슷하게 무자비한 방식으로 그를 제거한 뒤 선거에 나섰다. 2013년 총선에서 토니 애벗Tony Abbott은 케빈 러드를 물리쳤고, 그가 깊은 분열을 초래한다고 생각했던 예의 바른 자수성가한 백만장자이자 전직 변호사이면서 기술 경영자인 맬컴 텀불Malcolm Turnbull이 그를 대신했다. 다섯 명의 총리 개개인은 넓은 야망을 담은 취임사와 함께 출범했었다. 그들이 더 위태로울수록, 그들은 더욱 확신에 차 있어야 한다고 느꼈다. 그들이 호주 정치의 정점에 도달해 있던 짧은 기간의 마지막까지 그들의 강력한 목표는 그대로 남아 있었다.

환멸을 느낄 준비가 되어 있었던 유권자들은 지도자들이 선언한 야망과 무능력함과 다름없는 현실 사이에서 모순을 느꼈다. 일부 유권자는 민주주의에서 피할 수 없는 허약성을 지닌 지도자에 대한 미묘한 뉘앙스의 설명을 기다리지 못하고 시선을 돌리기 시작했다. 사명감을 가진 지도자로서 의기양양했던 다섯 번째 총리 턴불조차도 빠른 변화 속에서 연립 정부를 구성하는 신뢰할 수 없는 정당과의 거래를 통해 살아남았다. 다른 지도자처럼 턴불 또한 보이는 것처럼 강하지 않았다.

비록 호주가 정권 기반의 취약함이 극대화된 예라고 하더라도, 선출된 총리와 대통령은 대부분 허약할 수밖에 없는 운명이다. 이 불안정은 야심찬 경쟁자부터 순전한 무능력에 이르기까지 수천 가지 요인에 의해 야기된다. 원인이 무엇이든 지도층의 불안정은 아웃사이더에게 강해 보일 수 있는 기회를 준다. 호주 극우 정당 원 네이션One Nation의 대표 폴린 핸슨Pauline Hanson은 영국독립당 대표만큼이나 기이한 정치 경로를 걸어왔다. 2002년 원 네이션에서 제명당했고, 법원은 2003년 그녀의 선거 사기에 유죄 판결을 내렸지만 이후 뒤집혔고, 마침내 2013년 원 네이션에 다시 입당해서는 그다음 해에 대표가 되었다. 2016년 총선에서 상원의원에 당선되었는데, 다른 세 명의 당 공동대표와 함께 공약을 내걸었으며, 정치적 생명을 걸고 다투는 불안정한 총리들이 겪는 강요된 우여곡절과는 대비되는 부적절한 자신감으로 포퓰리스트적인 관점을 지지하겠다고 선언했다.

2016년 9월 핸슨은 호주가 이슬람교도로 휩싸일 위험에 처했다고 경고하며 나라에 온전한 충성을 다할 생각이 없는 이는 "당신들의 고향으로 돌아가라"는 발언으로 전 세계적인 뉴스 헤드라인을 만들어 냈다. 핸슨은 앞으로 20년이 지나면 호주가 아시아인으로 급격히 뒤덮일 위험에 처해 있다고 말하면서 2016년 7월 "내가 돌아왔다"고 선언한 이후 처음으로 원내 연설을 했다.

개회사에서 핸슨은 호주가 전 세계에 걸쳐 이민자를 포용해 오는 동안 그들 가운데 다수는 사회에 통합되었지만, 이슬람은 다른 종교와는 전혀 다른 영향을 주었다고 말했다. "우리가 열린, 대중적인 화합하는 사회 속에 살려면 이슬람은 호주에서 중요한 지위를 가질 수 없습니다." 첫 의회 입성 시도에 앞서 퀸즐랜드를 대표하던 피시앤칩스 가게를 팽개쳐 버린 것으로 유명한 핸슨이 이야기했다.

만약 당신이 호주인이 되어 이 나라에 온전한 충성을 다하고, 우리의 법을 준수하며, 우리 문화와 생활 방식을 존중할 준비가 되어 있지 않다면 나는 당신이 떠나온 고향으로 돌아갈 것을 권합니다 … 만약 도움이 된다면 당신을 공항까지 바래다 드리고 진심으로 행운을 빌며 작별 인사를 해 드리겠습니다.[4]

핸슨은 접근성에서는 사람들의 주의를 끄는 트럼프와 같은 수준의 짓궂은 도발을 보였다. 안전하게 권력의 밖에 있었기에, 핸슨은 실제 결과를 고려하지 않고 마음껏 냄비를 휘저을 수 있었다. 선명하게 의견을 주장하는 그녀는 강해 보였다. 허약한 총리의 연약함과 아웃사이더의 분명한 힘을 비교하는 것은 선출된 주류 엘리트와 권력의 딜레마에 거리를 둔 고귀한 아웃사이더의 대비만큼이나 위험하다.

아웃사이더는 정부의 제약에서 자유롭다. 그들은 하고 싶은 때 하고 싶은 말을 할 수 있다. 그들은 민주주의의 철저한 검토 같은 힘들고 어려운 일에 대안을 제시하거나 혹은 그러는 것처럼 보인다. 그들은 약하지만, 구속받지 않은 채로 선거에 임한다. 반정치적인 분위기는 선출된 지도자들이 의지나 카리스마만을 가지고는 지팡이를 휘두르거나 승리할 수 없다는 사실을 거부하는 반민주주의적 분위기로 이어졌기에 아웃사이더들은 기회를 가질 수 있었다. 영국에서 닉 클레그는 한 시간 동안 이어지는 전화 혹은 실제 인터뷰에 응하곤 했는데, 연립 정부에 참여한 소수 정당 대표로서 자유민주당 공약의 모든 것을 이행하기는 어렵다는 점을 설명하려 애썼다. 클레그는 라틴어로 말하는 것이나 마찬가지였다. 유권자들은 이해하려 노력하는 것보다 화내며 카타르시스를 느끼는 것이 더 쉬웠고 어떤 면에서는 더 재미있었다. 클레그는 큰 판단 실수를 범했지만, 더 크고 이념적으로도 더 보수적인 정당과 연립 정부를 구성한 탓에 덫에 빠진 그의 대표 지위를 확실하게 이해시키지도 못했다. 클레그 자신의 선택이 아니라, 어느 정도는 유권자들이 2010년 총선에서 보수당을 제1당으로 선택했기 때문에 덫에 빠진 것이었다. 유권자들은 자신들의 선택이었음에도 클레그를 비난했다.

어느 정도는 그들이 그렇게 될 운명이기 때문에, 선출된 지도자들은 아웃사이더에게 기회를 줄 수밖에 없다. 위협적인 변혁의 시대에 명백한 괴로움과 허약함으로 이들이 갈팡질팡하는 동안, 아웃사이더는 무대 위로 자유롭게 뛰어오른다. 아웃사이더가 약진할 때 민주주의는 위협에 처하는데, 그들이 아주 강하기 때문이 아니라 아웃사이더의 영향으로 일부 유권자가 선출된 주류 정치인이 견제와 균형에 대해 설명하는 것을 너무 어렵게 만들어 주류를 무력감에 빠뜨리기 때문이다.

❖ ❖ ❖

　권력에 대한 대중의 지각과 실제 사이의 간극은 미국에서 가장 큰 것처럼 보인다. 4년마다 선출되는 미국 대통령은 지구상에서 가장 강력한 권력자로 칭송받으며 거의 영적인 힘을 가지는 것 같아 보이지만, 단호하며 확신에 차 있는 의회에 정책을 통과시키기 위해 임기 중 상당히 많은 노력을 기울여야만 한다. 주류 정치인의 상징 같았던 힐러리 클린턴의 인식에 대한 모순 가운데 하나는, 그가 선출된 권력의 한계를 누구보다도 잘 알고 있었다는 점이다. 남편 빌 클린턴은 대통령 첫 임기 초반, 힐러리에게 건강보험 개혁안 마련을 부탁했다. 힐러리는 아무것도 하지 못했다. 초점이 맞춰지지 않은 세부 항목의 덫에 갇혀 마비 상태에 이른 데는 힐러리 자신에게도 부분적인 책임이 있다. 그러나 개혁의 원칙에 대한 반대는 언제나 무척 거대하다. 오바마의 가장 큰 업적은 건강보험 개혁안을 통과시켰다는 점인데, 그것은 변화를 쓸모없게 만들 정도의 위협까지 감수한 타협과 엄청난 노력을 요구했다. 결과적으로 건강보험 개혁은 오바마의 보수 반대편에서 바라던 것에 비교하면 훨씬 성공적이었지만 여전히 일부는 2010년 통과한 부담적정보호법Affordable Care Act 폐기를 눈여겨보고 있다. 트럼프 또한 그것을 원한다.

　공화당원들은 새로 발견한 이념적 목표에 더불어서 이미 통과된 법이라고 하더라도 그냥 내버려 두지 못한다. "왜 여전히 호들갑이죠? 글쎄요, 민주당 대통령 오바마가 법을 통과시켰다는 사실이 문제겠죠." 오바마는 퇴임이 얼마 남지 않았을 즈음 한 연설에서, 세계에서 가장 강력한 지도자라는 미국 대통령에 대한 인식과 실제 사이의 좌절감에 대해 자주 언급했다.

"이제 제가 백악관을 떠나면 아마도 공화당은 그들이 추진해 온 예순 몇 가지의 법안 폐지 투표를 멈출 수 있을지도 모릅니다. 심각하게 대안을 고민한 것처럼, 또 모든 끔찍한 일이 생겨나지도 않았는데 실제로 일어날 것처럼 행동하는 것도 멈추고, 다음 대통령이 뒤틀린 문제들을 개선하는 데 함께 일만 할 수 있을지도 모르죠."[5]

밤잠을 못 자고 고통스럽게 협상한 끝에 법을 통과시킨 뒤에도 오바마는 여전히 다음과 같이 변명해야 했다.

이 법은 보험 산업의 가장 치명적인 악습을 타파하고, 의사와 병원의 치료법 전달에 개선을 가져왔으며, 건강보험의 보호를 받지 못하는 미국인의 수를 역사적으로 가장 낮추었습니다. 여러 주의 의료 시장은 원활하게 작동하는 것처럼 보이며, 몇몇 보험회사들은 이익을 올리고 있습니다.

이 법안의 목표는 실제보다 문제를 줄이는 것이 아닙니다. 그러나 성과는 그 문제들을 더 넓게 보게 만들며, 문제를 고치는 것이 의미가 있다는 것을 제안해 줍니다.[6]

오바마케어와 다른 대통령 법안을 둘러싼 다툼은 오바마의 그리 크지 않은 규모의 예산안 통과 시도와 비교하면 사소한 것이었다. 오바마는 작은 정부를 지지하는 공화당원들과 직면했다. 공화당원들은 재정 삭감이 유권자의 삶에 직접 영향을 미치기 전에는 자신들의 이념적 순수성이 그들의 선거 승리의 비결이라고 믿었다. 이것은 오바마라면 시도조차 하지 못했을 수준의 지출을 트럼프가 서약하는데 길을 닦는 역할을 했다. 이른바 위대한 대통령은 무력하게 여러 차례 '재정 절벽 fiscal cliff'을 향해 나아갔다.

바로 이 '재정 절벽'이라는 개념이 대통령 권한의 숨 막히는 제한에 대한 생생한 묘사다. 이 단어는 2012년 말 대통령과 의회 간의 다툼에서 만약 오바마와 공화당이 새로운 합의에 이르지 못한다면, 다음 한 해에 5천억 달러 이상의 세금 인상과 전면적인 지출 삭감이 초래될 것이라는 점을 드러냈다. 알려진 구호가 없던 연방준비제도이사회 의장 벤 버냉키Ben Bernanke는 겨울, 만약 대통령과 의회가 협상에 실패한다면 국가 재정의 길 앞에 놓인 피할 수 있었던 절벽의 위험성을 경고하며 '재정 절벽'이란 신조어를 탄생시켰다. 오바마 대통령 재임기 대부분 예산안은 시한 내에 통과되지 못했기에 이 문구는 고착화되었다.

1980년대 레이건 행정부 이후 대통령과 의회는 인기 없는 세금과 지출에 대한 조치에 동의할 수 있도록 경솔하게도 이따금씩 스스로 초래한 미래의 위기에 동조했다. 적어도 정부 지출을 살필 수 있는 대통령에게 이것은 딜레마였다. 합의에 실패하여 지출을 대폭 삭감하거나, 정부 지출의 대규모 삭감을 포함한 공화당과의 협상을 성사시켜야 했다. 비록 오바마가 임기 중 자본 투자와 의료 및 교육을 포함한 몇몇 공공 서비스로 경제에서 상당한 이익을 얻을 수 있다고 주장했지만, 공공 지출을 상당한 수준으로 증가시킬 여지는 거의 없었다.

하원예산위원회 의장 폴 라이언이 대규모 지출 삭감과 급격한 균형 재정을 포함한 대안을 발표하기 몇 달 전이었던 2012년 가을의 긴장감 넘치는 협상 동안, 연방 하원의장 존 베이너John Boehner는 "우리 스스로를 속이지 맙시다. 교착 상태에요"라고 알려 왔다.[7] 부분적인 교착 상태 동안 오바마는 '장기적인 협상'이라고 돌려 말했다. 이것은 같은 노선을 걷고 있는 여러 나라의 정당들 각료 간에, 혹은 크게는 어느 정도 합의된 틀이 있는 연립 정부의 다른 정당들 사이에서 비교적 비슷한 생각을 가진 인물들이 나누는 대화가 아니었다. 중도 진보에 약간 치우친 온건한 민주당과 경솔한 사회주의 비전 같아 보이는 레이건의 작은 정부 보수주의를 만들어 낸 이념적 공화당이라는, 정치적으로 다른 두 종족 사이의 합의를 이루려는 시도였다. 오바마는 재정 절벽을 피하려고 노력하는 동안 마치 여전히 선거 유세 중에 격론하는 것처럼 행동해야 했다. 2012년 가을 펜실베이니아를 방문했을 때 유권자에게 호소하기 위해 오바마는 "고소득자의 세율 인상을 피하기 위해 몇몇 공화당 상원의원이 중산층의 세금 삭감을 인질로 잡고 있습니다. 제 생각에는 저뿐만 아니라 여러분도 이를 받아들일 수 없을 것이라고 생각합니다."[8] 마치 선거전처럼 오바마는 극소수가 아닌 절대다수를 대변한다고 주장했다. 그러나 선거전은 아니었다. 위대한 대통령은 얼마 안 되는 예산안의 입법부 승인을 위해 애쓰고 있었다.

재정 절벽이 다가오는 순간까지 논쟁은 계속되었고, 마침내 2012년 연말에 이르렀다. "어제 공화당이 제안한 예산안은 미국 국민 대다수의 강한 지지를 받고 있습니다." 백악관 공보비서관은 선언했다. "이제 우리는 공화당 하원의원들이 예산안 협상을 마무리하기 위해서는 고소득자의 세율이 인상되어야만 한다는 아주 간단한 사실을 인정하길 기다릴 뿐입니다."[9] 이에 고위급 공화당 하원의원은 "대통령이 의회를 존중하지 않는다는 사실이 슬프다"고 말했는데, 마치 존중은 무기력한 대통령의 굴복 자체로만 명백해질 수 있다는 것 같았다.

건전한 정밀 검토와 마비 사이에는 아주 큰 차이가 있다. 미국 헌법 역시 점검과 균형, 강력한 형태의 책임보다는 마비에 더 쉽게 빠질 수 있도록 되어 있다. 초기의 열렬한 지지자들에게 오바마는 실망을 안겼다. 실망을 줄 수밖에 없는 운명이었기 때문이다. 초기의 기대에 어느 정도 부응할 만한 정치적 기회가 없었다.

2008년 오바마는 힘을 실어 주는 구호 "우리는 할 수 있습니다 Yes, we can"의 지지 아래 당선되었는데, 이 구호는 집단적 의지에 의한 승리를 암시했다. 오바마는 매우 빠르게 "아니오, 그는 할 수 없었습니다 No, he could not"를 발견했다. 2008년 금융위기 이후 미국 경제를 활성화시키기 위한 비교적 온건한 정책조차 그를 재정 절벽으로 내몰았다. 몇 년 뒤 2014년 민주당 중간선거위원회에서 오바마는 자신이 당선되기 이전부터 공화당은 무조건 반대만 하고 있었다고 주장했다.

> 모든 것에 아니 no라고 말하고 싶어 하는 그들의 의지는 − 2007년부터 중산층을 돕고자 하는 500여 법률안의 통과를 반대했다는 사실은 그들이 얼마나 어떤 진전에도 반대해 왔는지 느끼게 해 줍니다 − 자신들을 위해 싸워 줄 것이라는 믿음 아래 우리에게 의지하던 국민들 사이에서 실제로 냉소주의와 좌절감을 상승시켰습니다.[10]

그러나 누가 공화당을 비난할 수 있을까? 그들은 작은 정부에 대한 비전을 공유하지 않는 대통령을 최소한 막을 수 있는 권력을 가진 강한 신념에 찬 지도자들이다. 어째서 이 권력을 행사할 수 없겠는가? 그들이 문제가 아니라 그렇게 하는 그들의 권력이 문제다. 대통령과 의회가 큰 틀에서 대체로 비슷한 사고방식을 가질 때, 헌법적 통치는 잘 운영된다. 대통령은 여전히 책임을 추궁당하고, 종종 협상도 요구된다. 철저한 검토는 법적이며 철두철미한 인상을 준다. 그러나 간극을 메울 수 없는 의견 차가 있을 때, 행정은 거의 불가능해진다. 대통령은 그에게 투표한 사람들을 실망시킬 수밖에 없다. 미국 경제의 다른 중재자들은

— 민간 부문 일부와 금융 시장 — 불가능한 장애물을 극복하려 고군분투하는 대통령보다 더 큰 권력을 발휘할 것이다.

2016년의 막바지에 도달할 무렵 《배너티 페어 *Vanity Fair*》와의 인터뷰에서 오바마는 권력의 한계에 대해 솔직하게 대답했다.

> 그렇지만 권력은 모든 기관의 제약과 함께 옵니다. 내가 말할 수 없는 것이 있습니다. 내가 말할 수 … 없는 것들이 있는데, 정치적인 우려 때문이 아니라, 공직에 대한 신중한 염려 때문입니다. 미국의 대통령이라면 중요하게 이행해야 할, 내가 수행해야 하는 대통령으로서의 의무가 있지만, 내가 가장 깊이 생각하는 문제를 어떻게 운용하는 것이 맞을지 내가 생각하는 것과는 일치하지 않을 수도 있습니다.[11]

다른 여러 퇴임 인터뷰와 마찬가지로, 사학자 도리스 컨스 굿윈과의 인터뷰 또한 훌륭한 회고였다. 경쟁력 있는 분야에서 이 말은 가장 흥미로운 사실을 드러낸다. 아마도 세계에서 가장 강력한 지도자가 공직에 있음으로 때로는 그가 가장 깊이 살피는 문제의 영역에서 앞으로 나아가는 데 방해받는다고 인정한 것이다. 8년이 지나 오바마는 권력의 무기력함을 되돌아보았다. 공직의 화려함 속에서 원칙적인 신념을 잃어버렸다. 공직은 그를 제한했다. 오바마는 자기 자신이 될 수 없었다.

더 작은 정치 무대로 눈을 돌려보자. 영국 노동당 대표 닐 키녹은 1988년 BBC와의 인터뷰에서 "노동당 대표로서 일방적인 핵 군비 축소에 대한 당의 약속을 보고 계신데, 개인적인 입장은 어느 쪽인가요?"라는 질문을 받았다. 키녹은 일방적인 핵 폐기주의의 열렬한 지지자였지만, 망설임 없이 대답했다. "노동당 대표로서 개인적인 의견을 가지는 것은 모순입니다."[12] 키녹이 개인적인 관점을 가지는 것은 허용되지 않았다. 그는 대표가 되었고 더 이상 그 자신일 수 없었다.

이제 트럼프가 백악관에 있다. 민주당과 꽤 많은 공화당원은 워싱턴의 헌법상 제약을 — 18세기 후반 정치적 예술가의 다원적 민주주의 정치에 대한 존경할 만한 헌신으로 형성된 민주적인 보호 장치와 정교한 권력 분리 — 안도의 눈빛으로 바라본다. 오바마 집권기에 이는 발전의 장애물이었다. 지금 그 불만은 줄어들었고, 백악관에 있는 아웃사이더의 본능을 제어할 수 있는 고귀한 장애물로 간주된다. 그러나 부분적으로는 애당초 트럼프에게 기회를 준 것이 바로 이 장애물이었다.

오바마는 자신이 만들어 낸 희망을 충족시킬 수 없었다. 그렇게 할 수 없었기 때문이다. 두 차례의 대선에서 오바마는 득표율과 선거인단 확보 모두에서 압승을 거뒀다. 그가 가는 길에 있었던 수많은 장애물은 정치에 대한 환멸이 일어나는 데 불을 지폈다. 그가 인정한 것처럼 오바마는 린든 B. 존슨Lyndon B. Johnson의 끝없는 술책과 함께 일하는 의회를 만들며 워싱턴을 더 기술적으로 대했는지도 모른다. 그러나 오바마 자신이 주장했듯, 그 또한 그의 수석 고문처럼 밤새워 가며 정책 가운데 일부라도 관문을 통과시키기 위해 최선을 다했다. 정치적 술책으로도 인간적인 매력으로도 부드럽게 넘어가게 만들 수 없는 이념적 충돌이 존재했다. 헌법은 움직일 수 없는 두 가지 목표 사이에 충돌을 만들었다. 경제 부문에서, 이들은 함께 절벽의 끝으로 나아갔고, 그들의 에너지는 만족할 수 없는 어떤 해결책을 찾는 동안 점차 약화되었다. 대조적으로 후보 시절의 트럼프처럼 선출되지 않은 아웃사이더는 장벽을 세우거나 관세를 부과하거나 도로를 닦는 등의 약속을 어떤 장애물의 방해도 받지 않고 할 수 있었다. 그들의 말은 방해받지 않았다. 때로 오바마가 약해 보였던 동안, 트럼프는 강력한 대안처럼 보였다. 부분적으로는 미국 헌법이 오바마를 약하게 만들었다.

선거로 형성된 정부에는 또 다른 불가능한 제약이 따른다. 최근 영국 재무장관은 경제 성장과 관련해 중국에서 발생한 일이 내년이나 내후년의 예산보다 영국 경제에 더 많은 영향을 미친다는 사실을 개인적으로 인지했다. 그러나 마치 정부를 대표하는 한 개인의 언급으로 국가의 경제가 형성되는 마냥 한 국가의 예산은 유난히 중요한 것처럼 보였다. 재무장관은 시장을 안심시키고 선거에서 여당과 잠재적 지지자의 사기를 끌어올리기 위해 경제 실적에 관해 과장된 주장을 해야 했다. 선거나 국민투표는 항상 있다. 부풀려진 실적이 유권자의 삶과 조화를 이루지 못할 때, 유권자는 정치인의 거짓말과 현실에 대한 무관심에 노발대발한다. 정치인은 현실과 **너무** 밀접해서 희망이 자기충족적 예언이 되길 바라며 과장된 주장을 만들어 내는 것 외에 다른 방법이 없다.

유로존 회원국은 다른 나라보다 더 많은 제한을 받는다. 각국 정부는 시장 이자율을 전혀 통제할 수 없다. 경제 정책에서 유럽 중앙은행은 선출된 정부만큼의 권력을 가진다. 영국에서는 2016년 브렉시트 국민투표 뒤에, 선출되지 않은 중앙은행장 마크 카니^{Mark Carney}가 선거 직후 선출된 다른 어떤 각료보다 더 많은 권력과 영향력을 행사했다.

이탈리아에서 마테오 렌치가 국민투표에서 패한 것은 유로존 회원국으로서 이탈리아 경제의 비참한 성과를 간접적으로 나타낸다. 국민투표는 그 자체로 권력에 대한 가장 큰 제한으로, 렌치의 사임을 초래하기도 했다. 캐머런은 총리 재임기에 세 차례의 국민투표를 실시했는데, 직접 민주주의의 신봉자여서가 아니라 약한 기반 때문이었다. 한 번은 그의 당을 지키기 위해서였고(캐머런은 유럽연합에 관해서 패했다), 다른 한 번은 영국을 하나로 지키기 위한 시도였으며(캐머런은 이겼지만, 스코틀랜드에서는 졌다고도 볼 수 있는데, 스코틀랜드국민당이 이후 번창했기 때문이다), 마지막 한 번은 연립 정부를 유지하기 위함이었다(선거제도 개혁에 관해 캐머런은 이기고 클레그는 졌다). 어떤 국민투표도 캐머런이 해결하려던 문제를 풀지 못했다. 유권자에게 던져진 문제에 관한 분열에 불을 붙이며 오히려 정반대의 영향을 끼쳤다.

　불신의 시대에 국민투표는 더 자주 부의된다. 지도자는 중요한 결정을 내릴 자신이 없다. 틀림없이 그들은 신뢰받고 있지 못하다. 불신의 시대에 선출된 지도자는 자신이 어떻게 인식되는지 정확히 인지하고 있다. 불신은 대담하게 행동하는 데 두려움을 불러일으키며 다른 형태의 마비를 초래한다. 지도자는 지지율 상승을 갈망하고 당연히 낮은 지지도를 걱정한다. 머뭇거리며 행동하거나 안절부절못하며 회피할 때, 불신은 더 커진다. 유권자의 삶이 빠르게 변화하는 시대에 그들은 권력 없는 권력자이다. 유권자는 그들을 보호하고 안내해 줄 중재자를 원하지만 가장 믿을 수 있는 중재자인 선출된 주류는 믿지 않는다. 유권자는 정부를 소멸시킬 수 있고 때로 그렇게 한다. 정치인을 모욕할 수도 있으며 때로 그렇게 한다. 선출된 정치인은 크고 작은 문제를 막론하고 자신이 신뢰받지 못한다는 것을 알면서도, 세계화라는 맥락 속에서 정답 없는 결정을 내려야만 한다. 결과적으로 이들은 경계하는 유권자에게 '결정권을 되찾아갈' 기회를 준다. 유권자들은 그 생각을 좋아하는 것 같다. 삶을 통제할 수 있는 권리를 가져갈 수 있다고 물었을 때, 그렇게 하지 않겠다고 할 사람이 있을까? 거꾸로 질문하면 이 제안의 숨겨진 능력은 훨씬 강조된다. 당신은 삶을 통제할 수 있는 능력을 잃고 싶습니까? 그러나 이 제안은 들리는 것보다 훨씬 모호한 것이다.

제6장

우리의 결정권을 되찾자

'우리의 결정권을 되찾자taking back control'
는 문구는 아웃사이더의 시대에 어디에서나 흔히 볼 수 있다. '뒤처진
사람들'이란 문구처럼 반복은 의미를 애매하게 만든다. 어떤 결정권
을, 누구에게서 되찾는다는 말인가? 이 의문은 아웃사이더는 약진하
고 주류 정당은 위기에 처한 이 시점에 주권이 누구에게 있으며 누가
행사하는지에 관한 중요한 질문이다. 도널드 트럼프는 선거 유세 내내
미국은 결정권을 다시 찾아야 한다고 주장했다. 브렉시트 국민투표 당
시 '탈퇴' 쪽 지도부 전략가였던 도미닉 커밍스Dominic Cummings는 날카로
운 통찰력으로 이 문구가 국민투표 승리를 이끌 것이라는 점을 간파했
다. 결정권을 더 준다는데 누가 마다하겠는가? 2017년 초 커밍스는 명
랑하게 역사적으로 풍부한 설명을 덧붙여 지난여름 국민투표에서 어
떻게 '탈퇴'파가 승리할 수 있었는지에 대해 썼다.[1] 커밍스는 "뿌리 깊
은 세력들 간의 다툼"이었고 결과는 쉽게 다른 쪽으로 향할 수 있었다

고 주장하지 않았다. 다만 구호의 힘과 이 구호가 얼마나 유용하게 급속히 치솟는 최고 경영자의 임금에서부터 이민에 걸친 여러 주제에 연결되는지에 관해 적었다. 통제할 수 있거나 하려는 의지가 보이거나 실행하려고 하는 이가 아무도 없는 데도 말이다. 이 주장은 매번 명확함을 제시하는 우쭐거림과 함께 쓰였고, 아무도 명확하게 '결정권'이 무엇을 의미하는지 특정하지 않았다. 심지어 그 누구보다도 더욱 정확했던 커밍스조차도 말이다.

같은 단어가 트럼프와 브렉시트 찬성론자, 그리고 유럽 곳곳의 진보 진영에서도 쓰였다. 그리스 치프라스는 의회에서 — 권력의 요구로 인해 치프라스에게 강요된 편의주의적 합의의 연속이었던 — 예산안을 통과시키려고 노력하며 선언했다. "이렇게 함으로써 우리는 결정권을 되찾을 수 있습니다."

이는 스페인에서 창당 초기 포데모스의 큰 주제 가운데 하나이기도 했다. 흐름이 만들어지기 시작할 때, 포데모스의 핵심 메시지는 유럽 중앙은행을 포함한 몇몇 기관에 대한 의회의 민주적인 통제권을 회복하자는 것이었다.

아웃사이더의 약진에 간간이 끼어든 선명한 문구들은 모두 같은 의미였으며, 또 의미가 없기도 했다. 아웃사이더가 '뒤처진' 유권자들이 어떤 형태로든 대표자를 내세우길 원한다는 사실에 주목했을 때, 그들의 대표자가 되려는 이들은 지금이 바로 주권을 다시 가져올 때라고 주장했으며, 1970년대부터 대답 없이 남아 있던 정책 질문들을 꺼내들었다. 세계 시장에서 정부는 어떤 역할을 해야 하며 할 수 있는가? 각 정부는 전통적인 형태의 일자리에 더 이상 의존할 수 없는 사람들을 보호하기 위해 무엇을 할 수 있는가? 정부는 효율적으로 운영되고 있지만 싸구려 수입품으로 위협에 처한 일부 전통 산업을 보호해야 하는가? 다시 말해서 정부는 어떻게 유권자가 자신에게 일어나는 일에 대한 통제권을 가지고 있으며, 극소수만이 분리되어 '뒤처져 있다'고 안심시킬 수 있을까?

도움이 필요하다는 호소는 일하는 방식과 의사소통의 혁명적인 변화에서 비롯되었다. 직업 공동체는 빠르게 사라지고 분열되었다. 물론 정치적 결과도 뒤따랐다. 떠들썩한 흐름을 알지 못하고 있었더라도, 많고 적음에 상관없이 변화는 부유한 자본가를 보호하는 데 빠르게 영향을 미쳤다. 미국 대통령 선거에서 대학 교육을 받지 못한 백인 유권자 가운데에서 트럼프는 힐러리를 39% 차이로 이겼는데, 이는 로널드 레이건이 1984년 재선 도전에서 월터 먼데일Walter Mondale을 상대로 이겼던 것보다 더 큰 격차였다.

트럼프는 백인 블루칼라 노동자 계층에서 50%에 가까운 격차로 승리했을 뿐 아니라, 대학 교육을 받지 못한 백인 여성 사이에서도 힐러리를 상대로 거의 30%의 격차를 올렸다. 위스콘신, 펜실베이니아, 미시간 등 러스트벨트에서는 압승을 거뒀다. 여론조사에서는 평범한 부동층 주 가운데 한 곳이 선거 기간 동안 보통 때보다 더 열성적임을 발견했다. 한 평론가는 그 주에 예측할 수 없었던 41,767가지의 이유가 있었다고 발표했는데, 2015년 초부터 다수의 공장이 문을 닫으면서 생겨난 해고 노동자 수였다. 트럼프는 이런 형태의 공장 폐쇄에 보호주의 무역 형태로 답변을 가지고 있는 것처럼 보였다. 값싼 수입품에 관세를 부과함으로써 세계 시장을 꽉 움켜쥐고, 이로써 미국 생산자를 보호할 예정이었다. 무역 전쟁의 결과 야기될 생활비 상승으로 말미암은 임금 인상 요구와 물가 상승에 어떻게 대처할지에 대해서는 이야기하지 않았다. 그러나 부동층에서 일자리를 걱정하는 사람들에 대한 해답은 가지고 있었다. 트럼프는 그들의 일자리를 보호하기 위해 개입할 작정이었다. 작은 정부와 자유시장을 지지하는 티파티 운동을 든든한 배경으로 둔 트럼프는 개입주의자였다. 보호무역의 결과에 대한 답은 가지고 있지 않았다. 아웃사이더들은 정말로 결과에는 흥미가 없다.

선출된 주류에게 닥친 도전은 다층적이다. 오래된 일자리를 위협하는 것은 중국 같은 수출 대국에서 온 값싼 수입품만이 아니다. 기술혁명 또한 일자리를 정의하는 방식을 바꾸고 있다. 운전자와 고객을 하나로 묶어 주는 휴대전화와 위성이라는 새로운 기술을 자본화한 앱이 없었다면 우버Uber는 탄생하지 않았다. 택시 운전사는 이 경쟁에서 위협을 느꼈다. 무인자동차 기술이 발전하면 우버와 택시 운전사는 모두 어려워질 것이다. 무인자동차를 기다리는 동안 회계사들은 가상의 회계사에 의해 대체되고 있다. 직업 평론가는 취미 생활하는 블로거와 경쟁한다. 트위터를 하는 사람들은 아무도 비용을 지불받지 않는다. 이메일은 이미 우편물을 대체했다. 온라인 금융이 서비스를 대신하면서 은행 지점은 급속도로 문을 닫고 있다. 커피숍마다 새로운 일자리를 찾으려고 노트북을 들고 온 사람들이 넘쳐 난다. 아마도 커피를 마시고 있는 사람들은 불과 얼마 전까지만 해도 주택담보대출을 받고 앞날의 계획을 설계할 만큼 충분히 안정적인 직장을 가지고 있었을 확률이 높다. 이제 그들은 하루 벌어 하루를 살아야 한다. 그래도 그들은 운이 좋은 편이다. 많은 지역에는 번화한 커피숍조차 없으며, 노트북과 함께 과감히 도전하려는 혁신적인 사람에 대한 수요도 없다. 오래된 일자리가 사라진 자리는 아무것도 없는 텅 빈 상태로 남아 있을 뿐이다. 넉넉한 수입이 없으면 충분한 소비도 하지 못한다. 지역 가게와 식당은 문을 닫는다. 이는 일자리가 없으면 어떤 형태로든 노동에 대한 수요도 점점 줄어든다는 것을 뜻한다.

미국에서 급격하게 소멸하고 있는 일자리 문제는 유럽연합에서도 반복된다. 스페인의 청년 실업률은 50%를 넘어섰다. 유럽연합에서 가장 높은 그리스의 실업률은 최저 상태에서 성인 인구의 30% 수준까지 올라왔다.

민주주의 세계의 많은 곳에서 저임금 단순 서비스직과 고숙련 지식 노동자의 두 영역에서 일자리가 급격하게 늘어났지만 이에 상응하는 만큼 제조업 일자리는 사라졌다. 이는 노동력 양극화를 불러왔는데, 고숙련 그리고 단순 서비스 일자리는 늘어난 반면 보통 수준의 숙련된 기술을 요하는 일자리는 점점 줄어들었다. 동시에 청년은 급격히 노동 시장에 접근하기 어려워지고 있다는 것을 빠르게 인지해 가고 있으며, 정년이 보장된 일자리의 비율은 더욱 낮아지고 있다.

디지털 기술이 새로운 고숙련 일자리를 만들어 내는 동시에 다양한 영역의 일상적인 일자리를 파괴하면서 노동 시장은 근본적으로 변화하고 있다. 주요 기술 혁명은 어떤 자리를 앞으로 이동하게 하는 동안 다른 이들은 뒤처지게 한다. '뒤처진'이라는 문구가 다시 한번 전 세계를 배경으로 등장한다.

지난 수십 년간 베를린, 런던, 스톡홀름 같은 대도시권은 디지털 혁명 기술을 새로운 산업과 일자리에 적용하면서 유럽의 앞자리를 차지했다. 동시에 산업화 시대에 번성했던 몇몇 제조업 도시들은 많은 영역에서 일자리가 자동화되고 심지어 앞으로 이 추세가 강화될 환경에 적응하고자 고군분투 중이다. 경제 활동이 밀집한 도시 지역은 21세기에 필요한 일자리를 만들어 내는 기업가와 혁신가와 투자자를 연결해 주는 개발 중심지가 되어 가고 있다.

발전하는 커뮤니케이션과 교통수단과는 정반대로 도시가 제공하는 물리적 근접성의 중요성은 불필요해 보일 수 있다. 그러나 모바일 기기, 소셜 네트워크, 초고속 무선 인터넷이 원거리 커뮤니케이션을 거의 아무런 비용 없이 가능하게 한다 할지라도, 면 대 면 상호작용은 여전히 혁신과 성장의 핵심 원동력이다.

디지털 혁명은 다양한 영역에서 앱 개발자, 소프트웨어 디자이너, 검색 프로그램 기술자와 같은 새로운 일자리를 만들어 냈다. 그 결과 이런 종류의 일자리를 만들어 낼 수 있는 도시들은 빠르게 성장했다. 새로운 최첨단 산업은 매우 집중되는 경향을 보인다. 산업화된 세계에서 새로운 기술을 새로운 일자리로 성공적으로 전환시킨 대도시 지역은 다른 지역에서 일자리가 사라지면서 쇠퇴하는 동안 더욱 발전해 나가고 있다. 실제로 일부 영국 브렉시트 유세 관련 연구자들은 이제 영국은 계층 간의 분열이 아니라 지역 간의 분열과 대립을 통해 설명할 수 있다고 주장했다.

트럼프의 대통령 당선과 브렉시트 국민투표 이후《힐빌리의 노래 *Hillbilly Elegy*》에 대한 관심이 높아진 것은 당연하다. J. D. 밴스J. D. Vance는 가난한 러스트벨트 마을에서 자란 시절에 대한 향수를 불러일으키면서 사라져 가는 일자리, 정체성과 공동체의 상실, 백인 노동자 계급의 고군분투를 부각시켰다. 좀 더 상세히 이야기하면 켄터키 애팔래치아Appalachian 지역의 가난은 탈피했지만, 오하이오에 적응하기 위해 발버둥 쳤던 열망의 트라우마를 부각시켰다. 미국을 초월한 주제였다. 영국의 전 재무장관 조지 오즈번은 브렉시트의 결과를 이해하고 싶다면 이 책을 반드시 읽어야 한다고 추천했다. 트럼프의 당선 가능성을

제6장 우리의 결정권을 되찾자

예측하면서 미국 시사 평론가들은 《힐빌리의 노래》를 마치 성경 문구처럼 인용했는데, 백인 노동자 계급의 안정성과 정체성의 상실에 대해 이 책만큼 잘 설명한 책이 없었기 때문이다.[2] 오바마가 2017년 1월 퇴임 기자회견에서 왜 유권자들이 트럼프를 지지했는지에 대한 질문을 받고 답했던 말처럼 말이다. "잊혀졌으며 업신여겨졌다는 느낌 때문입니다 … 아마 당신도 미국이 소수의 부자만 잘살고 있고 나머지는 찌꺼기를 차지하기 위해 다투는 곳이길 바라지 않을 겁니다."[3]

오바마는 트럼프를 설명하기 위해 더 큰 불평등을 인용했다. 사유하는 자유주의자들은 《힐빌리의 노래》를 공부한다. 영국독립당에 관한 책 역시 고위 지도자들이 다투는 와중에 사임했다가 다시 복귀하는 한 사람을 제외하고는 오래가지 못하는 지도자들이 있는 정당에서, 인기도를 높이기 위한 통찰력을 배우기 위해서 읽는다. 지도자들이 학습하고 있는 것은 맞지만, 그들은 중요한 예상 밖의 전개를 간과할 수도 있는 위험에 처해 있기도 하다. 미국과 유럽 일부 지역의 백인 빈곤층에만 초점을 맞추는 것은 더 넓은 부분을 보지 못하게 만들 위험성이 있다. 새로운 세계화와 커뮤니케이션 혁명 속에 번영하고 있는 꽤 부유한 도시 거주자들도 스스로 뒤처졌다고 느낀다. 이들이 느끼는 압박이란 가난한 지역에서 변화에 동분서주하고 있는 이들이 받는 압력과 어떤 면에서는 비슷하다. 그들은 신뢰할 수 없는 공공 교통 체계에 의존하고 있다. 자녀에 대해서도 걱정하는데, 20대와 30대에 다다른 자녀들은 꽤 괜찮은 보수를 받고 있다 하더라도 적당한 집을 사거나 빌리기 어려울 것이다. 소득 수준은 어떤 도시에서는 집을 소유하는 것과는 전혀 다른 문제다. 세계화된 경제에서 러시아 신흥 재벌oligarch은 부동산 투자를 할 수 있었고 그 결과 주택 가격이 올랐지만 그들은 그 집에 살지 않는다. 아무도, 어떤 기관도 통제받지 않은 시장의 왜곡을 규제하거나 제어할 수 없는 것 같아 보였고, 또 그러려고 하지도 않는 듯했다.

2016년 초, 나는 한 싱크탱크의 고위 인사와 함께 런던에서의 삶과 일과 같은 그의 평범한 일상을 돌이켜 보았다. 어째서 부흥하고 있는 런던조차 제대로 되고 있는 것이 거의 없는지에 관한 토론의 일부분이었다. 급여 수준은 낮지 않았지만, 그는 가족과 함께 해크니Hackney에 있는 작은 집에 겨우 살 수 있었다. 해크니는 한때 비교적 가난한 지역이었지만, 젠트리피케이션의 영향으로 주택 한 채가 수백만 파운드를 호가했다. 수입으로는 주택담보대출을 갚기에도 허덕였다. 매일 아침 아이를 어린이집에 맡겼는데, 지방 정부 당국에서 관리하는 어린이집은 가난한 부모들이 아이를 맡기고 일하러 갈 수 있도록 문을 연 것이었다. 그러나 의회의 대규모 예산 삭감에 따라 높은 보육료를 내야만 했다. 어린이집은 서민을 위해 만들어진 것이었지만 서민 대부분은 보육료를 감당할 수 없었고, 중산층을 위한 어린이집이 되었다. 아이를 맡기고 나서는 출근하기 위해 열차를 탔다. 열차는 신뢰할 수 없는 데다 요금도 비쌌다. 열차가 제시간에 도착하지 않았을 때, 누구에게 민원을 제기해야 하며 민원이 효과가 있을지도 확신할 수 없었다. 네트워크레일Network Rail사인지, 정부인지 아니면 그를 대신해 움직여 줄 규제기관인지, 혹은 아무도 아닐까? 어떤 기관도 책임지지 않았다. 어린이집 다음에 갈 유치원을 찾았다. 블레어와 캐머런은 부모의 '선택'에 관해 많은 이야기를 했다. 그러나 선택지는 없었다. 대부분의 학교는 교사 부족으로 힘들어했다. 재정 자립이 가능한 평판이 좋은 학교는 가장 열성적인 학부모를 유혹했다. 학교 공개 행사날은 록 콘서트에 참가하는 것처럼 어려웠고, 대부분의 부모는 자녀를 입학시킬 기회조차 얻기 힘들었다. 너그러운 공공 혹은 민간 영역의 기부자에 의해 마련된 기금에 의존하는 계약직으로 직업도 안정적이지 않았다. 경제적 불확실성으로 후원도 줄어들었다. 뒤처졌다는 느낌, 어떻게 공급자에게 책임을 물을지 확신하지 못하는 모습은 번창하는 도시의 일부도 포함하고 있었다. 미국 러스트벨트에서 뒤처진 이들과 영국 일부 지역에서 '뒤처졌다'고 무시당했다고 느낀 유권자들은, 차를 마시면서 공통된 부분을 발견했을 것이다.

대체로 융성한 현대 도시에서도 유권자는 의사의 진료를 받는 데 많은 어려움을 겪었다. 소외된 지역과 비교해 평균 소득이 현저히 높다고 해도 믿을 만한 안정된 일자리 찾기는 여전히 어려웠다. 도시의 불안정함은 꽤 많은 대도시들이 진보적인 색채를 띤 이유다. 다른 지역에서 노동당 지지율이 급격히 하락하고 있을 때조차 런던은 노동당의 믿음직한 지지기반이 되었다. 뉴욕은 진보적인 시장을 선출했다. 보육비용과 열악하면서도 비싼 대중교통, 불안정한 일자리와 치솟는 부동산 가격으로 유권자들은 절실하게 통제할 기관을 갈구했다.

트위터를 사용하는 런던과 남동부의 통근자들은 트럼프의 대통령 선거 유세 당시 트럼프를 환호하던 사람들만큼이나 강렬하게 도움을 호소했다. 필사적이었던 여행자들은 열차를 배차할 책임이 있는 기업에 통쾌한 트윗을 날렸다. "오늘 아침 열차는 어디 있었죠? 나는 5일째 회사에 지각하는데", "서비스에 무슨 일이 생긴 거죠? 책임자는 누구에요?" 무기력한 절망의 트윗이었다. 대부분의 열차를 신뢰할 수 없는데 열차를 믿고 의존해야 하는 통근자, 철도를 민영화한 정부, 철로를 유지할 책임이 있는 회사를 탓하는 철도 회사, 그 누구도 통제 속에 있지 않았다. 누구의 책임인가? 권력과 관련해 주류와 유권자 사이의 단절을 설명해 주는 또 다른 질문이 있다. 러스트벨트의 도시든 유럽의 가난한 나라든 통합된 강력한 질문이었다.

모든 곳에서 동일하게 나타나는 단절은 또 다른 질문을 야기한다. 새로운 세계화된 경제에서 이익을 얻는 이조차도 무력감을 느낀다면, 왜 기성 정당은 뒤처진 지역뿐 아니라 번영하는 도시에 걸친 사람들의 두려움을 다루는 아이디어와 정책 프로그램을 하나로 만들고, 변화와 부서진 일자리의 형태를 설명하고자 애쓰는 것인가? 만약 그렇게 할 수 있다면, 서구 세계의 모든 총선거에서 그들이 승리할 수 있을 만큼 지지 세력이 결집할 것이다.

변화는 피할 수 없이 명백하다. 변화를 인지하지 못한 주류는 다른 행성에 살고 있음이 틀림없다. 주류 세력은 대체로 잠재적 이익을 강조하고 부정적 결과는 덜 심각해 보이도록 했다. 때로는 지나친 신중함마저도 무감각해 보이지 않도록 주의를 기울여야 했다. 힐러리 클린턴은 대통령 선거 유세에서 대체에너지를 찬양하며 환경과 기후 변화에 대한 주장을 만들어 나가는 도중 유명한 실언을 했다. "수많은 석탄 기업이 문을 닫고 광부들이 실직하게 만들 겁니다."[4] 지난 50년 동안 미국은 석탄 발전을 할 일이 거의 혹은 전혀 없었기 때문에 힐러리는 사실을 말하며 환경운동가의 지지를 얻을 논점을 만들어 나갔다. 그러나 힐러리의 공식적인 선언은 여전히 전통적인 직업에 의존하고 있는 사람들의 정서적 민감성을 인지하지 못한 패착이었다. 모든 공식 발언은 선거에서의 유불리를 따진 뒤에 나와야 한다는 점을 고려했을 때, 이 실언은 힐러리가 변화하는 패턴에서 야기되는 불안감을 가볍게 여겼음을 보여 준다. 이 사례에 비추어 보면, 책임과 기회를 동반하는 기후 변화는 또한 몇몇 전통적인 직업에 대한 위협이기도 하다. 전통적인 직업의 종사자 가운데 다수는 오랫동안 민주당 지지자였다.

뛰어난 언변을 가진 주류 인사조차 세계화의 어두운 면에 힘겨워했다. 능란한 화술과 언어 능력을 가진 오바마는 — 대통령에 당선되기 전, 국가의 잠재적인 인자함에 대한 중도 진보적 주장을 편안하게 글로 적어 내려 갔던 — 긍정적인 시선으로 항상 도전을 장려한 것은 아니었지만, 최소한 불리한 면에 대한 경각심은 가지고 있었다. 실리콘밸리의 개발 확장에 찬사를 보내며, 오바마는 세계화에 두려움을 가지고 있던 노동자 계급의 유권자들은 거의 무시하면서 하나의 경로만을 선언했다. "우리는 지금 서로 연결된 세계 경제의 일부로, 여기에서 돌아갈 방법은 없습니다."[5]

명백히 그가 옳았지만, 전통적인 직업에 익숙한 사람에게 그들이 다시 일할 수 있을 것이라고 안정시켜 줄 수 있는 적합한 문장은 없었을까? 오바마는 민주당 대선 후보 경선에서 짧지만 강력한 반향을 일으켰던 버니 샌더스의 주장도 똑같이 무시했다. 오바마는 샌더스를 "새로운 민주주의의 지도를 받아들이길 거부하는, 재능 있지만 나이든 정치인"[6]으로 묘사했다.

"새로운 민주주의 지도"는 1980년대 후반에서 1990년대 초반에 걸쳐 클린턴 대통령에 의해 만들어졌다. 클린턴은 부분적으로 세계화를 수용하면서 세계화의 결과물을 받아들이려고 애썼다. 오바마는 친구이자 전직 수석 고문 데이비드 액설로드David Axelrod와 함께한 또 다른 퇴임 인터뷰에서 샌더스와 세계화 시대의 정치에 관해 좀 더 심사숙고했다. 오바마는 몇몇 보수 공화당원과 비교해 샌더스를 중도주의자라고 묘사한 바 있었다. 또한 오바마는 왜 어떤 유권자들은 자신이 펼친 중요한 정책들과의 연결성을 찾으려 하지 않는지, 그들의 삶에 미친 영

향은 무엇인지 알아보면서 대통령 퇴임 이후의 자유시간을 보낼 것이
라고 말했다. 그는 아웃사이더의 약진과 기성 주류의 쇠퇴와 관련해,
또 다른 요인인 선출된 대표자와 그들의 정책과 행정 간의 무너진 관계
를 강조했다.[7]

국가와 일부 유권자 사이의 연결고리가 끊어졌을 때, 관계를 다시
잇고자 노력한 이는 오바마뿐만이 아니다. 오늘날 영국의 보수당 총리
는 세계화에 대해 2005년 블레어가 회의에서 연설했던 것보다 더 깊이
우려하고 있다. 블레어는 연설에서 정부의 개입은 계절이 여름에서 가
을로 바뀌는 것을 막으려고 노력하는 것만큼 헛된 일이라고 주장했다.
테리사 메이는 2017년 1월 다보스Davos에서 열린 세계 경제 포럼에서
재정 부분 지식인들에게 본인은 자신의 주장에서 블레어의 진보 쪽에
서 있다고 발표했다. 그녀는 보수당의 현대화를 이끄는 사람들과 같이
과거에는 브레이크 역할을 했고, 적어도 말로는 세계화가 초래할 허약
함에 대해 연설했다.

행동보다는 언어의 적합성이 중요하다. 노동 시장에 최저임금제를
도입한 사람은 블레어였다. 블레어는 국민건강보험에 투자하며 조금
씩 삶을 변화시킨 총리였다. 메이는 반대편에서 두 정책 모두를 반대했
다. 그러나 총리의 제단에서 생성된 논쟁은 정치적 논의와 정책 형성을
이끌어 낸다. 메이는 정부의 신봉자로서 주장을 만들었다.

위대한 세계화에 관한 이야기는 사람들을 두렵게 만들 수 있습니다.

많은 사람에게 세계화란 그들의 일자리가 아웃소싱되거나 임금이 깎이는 것을 뜻합니다. 또 그들을 둘러싼 지역사회가 변화하는 것을 뒤에서 바라만 보고 있어야 한단 뜻이기도 할 겁니다.

또한 많은 사람의 삶이 앞으로 나아가지 못하고 그럭저럭 살아가는 고군분투의 장으로 남아 있는 동안, 마치 다른 규칙을 가지고 게임을 하는 것처럼 보이는 성공한 사람을 쳐다보고 있는 듯한 마음입니다.

이런 긴장과 다름은 새로운 기술의 확장과 소셜미디어의 성장으로 급격하게 노출되며 이용당합니다.

만약 우리가 자유시장, 자유무역과 세계화를 입증하고 싶다면, 사람들이 가진 우려에 솔직하게 대면하고 응답해야만 합니다.

세계화의 능력을 증명할 새로운 정책과 접근법을 마련하기 위해 함께 일해야만 하며, 그것은 각국의 모든 국민에게 전해져야만 합니다.

이 도전이 정부에 대한 새로운 접근을 요구한다고 믿습니다. 마찬가지로 경영에도 새로운 접근법을 요구합니다.

정부에게 경로에서 비켜나 뒤로 물러서라는 — 많은 국가에서 오랫동안 만연한 통설처럼 — 뜻이 아닙니다. 일자리를 비롯한 문제들은 저절로 해결할 수 있도록 기업을 그냥 내버려 두라는 뜻도 아닙니다.

기업을 지지해 주고 나라의 많은 사람이 반드시 이익과 성공을 공유하도록 새롭고 능동적인 역할로 도약하는 것을 의미합니다.

기업에게는 더 많은 사람과 이익을 공유하기 위해 더 많은 것을 하는 것을 의미합니다. 영국에서 저소득층은 기업에 오직 35%만의 신뢰도를 보입니다. 따라서 세금과 운용에서 다른 모든 이와 같은 규칙을 가지고 운영되어야 합니다. 이는 단기적인 이익은 제쳐 두고 지역사회와 사람에 대한 장기적인 투자를 해야 한다는 의미입니다.[8]

트럼프의 국가주의적 야망과 비교하면 메이는 비교적 온건했지만, 세계화에 직면한 자유주의자들의 안이함에 대한 대응에서 두 사람은 모두 새로운 시대에 속했다. 트럼프는 보호무역을 주장하면서 수십 년에 걸친 자유무역 정책이 미국 제조업의 붕괴에 책임이 있다고 단언했다. 주류 지도자들이 어느 정도의 이득을 얻을 수 있는지를 강조하는 동안, 그는 많은 미국인에게 세계화로 얻는 것보다는 고통이 더 많다는 인식을 키워 가고 있었다.

비중심 지역에서 실시된 여론조사에서 더 가난한 유권자들은 이민 문제에 따른 위협만큼이나 싸구려 시장에서조차 일자리를 아웃소싱하는 데 분노를 드러냈다. 이러한 배경 속에서 무역에 대한 트럼프의 입장은 관세를 어떻게 부과할지 구체적인 정책이나 대상은 없었지만, 그의 경제 정책 가운데 가장 확고했다. 트럼프는 미국의 주변부에서 일자리에 관한 혼란에 변화를 이끌어 내고 개입할 것이었으며, 최소한 어느 정도는 그런 인상이라도 만들어 냈다.

트럼프는 선거 기간 동안 미국, 캐나다, 멕시코 사이의 무역 장벽을 낮추는 북미자유무역협정 North American Free Trade Agreement 을 무시했다. 협정은 1990년대 조지 H. W. 부시 재임기에 통과되었고, 빌 클린턴 재임기에 발효되었다. 클린턴이 전형적으로 보여 준 주류 공화당과 새로운 민주당의 연합이었다. 트럼프는 심지어 중국을 제외한 태평양 연안의 12개국이 조인한 환태평양 경제동반자협정 Trans-Pacific Partnership(TPP) 도 무시했고 — 물론 중국과의 합의도 무시했다 —, 미국과 유럽연합 사이의 협정 또한 무시했다. 트럼프는 중국이 세계무역기구에 가입한 뒤 미국에서 5만 개 이상의 공장이 문을 닫았으며, 수천만 명이 일자리를 잃었다며 중국에 대한 분노를 공공연히 드러냈다. 환태평양 경제동반자협정 탈퇴는 트럼프가 대통령에 취임한 뒤 첫 번째로 서명한 행정명령 가운데 하나다.

트럼프가 세부적인 내용에 대한 도전을 거의 받지 않았다는 점을 고려하면 트럼프와 힐러리 클린턴의 대선전은 사뭇 특이한 인상을 준다. 이제 트럼프는 백악관에 있고, 북미자유무역협정과 세계무역기구, 초기 단계의 환태평양 경제동반자협정에서 탈퇴할 수 있는 일방적인 권력을 가졌다. 그러나 이는 그가 이러한 조약들을 대체할 수 있다며 '위대한 거래'라고 모호하게 부르던 것들의 선명함과는 거리가 있다. 만약 미국으로 수입되는 물품에 관세를 부과한다면, 수출품에도 똑같이 관세가 부과될 것이고, 이는 미국의 수출을 더욱 어렵게 만드는 동시에 모든 면에서 물가 급등을 초래할 터지만 트럼프는 이에 대한 설명은 하지 않았다. 아웃사이더의 우쭐거림에는 반드시 이면이 있게 마련이지만, 이면은 오직 권력이 정책으로 시험에 들 때만 드러난다.

2016년 대통령 선거에서 힐러리 클린턴은 어떤 면에서는 트럼프와 같은 개입주의자였다. 비록 그녀의 정책 제안은 별로 주목을 끌지 못했지만 말이다. 힐러리는 규제의 고삐가 풀린 시장을 다시 통제하기 위한 계획을 만들기 위해 노력했다. 그러나 힐러리는 세계화의 희생자들을 안심시킬 수 있는 언어와 열정 혹은 중요한 상징적인 정책을 가지고 있지 못했다.

어떤 정책은 트럼프만큼이나 급진적이었다. 힐러리는 주요 사회간 접자본에 대한 투자를 계획했는데, 도로와 교량, 대중교통 등을 개선하기 위해 매년 275억 달러우리 돈 약 30조 원가 투입될 예정이었다. 2015년 영국 총선 당시 나약한 기성 정당들이 감히 제안조차 하지 못한 것과 비교하면, 양국의 예산 규모를 감안하더라도 훨씬 큰 금액이었다. 보육 계획을 확장해 모든 4세 아동이 입학할 수 있는 유치원을 만드는 데 1년에 2,750만 달러를 투자하는 초기 계획도 설계했다. 장애아를 판정하고 돌보기 위해 기존 기관을 확장하는 데 1년에 1,660만 달러를 지출할 것을 제안했고, 에너지 계획에서는 송유관을 수리하고 탄소 배출을 줄이며 광부의 의료비와 은퇴기금 마련을 위해 매년 900만 달러를 지출할 생각이었다. 오바마케어를 폐지하기보다 강화하는 것에 관심이 있었고, 장기적인 성장 계획도 마련해 두었다. 일부 세금 계획은 진정한 민주당 스타일로 매우 조심스러웠지만, 늘어난 세금을 공정하게 부과하는 역량은 상당히 중요했다.

그러나 총액은 적었고, 대통령 선거의 초점은 트럼프를 둘러싼 추문과 수면 위로 부상한 힐러리의 이메일에 맞추어져 있었기 때문에 극소수의 유권자만이 알았거나 혹은 모르는 척했다. 막바지 선거 유세까지 경제 정책에 대한 두 후보자의 차이와 힐러리의 더 급진적인 제안에 대한 논의는 사실상 거의 없다시피 했다.

내 생각에 힐러리의 공약은 진보적이라기에는 충분하지 않았지만, 단순히 부적절한 현상 유지에 대한 대응 정도에 그쳤다는 평가도 맞지 않다. 정도의 차이는 있겠지만 최근 몇 년 동안의 선거에서 기성 진보와 보수 정당들이 내세운 공약 또한 대동소이했다. 그러나 그들은 그

공약들을 어떻게 제시하는 게 좋을지 모호하여 고민하고 또 고민했다. 그들은 기술관료적으로 경영할 줄 알며, 넓은 정치적 견해를 허용하는 정치인으로 이념적인 날카로움이 없거나 아주 적었던가? 아웃사이더처럼 신념과 뿌리 깊이 신봉하는 가치로 동기부여되었는가? 샌더스에 대응하기 위해 힐러리는 조심스럽게 경영자적인 관점을 취하는 한편 덜 기술관료적으로 보이려 애썼다. 2015년 영국 총선에서도 노동당 대표 에드 밀리밴드는 급진적인 진보 아웃사이더가 될지 조심스러운 중도주의자가 될지 완전히 결론 내리지 못했다. 독일과 오스트리아의 사회민주당 또한 같은 딜레마에 난감해 했다. 대부분은 모순을 내비치고 자신 없는 대중적인 개성을 보여 주면서 두 가지 모두가 되려는 방식으로 해답을 찾으려 했다. 정반대로 아웃사이더는 그들의 생각을 직설적으로 말한다.

주류 정당들이 세계화된 경제의 결과에 도전할 더 급진적인 제안을 찾지 못하는 것에는 또 다른 이유도 있다. 선택지들은 문제투성이고, 복잡하며 어렵기까지 하다.

주류 지도자들은 그들이 공약한 자본 지출에 대한 투자나 불안정한 노동자들을 위한 다른 형태의 고용에 투입되는 비용을 어떻게 마련할 건지 설명해야만 했다. 어떤 선거든 핵심은 정부가 세금을 어떻게 걷고 쓰느냐에 있다. 압력은 항상 공공 지출의 증가보다 세금 삭감에 있다. 사람들은 특정한 공공 지출의 증가는 염원할지도 모르지만, 총선에서는 공공 지출 증가에 반대하고 즉각적인 세금 삭감에 환호하는 경향을 보였다. 세금 삭감은 발표 즉시 바로 구체화될 수 있다. 반면 공공 지출 증가가 유권자의 삶을 눈에 띄게 개선시키는 데는 몇 년씩 걸릴 수도 있다.

주류에 의해 구성된 정부는 저렴한 수입품에 길들여진 소비자 속에서 어떻게 한 산업의 노동자들을 보호할 것인가? 정부가 만약 은행이나 세계적인 대기업을 향해 징벌적으로 간주될 세금이나 규제를 부과했을 때, 그들이 해외 이전을 검토하겠다고 위협하면 어떻게 될 것인가? 국가 경제와 공공 서비스가 이민자에게 의존하는 바가 큰 상황에서 자유로운 노동 이동에 대한 우려를 해결할 방법은? 기술이 일자리를 소멸시키고 있을 때 정부는 어떻게 완전고용을 약속할 수 있겠는가? 경제를 약화시키지 않으면서 세계화된 경제에서 높아져 가는 불평등을 설명할 방법은 무엇인가?

이민은 '우리의 결정권을 되찾자'는 포퓰리스트의 언급과 '뒤처진 사람들'을 하나로 묶어 내는 — 세계화는 고뇌에 찬 질문을 던졌다 — 전체를 기만하는 정책 영역이었다. 유럽에서 거주 이전의 자유를 제한하는 장벽은 거의 없었다. 이민자는 어떤 규제도 없이 정착할 수 있는 것처럼 보였다. 동시에 한때 안정적이었던 일자리는, 사라지거나 혹은 아예 일자리가 없거나 금방 다시 잃을 불안정한 직업만이 급증하는 양극화된 일자리 시장으로 대체되었다. 주요 지역의 주택 부족은 또 다른 요인이었다. 고령층을 위한 의료 공급도 삐걱댔는데, 정부의 수용력 혹은 민간 부분을 더해도 수요에 대응하는 것은 — 같은 말을 반복하면 — 통제 불능이었다.

국가와의 실제적 혹은 잠재적인 관계의 각 지점마다 허약한 환자, 일자리나 거주지를 찾고 있는 청년, 평생직장이 될 거라고 내다보았던 믿음직한 일자리를 가졌던 노인은 꽤 빠르게 통제에서 벗어나는 것처럼 보이는 세상에서 무슨 일이 일어나고 있는지, 또 어디에서 통제하고 있는지 궁금해했다.

2017년 초 브렉시트에 관한 중요한 연설에서 테리사 메이는 영국 유권자들은 정부에 책임을 묻는 것을 중요하게 여긴다는 자신이 찾은 근거를 바탕으로 영국의 유럽연합 탈퇴 사유를 설명했다. "대중은 정부를 향해 매우 직접적으로 책임을 추궁할 기대를 갖고 있으며, 그 결과 유럽연합에 의해 만들어진 강력한 초국가기관은 우리의 정치사와 삶의 방식과 어울리지 않습니다."[9] 메이는 진보주의자로 정치적 이념의 중심에 책임을 둔 토니 벤의 견해에 가까워져 가는 가장 현대적인 보수당원이었다. 누가 누구에게 책임이 있는가? 벤은 유럽연합을 반대하면서 이 논리를 차용해 설명했다. 그러나 국가의 역할이 과소평가된 자유주의 연합의 시대에 이 질문은 더 폭넓게 적용된다. 유권자들이 감당할 수 있는 적당한 주거지를 찾지 못했을 때, 한 달이 걸려서야 의사를 만날 수 있을 때, 열차가 취소되어 통근을 힘겨워할 때 이는 누구의 혹은 무엇의 책임인가? 여러 영역에서 행동하고 또 노동 시장에 개입할 것을 서약함으로써 아웃사이더들은 암묵적으로 직접적인 책임 추궁을 권고하고 있었다.

실제 세계에서 이민은 열악한 공공 서비스와 부족한 주택, 불안정한 일자리를 설명하는 요인이 아닐지 혹은 중요한 요인이 아닐지 모른다. 의료 서비스는 이민자가 없는 더 부유한 국가에서도 충분하지 못했다. 주택 공급의 부족은 수요가 많은 나라에서 충분한 공급이 이루어지지 않고 있기 때문이다. 의사를 만나기 힘든 것도 의사 수가 많지 않기 때문이다. 이민에 대한 분노는 정부가 적정한 공공 서비스를 제공하는 데 실패했거나 혹은 유권자들이 더 높은 서비스를 제공받기 위해 세금을 올리는 것을 거부한 탓에서 온다.

그러나 우리 눈앞에서 일자리 환경이 급변하고 '통제'에 관한 인생에 걸친 논쟁을 야기하는 모든 것을 포용하는 정책의 대명사 '이민'은 쉬운 표적이 된다. 일하는 형태의 급변은 극심한 불안감을 초래한다. 이민은 원인이 아니라, 경제 호황기에 노동 수요 증가로 인한 근로 형태의 변화와 관련된 현상이다. 그러나 주류 지도자들에게 명백한 주제를 구분해 내는 것은 아주 어려운 일임이 증명되었다. 그들은 감정을 자극하는 혼합체에 발목 잡혔다.

주류 지도자들이 긴 호흡을 갖고 결정권을 되찾아야 한다고 느끼는 이들을 보호하기 위한 정책을 창안하려 고군분투했던 또 다른 근본적인 이유가 있다. 유권자는 정치인을 신뢰하지 않는다. 긴 안목을 가지고 어려운 결정을 — 자본 지출이든 현재의 비용이든 간에 특히 공공 지출에 관련된 — 내려야만 하는 시대에 정치인은 유권자에게서 신뢰를 상실했다. 해결책보다는 더 많은 문제를 만들어 내는, 존재하지 않는 중도 영역을 추구하는 존경받길 원하는 주류 정치인은 제2차 세계 대전 이후 어느 때보다도 신뢰받지 못하고 있다. 불신의 시대인 지금이 바로 그들이 더욱 대담하게, 더 열린 마음으로 변화에 응답해야 할 때다. 불신이 계속되는 동안 그들이 대응할 수 있다고 느끼기는 아주 어려울 것이다.

다시 한번 우리는 주류 지도자들을 꼼짝 못하게 만든 '신뢰'라는 주제로 되돌아간다. 그들이 마비되어 있는 동안 불신은 깊어 간다. 신뢰와 신뢰의 결여는 왜 주류 지도자들이 전면적인 변혁의 시대의 요구에 약진하지 못했는지를 부분적으로 설명해 준다. 이는 명백하다. 덜 분명한 것은 왜 지도자와 정치인이 무력해질 정도로 불신을 샀는지의 문제다.

제7장

신뢰와 불신 사이

갈수록 사람들은 '신뢰'라는 프리즘을 통해 정치를 바라본다. 신뢰라는 프리즘을 통해 우리가 만나는 정치인이 믿을 만한 가치가 없다고 결정하거나 가정한다. 유권자는 유명 인사나 예술가, 록스타, 축구선수나 다른 선출되지 않은 공인을 믿으며 어떤 경우에는 신격화하기까지 한다. 유명한 축구선수가 일주일에 25만 파운드우리 돈 약 3억 8천만 원의 수입을 올리는 것은 감탄하며 바라보지만, 하원의원이 1년에 7만 파운드의 급여를 받는 것에는 몹시 화를 낸다. 선거에서 당선된 정치인은 신뢰와 진실성에 대한 질문을 어려워한다.

선거 직후의 허니문 기간에는 정치인에 대한 '신뢰' 수준이 위험할 정도로 높은데, 이때 환멸의 위험성이 더욱 높아진다. 지도자는 선거 유세 기간 유권자에게 약속했던 공약을 지키고자 동분서주하지만, 오히려 유권자들은 자신들이 뽑은 정치인이 그들을 무시했다고 가정하고 재빠른 비난을 쏟아 낸다.

물론 예외도 있다. 2016년 《이코노미스트 *The Economist*》는 실비오 베를루스코니 총리의 정치적 성공은 이탈리아의 독특한 문화를 반영한다고 보도했다.

백만장자 정치인 실비오 베를루스코니가 스캔들과 소송에서 구렁이 담 넘어가듯 비켜서 권력의 정점에 서 있을 때, 이탈리아의 한 대학 교수가 묘사하길 … 교활함*furbo*과 어리석음*fesso*이라는 단어가 어떻게 총리의 정치 생명 연장을 도왔는지 설명해 봅시다. 베를루스코니가 강한 지지를 이끌어 낼 수 있었던 이탈리아 사회의 단면에서 교활하다*furbo*고, 또는 음흉하다*sly*거나 세속적으로 지혜롭다고 간주되는 것은 굉장한 칭찬입니다. 이 얍삽이*furbo*는 어떻게 줄을 대고 세금을 탈루하며, 스트라디바리우스*Stradivarius*처럼 지인과 친척을 채용하기 위해 제도를 운영해야 하는지 잘 알고 있습니다. 반대로 얼간이*fesso*는 차례를 기다리지만 시스템이 어떻게 조작되었는지 알지 못해서 잡지 못하고, 그가 낸 세금이 얼마나 많이 도둑질당했는지도 모릅니다. 얼간이는 지식인들이 발표하는 것을 액면 그대로 믿으면서 자신의 도시에 새로운 '청정공기법' 입안을 응원할지도 모릅니다. 얍삽이*furbo*는 어떤 친척을 동원해 환경부에서 굴뚝에 매연저감장치를 설치하는 데 유리한 계약을 체결하게 할지 고민합니다. 베를루스코니 지지자들은 그를 모든 얍삽이들*furbi*을 몰아낼 얍삽쟁이*furbo*로 봅니다. 그는 현명한 남자의 냉소주의라는 급조된 매력을 내비침으로써 자신이 지지자들의 이야기를 듣고 있다는 것을 보여 줍니다. 중도 진보 야당 지지자들은 단순히 실수가 아니라, 고자*coglioni*라고, 혹은 대충 번역하면 '본인들의 이익에 반대'에 투표하는 '병신 새끼*dickheads*'라고 단언했을 때처럼 말입니다.[1]

베를루스코니는 자신의 경영 활동에 대한 수사가 진전되고 있을 때, 기이한 방법으로 지지도를 올리거나 혹은 유지하면서 사회적 흐름에 저항했다. 이탈리아 정치는 정당 정치에 대한 불신으로 구성되고, 또 형성되었다. 최근 선거에서는 1백 개가 넘는 정당 혹은 단체에서 후보자를 냈다. 베를루스코니의 경력은 느슨해진 정당의 단단한 결합을 반영한다. 그가 소속된 정당은 처음에는 '포르차 이탈리아'라고 불렸는데, 나중에는 국민연합National Alliance(AN)을 합병해 자유의 인민People of Liberty(PDL)이 되었다. 부패한 정치 현실에는 냉담하면서도, 비즈니스 세계에서 온 일종의 신선한 얼굴인 이 당 또한 이탈리아의 많은 다른 당처럼 미사여구의 기반 위에 창당되었다. 베를루스코니는 금세 달라 보였다. 수많은 스캔들이 그의 이름을 따라다니는 가운데, 그는 자신을 '깨끗한' 후보자로 칭하면서 지지를 얻고자 고군분투했다. 이것이 마리오 몬티의 시민 초점Civic Choice이나 새로운 기독교민주당, 다른 정당과 같은 보수 정당의 새로운 확산에 기회를 주었다.

이탈리아에서 오성운동의 약진은 일정 부분 정통주의 정당과 그들의 정치에 대한 혐오에 기초한다. 일부 유권자들은 더 이상 정통 정치인과 그 정당을 믿지 않는다. 그들은 정치 바깥에 있었던 사람들, 정당이 아니라 운동이라고 주장하는 사람들을 더 신뢰한다.

불신의 시대에 이탈리아와 서구 전역에 걸쳐 어떤 유권자들은 아웃사이더를 신뢰하기로 선택한다. 감격한 유권자들은 마침내 그들을 대변해 줄 지도자를 찾았다고 가정하고, 신뢰의 프리즘을 던져 버렸다. 이들은 트럼프의 말과 행동을 전부 믿지는 못하는데, 그가 이미 선거 유세에서 한 약속들을 어기고 있기 때문이다. 트럼프는 힐러리 클린턴을 멀리하는 대신 그녀를 취임식 만찬에 초대했고, 만찬사에서 그녀에게 찬사를 보냈다. 또한 그는 러시아 스캔들과 마이크 펜스Mike Pence

부통령을 호도한 사실이 알려지며 2017년 2월 국가안보보좌관National Security Adviser의 이른 사임으로 어려움을 겪었다. 더 사소하게는 대선 승리 규모와 워싱턴의 취임식 참석 규모를 과장해 왔다. 만약 주류 지도자가 비슷하게 행동했다면, 그는 미디어뿐 아니라 그에게 신뢰를 보낸 유권자들 사이에서도 큰 곤경에 빠졌을 것이다. 오히려 트럼프는 2017년 2월 플로리다에서 있었던 지지자 대회에서 원맨쇼 출연자 출신 대통령으로서 영웅이라고 칭송받았다. 어느 순간 트럼프는 군중 가운데 한 명을 무대 위로 끌어올렸다. 이 지지자는 유명 인사였던 대통령 옆에 서서 선언했다. "우리의 대통령님. 오늘 우리 바로 앞에 우리의 대통령께서 서 계신 것이 우리 국민과 우리 운동의 존재 이유입니다. 트럼프 대통령께서 선거 유세 기간 우리를 위해 하겠다던 이 모든 것을 약속했을 때, 나는 당신이 우리를 위해 실천할 것임을 알았습니다."

군중은 "미국, 미국!"을 외치며 화답했다. 이들의 애국적인 황홀감은 정치에서 '신뢰'가 매우 주관적임을 상기시킨다. 그들은 그들의 영웅을 신뢰하기로 선택했고, 임기 초반에 반증이 그 길을 막도록 내버려두지 않을 것이다. 마찬가지로 만약 유권자들이 — 때로 증거가 없더라도 — 실망하기로 결정을 내린다면 불신은 모습을 갖추고 강화되어 간다. 명백히 신뢰할 만한 가치가 없는 지도자를 신뢰하는 것은 아주 위험하다. 민주적인 정치에 개입하는 복잡함을 거짓과 범죄로 오판하고, 선출된 지도자를 믿지 못하겠다고 결정하는 것은 더욱 위험한 일이다.

물론 연립 정부에 참여한 정당들은 서로 영향을 주고받을 수 있다. 그러나 민주주의 정치는 연립 정부에 참여했든 바깥에 있든, 또는 그들의 불분명한 일을 계속하든 간에 정치인이 되려는 개인에게 영향을 끼친다. 왜 정치인이 되고 싶어 하는지에는, 허영심이나 정치적 무대의 전율을 포함한 의심할 여지없는 많은 이유가 있다. 그러나 그저 장난으로 법을 어기거나 거짓을 말하기 위해 정치인이 되려는 사람은 거의 없다. 왜 그렇게 하려 하겠는가? 부유해지거나 유명해질 수 있는 다른 쉬운 방법이 있는데.

그에 대한 해명의 일부분은 (선출된 정치인이 아닌) 우리와 관련되어 있고, 우리의 정치관 결정법에 대한 것이다. 우리 또한 선택한다. 무슨 이유든 간에 주류 정치 지도자들이 정치를 떠날 때의 반응을 확인해 보라. 대부분은 거의 즉시 그들을 다르게 본다.

2016년 11월, 힐러리 클린턴이 대선 낙선 승복 연설을 했을 때, 한 시사 평론가는 평상시의 물어뜯는 성향을 숨기고 그녀에게 찬사를 보냈다. 한 사람은 노골적으로 "힐러리는 지나칠 정도로 준비되어 있고, 반에서 가장 똑똑한 학생 이상의 무엇이었음을 보여 줄 수 없었다. 그녀는 승복 연설에 가서야 겨우 그녀 자신을 더 내비칠 수 있었는데, 정치인이 간절히 원했던 무언가를 잃었을 때야 그들이 최선을 다한다는 것을 보여 주는 가장 최근의 사례다"라고 썼다.[2]

힐러리 클린턴의 승복 연설은 어조나 핵심 메시지 모두 지난 2년 동안 선거 유세에서 해 왔던 연설과 완전히 똑같았다. 달라진 것은 힐러리가 아니라 그녀에 대한 청중의 인식이었다. 당선을 위해 노력 중일 때는 정치와 불신에 오염된, 분전하는 야망 있고 차가운 계산적인 여자로 비쳤다. 어떤 때는 부패하고 비밀스러운, 범죄를 저지르는 후보자로까지 간주되었다. 그러나 선거에서 패해 더 이상 정치에 억눌려 있지 않을 때, 비로소 그녀는 한 명의 사람으로 인식되었다. 힐러리가 승복 연설을 하고 있을 때, 전 세계의 시사 평론가와 유권자들은 트위터에서 "힐러리 클린턴이 선거 유세에서 오늘처럼만 말했다면, 그녀가 승리했을 텐데"라며 칭찬했다.

힐러리 클린턴은 선거 유세 내내 그렇게 말해 왔다. 그러나 선거 패배 이후 그녀는 재치와 우아함을 겸비한 진정성을 가진 공적인 인물, 즉 전혀 다른 사람으로 보였다. 정치 무대 밖으로 나왔기 때문에 그렇게 비친 것이다.

영국에도 미국만큼 생생한, 어떤 경우에는 그보다 더 거친 비슷한 사례가 존재한다. 이 치열한 경쟁의 무대에서 가장 특이한 경험을 했다고 꼽을 수 있는 사람은 고든 브라운 재무장관의 오랜 수석고문이었으며, 나중에는 그림자 내각의 구성원이 되기도 한 전직 노동당 정치인 에드 볼스다. 정치인으로서 그는 심각할 정도로 인기가 없었고, 국가의 중요한 정치적 인물 가운데 한 명이었음에도 2015년 총선에서 낙선했다. 그는 2010년부터 2015년까지 노동당의 그림자 내각에서 재무장관직을 맡았다. 정치인 볼스는 정치적 폭력배로 잘못 비쳤다. 그의 이름이 언급될 때마다 유권자들은 "오, 볼스. 그는 일진이지", "이야, 볼스, 한 대 때리겠는데"라는 식으로 희화화했다. 정치하는 동안 볼스는 절대 그 희화화에서 벗어날 수 없었다. 마치 힐러리처럼 그가 전문적 지식을 가지고 그의 견해를 이야기한다고 해도, 유권자들은 절대 듣지 않고 그를 신뢰하지도 않을 것이란 의미였다. 볼스는 불신의 시대라는 수렁에 빠져 있었다.

현실에서 볼스는 아주 드물면서도 꼭 필요한 경제학자 출신 정치인이었다. 그는 지역구와 삶에 대한 열정이 있었고 존중받아야 할 사람에 대한 충성심이 있었다. 심지어 그 충성심이 경력에 도움을 주기는커녕 방해가 될 때조차도 마찬가지였다. 볼스는 정치 경력이 끝나는 날까지 유권자들과 미디어가 그의 다른 모습을 볼 수 있도록 만들기 위해 끊임없이 노력했지만, 정치하는 내내 그런 면은 하나도 보이지 않았다.

그러나 볼스가 아주 인기 있는 BBC 텔레비전 프로그램 〈*Strictly Come Dancing*〉에 참가하겠다고 결정하자, 그는 곧바로 많은 사랑을 받는 유명 인사가 되었다. 전 노동당 대표 에드 밀리밴드를 포함해 볼스에게 전혀 관심이 없었던 사람들이 그를 '나라의 보배'라고 묘사할 정도였다. 비만으로 춤엔 재능도 없었던 볼스가 타고난 춤꾼들과 경연을 벌이자 온 나라가 그를 사랑하기 시작했다. 정치인 볼스를 적대시했던 사람들은 그가 춤 경연의 마지막 무대까지 생존하게 하려고 BBC에 직접 전화를 걸어 볼스를 지지하는 표를 던졌다. 경연에서 탈락한 그를 원하는 곳은 정말 많았다. 영화제에 참여해 시상했으며, 텔레비전 프로그램의 스타급 게스트가 되기도 했다. 볼스가 정치인으로서 이야기할 때 유권자들은 전원을 껐다. 춤꾼으로 텔레비전에 출연한 이후, 경연 프로그램의 **주요** 출연자들이 대규모 경기장을 돌며 순회공연할 때, 많은 사람들은 그를 직접 보기 위해 입장권을 샀다. 볼스는 O_2 아레나에서 가장 인기 있는 인물이었다.

2015년 총선에서 볼스가 낙선하자, 일부 유권자는 볼스에게 직접 그의 낙선이 기쁘다고 떠들어 댔다. 한 사람으로서 볼스도 이처럼 인정사정없는 일방적인 거부 반응에 힘들어했다. 그러나 볼스는 댄스 무대에서 커다란 인기를 얻었고, 이후 공공장소에 나타날 때마다 록스타 수준의 열렬한 환영을 받았다. 사람들은 볼스에게 다시 정계로 복귀해 차기 노동당 대표가 되라고 권유했다.

이는 위험할 정도로 왜곡된 장면이다. 물론 유권자들은 (힐러리 클린턴에게도 마찬가지로) 정치인 볼스에게 동의할 수도 동의하지 않을 수도 있다. 그러나 그는 최근 수십 년간 역사적 결정에 깊이 관여한 인물이다. 영국 정부가 지난 수십 년 사이 내린 가장 역사적인 결정 가운데 하나였던 유로화 단일 통화 가입 거부라는 결정적인 판단 당시, 볼스는 중심인물이었다.

20대에 볼스는 경제학자이자 대학교수였던 래리 서머스Larry Summers와 가깝게 일했던 미국 민주당과 유사한 중도 진보적 경제체제를 구상하는 책임을 맡았다. 금융위기 이후 볼스와 서머스를 향한 비난은 과도했다. 영국에서 일부 볼스가 고안했던 체제는 1997년 총선 이후 노동당 정부에게 공공 지출을 증대시킬 수 있는 여지를 주었다. 그러나 노동당 정부는 대체로 그 기회를 잡지 못했는데, 다음 총선에서 패배할 때까지 위기가 끊임없이 이어졌기 때문이다. 다시 말하지만, 유권자들은 볼스가 펼쳤던 정책 혹은 펼치기 실패했던 정책에 동의할 수도 동의하지 않을 수도 있다. 그러나 이는 영국에 사는 모든 유권자 개개인의 삶에 영향을 미치는 거대한 정책 수립이었다.

또한 볼스는 국민건강보험 지출을 늘리기 위해 조심스레 계획했던 유일무이한 세금 인상에도 관여했고, 2002년 당시 재무장관이었던 고든 브라운이 이를 발표한 바 있다. 이 지출은 의료 개선을 이끌었지만, 추가적인 비용은 심각한 비효율성 역시 초래했을지도 모른다. 그러나 이 발표가 있기까지 땀 흘리며 안절부절못하고 기력을 소모해 가면서 창안한 묘책으로 사람들의 삶은 나아졌다. 볼스가 영국 재무부에서 우월한 지위를 차지하고 있던 때, 그는 배후에서 전략을 짜는 중심에 있었다. 이때는 그에게 무관심하거나 그를 혐오했던 사람들이 볼스가 댄스 무대에 오르자 애정을 보냈다.

정치가 혐오를 부른다. 정치에서 자유로워지면 물론 고귀한 희망과 비전을 시행할 수는 없겠지만, 대중에게는 사랑받게 된다.

이해를 돕기 위한 영국의 또 다른 사례로, 비슷한 장면이 보수당의 전 대표 윌리엄 헤이그에게도 적용된다. 1997년부터 2001년까지 헤이그가 보수당 대표일 때, 사람들은 그를 멸시 섞인 경멸의 표정으로 바라보았다. 일부 오늘날 보수당을 지지하는 쪽에 선 신문들은 잔인하게도 1면에서 헤이그를 죽은 앵무새로 묘사했는데, 그 이미지는 〈몬티 파이슨의 비행 서커스〉에서 유명한 존 클리즈John Cleese의 죽은 앵무새에 관한 촌극에서 가져온 것이었다. 헤이그의 연설이나 인터뷰에 그들은 거의 주의를 기울이지 않았다. 미디어의 보도가 있기까지 이는 너무 보잘것없었다. 헤이그는 2001년 총선에서 참패하고 보수당 대표에서 사임했다.

사임 즉시 헤이그 또한 엄청난 인기를 얻었다. 당 대표로 그가 연설할 땐 쳐다보지도 않던 사람들이 이제는 그의 탁상연설을 듣기 위해 거금을 지불하려 줄을 섰다. 헤이그는 몇 마디 농담에 대한 대가로 수백만 원을 받았다. 그가 당 대표였을 때, 훌륭한 농담은 공짜였다.

헤이그는 피아니스트가 되려고 강습도 받았고, 사람들은 그의 피아노 연주를 듣길 바랐다. 인간화된 에드 볼스와 마찬가지로 정치를 떠나야지만 얻을 수 있는 인기였다. 헤이그는 BBC의 유명한 뉴스 퀴즈 프로그램 〈*Have I Got News for You*〉를 포함해 인기 높은 퀴즈쇼의 진행자가 되었다. 끔찍했던 총선 패배 이후 몇 년이 지난 어느 날, 헤이그는 BBC 프로그램의 전화 연결에서 한 참가자가 "당신은 보수당의 훌륭한 대표가 될 수 있을 것 같아요"라고 말하는 것을 들었다. 예의 바르게 잠시 침묵한 뒤 헤이그는 대답했다. "저는 이미 보수당 대표를 지냈는데, 그리 잘했던 것 같진 않네요." 헤이그는 미래에 대표가 될 것이라고 예상되는 전직 대표가 되었고, 그가 인기를 얻었던 것은 오직 더 이상 정치 지도부에 물들지 않은 당 대표 퇴임 후뿐이었다.

프랑스에서 주류 지도자들이 절정에 다다랐을 때, 사람들은 그들을 조소하는 눈빛으로 바라보았다. 올랑드 대통령은 여론조사에서 지지도가 매우 낮게 나타나자, 굴욕적이었지만 연임을 포기하는 선택을 했다. 이는 그의 평범하고 약한 지도력을 반영한 것이었지만, 올랑드는 위험한 경기장에 들어섰기에 그가 응당받아야 할 것보다 더 빨리 혐오의 대상이 되었다. 프랑스에서는 대통령이 정계에서 은퇴하면 그의 이름을 딴 거리가 생긴다. 설전에서 그들은 신뢰받지 못한다.

극심한 불신이라는 기본 입장은 또 다른 어두운 맥락을 드러낸다. 2015년 가을 파리 테러 이후, 올랑드는 비정파적인 지도자가 될 수밖에 없었다. 국가적 비극에 대한 대통령의 대응은 진보 혹은 보수의 정치적 행동을 필요로 하지 않는다. 비극 직후에 대통령은 정치적 논쟁을 유발할 필요가 없다. 필수불가결한 통일된 초점만이 존재한다. 머지않아 안전과 권리, 모든 국제적인 테러리즘에 관한 논쟁거리가 생겨나겠지만, 정파를 초월한 단결이 우선시된다. 이런 비정치적인 환경 속에서 올랑드의 지지도는 잠시 상승했다. 반정치 시대에 항상 그렇듯, 인기는 신뢰의 관점에서 측정된다. 테러 이전 15%였던 올랑드에 대한 신뢰도는 다음 달이었던 2015년 12월, 35%까지 상승했다. 짧은 반등이었다. 이후 지지도는 전례 없이 낮은 수준까지 다시 하락했다.

프랑스가 국가적 비극의 시기에서 벗어났을 때, 유권자들은 더 이상 그를 신뢰하지 않았다. 올랑드가 빠른 시간 내 신뢰할 수 있는 지도자로 비쳤던 것은 그 자신이 변했기 때문이 아니라, 유권자들이 그를 다른 시각에서 바라보았기 때문이었다.

독일의 앙겔라 메르켈 역시 신뢰의 관점에서 판단되었지만, '신뢰'

라는 단어를 모호하게 얼버무리며 보여 주는 방식이었다. 메르켈은 믿을 수 있다는 가장 간단한 형태의 주장을 기반으로 지속적인 호소를 했다. 때로 독일의 유권자를 향한 그녀의 메시지는 "나를 믿어요 Trust me"라는 두 단어로 요약되었다. 이 말은 메르켈 자신이 유능한 통치자임을 믿어도 된다는 뜻이었다.

이 같은 관계를 제안하는 지도자들은 그들이 무능해 보일 경우에 부정적인 반응이라는 위험을 떠안는다. "나를 믿어요"라고 말할 때 메르켈이 의미한 바는 "나는 내가 말한 바를 지키는, 신뢰할 만한 지도자입니다"였을 것이다. "나는 부패하지 않을 것이고, 거짓말쟁이가 아닙니다"라는 뜻으로 말하진 않았을 것이다. 유권자들은 대체로 메르켈은 부패하지 않으며 진실할 것이라고 생각하기에, 그녀는 굳이 그런 말을 할 필요가 없다. 다른 나라에서 지도자는 부패하고, 거짓말하며, 범죄자로 비칠 때는 신뢰에 관한 전투를 벌여야 한다. 특히 영국의 경우에 그렇다.

그러나 심지어 메르켈조차도 신뢰 문제가 독일 신문에서 '한계점 breaking point'이라고 묘사하는 데까지 이르렀다. 온정적인, 경제적으로 기민했던 난민 정책으로 이 문제는 피할 수가 없었다. 메르켈은 거주지인 메클렌부르크포어포메른 Mecklenburg-Vorpommern에서 핵심 지역 선거에 패했을 때, '신뢰'의 관점에서 자신과 유권자와의 관계가 부분적으로 변화했다고 인정했다. 메르켈의 지역 유권자들은 기독교민주연합을 포함한 기성 정당을 떠나, 2016년 오스트리아 대통령 선거에서 유권자들이 그랬던 것처럼 반이민 극우 정당인 독일을 위한 대안 AfD으로 옮겨 갔다. 메르켈은 다시 '신뢰'라는 단어를 사용하며 응답했다. "우리 모두는 신뢰를 되찾기 위해 어떻게 해야 할지 생각해야 합니다. 물론

제가 가장 먼저 그래야 합니다. 저는 당의 의장이며, 총리니까요."[3]

메르켈은 '존경'이나 '지지'의 획득을 말하지 않았다. 모든 민주적인 절차로 당선된 주류 지도자처럼 그녀는 다시 신뢰를 얻을 수 있는 방법을 찾았다. 2015년 초, 난민 정책을 실시하기 전 메르켈 지지도는 75%에 달했다. 2016년 여름과 가을에는 지난 5년에 걸쳐 가장 낮았던 44%까지 떨어졌다. 메르켈은 악몽처럼 뒤틀린 현대 정치의 프리즘, 신뢰의 프리즘을 통해 대응법을 만들었다.

아마도 메르켈의 뜻은 다시 그녀의 능력을 증명할 필요가 있다는 것이었는지도 모른다. '망명', '이민', '주권 회복' 같은 감정을 강하게 자극하는 말들은 모호하게 얼버무려, 하나로 뭉쳐지는 경향이 있다. 그러나 가장 기본적인 '신뢰'는 — 그리고 현대 민주주의 정치에 적용되었을 때, '불신'은 훨씬 일반적이다 — 반드시 '진실'과 연결되어야 한다. 유권자가 지도자를 신뢰하려면, 반드시 근본적으로 진실하다는 느낌을 받아야 할 것이다. 만약 불신한다면, 지도자가 진실하지 않거나 심지어는 더 나쁘다고 간주하고 있을 것이다. 이는 메르켈뿐 아니라 민주주의의 미래에 분명 아주 위험하다.

정치뿐 아니라 다른 공공 기관에서도 '신뢰'라는 초점은 유난히 독특하다. 새로 임명된 최고 경영자나 혹은 후보자는 '신뢰'의 관점에서 이야기하지 않으며 야망과 혁신을 말한다. 교장은 자신이 신뢰할 만한 가치가 있다고 주장하면서 임기를 시작하지 않는다. 신문 편집국장도 스스로를 믿어 달라는 과도한 주장을 펼치지 않는다. 그러나 정치에서는 신뢰가 필수적이다.

선출된 정치인을 향한 어느 정도의 경멸은 항상 존재했다. 자신이 선택한 지도자를 의심스러운 눈초리로 바라보는 유권자는 전혀 새롭지 않다. 이러한 염려는 수 세기 전의 풍자에도, 특정 정책이나 쟁점에 관련된 단호한 분노를 반영한 시위에서도 드러난다. 유권자와 지도자 사이의 거리는 집권 초기 허니문 기간의 행복감이 여론조사에서 끔찍한 지지율로 대체되고 난 뒤의 정말이지 피할 수 없는 환멸에 반영되어 있다. '스윙고미터swingometer'라는 아이디어 — 환멸이 자리 잡으면, 대체로 불가피하게 집권당에서 제1야당으로 옮겨 가는 — 자체가 지도자가 사랑받을 수 없는 비운에 처해 있다는 명확한 증거다. 집권 후 허니문 기간에서 환멸로의 전환은 민주주의가 존재해 온 오랫동안 어떤 형태로든 일반적인 민주주의 정치의 한 장면이었다.

그러나 오늘날의 과도한 편협성은 익숙한 환멸을 동반하여, 정치와 정치인에 대한 증오가 민주주의 정치를 약화시킬 정도로 위험한 수준이다.

최근 영국 총리들은 무엇보다도 그들의 진실됨을 입증하기로 단단히 마음먹고 취임했지만, 다른 모든 것을 압도하는 신뢰에 대한 질문 속에 사임했다. 신뢰 확보는 그들의 중요한 정치적 사명이었다. 신뢰받으려는 노력 속에서 불신은 깊어졌다.

마거릿 대처의 후임으로 1990년 취임한 보수당 출신 총리 존 메이저는 런던 남부의 노동자 계급에서 자랐던 그의 평범함을 아주 잘 이용했다. 대부분은 사실이었다. 메이저는 권력으로 성취할 수 있는 것의 매력에 빠져 정치에 입문했고, 비교적 온건한 보수당원으로 어느 정도의 이념적 확신도 가지고 있었다. 거장이 될 만큼의 자질을 가지고 있진 않았지만 사기꾼은 아니었다. 그러나 그의 정부는 '불법 행위' 혐의 주장에 압도당했다. 여론조사는 '불법 행위'가 유권자들이 메이저 정부를 우려하는 목록 가운데 제일 우선순위에 놓일 수 있음을 시사했다. 각료와 몇몇 하원의원은 다양한 방식으로 비난받았고, 조너선 에이트컨Jonathan Aitken은 철창 신세를 졌다. 그러나 메이저 정부 아래에서 '불법 행위'에 대한 인식은 별 관계없는 사건까지 꼬리에 꼬리를 물었다.

그 단어 하나로 사실상 정부 전체가 비난받았다. 장관이었던 윌리엄 월드그레이브William Waldegrave가 장관들이 어째서 통화의 강·약세에 관해 진실을 이야기할 수 없을 때도 있는지에 관해 설명하려고 하자, 그는 정책 문제에 관해 거짓된 행동을 변호하는 거짓말쟁이라고 비난받았다. 사실 월드그레이브는 재무장관이 개인적으로 평가절하되는 것에 대한 두려움을 느끼면서도, 만약 대중에게 자신의 우려를 표현한다면 실제로 평가절하될 수도 있다는 두려움을 솔직하게 설명하려 했었다. 2015년 출간된 생생한 회고록에서 월드그레이브는《파이낸셜 타임스》에서《이브닝 스탠더드Evening Standard》까지 그의 말을 고의적으로 왜곡해서 보도했을 때 자신이 언론 매체로부터 얼마나 고문당하는 느낌이었는지 이야기했다.[4]

새로운 히스테리의 한가운데에서 존 메이저는 절망 속에서 깊이 생각하지 않고 '다시 기본으로Back to Basics' 캠페인가정을 비롯해 전통적인 가치의 기본으로 돌아가자는 운동 - 옮긴이을 펼쳤다. 그는 당의 정책을 언급하면서 소위 '성性에 관대한 사회permissive society'를 공격할 의도는 아니라고 했지만, 결과적으로는 보수당 하원의원이 바람을 피우면 (혹은 피웠다고 여겨지면) 부도덕적인 위선자로 비난받았다. 메이저는 그의 바보 같은 슬로건이 이런 식으로 적용될 것을 의도하진 않았겠지만, 직원 한 명의 서툰 보고를 받은 뒤에 바로 일어난 일이었다. 이제 전통적인 법적 결혼을 하지 않은 하원의원은 곤경에 처한 '추잡스러운' 위선자였다.

　여러 장관과 보수당 하원의원에 대한 하나의 혐의가 끝나면 또 다른 혐의가 부상했다. 영국 언론 매체는 메이저의 약점과 고민을 감지했다. 그 어떤 혐의도 메이저와 직접적으로 연관되거나 관련된 것이 아니었지만, 그의 적수 토니 블레어가 메이저는 '수렁에 빠진' 정부를 이끌고 있다고 주장했던 것처럼 결국 희생자는 그였다. 토니 블레어는 나중에 이 주장을 만들어 낸 것을 후회했는데, 그 역시 '신뢰'와 관련된 의심에 굴복하고 말았기 때문이다.

　블레어는 자신과 정부의 진실성을 증명하려고 단단히 마음먹었기 때문에, 총리 임기 초반 그와 내각 장관들이 '하얀색보다 더 하얗다'는 것을 보여 주어야 했다고 말했다. 터무니없게도 블레어는 불순하다는 인식조차도 받아들일 수 없다고 선언했는데, 얼마나 '불신'의 문제가 비이성적인 현상이 되었는지를 보여 주는 신호였다. 이는 나중에 블레어가 후회하게 되는 또 다른 말이었다. 어떤 장관도 인식까지 통제할 수는 없었기 때문이다. 청렴한 장관조차 부도덕하다고 의심받을 수 있다. 이런 상황에서 의심받는 장관을 사임시키는 것은 명백히 불공정한 일이다. 심지어 블레어조차도 곧바로 깨끗하지 않다고 의심받았다. 만약 그가 약속대로 행동했다면, 그는 불과 수 개월 내에 사임했어야 했다. 1997년 가을 블레어는 노동당 후원자였던 버니 에클스턴^{Bernie Eccle-stone}을 돕기 위해 정책을 바꾸었다는 혐의를 받았다. 블레어는 이를 부인했지만, 잘못된 행동을 했다는 인식은 그대로였다.

　블레어는 임기 말에 접어들 무렵, 불신의 왜곡된 영향에 불을 비추듯 경찰 조사를 받았다. 런던 경찰국의 수사는 블레어가 노동당의 일부 정치적 후원자에게 보답하기 위해 불법적으로 행동했는지에 관한 스코틀랜드국민당 하원의원들이 제기한 의문에 따른 것이었다. 다른 많은 지도자들도 비슷한 방식으로 기부자에게 사례해 왔지만, 이라크 전쟁 이후의 블레어는 쉬운 먹잇감처럼 보였고, 조잡한 증거와 얼빠진 법률 적용에 기초한 어떤 형식으로도 용납될 수 없었던 경찰의 행동은 구설수에 올랐다. 블레어는 경찰의 직접 조사를 받았고, 그와 가까운 몇몇 동료는 심지어 출근길에 체포되었는데 결국 아무도 기소되지 않았다. 수사는 왕립검찰청이 경찰이 수집한 증거로는 재판할 만큼의 가치가 없다고 판단하면서 무너졌다.

이런 시도는 공인과 관계된 범죄 관련성은 너무 쉽게 가정하는 문화의 일부분이었다. 이 특정한 수사에 대한 보도는 울적하게도 예측 가능했다. BBC의 특정 방송 회선들은 '경찰 관계자'의 말을 인용하며 보도를 내보냈고, 마치 그들은 나무랄 데 없이 훌륭하다는 듯 경건하게 전달했다. 한 번은 '관계자'가 총리실이 그들의 명예로운 수사를 방해하고 있다며 불평했다. 이 고발은 어떻게 블레어와 다른 사람들이 수사와 관련해 '헛물켜게' 하는지, 다른 커다란 뉴스거리가 있을 때 조사받기를 택했는지에 관한 〈뉴스나이트 *Newsnight*〉의 긴 보도를 촉발시켰다. 비록 이 보도는 우스꽝스럽게 BBC를 '헛수고시킨' 경찰관에 의한 것이었음에도 말이다. 이러한 움직임은 반정치 시대의 증상이면서 동시에 그에 기여했다. 용감한 경찰들은 거대한 권력에 맞서는 것처럼 묘사되었다. 실제로 이 수사는 경찰의 환상에 가까웠다고 할 수 있다. 수사에 착수한 경찰들이 공공연한 '반노동당'이거나 '안티블레어'는 아니었을 것이다. 그들 또한 반정치 문화의 일부로 선출된 지도자에게 저항하는 이들을 인정하는 영웅주의를 즐기고 있었다.

어마어마한 업신여김을 향한 비약적인 진전은 빌 클린턴 대통령의 탄핵에서 시작되었는데, 블레어에 대한 한심한 경찰 수사와 비슷해 보이지만 훨씬 거대한 규모였다. 보수당은 블레어를 수사하려는 시도에 직접적인 연관성이 없었지만, 클린턴 대통령의 경우는 명백히 정치적이었다. 오히려 많은 보수당원은 스타 역할을 즐기는 경찰 고위직에 반대 의사를 표명했었다.

대조적으로 워싱턴의 일부 공화당원은 클린턴의 당선을 받아들일 수 없는 것 같았다. 여기에 민주당을 사칭하며 공화당의 대통령 선거 승리라는 자연 법칙을 흐트러트리는 사람이 있었다. 그들은 정치적으로 계속된 공화당의 승리 속에서 자라났으며, 정책상으로 클린턴에 반대할 명분을 찾는 대신 — 물론 클린턴이 많은 제안을 실행하는 것을 방해하기도 했지만 — 민주당의 결과물을 약화시키기 위한 다른 방법을 선택했다.

1998년부터 1999년에 걸쳐 진행된 클린턴 대통령에 대한 탄핵 사건은 미국 역사상 가장 보기 드문 사건의 하나로 남아 있다. 개인 변호사로 공화당 지지자였던 케네스 스타Kenneth Starr는 — 워싱턴의 다른 고위 공화당원들의 지지에 크게 고무되어 — 클린턴을 집요하게 추적했다. 스타는 부동산 투자와 관련된 '화이트워터 사건Whitewater Affair'이라고 불리던 추문부터 조사를 시작했다. 힐러리 클린턴이 대통령 선거 유세를 하던 2016년까지 부지런하게 쫓았지만, 스타는 어떤 의혹도 찾아내지 못했다. 포기하는 대신 그는 빌 클린턴과 모니카 르윈스키Monica Lewinsky의 성 추문에 대한 조사를 계속했고, 용케도 클린턴이 탄핵에 이르는 환경을 만들어 냈다.

여러 해가 흐르고 스타는 당시의 일에 유감을 표시하면서 빌 클린턴을 베이비부머 세대의 가장 뛰어난 정치인이었다고 묘사했다. "사람에 대한 클린턴의 진심 어린 공감은 완전히 명백합니다. 힘 있고, 뚜렷하며, 아칸소Arkansas의 사람들은 그의 공감을 진심으로 이해하고 있습니다. 그가 진정으로 염려하고 있다는 것을 말입니다. '당신의 고통을 느낍니다'는 말은 정말로 진실한 것입니다."[5]

법학 교수 켄 곰리Ken Gormley는 이 사건 전체의 이해를 돕는《미국 미덕의 죽음: 클린턴 대 스타The Death of American Virtue: Clinton vs. Starr》라는 책을 썼다. 무슨 일이 일어났었는지 통찰력 있게 상세히 묘사한 두꺼운 책이다. 곰리는 어떤 면에서는 스타를 비난하지 않았지만, 이 사건이 공화당과 민주당이 뚜렷이 분리되는 시작점이었다고 결론 내린다. 분열은 신뢰와, 민주주의 정치의 자객인 진실성이라는 주제를 바탕으로 만들어졌다.

빌 클린턴의 경험은 완전히 다른 후보자임에 틀림없었던 2016년의 힐러리 클린턴을 기이하게 따라다니며 괴롭혔다. 힐러리는 모니카 르윈스키와 염문을 뿌리지도 않았고, 탄핵되지도 않았다. '화이트워터' 수사에서 혐의가 밝혀진 것도 아니었다. 그러나 대통령 선거 텔레비전 토론에서 트럼프가 자신의 혼외정사(혹은 그런 혐의를 받는)나 혹은 여성에 대한 '막말꾼locker-room banter'으로 묘사되는 상황을 반전시키기 위해 힐러리를 끌어들였다. "빌 클린턴과 그의 여성관은 어땠나요?" 마치 그녀가 빌 클린턴 자신이라도 된다는 듯 그녀가 자신과 동일한 정도로 비난받을 만하다는 것처럼 말이다.

선거 유세에서 힐러리의 정책 제안은 잘 드러나지 않았다. 많은 시간을 모호한 부패 혐의 방어에 소모했기 때문이다. 그녀가 사적 이메일을 사용한 것이 부정이라는 어떤 증거도 없었다. 클린턴이 뒤에서 음흉한 계획을 하고 있다는 것을 퍼뜨리기 위한 가장 최근의 소설이었다.

힐러리가 개인 이메일을 사용한 것은 일찍이 그 모든 근거 없는 주장의 결과였다. 힐러리의 개인 이메일 사용은 대부분 명백한 모든 초기 혐의로 인한 결과물이나 마찬가지였다. 힐러리 진영은 편집증적으로 비밀을 엄수했는데, 어느 정도는 그 주장들이 오히려 힐러리 진영을 비밀스럽게 만들었기 때문이다. 그들 스스로 누구를 믿을 수 있을지 알 수 없었고, 그래서 더 통제하려 했고, 덜 공개함으로써 의심에 불을 지폈다. 불신의 시대에 해결할 수 없는 딜레마였다.

　지도자의 판단이나 정책보다 급속히 '신뢰'에 관한 문제가 된 또 다른 대형 사건은 이라크 전쟁이다. 전쟁은 재앙이었다. 일어난 일들에 대해 많은 중요한 질문이 제기되었고, 정치 지도자들이 책임져야 할 것이 많았다. 그러나 매우 빠른 속도로 많은 복합적인 원인들은 부시와 블레어가 미국과 영국을 전쟁으로 끌어들이기 위해 거짓말을 했느냐의 문제와 질문으로 수렴되었다.

　영국 언론은 소위 신 노동당 정부가 — 언론 앞에서 발표할 때 — 실제 정책 개발보다는 시선을 다른 곳으로 '돌리는' 데 초점을 두었다는 생각에 점점 집중했다. 불안해하는 신 노동당 지도자들이 언론에서 그들이 어떻게 잘하고 있는지에 정신이 팔려 있는 동안, 일부는 정책 수립에 몰두했다. 그러나 정책 수립과, 정책을 둘러싼 내부의 차이조차도 언론에서 별로 중요하게 다루어지지 않았다. 정책 그 자체보다 정부가 정책을 발표하는 방식에 꽤 많은 초점이 맞추어지면서 이라크 전쟁 전에 이미 영국인들은 꽤 이상한 위치에 서고 말았다. BBC를 포함한 언론 매체는 유권자를 향해 정부가 허위로 시선을 돌리려 하고 있으니 신뢰해서는 안 된다고 말하며 영향을 끼쳤다.

초점은 위험할 정도로 균형이 맞지 않았다. 모든 총리는 가능한 한 정부의 좋은 면을 드러내 보이려고 홍보 담당자를 영입한다. 만약 홍보 자문이 총리의 가장 어두운 면을 보여 주려고 한다면, 그는 이상하게 행동하고 있는 것이다.

블레어의 공보비서관 앨러스테어 캠벨은 특히 미디어에 집착했다. 캠벨이 블레어가 긍정적으로 보이도록 노력한 것은 사실이지만, 1970년대 해럴드 윌슨을 위해 일한 바 있는 현대 미디어를 이해한 노동당의 첫 번째 공보비서관 조 헤인스Joe Haines 또한 마찬가지였다. 블레어가 집권했을 때, BBC는 블레어가 고용한 것보다 훨씬 많은 매니저와 프로듀서와 기자를 밀뱅크Millbank의 웨스트민스터 본사에 고용했다. 그러나 편파적인 정책 영역을 응원하거나 혹은 야유하는 신문에 합류할 수 없었던 BBC 편집자들은 편향되지 않은 것처럼 보이며 시선 돌리기와 신뢰라는 주제에 집중할 수 있었다. 그들은 신뢰와 시선 돌리기의 문제에서 진보에도 보수에도 기대지 않았다. 그 결과, BBC의 집착은 이라크 전쟁 발발 훨씬 전에 이미 어떤 장관의 발표든 그것이 발표된 배경에 기반하여 보도되었다. 정책 본질의 중요성은 뒤로 사라졌다.

캠벨의 도움을 받아 블레어가 이라크 전쟁을 정당화하기 위해 거짓말을 했는지 여부를 두고, 격동적인 파도가 일렁였다. 2003년 5월 29일, BBC 기자 앤드류 길리건Andrew Gilligan은 BBC의 라디오 프로그램 〈투데이Today〉의 진행자 존 험프리스John Humphrys와 함께 소위 '양방향' 인터뷰로 시작하는 보도 시리즈물로 헤드라인을 만들어 냈다. 폭풍을 불러일으킨 것은 양방향 인터뷰만은 아니었다. 종일 이어진 BBC의 헤드라인은 정보기관의 고위층이 블레어가 이라크 전쟁 이전 대량 살상 무기WMD라고 주장한 것과 관련된 서류 일체를 부인하고 있다고 암시했다. 들불이 번지듯《더 메일 온 선데이*The Mail on Sunday*》가 길리건에게 기사를 청탁하면서 논란은 더욱 커졌는데, 길리건은 앨러스테어 캠벨이 정보원을 '더 매력적으로 보이게 했다'고 비난했다.

모든 장면은 증거를 잠깐이라도 확인하려는 어떤 시도도 거의 무의미하게 만들 정도로 팽팽하게 긴장감이 도는 신화의 일부가 되었다. 이는 영국에서 다른 어떤 요인보다도 '선출된 주류'를 향한 신뢰를 약화시키는 데 큰 역할을 했다. 블레어는 전쟁에 관한 그의 판단, 깊이, 진정한 정치적 용기에 대한 많은 질문에 대답해야 했음에도 진실성만이 유일한 이슈였다. 블레어는 이라크 전쟁 전후를 막론하고 이라크와 주변 지역의 긴장을 이해하고 있는지에 대한 질문은 거의 받지 않았다. 그는 그렇다는 신호를 거의 보이지 않았다. 대신에 블레어는 선출된 정치인이 곤경에 처했을 때 영국 언론이 항상 던지는 그가 거짓말쟁이인지에 대한 질의만을 받았다.

길리건이 폭탄을 터뜨렸을 때 무슨 일이 일어났는지 살펴볼 필요가 있다. 이 이야기는 치명적인 불명확성을 가진 영국 정치에 ― 그리고 민주주의 세계의 정치에 걸쳐 ― 불신이 어떻게 기름을 끼얹을 수 있는지 보여 주기 때문이다.

다음은 영국 전역에 걸쳐 BBC에서 가장 청취율이 높은 아침 7시 30분, 길리건의 양방향 인터뷰의 대본 일부다. 두 번째 '양방향' 인터뷰였다. 가장 두드러진 특징은 세상을 놀라게 만들 폭로가 아니라, 진행자와 기자 사이에 정확히 무슨 이야기를 나누고 있는지가 명확하지 않다는 점이다.

존 험프리스 : 우리 국방 선임 기자 앤드류 길리건은 지난 9월 정부가 만든
이라크에 관한 서류 일체가, 마지막 순간에 정보기관으로부터 인증받지
못한 확인되지 않은 자료들로 급조되었다는 증거를 찾았습니다. 앤드류
당신은 전에 이 프로그램에서 이에 대해 언급한 적이 있는데요, 우리는
총리실로부터 사실이 아니라는 성명을 들었습니다. 총리 관저는 "이 서류
의 한 단어조차도 완전히 정보기관의 일이 아닌 것이 없습니다"라고 발표
했습니다. 이런 말을 전하게 돼서 유감스럽습니다만, 한번 볼까요. 우리
는 그들이 하는 말이 무슨 의미인지 알고 있으니까요. 이것을 명확히 해
봅시다. 당신은 이것이 정보기관의 일이 아니라는 거죠?

앤드류 길리건 : 내가 미심쩍다고 이야기했던 정보는 정보기관에서 온 것이
맞습니다만, 그들은 그 정보가 거기 있어야 한다고 생각하지 않았기 때문
에 썩 기분이 좋지 않았을 겁니다. 정보가 충분히 입증되지 않았다고 생
각했고 실제로 잘못되었다고 여겼습니다. 정보원이 잘못 만들었다고 생
각하고 있습니다. 무슨 일이 벌어졌는지 잘못 이해했다고 여기고 있습니
다. 이걸 이야기해 보죠. 작년 9월에 만들어진 문건입니다. 아마도 이라크
에 관한 영국 정부의 가장 중요한 문서일 겁니다. 하원이 이에 대한 토론
을 위해 소집되었다는 것을 기억하실 겁니다. 토니 블레어가 개회 연설을
했었죠. 이것은 인터넷에서 복사된 유명한 '의심스러운 서류 일체'와 같지
않습니다. 그건 나중 일이죠. 그날의 뉴스 의제를 지배했던 심각한 문건
이었습니다. 당신이 서류를 열어 보면 곧바로 토니 블레어의 "사담의 군
사 작전은 일부 대량 살상 무기의 효율적인 사용을 위해 45분 내에 준비
되는 것을 허용한다"는 내용을 포함한 서문을 볼 수 있을 겁니다.

이제 그 주장은 거꾸로 블레어 총리에게 되돌아왔는데요, 만약 무기가
바로 사용될 수 있었다면 지금쯤은 발견되었어야 맞습니다. 그러나 아시

다시피, 정직한 실수였을 수도 있죠. 그렇지만 제가 주장해 온 것은 정부는 심지어 전쟁 이전에, 더군다나 그 문서 일체를 작성하기 전에 그 주장이 의심스럽다는 것을 알고 있었다는 점입니다.

나는 이 서류들의 준비에 관련된 공무원과 이야기해 왔고, 그는 대중이 이미 알고 있는 것과 다름없이 서류 초안은 정보기관에서 작성했으며, 발표 일주일 전에 완성되었다고 말해 주었습니다. "발표 일주일 전에 더욱 그럴듯해 보이도록 변경되었습니다. 전형적인 예가 대량 살상 무기가 45분 이내에 사용할 준비가 된다는 것입니다. 이 정보는 원본 문서에는 빠져 있었습니다. 서류에 포함된 이 내용은 우리의 바람과는 반대되는 것이었는데, 믿을 만한 것이 아니었기 때문입니다. 문서 내용의 대부분은 복수의 출처에서 확인되었는데, 이것만은 하나의 출처뿐이었고, 그래서 우리는 그 출처가 잘못되었다고 생각합니다."

이 공무원은 다우닝가총리실의 지령으로 서류가 바뀌었다고 말하며 다음과 같이 덧붙였습니다. "대부분의 정보기관원은 그들이 제안한 사려 깊은 견해를 반영하지 않은 이 문서에 불만족스러워합니다."

저는 이제 이 제보자, 그리고 저와 대화를 나누었던 다른 사람들이 여전히 이라크는 어떤 종류의 대량 살상 무기 프로그램을 가지고 있었다고 믿는다는 사실을 강조하려 합니다.

"전쟁 6개월 전까지만 하더라도 화학무기가 있었을 확률이 30% 정도 되고요, 생물학무기가 있었을 확률은 더 높습니다. 우리는 블릭스Blix(한스 블릭스Hans Blix, 유엔 감시, 검증, 사찰위원회UN Monitoring, Verification and Inspection Commission 위원장)가 몇 가지 잠재적인 흥미로운 증거들을 무시했다고 생각합니다. 그 무기 프로그램들은 꽤 소규모였죠. 제재는 그 프로그램들을 제한했습니다."

이 제보자는 전쟁 이후 이라크 대량 학살 무기 연구자들을 체포한 결과에 대해서도 흥미로운 사실을 덧붙였습니다. "우리가 가지고 있던 정보에 비하면 더 가치 있는 정보를 알아내지 못했죠. 우리는 포로들에게서 아직 많은 것을 찾아내지 못했습니다."

45분이라는 지점은 세부 사항에 관한 문제만이 아닙니다. 이는 사담이 임박한 위협이었는지에 관한 정부 사례의 핵심으로, 문서에서 세 차례나 반복되고 있습니다. 저는 의회의 정보위원회와 정보원들이 영국 정부가 만든 이라크에 관한 주장을 조사하기 시작함에 있어 이런 문제들이 수사에서 명백히 중심을 이루어야 할 것이라는 점을 이해합니다.[6]

이 대화는 언론인의 혼란스러움이 어떻게 지도자에 대한 불신에 불을 붙일 수 있는지 보여 주는 사례로 주의 깊게 분석할 가치가 있다. 존 험프리스의 혼란스러운 모두 질문부터 시작해 보자. 험프리스는 이 서류가 마지막 순간에 급조되었다고 했다. 문서의 모든 내용이 급조되었을까? 그는 어떻게 알았는가? 빠르게 편집된 바 있지만, 많은 고위 공직자가 조심스레 작업했다. 위험성이 높았다. 험프리스가 암시한 것처럼 쉽게 엮인 것이 아니었다.

그리고 험프리스는 길리건에게 묻는다. "당신은 이것이 정보기관이 한 일이 아니라는 거죠?" 그가 의미하는 '이것'은 무엇인가? 서류 전체인가? 정보기관원이 언급한 일부분인가?

질문은 분명하지 않고 말이 되지도 않는다. 합동 정보위원회The Joint Intelligence Committee가 이 문서에 서명했으니, 분명히 정보기관 고위층이 한 일이었다. 아무도 그 문서가 애매하게 정의된 '정보기관'에 고용된 모든 요원이 한 일이었다고 주장하지 않았다.

길리건은 험프리스의 모호한 질문에 대답하지 않았다. 스캔들이 무엇인지 확실히 정의하지 않은 스캔들이라는 느낌을 전달하면서 해결되지 않은 상태로 남겨 두었다. 대신 길리건은 사담이 45분 안에 공격을 준비할 수 있는 대량 살상 무기를 보유하고 있었다는 주장에만 초점을 맞춘다. 이 정보에 정보기관이 기분이 좋지 않았을 거라는 길리건의 답변은 험프리스가 암시한 첫 질문만큼 폭발적인 것은 아니었다. 정보기관도 틀릴 수 있다. 당연히 '정보기관'은 이 특정한 단언이 신뢰할 수 없다고 염려했고 서류에 포함되길 원하지 않았다. 길리건은 "제가 주장해 온 것은 정부는 그 주장이 의심스럽다는 것을 알고 있었다는 점입니다"라고 덧붙인다.

모든 정보기관이 '의심스러워' 하고 있었다는 점을 고려하면, 이는 새로운 폭로가 아니었다. 우리는 당시 블레어가 꼭 그래야 하는 것은 아니었지만 정보기관을 믿는 쪽을 택했다는 사실을 알 수 있다. 반대편에서는 정보기관이 '의심스럽다'고 공개적으로 주장하고 있었다. 로빈 쿡Robin Cook은 블레어에게 개인적으로 이야기한 사람 가운데 한 명으로, 나중에 사임하고 나서는 공개적으로 언급했다. 블레어는 과학적인 사실로써 정보기관이 100% 옳다는 주장을 한 적이 한 번도 없다. 그렇게 할 위치에 서 있지도 않았다. 단지 사담이 대량 살상 무기를 가지고 있다고 믿었고, 정보기관은 그의 시각을 뒷받침했을 뿐이다. 블레어는 완전히 틀렸음이 입증되었지만, 그는 맞다는 과학적인 증명을 주장하는 것이 아니라 현안을 진전시키고 있을 뿐이었다.

BBC 인터뷰의 다음 부분은 거꾸로 올라가, 일반적인 주장과는 반대되는 근거로 흥미를 이끈다. 길리건의 제보자는 45분에 관한 주장을 제외한 모든 점에서 서류를 지지하고 있다. 영국 공직자들이 대부분의 문서 내용에는 안심했는데, 정보에 복수의 출처가 있었기 때문이라는 게 대략적인 이야기다. "이 서류들의 준비에 관련된" 공무원만이 출처에 관한 유일한 언급이다. 그러나 준비에 직접적으로 관련되어 있던 사람들은 문서에 서명했다. 여기에서 다시 모호해진다. 제보자는 어떻게 연관되어 있는 것인가?

모든 것은 더욱 혼란스러워진다. 길리건이 여전히 모호하게 정의한 '정보기관'들에서 심지어 사담이 일부 대량 살상 무기를 보유하고 있었다고 믿는다 해도 서류 내용 전체에 불만족스럽다고 일관되게 주장하고 있기 때문이다.

'대부분의 정보기관원'은 불만족스럽다. 많은 사람이지만 길리건은 단 하나의 출처만 언급했다. 그리고 그 출처인 '이 공무원'마저 이라크가 대량 살상 무기를 보유하고 있다고 믿었다. 그 후 길리건은 45분의 주장에 관한 특정 주제로 돌아가 이것이 '문제의 핵심'을 이야기한다고 말한다. 그런가? 이 문제에 관해 블레어의 정보기관 의존도는 아주 높았고, 사담이 위협을 가한다는 자신의 주장을 입증할 수 있는 모든 사소한 사례까지 찾았다. 문서의 서문에서 블레어는 특정한 위협을 강조했다. 이는 우리가 얼마나 비중을 두느냐에 달려 있다. 당시 맥락은 명확하지 않았을 수도 있다. 이는 이라크전을 지지했던 블레어의 주장이었다. 그러나 이라크 전쟁이 임박했던 달에 45분의 주장에 관련된 이야기는 거의 없었다. 그것은 단 한 번도 '문제의 핵심'이 아니었다.

이런 중요한 문제에서 이는 성급했던 '양방향' 인터뷰로, 지금 인용한 부분은 프로그램을 열면서 했던 이전의 인터뷰보다 덜 논쟁적이면서도 덜 혼란스러웠다. 길리건이 혹은 험프리스가 그 서류가 '정보기관'과 아무 관련도 없다고 주장했었나? 길리건은 오직 대량 살상 무기가 45분 이내에 사용될 수 있다는 주장에만 초점을 맞추고 있었던가?

그는 하나의 출처에 대한 생각을 드러내고 있었나? 그 출처는 어떤 관련이 있었던가?

그날 이후, 이라크 전쟁을 반대해 내각에서 사임했던 로빈 쿡은 친구들에게 길리건의 보도에 실망했다고 말했다. 쿡은 핵심 질문은 '블레어는 왜 믿을 수 없다고 알려져 있던 정보기관에 그렇게 과도하게 의존하게 되었는가'라는 것을 알고 있었다. BBC는 갑자기 '정보기관'이 원하는 것과는 다르게 총리실에서 서류 일체를 허위로 꾸몄다는 주장으로 넘어갔다. 쿡은 실제 사건에서 관심을 다른 곳으로 돌리는 것을 볼 수 있었다.

다른 곳으로 돌려진 관심은 큰 영향력을 행사하며 10년이 넘게 흐른 뒤에도 언론 다수의 유권자에게 블레어가 인식되는 방향을 형성했다. 블레어는 재앙과도 같은 이라크 전쟁으로 향하는 길에 거짓말을 일삼은 총리(나중에는 전직 총리)가 되었다.

끔찍한 지옥은 길리건의 방송으로 시작되었다. 모호한 의심이 생겨나고 있을 때 블레어는 이라크를 방문 중이었다. 블레어와 앨러스테어 캠벨 모두가 당혹해했다. 합동 정보위원회JIC 위원장 존 스칼렛John Scarlett이 기이한 배신을 하며 길리건에게 얘기했는가? 그들은 정확히 무엇을 고발했나? 이어지는 일요일에는 길리건이 《더 메일 온 선데이》에 자신의 주장을 과대 선전했다. 기사의 첫 면에 올라온 첫 두 개의 칼럼에 앨러스테어 캠벨의 사진과 길리건의 더 작은 사진과 함께 다음의 헤드라인이 실렸다. "정보기관의 제보자에게 블레어가 왜 우리 모두에게 사담의 대량 살상 무기에 관해 호도했는지 물었다. 그의 대답은? 한마디로 ⋯ 캠벨."[7]

BBC의 선임 기자가 사실이라 가정하며 "블레어는 우리 모두에게 사담의 대량 살상 무기에 대해 호도했다"고 주장하고, 그의 '정보원' 캠벨에 따른 설명이라고 말한다. 다시 말해도 이 기사는 혼란스럽다. 이 출처의 선임자는 확실하지 않고, 그 누구도 공정하게 판단을 내릴 수 없기 때문이다. 그러나 BBC는 블레어가 이라크 전쟁의 참전을 위해 '우리 모두를 호도했다'고 판단하고, 세상을 떠들썩하게 만들 만한 혐의를 입증 — 이른바 불편부당한 입증 — 했다.

그러나 블레어가 사전에 거짓말했다는 가정에는 설명이 필요하다. 블레어가 만약 무기가 발견되지 않으면 자신의 거짓말이 드러날지도 모르는데도 불구하고, 가장 가까운 동료들에게 대량 살상 무기에 관해 거짓을 말할 것이라고 이야기했는가?

물론 블레어는 그런 적이 없다. 일련의 사건은 더욱 복잡하다. 블레어는 필사적으로 이라크 전쟁에 개입해야 한다는 주장을 폈고, 이를 관철시키려 했다. 그는 증거를 효율적으로 사용했다. 블레어는 이라크 전쟁 참전 여부를 두고 BBC 세미나를 주관한 것이 아니었다. 부시와 조금이나마 어깨를 나란히 하기 위해 유권자, 언론, 그리고 당내 다수의 지지가 필요했다. 다른 방식으로 주장을 이끌어 나갈 수는 없었다.

궁지에 몰린 변호사처럼, 블레어는 정보기관의 사담이 대량 살상 무기를 보유하고 있다는 정보를 근거로 주장을 폈다. 설득을 위해 애쓸수록, 블레어가 정보기관의 수많은 자질까지 언급할 시간은 충분하지 않았다. 반전주의자의 주장까지 설명할 여유는 없었고, 그들은 이미 알아서 그렇게 하고 있었다. 길리건의 보도와는 대조적으로 블레어는 합동 정보위원회의 고위급 정보원과의 협력을 통해 정보기관에 불균형하게 초점을 맞추었다. 많은 중요한 질문이 제기된다. 왜 존 스칼렛은 기꺼이 협력했나? 정보기관은 왜 그렇게 틀렸을까?

이런 의문은 제기되지 않았다. 대신 총리실과 BBC 사이에 블레어가 전쟁을 정당화하기 위해 거짓말했는지 여부를 둘러싼 심각한 의견 대립만 존재했을 뿐이다.

보수당은 블레어가 전쟁을 정당화하기 위해 거짓말했다는 인식을 확산해서 아무런 이익도 얻지 못했다. 당시 그들은 수혜자가 될 만한 상황이 아니었다. 대신에 스코틀랜드 분리독립주의자들과 영국독립당 같은 아웃사이더들이 약진할 씨앗이 뿌려지고 있었다. 그리고 한때는 신격화되기도 했던, 정치에 대한 믿음을 재건하겠다고 맹세한 총리 블레어에 대한 환멸은 더 넓은 경멸로 퍼져 나갔다. 더 이상 총리는 신뢰받지 못했다. 몇 년 뒤, 브렉시트 국민투표에서 데이비드 캐머런은 브렉시트의 위험성을 다각도로 경고했다. 더 많은 유권자가 나이절 패라지를 믿는 쪽을 택했다. 만약 신뢰가 문제를 정의하기 시작한다면, 선출된 총리는 임기 중 어느 순간에 믿을 수 없다고 비칠 운명에 처해 있다. 기회는 아웃사이더에게 돌아간다.

부시 행정부 또한 불가피하게 신뢰와 이라크, 사라진 대량 살상 무기를 둘러싼 의문으로 수렁에 빠졌다. 부시와 블레어가 대량 살상 무기에 초점을 맞춘 것은 유권자들이 개전을 지지하도록 거짓으로 설득하는 것보다 훨씬 복잡했다. 블레어의 경우에는 충분히 하원의원을 설득함으로써 정수를 확보하고 유권자들이 그를 지지하도록 하는 데 집착하기도 했지만, 민주주의의 독약을 삼킨 신뢰의 문제는 이를 설명하기엔 지나치게 간단하다.

2001년 9월 11일의 테러 사건 이후, 부시 행정부가 곧바로 아무런 근거도 없이 사담 제거에 집중한 것은 의심할 여지가 없는 일이다. 수일 뒤에, 앞뒤가 맞지 않는 분열된 부시 행정부의 고위 인사 몇몇과 대화를 나눴는데, 당시 아직 아프가니스탄 문제를 다루고 있지 않았음에도 불구하고 — 그리고 물론 그들은 한 번도 온전히 그렇게 한 적이 없었다 — 다음에는 반드시 이라크를 손봐야 한다고 말했다. 블레어의 개입이 없었더라도, 그들은 아마 어느 순간에 일방적으로 혹은 다른 이들을 보태서, 유엔의 권고 없이도 이라크를 침공했을 것이다.

많은 부분에서 블레어는 군사적 갈등이 발생했을 때 미국과 동맹을 유지해야 한다고 불안해했던 총리이자 노동당 대표였다. 블레어는 중동 전문가는 아니었지만, 노동당이 왜 1980년대 총선에서 패했는지에 관한 깊은 의식은 가지고 있었다. 그 가운데 하나가 노동당이 국방과 미국과의 동맹에서 믿음을 사지 못한다는 느낌이었다. 블레어를 이끈 또 다른 얕은 철학은 제3의 길로, 가능한 많은 유권자들이 받아들일 수 있다고 느낄 만한 해결책을 진보와 보수 사이에서 그리고 다른 많은 문제들 사이 새로운 길에서 찾는 것이었다. 이라크 전쟁 문제에서 블레어는 미국을 지지하는 편에 서기로 결정했지만, 동시에 노동당뿐 아니라 가능한 한 많은 사람이 그의 편에 서기를 바랐다. 이 특정한 제3의 길은 유엔이 이라크에서 가능한 한 전쟁을 지지하도록 설득하는 것이었다. 그렇게 할 수 있도록 하는, 부시가 그를 지지하도록 설득하는 유일한 길은 사담이 대량 살상 무기에 관한 유엔의 여러 해결책을 명백히 이행하지 않았다는 점에 초점을 맞추는 것뿐이었다. 대량 살상 무기에 맞춰진 초점은 유엔이 사담과의 협상에 착수하도록 하겠다는 블레어의 제안에 부시가 동의하자 필수불가결해졌다.

대량 살상 무기의 존재 유무, 부시와 블레어가 대량 살상 무기가 존재했었다고 확신했었는지의 유무는 이제 크게 중요하지 않다. 정보 기관이 수집한 대량 살상 무기가 존재한다는 증거가 있었다. 이것이 블

제 7 장 신뢰와 불신 사이

레어가 스스로를 변호할 때 매달렸던 사실이자 유엔이 개입하도록 만들기 위해 가능했던 유일한 방법이었다. 블레어가 어찌 됐든 부시를 지지할 것이라는 기반에서 부시가 이 방법에 동의했을 때 — 블레어는 "무슨 일이 있어도 당신과 함께하겠습니다"라는 유명한 메모를 썼다 — , 부시 역시 원래 계획 대신 살상 무기에 초점을 두는 방법을 선택해야 했다. 이것이 문건의 발표를 이끌었고 유엔을 향해 사담의 대량 살상 무기 — 나중에 존재하지 않는 무기였다는 것이 드러난 — 에 대해 발표했던 일련의 사건들이다.

재앙과도 같았던 전쟁으로 향하는 가시밭길은 지도자의 거짓말이 아니라 지도자가 전쟁의 정당성을 입증하기 위해 노력했음에 관한 것이다. 처칠이 영국 총리였을 때, 제2차 세계대전의 개전 위험성이 극도로 고조되면서, 그는 "해안가에서 맞서 싸울fight them on the beaches" 필요성에 관한 유명한 방송 연설을 했다. 처칠은 진실되지 않았다. 당시는 매우 위험한 상황이었으나 처칠은 비록 그럴 수 없을 때조차도 완벽하게 승전에 자신감 있는 것처럼 들려야 한다는 것을 알았다. 거짓일 뿐인가? 대중의 사기를 고취시키기 위한 설득의 행동이었나?

'거짓말', '신뢰', '거짓된 행동'이라는 용어는 이라크를 둘러싸고 일어난 일은 물론 선출된 지도자들이 직면한 다른 많은 정책을 설명하기에도 적절치 못하다. 어떤 면에서 일어난 일은 더욱 심각했다. 정보기관이 틀렸다. 허약한 정치인은 그들의 성격과 정치적 배경으로 설명되는 다른 이유로 잘못된 정치적 판단을 했다. 그러나 일어난 일들은 두 사람의 국가적 인물이 단순히 경솔하게 범죄의 지경에 이를 때까지 거짓말했다는 것보다는 훨씬 다층적이며 미묘하다.

　　신뢰와 불신은 거의 모든 주류 정치 지도자에 대한 인식의 중심에 섰고, 때로는 진짜 부패와 구분하는 것이 급격히 어려워질 정도였다. 범죄는 유권자를 민주주의 정치에 등 돌리게 하고 선출된 지도자를 혐오하게 만들며, 우리는 이를 이해할 수 있다. 정치에서 경멸 어린 불신을 받을 만한 진짜 부패는 항상 그랬던 것처럼 계속 이어진다. 모두 다 동일한 인간일 뿐인 선출된 정치인이 다른 나머지 사람보다 더 깨끗해야 할 이유는 없다. 마찬가지로 그들에게 행해지는 털털 털리는 수준의 정밀 검증을 고려했을 때, 이들이 더 부도덕해야 할 이유도 없다.

　　유럽연합의 넓은 영역에 걸쳐 다양한 정당과 정치인은 통렬하게 불신받을 만한 부패 혐의에 빠진다. 부패는 주류의 쇠락을 설명하는 또 다른 요인이다. 아웃사이더들이 움직이는 동안 주류는 번성하는 데 실패했다.

　　스페인에서 마리아노 라호이Mariano Rajoy 행정부는 권력의 유지 가능성을 어둡게 만드는 정치적 부패 스캔들에 깊이 연루되었다. 라호이의 인민당은 최근 중도 보수를 선도하는 정당이었으나, 부패와 관련된 체포, 폭로와 사임으로 급격히 흔들렸다. 인민당은 ─ 수십 년간 인민당 권력의 보루였던 ─ 발렌시아에서 입찰 담합과 불법적인 뇌물 혐의로 사법 당국의 조사 대상이 되었다. 사건을 담당한 판사는 인민당 소속 시의원 열 명 가운데 아홉 명을 공식적인 용의자로 호명했다. 수도 마드리드에서도 지구당에서 기업가로부터 불법 자금을 수수했다는 혐의로 책임자가 긴급 체포되었다. 이 사건에는 명확한 증거가 있었다. 인민당의 지역 대표이자 당 지도부에 많은 영향을 끼치고 있던 에스페란사 아기레Esperanza Aguirre는 스캔들에 대한 '정치적 책임'을 받아들인다고 말하며 사임을 발표했다. 그녀는 "부패가 우리를 죽이고 있다"는, 흥미로운 사실을 드러내는 포괄적인 문장을 덧붙였다.

정당이 부패되었다고 정의 내리기에 좋은 시간이란 없겠지만, 라호이에게 이때의 사건은 최악의 시기에 터진 것이나 다름없다. 인민당은 2015년 12월, 결론을 내지 못한 것이나 마찬가지인 총선 이후 의회의 가장 큰 연합으로 모습을 드러냈지만, 라호이는 총리로 재선출되기 위해 다른 정당의 지지에 의존해야 했다. 인민당과 함께 권위를 무너뜨리는 부패 스캔들의 수렁에 빠지면서, 총리직은 직무 수행이 불가능할 정도로 벅찬 일이 되었다. 라호이는 이후 2018년, 스페인 민주화 이후 최초로 불신임으로 총리직에서 물러났다. – 편집인

민주주의 세계에서 정당은 대체로 지구당과 당원에게 권력을 분산하는 데 실패하고 지나치게 중앙집중화되어 있다고 비판받는다. 이 낭만적인 비판에 따르면, 당원의 시각과 생각에서 분리되어 구름 위에서 통치하는 지도자를 방지하기 위해 지구당은 더 많은 권한을 부여받아야 하며, 어떤 경우에는 자치권이 있어야 한다.

많은 아웃사이더가 자신은 지구당원의 목소리를 더 듣겠다고 약속하면서 당권을 획득하기 위해 열을 올렸다. 그들은 지구당에서 국회에 보낼 대표자를 결정하도록, 당의 정책을 결정하도록 내버려 둘 것이다. 이런 권력 이동은 자신의 영웅이었던 토니 벤의 뒤를 따르는 제러미 코빈의 근본적인 목표였다. 유럽에서 대다수 정당은 지방자치 이념에 원칙을 둔다. 웨스트민스터에서 하원은 지난 20년이 넘는 시간 동안, 다수의 하원의원이 당 대표보다 지역구에 더 충성하는 모습으로 변해 왔다. 그러나 스페인 인민당의 경험은 중앙당이 지구당에 대한 통제

력을 상실했을 때, 부패를 포함해 기능을 상실할 위험이 있다는 것을
증명해 주는 사례다.

어느 시점부터 한 지역에서 발생한 일로 중심부가 희생양이 된다.
고통에 처하는 것은 정당의 중앙 지도부뿐 아니라 잠재적으로는 전 국
가에 걸친다. 만약 무능하거나 부패한 지역 인사가 국회에 진출하면,
그는 잠재적인 정부 구성원 자격을 가진다. 총리로 하여금 의회의 정당
을 보고 대규모 정부를 구성하기 위해 악전고투하도록 하는 것은 흔히
있는 일이다.

국가와 지역의 대립을 통제하는 정치적 정당의 해결책은 복잡하겠
지만, 어느 정도의 중앙 통제와 지구당에 대한 면밀한 감사가 반드시
포함되어야 한다. 그러나 이런 중앙 통제의 노력은 정당이 너무 중앙집
권화되어 있고, 때로 웃으며 '중앙 통제권'이라고 부르는 것에 얽매어
있다는 요즘 유행하는 중심 이론과는 완전히 반대다. 정부의 핵심에서
소위 일부 통제에 환장한 사람들이 곰곰이 생각해 볼 이유를 가지고 있
듯이 말이다. "나는 아무것도 통제하지 못하고 있는 것 같은데요."

영국에서 통제력 부족은 불신을 폭발에 이르게 만들 만한 다른 스
캔들에도 일부 적용된다. 하원의원이 관련된 의회 활동비 사건은 몇몇
하원의원이 부정한 비용 청구로 징역을 선고받게끔 했다. 나머지 하원
의원도 그들이 왜 오리 집, 개 비스킷 따위를 활동비로 청구해야 했는
지 설명해야 했다. 그들은 무척이나 애를 먹었다.

잘못된 하원의원에게는 이런 사건이 있었다. 더욱 합리적인 시대
였다면 여전히 그들은 정당하게 비난받았을지 모르지만, 아마도 변명
은 들어 주었을 것이다. 부조리의 시대에는 아무도 듣지 않는다. 웨스
트민스터에서 부분적으로 시행한 배타적인 지역주의 체제의 일부로

하원의원들은 그들에게 치명적일 수 있는 주장을 펴고 있었는데, 정치적으로 정부가 하원의원의 급여를 눈에 띌 정도로 인상하는 데 동의하는 것은 불가능하기 때문이었다. 결국 그들은 비용 청구 혹은 수당의 형식으로 몰래 인상할 수밖에 없었다. 공무원들은 하원의원을 정보 공개 청구 대상에 포함할 것을 권장했고, 공식적으로 정보공개법이 시행되었을 때 이 비용은 결국 대중 앞에 낱낱이 공개되었다. 이는 지출이 아니라 한계가 있는 비용이었다. 하원의원에게는 제한 금액에 도달할 만큼 사용할 것이 권장되었다. 지금 일어난 일을 정당화하려는 것이 아니라 설명하려는 것이다. 영국은 어떤 야만스런 법령으로 사기꾼의 의회를 선출한 것은 아니다.

하원의원들은 위험을 감수할 만큼 충분히 어리석었고, 충분히 바보 같았다. 만약 그들이 비용을 조작해서 재정적인 이익을 취할 만큼 충분히 바보 같았다면, 그들은 애당초 후보조차 되지 말았어야 했다. 그러나 정당 지도력은 민주주의 세계에서부터 지구당원에 이르기까지 많은 부분에서 통제력을 상실했고, 그 결과 하원의원 개개인과 지구당에 대한 철저한 감사는 때로 존재하지 않는 것이나 마찬가지였다. 유권자들은 의회 활동비 사건으로 충격을 받았지만, 영국에서는 아무도 지구당이나 하원의원이 중앙으로부터 더 많은 통제를 받아야 한다고 결론짓지 않았다. 어떤 맥락에서는, 정당 지도부의 '통제에 환장한 사람' 같은 경우에 '통제'는 해로워 보인다. 그렇지만 '우리의 결정권을 되찾자'는 반정치 시대에 가장 유행하는 구호다.

하원의원 의회 활동비 사건은 총리가 세 명째 연이어 신뢰와 불신 문제의 수렁에 빠지는 것을 확실하게 했다. 토니 블레어를 대신한 고든 브라운은, 블레어를 휘감았던 불신을 감안해 신뢰를 그의 기반 운동으로 만들었다. 브라운 스스로 총리로서 성공했다고 느끼게 만든 주된 근거였다. 블레어 또한 불신의 늪에 빠지기 전까지는 권력의 정점에 있을 때마다 완전히 동일한 느낌을 받았다.

일련의 사건은 브라운으로 하여금 같은 운명 속에서 고통받게 만들었다. 총리 재임 중에 불신은 그의 고통으로 솟구쳐 올랐다. 하원의원 활동비 사건이 부분적으로는 그의 감시 아래 일어났기 때문이었다. 브라운 또한 Sky TV 같은 서비스를 청구한 일로 공격과 놀림을 받았다. 비록 그의 지도력은 몇몇 노동당 하원의원이 여러 형태의 사기 사건으로 기소당했을 때 더 크게 고통받았지만 말이다. 내각 구성원 일부도 또 다른 불법 행위 혐의에 직면했다. 브라운에게 그의 지도력에서 신뢰의 붕괴는 금융위기와 조기 총선 실시에 대한 망설임을 포함한 다른 어떤 문제만큼이나 힘겨웠다. 그는 신뢰의 화신이 되고 싶었지만, 아주 빠른 속도로 믿을 수 없는 사람이 되어 갔다. 여론조사에서 곤두박질친 신뢰도를 확인하고 브라운은 운이 다했음을 알았다.

비록 유럽연합 문제와는 아무런 상관도 없었지만, 하원의원의 비용 청구와 이라크 전쟁은 브렉시트 국민투표 유세의 조미료 같았다. 이 요소들이 '지식인층'에 대한 불신에 불을 지폈기 때문에, 전 총리가 유럽연합에 머물자는 주장을 펼쳤을 때 사람들은 반대편에 섰다. 신뢰받지 못하는 브라운과 블레어가 연설에 나설 때마다 브렉시트 운동 지도부는 아주 기뻐했다.

부패가 스스로를 드러내는 다른 방식도 있다. 프랑스는 대통령이 사건이나 의혹 속에 엘리제궁을 떠나는 것처럼 보이는 아주 특별한 경우다. 2014년 니콜라 사르코지는 리비아 독재자 카다피로부터 불법 선거 자금 5천만 유로우리 돈 약 650억 원를 받았다는 혐의에 연루되어 기소되었다. 사르코지는 부인했지만, 혐의는 사르코지가 2017년 프랑스 대통령 선거에서 보수 주류의 후보자로 섰을 때, 놀랍게도 1차 투표에서 패배하는 지경에까지 거세게 영향을 미쳤다.

사르코지에 앞서 프랑스 대통령 자크 시라크^{Jacques Chirac}는 공공 자금을 불법적으로 그가 이끄는 정당의 자금으로 횡령한 혐의가 발견되어 집행유예 2년을 선고받았다. 법원은 거짓 고용과 관련된 두 건의 사례가 유죄라고 말했다. 이는 그가 파리시장으로 재임하던 1977년부터 1995년 사이에 벌어진 일이었다.

프랑수아 올랑드는 새롭고 깨끗한 지도자라고 주장했고, 또 그래 보였기에 대통령에 당선되었다. 그 또한 정치 스릴러 이야기의 한 부분을 구성할 수 있는 혐의로 곤경에 처했다. 혐의의 중심에는 그의 선거 총책과 선거 담당자가 가지고 있던 불가사의한 국외 계좌가 있었다. 올랑드는 기자들의 질문에 직면했고, 유권자들은 여기에 선출된 지식인의 또 다른 구성원이 공정하거나 공정하지 않은 혐의를 받고 있다는 데 주목했다.

2017년 프랑스 대통령 선거에서 중도 보수를 이끌던 후보 프랑수아 피용^{François Fillon}이 공공 자금 남용 혐의로 법적 조사를 받았다. 2016년 가을까지만 해도, 피용의 대처리즘 경제관에 대해 토론과 분석이 이루어졌다. 2017년 초, 그의 초기 선거 운동에서는 피용의 부인이 보수를 받은 만큼 일을 했는지에 완전히 초점이 맞추어졌다.

항상 선출된 주류는 혐의가 있는 것처럼 보인다. 이 대결에서 아웃사이더들은 범법 행위에서 결백한 것처럼 보인다.

이탈리아에서 전 총리 실비오 베를루스코니는 세금 사기로 유죄 판결을 받아, 밀라노 근처의 요양 시설에서 1년 동안의 지역사회 봉사

활동을 시작했는데, 그가 연관된 법적 문제는 이뿐만이 아니었다. 한 때 그는 공직 진출을 5년 동안 제한받았다. 베페 그릴로라는 결백한 코미디언이 깜짝 등장해 신생 정당을 창당했는데, 청렴함은 다방면으로 그의 매력 가운데 핵심이었다.

심각한 범죄와 부패 혐의는 민주주의 정치의 불신에 기름을 끼얹는다. 유권자들은 다양한 인물에게 권력을 안겨 주고, 그들은 자신을 둘러싼 혐의와 함께 공직을 떠난다. 그러나 이런 경우조차도 이런 반응이 완전히 정당화될 수 없는 정도가 있다. 선출된 정치인이라고 해서 나라의 사법 체제에서 제외되지는 않는다. 선출된 주류도 발생한 일의 결과를 책임져야 한다. 만약 그들이 기소된다면, 그들은 기소에 응답해야 한다. 이런 폭로에 유권자들이 마땅히 가지는 분노의 정도를 가라앉히기 위함이 아니라, 민주주의적인 원칙에 따라 당선된 정치인에게도 숨을 곳은 어디에도 없다는 것을 보이기 위함이다.

지도자들을 믿을 수 없다는 인식은 주류의 마비를 불러왔다. 심각한 불신이 주류 지도자에게 어떤 의미인지 뒤로 물러나 곰곰이 생각해 본다면, 왜 그들이 이 시대의 도전에 직면하고 급진적으로 행동하는 것에 두려움을 느끼는지 쉽게 이해할 수 있다. 만약 당신이 신뢰받지 못한다면, 유권자에게 단기적인 요청을 하는 동안 장기적으로 국가에 이익을 가져오는 결정을 발표하고 실행하는 일이 쉽지만은 않을 것이다. 이런 환경에서 지도자는 유권자와 반드시 함께 어울려야 한다. 공공 지출과 자본 지출에 대한 투자, 보수와 진보의 아웃사이더들이 초점을 맞춘 정책은 주류 지도자가 범죄자로 간주될 때 실행에 훨씬 큰 어려움을 겪는다. 주류 지도자들이 그들이 청렴결백함을 확신시켰을 때조차도, 이는 사실이고 충분히 그럴만하다. 그들은 표적 집단과 여론조사, 신문 기사를 읽는다. 그들이 어떻게 인식되고 있는지 알며, 이는 그들의 자신감을 좀먹는다. 그러나 대부분의 경우 한때 그들에게 지지를 보냈던 유권자의 혐오는 그들이 권력에 머무르도록 만든다. 유권자들이 그들을 다시 지지하도록 설득하려는 애처로운, 운이 다한 시도로서 말이다.

이 문제에는 복잡한 많은 모순이 얽혀 있다. 집권 여당이라고는 당연히 느껴지지 않는 주류 진보 정당은 유권자와 미디어, 더 많은 기관의 신뢰를 얻기 위해 최선의 노력을 경주한다. 빌 클린턴이 이끈 신 민주당의 목표는 미국 중산층, 즉 워싱턴 기득권층의 신뢰를 얻는 것이었다. 믿을 수 있는, 대통령의 자격을 갖춘 사람으로 보이고, 기쁨을 주고 싶었던 클린턴의 강박적인 열망은 아마도 그 바람 때문에 그를 탄핵으로 이끌었다. 블레어는 자신만의 방법으로 영국 중산층과 그들이 읽고 보고 듣는 미디어의 신뢰를 얻기 위해 노력했지만 결국엔 경찰 수사 대상에 올랐고, 나중에는 많은 유권자가 그들이 불법적인 전쟁으로 여기는 전쟁에 거짓말로 국가를 참전시켰다고 믿었기에 그는 거의 모국에서 추방당한 것이나 마찬가지였다. 믿음을 재건하겠다는 굳은 다짐으로 집권한 브라운도 비슷하게 내몰렸는데, 그는 영국에서 거의 보이지도 들리지도 않는다. 존 메이저는 권력을 포기해서 안심했다. 런던 크리켓 경기장에서 열린 결승전이 곧바로 정치보다 더욱 매력적인 대안이 되었다. 그들의 모든 결점이 범죄는 아니었고, 공인으로서 모든 것은 의도된 것이었다.

그동안 권력에 오염되지 않았던 아웃사이더들은 끝없는 수사의 대상일 수도, 다양한 혐의에 직면할 수도 있지만 주류만큼 선거에서 영향은 받지 않는다. 2016년 미국 대통령 선거는 전형적인 사례로, 힐러리 클린턴은 확실한 증거도 없는 혐의와 범죄 인식으로 어려움에 처했던 반면, 도널드 트럼프는 어떤 신문기자들이 예측하거나 혹은 아마도 바랐던 것처럼 재정 부정에 대한 수많은 조사로 탄핵에 직면할지도 모를 여러 수사 선상에 올라 있었다.

그러나 대부분의 선거 유세 기간 동안 범법 행위와 범죄 혐의와 관련해 확실히 공세적인 입장에 섰던 이는 트럼프였다. 여성관에 대해서만은 수세적이었지만, 신뢰 문제에서 더 방어적으로 나왔던 이는 힐러리 클린턴이었다. 보수에 대한 편애와 진보를 향한 거부감의 문제가 아니라, 정치 밖에 있던 이들에 대한 호의적인 편향 덕분이었다. 트럼프는 터무니없는 주장을 펼칠 때조차 일부 유권자에게 신뢰를 받았는데, 당선 이후 유세 기간 약속했던 상당수의 말도 안 되는 공약을 폐기하는 방식으로 암묵적으로 이를 인정했다. 힐러리는 조심스러웠으며 어떤 정책 영역에서는 확실히 더 가치 있는 제안을 내놓았지만, 믿음을 주지 못했다. 이는 힐러리가 민주주의 정치에 십수 년간 몸담았기 때문이었다. 트럼프는 주류 정치 무대에서는 신인에 가까웠다.

우리가 뽑은 주류는 신뢰받지 못한다. 그들은 거짓말쟁이가 되거나 이미 거짓말쟁이이며, 허풍쟁이이면서 범죄자다. 당선되지 못했던 아웃사이더들은 우리를 대변한다. 이런 구도가 오래 지속된다면 민주주의 정치는 위험에 처할 것이다. 결국 정치인을 선출하는 것은 우리 유권자이며, 그들이 당선되면 우리 유권자들은 재빨리 그들에게 동의하지 않거나 실망스럽다고 결론짓고, 그 가운데 일부는 범죄자로 간주하기 시작한다.

여기에 어려운 문제가 있다. 정치인은 불가피하게 밤낮으로 면밀히 살펴지고, 마땅하게도 24시간 내내 책임을 추궁당한다. 그들은 인식된 만큼의 권력자와는 거리가 멀지만 그럼에도 선출된 이임에 틀림없다. 우리 유권자들은 이 정치인들에게 무분별한 앙심을 품고 밤낮 언제라도 비판하는 것이 허용되지만, 그들이 같은 방식으로 대응하는 것은 허락되지 않는다.

여기 아주 전형적인 사례가 있다. 2010년 영국 총선 당시 한 유권자가 당시 총리였던 고든 브라운에게 이민 문제에 관해 공격을 퍼부었다. 평범한 유권자를 대표했던 질리언 더피Gillian Duffy는 그 후 선거 유세에서 영웅적인 인물이 되었다. 그녀와 대면한 이후, 브라운은 그가 자문에게 말하는 내용이 마이크에서 아직 녹음되고 있다는 사실을 인식하지 못한 채 자신의 차에 탔다. 브라운은 그 여성을 '고집쟁이'로 묘사했다. 브라운의 긴 경력에 가장 큰 상처를 입힌 순간이었다. 정치인이 유권자를 비판하는, 마지막까지 하지 말았어야 할 공격을 하는 장면이 잡혔기 때문이다. 이는 허용되지 않는데, 반대의 경우에는 허용되는 것 그 이상이다. 유권자들은 정치인을 공격하려는 그들의 바람과 욕망에 빠져 있으며 언론 또한 마찬가지다. 그러나 언론은 정치인의 공격을 받아들이지 않으며, 유권자 또한 마찬가지다. 브라운은 예상치 못한 상황에 직면해 가장 수치스러운 방식으로 사과할 것을 강요받았다. 질리언 더피에게 찾아가야 했고, 그 직후 라디오 스튜디오에서 완전히 지친 모습이 목격되었다.

물론 정치인의 그런 행동은 정당화될 수 없지만, 때로는 유권자의 잘못이라는 인식도 필요하다. 어떤 유권자의 정치에 대한 혐오는 부분적으로 정당화될 수 없다. 물론 정치인에 대한 분노는 유권자가 정치에 관여하고 있음을 보이는 신호로서 타당하며 환영받는다. 정치가 그들을 실망시킨 것 같아 보일 때, 최소한 그들은 정치와 관련을 맺고 있다. 그러나 모든 것을 멸시하는 것은 정치 그리고 선출된 정치인에 대한 게으른 대응일 뿐이다. "정치인은 다 똑같아. 그 사람들은 모두 다 자기 것만 챙기는 빌어먹을 사기꾼 집단일 뿐이야." 이렇게 이야기하는 것은 충분하지 않다. 아무것도 맞지 않기 때문이다. 자신만을 위해 정치하는 정치인은 없다. 그들 가운데 다수는 다른 일을 하면 더 많은 돈을 벌 수 있다. 의심할 여지없이 권력은 마약 같지만, 한계가 명확하며 복잡하고 악몽같이 좀먹게 한다. 소위 주류라 불리는 사람들의 표정에 드러나는 딜레마를 탐구하는 대신 — 유권자들이 흥미롭게 여기고 주목할 만한 권력의 복잡성에 최소한 어느 정도 공감을 가지도록 이끌 수 있는 탐구 —, 유권자들은 모욕적으로 무관심하거나 혹은 경멸하고 또 때로는 두 가지를 동시에 한다.

이는 감동 없인 볼 수 없는 스포츠와는 어두운 대조를 이룬다. 아주 많은 유권자가 스포츠에는 현명하게 관심을 기울이며 충만한 배경지식을 바탕으로 열정을 가진다. 정치처럼 운동 경기 또한 위대한 인간 승리의 드라마이기 때문에, 이러한 관심은 이해가 가는 바가 있다. 그러나 어떤 사람은 팀을 선택하면— 어떤 선수가 몸 상태가 좋고, 어떤 선수가 몸 상태가 나쁜지 — 모든 예상 밖의 변화와 각 팀의 운명에 미칠 영향마저 쫓는다. 그러나 정치에서는, 사소한 불신이 그들의 반응을 일그러뜨린다. 사회적 문제겠지만, 유권자에게도 일부 문제가 있다는 것을 받아들여야만 이 문제를 다루어 볼 수 있다.

그러나 오직 극소수만이 그럴 뿐이다. 누구도 하루 종일 연설과 실시간 기자회견을 보거나, 고위 인사들이 중요한 결정을 내리는 회의 결과물을 기다리거나, 민주주의 세계에 걸쳐 선출된 다양한 의원의 논쟁을 바라봄으로써 정치를 보지도, 볼 수 있지도 않다. 그렇게 하는 사람이 있다면 완전히 제정신이 아닐 것이며, 누구든 그렇게 할 시간도 없다.

결국에 이는 언론이 유권자의 생각과 시선의 구도를 형성한다는 것을 뜻한다. "미디어"의 정의를 보아도, 전달하는 것은 언론이다. 민주주의 정치 세계에서는 언론이 길잡이가 된다. 신뢰가 주류 지도자를 옴짝달싹 못하게 하는, 좀먹는 쟁점이 된 과정을 이해하기 위해서는 정치인(그들 가운데 일부는 믿을 수 없는 이들이지만)만을 바라보아서는 안 되며, 또한 문제이기는 하지만 적절히 관심을 가지지 못했던 유권자만의 책임이라고 결론지어서도 안 된다. 우리는 때로 선출된 지도자가 무력함을 느끼도록 만드는 방식으로 정치를 전달해 주는 강력한 권력 ― 언론 ― 을 바라볼 필요가 있다.

정치인의 무력감, 그리고 언론

　　오늘날 신문과 방송 등 소위 주류 언론
은 산더미처럼 쌓인 소셜미디어 서비스에 맞부딪쳐 살아남기 위해 고
군분투하는 비교적 깨끗한 유물처럼 보이기도 한다. 유물은 '가짜 뉴
스'의 공급자를 고용한 공정한 사람이다.

　옛것과 새것 사이의 다툼을 환기시키는 데 일부 진실이 있다. 도널
드 트럼프는 다르게 생각하겠지만, 《뉴욕타임스》와 몽상가 블로거는
경쟁하지 않는다. 그러나 미국과 영국 모두에서, 더 정통적인 언론 매
체가 아웃사이더의 약진과 기성 주류의 약화에 중요한 역할을 했다.

　트럼프의 당선, 브렉시트와 스코틀랜드 분리독립주의자들의 약진
등 양국은 모두 유난히 드라마 같은 정치 변화를 겪었다. 아웃사이더들
이 성과를 내는 동안, 양국의 주류 지도자들은 소셜미디어가 탄생하기
한참 전에 이미 명성이 급격히 변동하며 수난을 겪었다. 브렉시트 이후
'가짜 뉴스'와 '탈진실' 정치에 초첨이 맞추어져 있던 것과, 트럼프가 약

진한 사실은, 암묵적으로만 그랬다면 좋았겠지만, 특히 선거와 국민투표가 실시되는 기간 동안, 믿을 수 있는 기사와 '진실'이 정치를 정의하는 힘을 가진 시대가 있었다는 잘못된 인상을 만드는 데 기여한다. 이는 사실이 아니다. 영국과 미국에 걸쳐 기성 정당에 닥친 다양한 위기와 그들이 격동적인 변화에 적응하지 못하고 실패한 까닭을 이해하기 위해서는 소위 주류 언론, 방송사와 어떤 경우에는 거대 신문사의 역할을 평가할 필요가 있다.

영국에 전형적인 에피소드가 있었다. 스카이 뉴스가 일요일 아침에 새로운 정치 프로그램을 시작하려 할 때, 방송국 대표 존 라일리John Ryley는 흥미로운 논평을 내놓았다. 2016년 말을 향해 달려가던 때 라일리는 시끌벅적하게 선언했다. "웨스트민스터의 거품에 대한 보도가 아니라, 정치 엘리트들의 결정이 대중과 그들의 삶에 어떻게 영향을 미쳤는지 탐구하는 쇼 프로그램입니다. 우리는 영국은 물론 그 너머에 있는 우리 시청자에게 일주일간의 정치에 대한 새로운 관점을 제시할 것입니다."[1]

라일리의 의미 전달은 훌륭했다. 런던을 벗어나 유권자의 삶을 이해하고, 정치 지망생과 대중 사이의 잃어버린 관계를 복원시켜 주는 프로그램을 구상했다. 새 프로그램은 아주 뛰어났고, 영국에서 일요일에 방송되는 뛰어난 정치 프로그램들 사이에 합류했다. 그렇다 해도 사실상 모든 방송국 선임 편집국장은 라일리가 스스로 생각해 냈다는 새로운 아이디어처럼 '거품 밖에서' 정치를 보도하려는 야망을 드러낸다.

1990년대 후반 BBC는 정치 특파원을 영국 각지로 내보내 개별 장소에서 보고서를 정리함으로서 '웨스트민스터 밖에서' 정치를 보도하는 것이 좋은 아이디어라고 결정했다. 특파원은 어떤 프로그램에도 등장하지 않고 몇 개월씩 사라지기 일쑤였다. 국가적으로 영향을 미칠 만한 정치 행위는 영국 전역에서 선출된 정치인이 웨스트민스터에서 한 주 사이에 형성되는 경향이 있었기 때문이다. 순회 특파원들은 영국 전역에서 부지런히 일하며 아이디어를 제공했지만 국가적 중대사는 웨스트민스터에서 탄생하고 있었고, 결국 그들은 30분 동안 8개 남짓 보도할 자리만 있는 텔레비전 뉴스 단신에도 출연할 수 없었다. 오랫동안 볼 수도, 들을 수도 없었던 BBC의 한 특파원은 마침내 헤브리디스Heb-rides 제도 근교의 배 위에서 카메라를 보며 방송할 수 있다는 안도한 표정과 까맣게 탄 얼굴로 기사를 내보낼 수 있었다. 이후 그는 BBC를 떠나 토니 블레어와 함께 일하기 위해 총리실로 옮겼다. 이것이 '거품'과 거리를 둔, 텔레비전에서 비추는 정치다.

상상의 '거품'에 초점을 맞춘 것처럼, 라일리는 의도치 않게 민주주의 세계에서 아웃사이더들이 생성하는 주장을 아주 정확하게 그대로 따라하는, 정치 접근법을 만들어 내고 있었다. 그는 거품에 둘러싸인 엘리트들이 대중과 대중의 삶은 고려하지 않는 결정을 내린다고 암시하며, 웨스트민스터의 거품과 정치 엘리트의 의사 결정에 대해 이야기했다. 결국 거품에 갇힌 무관심한 엘리트를 생각했을 때, 관계를 형성해야 하는 것은 영웅적인 방송사의 의무였다.

이러한 시선이 반영된 태도는 위험하기 짝이 없다. 영국에서 방송사는 공명정대해야 할 의무가 있다. 방송인이 말하고 주장하고 분석을 제공할 때, 이는 공정하게 쓰였을 것이라는 가정을 바탕으로 한다. 무심한 시청자나 청취자는 새로운 일요일 정치 프로그램의 기획 의도를 듣는다면 아마 다음과 같은 반응을 보일 것이다. "아, 그렇지. 이렇게 보호받는 엘리트가 있고, 그들의 진실을 알기 위해서는 — 마치 정치적으로 신격화된 아웃사이더처럼 — 방송사가 필요해.”

인상적인 것은 라일리는 정치 엘리트에 맞서 국민을 대변해야 한다고 믿는 — 다시 말해, 아웃사이더처럼 — 최근의 수많은 편집국장 가운데 한 명일 뿐 별로 독특한 존재가 아니라는 점이다. 새로운 프로그램이 혁신적이라는 그의 주장은 거의 코미디에 가깝다. 영국에는 이미 특파원을 웨스트민스터에서 헤브리디스의 배까지 보내는 BBC에서부터 채널 4에 이르기까지 그가 예상할 수 있는 다양한 형태의 수많은 정치 프로그램이 시도되어 온 까닭이다.

1990년대 후반 ‘웨스트민스터 밖 정치’의 구도를 잡는 것이 유행처럼 번졌을 때, 채널 4는 한 시사 평론가에게 새로운 주간 정치 프로그램에 참여할 생각이 있는지 물었다. 그가 받은 질문 가운데 하나는 승마를 할 수 있는지 여부였다. 정치 프로그램의 질문으로는 어울리지 않았지만, 국장은 ‘바깥 현실로 나와 사람들을 인터뷰하는’ 프로그램이길 바랐다. 진행자는 말을 타고 여행하는데, 도시의 거품으로 보호받는 엘리트로부터 이격되어 있는 모습을 상징화한 것이었다. 마치 〈몬티 파이슨의 비행 서커스〉에서 나온 것 같은 이 제안은, 몇몇 방송에 참여하는 편집자가, 비유하자면 말을 타고 나아가며 사람들을 대신해 발언하는 아웃사이더의 주장을 미리 보여 주고 있다는 가정을 하고 있었다. 그들은 보호받는 엘리트가 아니었다.

만약 편집자가 내심 ‘정치는 동떨어진 엘리트와 국민 사이의 간극’이라는 정의 아래 시작하면, 텔레비전과 라디오에 나오는 결과는 그 태도를 반영하게 되어 있다. 이런 가정에는 진보나 보수의 편견도 없다. 정치를 경멸하는 편견이거나 어떻게 정치가 작동하는지 이해하지 못한 것이다. 시작 당시의 의도는 좋았다. 만약 고위 편집국장들이 보호받는 엘리트들이 결과가 어떨지 잘 알지도 못한 채로 시청자에게 영향을 미칠 결정을 내린다고 진심으로 믿는다면, 방송사는 숭고한 의무를 이행해야만 한다. 그러나 선출된 주류는 지나치게 노심초사하느라 경쟁에서 소외되고 있다는 점을 감안할 때, 이러한 의무는 아웃사이더의 가능성에만 기름을 끼얹고 주류의 삶은 극심하게 어렵게 만들었다.

이 같은 영국 내에서의 가정에 확고하게 도전한 방송국 최고 선임 기자는 BBC의 전 사장 존 버트John Birt였다. 1970년대 중반 버트는《타임스 The Times》에 기사를 연속 기고하며 방송국은 많은 정치적·경제적 격변 속에서 '설명해야 할 사명'을 가지고 있다고 주장했다.[2] ITV의 연속 프로그램, BBC의 여러 고위직을 맡으면서 버트는 지나친 흥분 속에 한 사건 이후에 또 다른 사건을 보도하는 것보다는 무슨 일이 일어났는지 설명할 수 있는 전문가를 등장시키는 것이 낫다는 이론을 수립했다. 버트는 국가 운영은 어렵고 얽히고설킨 것은 흥미로우며 이를 강조하는 것이 중요하다고 이해하고 있었다. 복잡한 문제는 선출된 주류의 치명적인 오류를 폭로하는 것만큼 흥미롭지 않다고 여긴 많은 고위 편집자와는 정반대되는 관점이다.

태도는 분명히 결과에 영향을 미쳤다. 공격적인 인터뷰 진행자는 위대하고 오만한 정치인에 맞서는 시청자 대표와 더불어 유행이 되었다. 이제 지도력의 딜레마에 호기심을 보인 인터뷰 진행자는 '무르다'고 여겨진다. 영국에서 어떤 인터뷰의 어조는 정치인들이 거짓말한다는 인상을 주었는데, 실제로 그가 숨김없이 답했다면 순식간에 아수라장이 되었을 것이고, 바로 이것이 그 질문을 던진 이유였다.

의도치 않게 영국의 일부 방송국은 주류는 '모두 똑같다'는 거짓된 느낌에 불을 붙였다. 2015년 제러미 코빈이 노동당 대표로 당선되기 전, BBC의 심야 사건 프로그램 〈뉴스나이트 *Newsnight*〉는 시사 평론가들을 패널로 초청해 다양한 정치적 스펙트럼을 — 한 사람은 노동당 지지자, 다른 사람은 보수당 지지자였으며, 세 번째 사람은 잘못 정의된 중도 영역을 떠다니고 있었다 — 반영했다. 그러나 실제로 이들 모두는 같은 공간에 있었다. 블레어를 지지하는 노동당 지지자, 캐머런 지지자, 그리고 양쪽 모두에 공감을 표하는 제3의 인물까지 토론은 극히 제한된 방식으로 짜여져 그들 모두는 노동당이 이전의 노동당 정부가 과도한 지출을 했다는 사실을 인정하지 않는 한 운이 다했다는 것, 에드 밀리밴드와 에드 볼스의 노동당 지도력은 재무장관 조지 오즈번의 세출 계획을 받아들일 때에만 신뢰를 얻을 수 있을 것이며, 캐머런과 오즈번은 중도층을 잡고 있었다는 것에 동의했다. 이 모두는 매우 논쟁적인 가정이었다. 2015년 이래 영국에서 일어난 정치적 대격변의 긍정적인 결과 가운데 하나는 스튜디오에서 토론하는 방송인들이 더 넓은 정치적 스펙트럼의 다양한 목소리를 인식하도록 강요받는다는 점이다. 그들은 "다 똑같지 않으며", 긴축은 인내해야 할 덕목이며 영국 중도층을 대표한다는 것에 동의한다.

영국 방송국은 공명정대해야 한다. 일부 보수와 진보 인사의 믿음과는 정반대로 그들은 항상 공정하려고 노력한다. 그러나 신문은 당파를 초월하거나 균형을 유지해야 할 의무가 없다. 그들의 영향력 가운데 일부는 그들이 소위 영국의 위대한 정치인에게 불러일으키는 두려움에서 나온다. 두려움은 그들을 여전히 더욱 약하게 만들고, 신문에서 더 약화된 조롱거리로 — 또는 훨씬 나빠진 — 전락시킨다.

2016년 말, 장관을 역임한 케네스 클라크 Kenneth Clarke 는 그의 자서전 《카인드 오브 블루 *Kind of Blue*》를 홍보하며, 때로 당시 총리였던 존 메

제8장 정치인의 무력감, 그리고 언론

이저로부터 신문 안쪽에 실린 난해한 기사 내용에 관한 전화를 받았었
다고 청중을 상기시켰다. 클라크는 메이저에게 자신은 그 기사를 의식
하지도 못했을 뿐더러, 만약 자신이 알아차리지 못했다면 대부분의 유
권자도 마찬가지일 것이라고 말했다고 한다. 그만큼 메이저는 신문에
실린 그의 위태로운 지도력에 강박적으로 집착했다.

　1992년 9월, 영국이 유럽연합의 환율 조정 제도Exchange Rate Mechanism
를 떠나고 존 메이저의 세계가 더 암담해졌을 때, 동료들은 메이저의
남은 하루가 엉망이 될지 모른다는 두려움에 런던 《이브닝 스탠다드
Evening Standard》의 초판을 숨기려 했다. 이들은 배부 전날 저녁에 총리실
에 도착하는 다음 날 신문 초판도 똑같이 감추려고 노력했다. 메이저가
잠자리에 들길 바랐고, 신문 8면에 실린 나쁜 이야기가 그를 잠들지 못
하게 할까 봐 염려했다.

　고든 브라운도 총리 시절 오래 잠들지 못했다. 2007년 총리실에서
수석 자문으로 일했던 스튜어트 우드Stewart Wood는 BBC와의 인터뷰에
서 말했다.

　　고든은 대체로 일찍 일어나서 종종 5시경에는 일어나고, 첫 일과로 모
든 신문을 읽습니다. 그것은 그가 6시 즈음에는 불행할 것임을 뜻합니다. …
우리 중 누군가가 이 나라에서 브라운에게 가해지는 신문의 모든 공격을 읽
는 이는 당신밖에 없을 것이라고 말했지만, 그에게 전혀 위안을 주지 못했
습니다.

　압도적인 승리로 총리에 취임했던 토니 블레어는 언론을 중요한
정적으로 여겼다. 블레어는 내게, 2004년 BBC를 비롯한 일부 신문사

들과의 갈등이 절정에 달했을 때, "언론을 마주 대하는 것은 정신 나
간 세입자와 한집에 사는 것이나 마찬가지입니다. 당신은 그를 진정시
켜야 할지, 몽둥이로 후려쳐야 할지 모를 거예요"라고 말했다. 만약 루
퍼트 머독Rupert Murdoch이 목숨 걸고 반대했어도 블레어가 이라크 전쟁
을 지지할 수 있었을까? 내 생각에는 그렇지 않다. 블레어는 유럽과 관
련된 투표에서 머독과 그가 소유한 신문사를 상대해야 할지도 모른다
는 계산을 했었다. 팽팽하게 긴장감이 도는 전쟁과 관련해 그들과 다시
싸우고 싶지 않았을 것이다. 이라크 전쟁에 관해 머독과 그의 신문사
가 블레어를 지지했다는 사실은 이라크 전쟁 이전 블레어가 계산에 넣
었던 요인이었다. 2005년 총선에서 《더 선 *The Sun*》루퍼트 머독이 인수한 일간 타
블로이드다. – 편집인은 공개적으로 노동당을 지지했는데, 사설에서 블레어
의 외교 정책, 특히 그가 이라크 전쟁을 지지한다는 점이 단 하나의 지
지 사유라고 진술했다. 1997년과 2001년 총선에서 《더 선》이 노동당을
지지했을 때처럼, 《더 선》의 공개 지지는 일부 텔레비전 뉴스의 단신까
지 이끌어 냈다.

대부분의 신문들은 이라크 전쟁과 침략이 드러난 방식으로 인해
블레어에게 적대적이었다. 2007년 6월에 있었던 총리로서 그의 마지
막 연설 가운데 하나는 언론에 대한 공격이었다. 블레어는 언론을 "사
람과 그의 명성을 조각조각 찢는 야생동물"[3]로 묘사했다. 블레어는 수
년 동안 언론의 지지와 마음을 얻기 위해 노력했지만, 평소 같지 않은
카타르시스적인 비명으로 실제로는 그가 어떻게 생각하고 있었는지
내뱉었다.

2017년 2월, BBC 《뉴스나이트》는 브렉시트 국민투표 전야에 데이
비드 캐머런이 《데일리메일 *Daily Mail*》 소유주에게 편집자 폴 데이커Paul

Dacre를 해고할 수 없냐고 설득했다는 보도를 내보냈다. 《데일리메일》은 투표에서 캐머런을 지지했지만, 캐머런은 사명을 달성하지 못했다. 캐머런이 총리에 취임하기 전인 2010년 총선 직후, 나는 캐머런과 함께 노리치Norwich로 가는 기차 안에 있었는데, 동료가 전화로 당시 기고 중이던 시사 평론가 사이먼 헤퍼Simon Heffer가 필진에서 제외되었다는 소식을 전해 주었다. 캐머런이 참을 수 없는 기쁨의 환호성을 내지르는 바람에 주변 승객들은 어안이 벙벙했다. 헤퍼는 보수 진영의 영향력 있는 시사 평론가로 캐머런을 비판해 왔는데, 이후에도 다른 신문에서 계속해서 캐머런을 맹비난했다.

자신감 없는 연약한 유력 정치인은 영국 언론에 덜 매달리는 편이, 새로운 이야기나 신생 시사 평론가에게 덜 흥분하는 편이 좋았다. 그러나 그들의 과민한 반응을 대부분 정당화할 수 있는 두 가지 이유가 있다. 먼저 정치인 역시 미쳤거나 부패한 쓸모없는 모습으로 묘사한 매체를 읽고, 듣고, 보는 사람이다. 이렇게 매도당하면서 완벽하게 편안할 수 있는 사람은 거의 없으며, 심지어 널리 보도될 때는 더욱 그렇다. 다음으로 더욱 중요한 이유는, 정부를 위한 계획을 가지고 있던 이 정치 인사들이 만약 유권자로부터 잘해도 의심받는다면 그들을 설득하기가 훨씬 어려울 것이라는 점을 알고 있었던 까닭이다. 때로 그들은 언론의 계속된 공격에 직면하느니 무력해지는 쪽을 택했다.

최근의 총리 4인방은 영국 언론을 위하지 않았거나 소셜미디어가 폭발하기 이전의 신문과 방송에 대한 두려움이 아니었다면 아마도 아주 다르게 행동했을 것이다. 그들이 다르게 인식되었을 수도 있다. 어쩌면 메이저, 블레어, 브라운, 그리고 캐머런이 총리였을 때의 언론 보도가 브렉시트 지지자로 하여금 유럽연합 잔류를 원했던 총리 4인방의

피를 토하는 연설을 무시하도록 만든 요인은 아니었을지 모르겠다. 이들 모두가 스코틀랜드 독립보다 영국을 향한 열정적인 주장을 폈을 때 아마도 그들에 대한 보도는 아무런 영향을 미치지 않았을 것이다. 그러나 일부 영국 언론이 보도했던 것처럼 영국 정치에 대한 유권자의 인식이 스코틀랜드 분리독립주의의 약진을 설명하는 데 도움이 되지 않을까 하는 의심은 든다.

❖ ❖ ❖

비슷한 사례로, 미디어 환경이 아주 다른 미국에서도 가짜 뉴스가 출현하기 한참 전부터 일부 정통 언론이 한 선출직 고위 정치인에 대한 인식을 왜곡시키고 있었다. 도널드 트럼프에게는 효과가 입증된 주장은 자극적인 의견을 미국 내에서 방송하는 것이 허용된 '쇼크 디제이 shock jocks, 일부러 충격적인 발언을 하는 라디오 디스크자키 ─ 옮긴이'와 함께 시작되었다. 그들은 초기 단계의 트럼프였다. 트럼프를 위한 배경을 만들었고, 말할 수 있는 것보다 말할 수 없는 것을 더 많이 만들었다.

영국의 방송사에서 명백히 편파적으로 편견이나 격론을 유발하는 내용을 금지하는 동안, 쇼크 디제이들은 그들의 존재 이유^{raison d'être}에 대해 격론을 벌였다. 이들은 트럼프가 선거 유세 기간에 충격적인 주장을 펼치기 이전부터 성행하고 있었다. 트럼프가 멕시코 이민자에 대해 "그들은 마약을 가져오고, 범죄를 유발하며, 강간범으로, 내가 가정하건대 일부만이 좋은 사람들입니다"라고 선언했을 당시, 트럼프는 쇼크 디제이의 언어를 따라하고 있었다.[4] 트럼프는 대통령 선거에 등장한 쇼크 디제이였다. 쇼크 디제이들이 열성적인 지지자를 얻자 후안무치한 포퓰리즘이 토론의 일부로 들어왔다.

　　전직 공화당 하원의원이자 보수주의 라디오 진행자 조 월시Joe Walsh는 공식 대선 운동 첫날 트럼프가 이민자에 대해 이따위 발언을 쏟아내자 전화와 지지 트윗이 쏟아지는 것을 발견했다. 월시는 한 인터뷰에서 "2주 안에 트럼프는 여론조사에서 선두로 올라설 것이며, 이런 발언들이 선거 유세 기간 그를 1면에 등장하게 만들 것이다"라고 예측했다. 월시는 라디오 프로그램에서 트럼프의 발언을 방어했다. "만약 당신이 미국이 유색인종 국가가 되고 있다고 말한다면, 갑자기 당신은 인종주의자가 될 겁니다. 트럼프는 옳습니다, 트럼프는 옳아요. 우리는 국경을 제3세계 이민자들에게 개방해 왔습니다."[5]

　　유세 기간 관심을 끌었던 트럼프의 도발적인 발언과 상당수의 라디오 토크쇼 진행자 사이에는 라디오 세계에서 많은 추종자를 만들어 낸 독특한 약동이 있다.

　　1988년 8월, 가장 유명한 쇼크 디제이 러시 림보Rush Limbaugh는 나라 전체에서 56개의 방송에 출연하기 시작했다. 그의 성공으로 아침 라디오 프로그램에 방송사마다 비슷한 프로그램이 쏟아졌고, 이는 일부 유권자들이 뉴스를 듣고 정치적 대화를 나누는 방식을 변화시켰다.

　　림보는 패러디한 노래를 이용하고 트럼프처럼 '페미나치feminazi' 따위의 용어를 자주 반복하면서 다수의 시청자를 끌어들였던 티브이쇼를 진행했다. 1993년 《내셔널 리뷰National Review》의 표지 기사는 림보를 클린턴 집권기 보수주의자들의 '야당 지도자'라고 별명 붙였다.[6] 당시 공화당 상원 원내대표 밥 돌Bob Dole의 표현에 따르면, "러시 림보가 당신에게 이야기하고 있을 때, 당신은 진짜 세계를 듣고 있다는 것을 압니다"[7]라고 했다. 돌은 공화당 대통령 후보로 지명받기 위해 계속 나아갔다.

클리어 채널 clear-channel 의 라디오 실황 방송 2000 시리즈 초반에 트
럼프의 출연을 도와준 라디오 컨설턴트 게이브 홉스 Gabe Hobbs 는 다음에
주목했다.

> 1988년 후반 림보가 데뷔했을 때, 림보는 아무도 자신의 목소리에 귀
> 기울이지 않는다는 생각으로 가득 찬 많은 사람들에게 이야기하는 중이었
> 다. 이뿐 아니라 림보는 그들을 위한 주장을 펼치려 했다. 도널드 트럼프 또
> 한 이와 매우 비슷한 행동을 하고 있는 것처럼 보인다.[8]

림보가 야당 지도자를 맡고 있다는 표현은 영국에서도 반향을 일
으켰다. BBC의 몇몇 기자는 1997년 노동당이 총선에서 압승하고 보수
당이 지리멸렬해진 이후, 반대편에 서는 것이 그들의 임무로 보인다고
주장하고 나섰다. 다시 말하면, 이들은 이와 같은 주장을 펼치면서도
분명히 편파적이진 않다고 생각했다. 의무를 다했을 뿐이었다. 그러나
소위 공정한 언론이 어떤 형태로든 반대편에 서는 것을 그들의 일로 삼
아서는 안 된다.

쇼크 디제이는 그렇게 할 수 있었다. 그럴 권리가 있었고, 주어진
기회 속에서 뒹굴며 트럼프를 그들이 시작한 일들의 논리적인 결과처
럼 보이도록 만들었을 뿐 아니라 끊임없이 클린턴의 대통령 기반을 좀
먹음으로써 확실한 반대편에 섰다. 반대편에서는 빌 클린턴은 사기꾼
이라는 암시를 주었다. ― 선출된 인물은 누구든지 신뢰할 수 없다고
투영한 ― 부패와 범죄를 저질렀다는 가정은 정치적 논쟁이 거칠어지
는 데 기름을 부었고, 클린턴 대통령이 백악관에서 보낸 8년뿐 아니라

힐러리 클린턴의 선거 유세까지 따라다니며 괴롭혔다.

쇼크 디제이는 사람들이 듣고 싶어 하는 정치에 대한 이야기 자체를 바꾸었다. 1990년대 후반 성 또는 욕설에 대한 생생한 이야기가 라디오에서 들려오는 것은 더 이상 놀랍지 않았다. 동시에 보수주의자인 토크쇼 진행자는 클린턴의 불륜이 의심되는 사적 기록물의 세부 내용을 낱낱이 폭로했다.

오바마와 힐러리 클린턴은 특히 경제 정책과 관련해 조심스러워하는 정치인이었다. 그러나 두 사람 모두 활기찬 사회민주주의자였다. 트럼프는 아니었다. 정치적으로 예의 바르게 간주되는 것의 정반대에서 있었다. 대중에게서 온 전화를 마이크 바로 옆에서 받는 것은 트럼프의 약진이 전혀 놀랍지 않다는 것을 보여 주었다. 토크쇼 진행자이자 정치인이었던 조 월시는 다음과 같이 말했다.

> 사람들은 모두 제게 "조, 원래 네가 이 지역 트럼프였어"라고 말합니다. 난 하원의원으로 트럼프처럼 말했었죠. 미국의 모든 언론이 나를 미워했고 내 뒤를 밟았지만 사람들은 그것을 신선하다고 했습니다. 나는 사람들이 누군가는 그렇게 말하는 걸 듣고 싶어 하는 억눌린 욕구가 있다는 것을 압니다. 그러나 나는 분명히 트럼프의 마이크를 가지고 있는 게 아니라, 하원의원이었을 뿐입니다.[9]

선거에서 당선된 기성 주류는 급격하게 복잡해지는 세계 경제를 설명해 내기 위해 고군분투하고, 여론의 동향을 읽으면서 선거에 두려움을 느끼는 와중에 새로운 도전에 직면했다. 정통 언론은 엘리트에 맞서 국민을 대변할 이는 자신들뿐이라는 가정 아래 일하고 있었지만, 트럼프를 주인공으로 만들어 준 것은 운동을 펼친 쇼크 디제이들이었다. 같은 시간, 유럽 전역에서 독립적으로 급증한 미디어 수단들은 — 미국의 모델을 뒤따른 패턴 — 그 자체로 정치 보도를 과열시켰다. 계속 돌아가는 뉴스 채널이 있었고, 주요 텔레비전 방송과 라디오 채널에 더 많은 뉴스와 현대 시사 프로그램이 생겨났다. 때로 광란을 고조시키면서 그들은 서로 정보를 주고받기 시작했다.

미국의 영향을 받은 영국에서 뉴스 프로그램이 확장되어 간다는 초기 신호는 존 메이저 정부가 힘겹게 1997년 총선 참패로 나아가고 있다는 보도를 하고 있을 때였다. 유럽의 정부 내에는 큰 긴장이 있었지만, 미디어 매체가 확장하고 있던 때 정치 기사의 법칙은 미디어가 추구해야 했던 단순한 보도가 아니라 극적인 감정을 고조시켰다.

1994년 봄, 트위터, 블로그, 페이스북을 아무도 생각하지 않던 오래전 아주 상징적인 사건 — 정치가 어떤 방향으로 움직일지에 관한 초기 신호 — 이 있다. 당시 내무장관 마이클 하워드는 내무부와 관련해 〈투데이 *Today*〉 프로그램과 인터뷰를 했는데, 결국에는 영국이 유로존에 가입할지의 국민투표 실시 여부에 관한 질문을 받았다. 하워드는 가능성을 모두 부정하지는 않았다. 그 질문은 당시 정부에서 극심한 내부 논쟁을 불러일으킨 주제였다. 다음 날 아침 《선데이 타임스 *The Sunday Times*》는 리즈 Leeds의 저녁식사 자리에서 존 메이저가 머리를 거의 무릎까지 숙이고 있는 사진을 실었다. 그는 물컵을 잡으려 한 것뿐이었지만, 사면초가에 몰려 낙심한 것처럼 보였다.

이 사진은 국민투표에 관한 하워드의 비교적 솔직한 인터뷰와 결합해 극적인 드라마를 만들어 냈다. BBC의 정오 정치 프로그램 〈이번 주 세계는 *The World This Weekend*〉은 《선데이 타임스》에 대응해야 할 필요

제8장 정치인의 무력감, 그리고 언론

성을 느꼈다. 하워드의 솔직한 고백과 《선데이 타임스》 1면에 실린 궁지에 몰린 총리를 다룬 과열된 보도에 보수당 의장 노먼 파울러Norman Fowler는 존 메이저를 옹호하고 정부의 내부 결속이 잘 되어 있다고 주장하기 위해 〈이번 주 세계는〉에 출연해야만 할 것 같은 느낌을 받았다.

이 대응, 즉 파울러가 대응할 필요성을 느꼈다는 사실이 곧바로 조간신문들을 정부가 혼란에 빠져 있다는 주장으로 이끌었다. 다음 날 아침 〈투데이〉 프로그램 연출자는 일요일 저녁에 신문 초판을 읽고 '보수당의 혼란'을 주요 기사로 다루기로 결정하면서, 유럽연합 통합 회의론자로 유로화 도입 국민투표에 반대하는 하원의원을 필요로 했다. 월요일 점심에는 그 하원의원에 대항해 존 메이저를 방어하기 위해 또 다른 각료가 수많은 방송 프로그램 가운데 하나에 또 다시 출연해야 했다. 그 여성 하원의원은 자신의 주장을 훨씬 전에 밝혔고 인생 대부분을 유럽 통합에 회의적인 관점을 가지고 있었다고 잘 알려져 있었는데도 말이다.

며칠에 걸쳐 방송과 신문에 동일한 보도가 계속되었다. 채널 4 뉴스와 월요일에 방송되는 BBC의 〈뉴스나이트〉는 수년 동안 해온 이야기를 반복하는 하원의원들과 계속해서 인터뷰를 했다. 신문은 정부의 위기에 대한 뉴스로 1면을 장식할 충분한 인용구를 가질 수 있었다. 화요일 아침, 여전히 신문이 위기에 처한 보수당을 헤드라인으로 다루고 있다는 것을 알아챈 방송사들은 존 메이저를 지키는 사람과 다시 돌아온 보통의 유럽 통합 회의론자들이 유럽에 대해 펼치는 주장에 잔뜩 흥분했다. 화요일 저녁, 〈뉴스나이트〉는 극적인 시그널 음악을 틀기 전에 다우닝가 10번지총리실의 장면을 띄우고 진행자의 다음과 같은 질문으로 시작했다. "이번 주말까지 존 메이저는 총리로 살아남을 수 있을까요?"

아무 일도 일어나지 않았고 — 급속도로 늘어난 언론 매체 간의 상호작용을 제외하고 — 이 과정의 결과로 메이저가 총리로 살아남을 수 있을지에 대한 질문만이 남았다. 그런데 메이저는 이후로도 3년을 더 총리로 재임했다.[10]

미국에서도 오랫동안 같은 일이 일어났다. 쇼크 디제이를 제외하면 영국이 톤은 확실히 점잖았지만, 그 영향은 매우 비슷했다. 아마도 시청자들은 뉴스를 시청하면서 표면적으로 뉴스 속보의 헤드라인을 보고 고위 정치인에 대한 사찰 수준에 주목할 것이다. 이러한 정치 역학은 고위층은 비난받을 만한 구석이 있다고 암시하게 만드는 경향이 있다.

시사 평론가들은 반드시 필요한 법적 조사와 당선된 정치인의 고의적 허위 발언에 대한 비난이라는 잘못 전달된 감정 사이에서 중심을 잡는 데 어려움을 느낀다. 늘어나는 방송사 수 자체와 여기에 수반되는 잡음의 법칙은 때로 주류 지도자들을 안쓰러울 정도로 빽빽하게 에워싼다. 이에 대한 반응으로 그들은 더욱 두려움을 느낀다. 매체 홍수의 시대에 — 트위터가 탄생하기 이전 — 지도자들이 유난스럽게 민감해진 데는 많은 이유가 있다.

BBC의 〈퀘스천 타임*Question Time*〉 같은 프로그램을 보면 어조의 변화가 명백히 관측된다. 1980년대 초, 프로그램이 막 시작할 당시는 중도 진보의 미래, 노동당과 사회민주당의 분리, 대처리즘과 보수당 내 대처리즘을 향한 도전 등 그 시대의 몇몇 현안을 두고 네 명의 정치 인사가 토론을 벌이는 흥미로운 주간 프로그램이었다. 지적인 정치 드라마 같았다. 날카로운 질문으로 유명했던 사회자 로빈 데이*Robin Day*는 정치와 정치인에 대한 호기심으로 가득 찬 정치 중독자였다.

1990년대 후반 BBC는 정치는 이제 지루하다고 결론 내렸다. 하지만 그렇지 않았다. 1980년대 초반의 확실히 드라마 같았던 방식보단 덜했지만 다른 의미에서 흥미로웠다. 어떤 편집자는 자신이 직접 정치를 '재미있게' 만들기로 결심했다. 〈퀘스천 타임〉은 출연자를 다섯 명으로 늘렸다. 이는 어떤 토론이든 네 명이던 때와 비교해 피상적이기 쉽다는 뜻이었다. 방청객은 사전에 과잉 흥분 상태로 고조되었고, 출연자는 흥분을 더욱 높일 수 있는 사람으로 선택되어, 희화화된 인물들 사이의 예상 가능한 소리 지르기 시합이 전부인 것처럼 되고 말았다. 시청자 대부분이 정치와 정치인에게 환멸을 느끼며 떠났다.

트럼프의 등장과 아웃사이더의 약진에 앞서, 미디어의 자극에 대한 주류 지도자의 대응은 '실수' 하나가 한층 시끄러워진 언론의 집중포화에 방아쇠를 당길지도 모른다는 두려움으로 인해 로봇 같을 정도로 조심스러워졌다. 힐러리 클린턴이 그렇게 비밀스럽고 조심스러워진 이유 가운데 하나는 그녀가 보호받는 엘리트 집단의 일원이라는 이유로 일부 편집장이 편집증적일 정도로 밤낮없이 그녀를 뒤쫓으며 쉼없이 의심하는 어조를 정당화해 가면서까지 부추겼던 언론 환경에서 성장했기 때문이다. 그럼에도 그녀를 뒤쫓는 영역은 줄어들 줄 몰랐고, 그녀는 보호 속에 들어가는 쪽을 택했다.

물론 그와 반대되는 위험도 있다. 비판해야 할 언론이 당선된 지도자를 두려워하거나 혹은 어떤 경우에는 당선인 소유인 경우다. 이탈리아의 베를루스코니는 총리일 때 주요 지상파 채널 7곳 가운데 6곳을 통제하거나 영향을 끼쳤다. 성인의 10%만 신문을 구독하는 나라에서 지상파는 가장 강력한 미디어 형태였다.[11] 그러나 그는 아주 예외적인 사

레에 해당한다. 베를루스코니와 트럼프 사이에는 몇 가지 비슷한 점
도 있지만, 미국 대통령은 대부분 언론사를 소유하지 않는다. 거의 매
일 나오는 시사 평론가들을 향한 트럼프의 분노가 이를 증명한다. 미국
과 영국의 주류 언론은 선출된 지도자의 신경쇠약성 무기력증을 줄일
수 있고 줄이며, 지도자가 느끼는 무력감은 정통 언론의 힘을 과장시킨
다. 선출된 정치인에게 비교적 예의를 갖추는 언론 문화가 있는 국가에
서 아웃사이더는 번성했고 주류 지도자는 급격히 멸시 어린 시선 속에
놓였다.

런던에 사는 프랑스 시사 평론가이자 작가인 아녜스 푸아리에Agnès
Poirier는 영국과 프랑스 모두에서 아웃사이더들이 역사적인 신기원을
만들고 있다고 보았지만, 양국의 대조적인 모습에 충격을 받았다.

프랑스에는 타블로이드라는 형식이 없고 프랑스인은 문장이나 인쇄
물을 더 신뢰하는 경향이 있습니다. 프랑스 기자들이 편파적이거나 공정하
고 균형 잡힌 시각을 드러내지 않는다고 하더라도(프랑스에는 논설을 쓰는
전통이 있음을 잊지 마십시오), 일부가 《데일리메일》이 지난 40년 동안 유
럽과 브뤼셀에 해 왔다고 믿는 것처럼 대놓고 거짓말을 하는 문화는 없습니
다. 이것은 프랑스에서는 상상도 할 수 없는 일입니다.

이런 면에서 프랑스 신문은 더 책임감이 있습니다. 또한 프랑스 기자
는 내무장관이 국가안보를 이유로 비보도를 요청한다면 주저 없이 이를 받
아들일 겁니다. 기자들도 시민이라는 의식이 먼저이며 보도할 때는 안목을
가지고 조심스럽게 해야 합니다.

이런 문화를 이해하기 위해서는 반드시 여전히 프랑스 정부로부터 국

고 보조를 받는 신문사 재정을 살펴야 합니다. 예를 들면 무슨 수를 쓰더라도 특종을 터뜨려야 한다는 압박 같은 것은 없습니다.[12]

이런 언론 환경은 기성 지도자들이 지지도를 넓히기에 더 유리할지도 모르겠다. 그러나 사르코지와 올랑드는 아니었다. 두 사람 모두 재임에 실패했고 올랑드의 경우 모든 낮은 지지율 기록을 경신했다. 동시에 마린 르 펜은 일부 영국과 미국의 경우처럼 자국 언론이 당선된 지도자에 대한 저항에 기반하여 매일같이 큰소리로 떠들지 않는 프랑스 정치 무대에서 충분한 기회를 가졌다.

비슷하게 역시 런던에 거주하는 독일 기자이자 작가인 토마스 킬링거Thomas Kielinger는 선출된 지도자를 경외하지 않는 영국 언론에 어떤 면에서 찬사를 보냈다.

> 독일 언론은 대체로 합의된 독일 정치를 반영합니다. 독일 정치에서 대부분의 경우 기독교민주연합과 사회민주당은 별다른 차이가 없습니다. 독일 정치는 꽤 지루할 수 있고, 정치 보도도 비슷하게 지루합니다. 정치와 언론 모두 영국이 좀 더 생동감 있고, 노선이 다양하네요.[13]

독일 역시, 합의를 반영한 좀 더 온건한 독일 언론은 21세기 초 사회민주당 지지율의 급격한 하락을 막지 못했고, 사회민주당은 2017년 봄이 되어서야 마르틴 슐츠Martin Schulz의 영도 아래 눈에 뜨일 만한 지지율 반전을 꾀하기 시작했다. 언론은 극우파 독일을 위한 대안AfD이 기독교민주연합을 희생양으로 삼아 선거에서 대약진하는 동안, 일부 기민련의 고위 인사들이 드러내 놓고 공황 상태에 빠지는 일을 막지 않았다. — 적어도 초기에는 앙겔라 메르켈의 이민 정책에 비교적 지지를 보냈다. — 앞부분에서 설명한 것처럼 주류 정치의 붕괴와 아웃사이더의 약진을 설명하는 데는, 세계화된 경제의 불안정에서부터 민주적으로 선출된 지도자들이 유권자들의 요구가 힘겨울 정도로 벅찰 때 받는 제약까지 언론보다 더 다양한 요인이 있다.

분명히 언론은 외부와 단절된 상태에서, 다른 외부 환경을 개의치 않고 유권자의 관점을 통제하거나 조작할 수 없다. 그럼에도 언론은 소셜미디어가 탄생하기 이전에 일부 매체를 통해 선출된 지도자의 기반을 약화시켰고, 흠이 없진 않지만 선한 의도를 가지고 있던 지도자를 거의 정신 나간 '범죄자'로 만들어 버리는 가장 드라마틱한 정치적 변화의 일부가 미국과 영국에서 일어나도록 만들었다.

미국과 영국을 비롯한 대부분의 민주주의 세계는 향수에 젖은 눈으로 소셜미디어가 폭발하기 이전 시대를 돌아본다. 실제로 인터넷, 트위터, 페이스북과 '가짜 뉴스'에 대한 두려움은 당선된 지도자들을 강타했던 미디어를 뒤따랐다. 어떤 면에서 집단 폭격은 더 강해졌는데, 출처는 이제 더 분명해지고 덜 교묘해졌다.

특히 트럼프 당선과 브렉시트에 뒤이어 소셜미디어가 정치에 미치는 영향력에는 세 가지 우려가 있다. 먼저 일부 강력한 힘을 가진 웹사이트에서 때론 선거 유세가 한창일 때 다수의 청중에게 완전히 부정확한 선전을 제공한다는 것이다. 다음은 탈진실의 시대에 고위직 입후보자가 무비판적으로 거짓말하며, 거짓말로부터 도망친다는 점이다. 마지막으로 트위터는 정치 보도를 왜곡할 수 있고, 아웃사이더의 지나치게 단순화된 주장이 한뜻을 가진 지지자에 의해 무비판적으로 리트윗되어 더 많은 청중에게 쉽게 접근할 수 있다는 점이다. 세 가지 우려는 트럼프의 당선에서 함께 작동했다.

만약 트럼프 대통령이 발행하는 정기간행물이 있다면, 트럼프가 트위터와 기자회견에서 정기적으로 공격하는 《뉴욕타임스》는 아닐 것이다. 정기간행물은 2007년 만들어진 한 전직 기자가 '트럼프 프라우다Trump Pravda'로 묘사한 극우 뉴스, 논평 웹사이트 브라이트바트Breitbart에서 나올 것이다. 트럼프는 브라이트바트의 대표이사이자 전직 골드만삭스 금융인 스티브 배넌Steve Bannon을 백악관 수석 전략가로 지명했다. 스티브 배넌은 2017년 8월 트럼프와의 불화로 백악관을 떠났다. ─편집인

빠른 속도로 성장한 브라이트바트는 트럼프의 국가주의자들을 결집시켰고, 때로는 인종주의자들과 종종 분노한 '대안 우파'들이 지지를 보낼 기반이었다. 대선에서 트럼프를 지지하는 목소리를 내기 이전에는 플로리다 상원의원 마르코 루비오Marco Rubio를 상대로 한 후보 경선에서 트럼프를 위해 힘써 싸웠다. "많은 언론이 우리를 조롱하고, 비웃고, 우리를 별의별 이름으로 불러댔습니다." 웹사이트 운영자였던 알렉산더 말로Alexander Marlow는 배넌이 지명된 뒤 일요일에 말했다. "모든 혐오에도 불구하고 우리가 대통령 선거에서 반드시 필요한 존재라는 것이 증명되었으므로 우리는 당연히 이를 즐기고 만끽할 겁니다."[14]

선거 유세 기간, 힐러리 클린턴은 지지자들에게 대안 우파의 "인종주의 이념의 확산"과 "브라이트바트와 트럼프 유세의 실질적인 병합 … 이 집단의 기념비적 성취를 나타내며, 비주류의 효과적인 공화당 점거"[15]라는 것을 경고했다.

2016년 8월 힐러리가 '합병'을 강조할 때쯤, 미국의 브라이트바트 구독자는 1,580만 명까지 상승해 2014년 9월 당시 740만 명의 두 배가 넘었다.[16] 《워싱턴포스트 *The Washington Post*》의 8,300만 독자나 《뉴욕타임스》의 8,800만 독자와 비교하면 훨씬 적은 숫자였지만, 구독자는 빠른 속도로 늘어나고 있었다.

선거 기간에 빠르게 확산된 가짜 뉴스는 미국의 진지한 정치 평론가들을 절망에 빠뜨렸다. 《뉴욕커 *The New Yorker*》 편집장 데이비드 렘닉 David Remnick은 2016년 트럼프 당선 직후 다음과 같이 말했다.

> 정보의 순환 고리가 흔들리고 있습니다. 페이스북을 통해 보는 사실에 기반한 전통적인 언론 기사는 계략적인 대안 우파 언론 기사나 마찬가지로 보입니다. 말도 안 되는 것을 대변하던 사람들이 이제는 수많은 독자에게 접근합니다. 이것은 힐러리를 비난하고 망가뜨리는 여성에 대한 혐오로 가득 찬 마녀사냥이었습니다. 대안 우파 언론이라는 게 트럼프가 선거 유세에서 항상 떠들던 끊임없는 거짓말, 선전 선동과 음모 이론의 조달업자였습니다.[17]

페이스북이 지각 없는 주인 노릇을 하는 동안, 트위터는 거칠었다. 누구든 트윗을 내보낼 수 있었다. 민주주의 세계에서 트위터의 영향은 다시 정치의 속도를 올리는 것이었다. 방송 매체의 확장과 신문과의 어울림은 1990년대에 정치를 더욱 시끄럽고 빠르게 진행시켰다. 트위터는 선출된 지도자에게 100배의 압박을 주었다. 정보가 있든 없든 트위터에는 즉각적이고 영원한 비판이 있다. 지도자라면 자신에게 내려진 즉각적인 판결을 찾아보지 않을 수 없다. 트위터에서 긍정적인 반응을 얻는다면 지도자들은 빠르게 더 많은 희망을 느낄 것이다. 트윗이 보잘 것없을 경우, 심각한 우울에 빠질 수 있다. 트위터와 뉴스가 끊임없이 이어지는 시대 전의 지도자들은 연설, 정책, 인터뷰나 기자회견에 대한 평론가의 비평을 듣기 위해 다음 날까지 기다렸다. 그들은 평론가의 판결과 판결 사이의 긴 시간 동안에 정치를 이어 나갈 수 있었다. 이제 그들은 즉각적인 판결에 숨이 막힐 정도다. 지도자들도 동료들이 자신의 약점이 어느 정도인지 판단을 내리며 같은 트윗과 블로그를 읽는다는 사실을 알고 있다.

영국 하원에서 매주 열리는 총리를 향한 질의응답 시간에 논쟁이 시작되면 대부분의 하원의원은 스마트폰으로 트윗을 읽는다. 그들은 총리와 야당 대표의 논쟁을 지켜보면서 동시에 수천 가지 평가를 읽는다. 홍보특보들도 지도자에 대한 평가를 즉시 전하기 위해 같은 일을 한다. 이제 정치에 휴지기란 없다. 주류는 무심한 것이 아니라, 순식간에 방전된다.

2016년 대선에서 지나치게 흥분한 타블로이드 편집장 같은 본능으로 트윗을 날린 트럼프는 소셜미디어 전쟁의 최대 수혜자였다. 그는 어떻게 흐름을 만들고 관심을 끄는지 알고 있었다. 1990년대 정치에서 중도 진보가 불안하게 지지율을 회복했던 때 유행하던 메시지 원칙 같은 것은 없었다. 일관성과 충격을 던지는 뻔뻔스러운 자질은 있었다.

유세 기간 트럼프의 트위터 사용은 아주 효과적이었다. 짧고 간단한 메시지는 오랜 전통의 뉴스 매체를 흉내 내 신중히 때를 골랐다. 꽤 자주 도발적인 주장을 늦은 밤이나 아침 일찍 트위터에 올렸다. 그러면 트럼프의 말이 아침 뉴스 단신에서 가장 중요하게 보도될 터였다. 이런 방식으로 간단명료한 메시지를 많은 청중에게 전달했다. 트위터는 자가발전한다. 만약 수백만의 팔로어를 보유하고 있다면, 팔로어들이 리트윗함으로써 곧바로 목표로 잡은 유권자의 거대한 청중에게 도달할 수 있다. 트위터는 정치 아웃사이더에게는 선물과도 같아서 아무런 비용 없이 속도를 붙이는 데 탄력을 주었다. 목표 유권자에게 쉽게 도달할 수 있었다. 트럼프가 가장 좋아하는 소통 수단은 어쩔 수 없이 그의 진실과 연관되어 있다. 트럼프는 가짜 뉴스를 트윗하고 있었나? 그의 선거 유세는 대체로 가짜 뉴스 주변에서 이루어지고 있었나?

미국의 일부 신문과 잡지 기자들은 선거 기간 동안 트럼프의 거짓 행동을 더 드러냈어야 했는지 고민에 빠져 있다. 사실을 확인하는 기자들은 — 정확히 트럼프가 어느 정도로 사실을 이야기하는지 확인하던 부지런한 기자 — 유세 기간 내내 매일 아침 일찍 선거 운동에서 나온 주장을 사실과 비교하는 업무를 종종 보았다. 토론토 《스타 *Star*》의 워싱턴 지국장인 다니엘 데일 Daniel Dale은 2016년 9월 15일부터 11월 8일까지 트럼프를 주시하면서 560개의 거짓 진술을 기록했는데, 하루 평균 20개꼴이었다.[18]

언론에서 스스로 트럼프의 선거 유세가 그들을 기만하도록 허락했는지 여부는 2016년 9월의 워싱턴에서 중요한 쟁점이었다. 공화당 대통령 후보로 지명된 트럼프는 오랫동안 해왔던 터무니없는 주장, 바로 오바마 대통령이 미국이 아닌 바깥에서 태어났다는 주장에 대한 성명을 발표하겠다고 약속하며 정치부 기자들을 — 그들은 '설마 사과하겠지'라고 생각했다 — 기자회견에 초대했다. 기자회견장은 펜실베이니아 애비뉴의 오래된 우체국으로 트럼프가 막 특급호텔로 개조한 곳이었다.

트럼프는 사과하는 대신 거의 30분 동안 미국 국민을 향해 언론에 대한 이야기를 언론을 통해 했고, 뒤이어 은퇴 장교가 트럼프를 찬양했다. 마침내 트럼프가 오바마에 대한 그의 주장의 짧은 반박을 쟁점으로 삼았을 때, 트럼프는 힐러리 클린턴이 처음으로 그 소문을 퍼뜨렸다는 또 다른 혐의를 제기하기 시작했다. 오바마가 미국이 아닌 바깥에서 태어났다는 최초의 주장보다 더 어처구니없는 이야기였다. 오바마는 경쟁에서 떠났지만 힐러리는 트럼프의 호적수였기 때문에 잠재적으로 손실을 입힐 수도 있었다.

이게 바로 트럼프의 본모습이었다. 대통령 선거 유세였을 뿐아니라 그의 새로운 호텔을 위한 30분짜리 무료 광고였던 셈이다. 30초의 짧은 사과는커녕 오히려 상대편을 향한 잘못된 혐의를 계속해서 만들어 내는 트럼프를 위한 텔레비전 방송이 그의 손아귀 안에 있었다.

이 행사 내내 카메라가 움직이는 동안, 이론異論의 여지는 있겠지만 트럼프의 말 잘 듣는 장난감처럼 앉아만 있었던 미디어의 반응은 새로운 모습이었다. 사려 깊은 시사 평론가들은 그들이 쉽게 속아 넘어간 것에 좌절했다. "정치적으로 잘못된 링크였습니다"라고 CNN의 제이크 태퍼Jake Tapper는 말했다. 다른 이는 "우리는 또 놀아났어요"라고 말했다. 그리고 뉴욕대에서 저널리즘을 가르치는 제이 로젠Jay Rosen은 이때를 중요한 순간으로 묘사했다. "이때가 바로 트럼프 측 출입 기자단이 트럼프의 거짓된 행동과 속임수뿐 아니라 함께 놀아나는 자신에게도 혐오감을 느꼈던 순간입니다."[19]

여전히 너무 많은 개탄할 일과 또 회고하건대 지나치게 많은 고뇌가 남아 있었다. 만약 트럼프가 기자회견에서 명백히 사과하기 위해 기자들을 초대했는데 사과하지 않았다면, 기자들은 전후 관계를 명확히 하기 위해 그가 대충 회피하고 말았다는 사실을 보도해야 했다. 그리고 마지막으로 유권자들이 결정해야 한다. 이것이 일어난 일이다. 만약 유권자들이 여전히 뻔뻔스럽게 음모를 꾸미는 후보자를 지지하겠다고 한다면, 그런 순간에 보여 준 오만함에도 불구하고 (혹은 오만함 때문에) 그렇게 한 것이다.

언론이 죄책감을 느낄 일이 아니다. 아무리 자연스럽지 않다 해도 기이한 대통령 후보의 기자회견에 참석하지 않는다면 기자들에겐 이상한 일이었을 것이다. 대선 유세에서 대부분의 기자회견은 부자연스럽다. 트럼프의 기자회견에 대한 보도 대부분은 매우 회의적이다. 트럼프의 거짓된 행동에 관해서도 많은 평론이 쓰였다. 실상은 그가 여전히 돌파구를 찾아낸다는 것이다.

언론의 과실을 살펴보자. 힐러리 클린턴은 이미 신뢰할 수 없는 사람으로 분리되어 있었는데, 수십 년에 걸친 주류 언론의 정치 보도에 기인한 바 컸다. 마치 트럼프가 트위터와 텔레비전 네트워크 조작과 관련되어 있는 것처럼 말이다.

언론이 다툼을 보도하고 유권자들이 결정하도록 기다려야 할 때가 ― 정치적 유세도 그 가운데 하나다 ― 있다. 미국의 일부 유명한 선임 기자들이 자신들이 트럼프와 또 어떤 경우에는 트럼프가 소셜미디어에 올렸던 가짜 뉴스의 진실을 드러내기 위해서 더 많은 노력을 펼쳤어야 했는지 고뇌하는 것과 마찬가지로 BBC는 브렉시트 국민투표 유세 기간 동안 '중립적' 입장을 잘 유지했는지 궁금해한다. 전 BBC 사장이자 현 《뉴욕타임스》 최고 경영자 마크 톰슨^{Mark Thompson}은 실패했다고 결론지은 사람들 중 하나이다. 톰슨을 비롯한 사람들은 한쪽이 다른 쪽에 비해 훨씬 더 무게가 있었음에도 정확한 균형이 중립적이라고 생각하는 실수를 저질렀다고 주장한다.

이따금씩 인용되는 한 가지 예는 오바마 대통령이 런던의 기자회견에서 만약 영국이 유럽연합을 탈퇴한다면, 어떤 무역협정에서든 후순위에 놓일 것이라고 경고했던 일이다. 이후 BBC의 단신에서 오바마의 영상은 브렉시트 유세단의 비교적 덜 중요한 인물과 나란히 놓임으로써 마치 두 사람이 동일한 권위와 무게를 지니고 있는 것처럼 보였다. 미국의 대통령과 실제로 잘 알려지지 않은 브렉시트 지지자가 동일하게 말이다. 이와 비슷하게 유럽연합 잔류를 주장한 다수의 권위 있는 경제학자들은 브렉시트를 주장하는 어떤 사람의 외마디 대답과 시간과 중요성의 관점에서 균형 있게 그려졌는데, 이는 대다수의 경제학자들이 브렉시트에 반대했음에도 경제학자들이 비슷한 숫자로 나뉘어 있는 것처럼 암시하는 역할을 했다.

다시 말하지만, 이 문제는 BBC가 고민할 일이 아니다. 국민투표에서 이 균형의 딜레마를 해결할 수 있는 단 한 가지 방법은 국민투표를 하지 않는 것이다. 지도자가 결정할 문제이지 언론이 결정할 문제가 아니다. 복합적이고 다층적인 문제에 대한 국민투표는 과장된 주장과 반대편의 외침 사이에서 정치적 다툼이 될 수밖에 없다. 방송사들은 비록 한쪽이 상대편보다 자신들의 주장을 입증할 수 있는 권위 있는 전문가들을 훨씬 많이 가지고 있다고 하더라도, 어느 쪽이 다른 쪽보다 더 이상한지 결정을 내리지 않고 그 다툼을 보도할 책임이 있다. BBC는 양쪽의 주장과 근거를 가지고 토론하면서 그들이 해야 하는 대로 브렉시트 국민투표를 보도했다. 일부 브렉시트 지지자가 영국이 유럽연합을 탈퇴하면 국민건강보험에 한 달 3억 5천만 파운드우리 돈 약 5천억 원가량의 여유가 생길 것이라는 주장을 믿는 쪽을 택했던 것은 유권자의 문제이자 효과적으로 거짓말을 폭로하지 못한 '잔류'파의 유세 실패를 반영한다.

미국에서는 기자들이 트럼프의 거짓을 더 폭로할 수 있을지 고민하는 동안, 트럼프는 자신에게 비판적인 기자들을 공격했다. 다시 말하면 이는 경고처럼 보인다. 트럼프와 관련된 경고에는 많은 이유가 있지만, 언론에 대한 그의 태도가 그중 하나는 아니다. 기자는 정치인을 비판한다. 선출된 정치인도 기자를 비판할 권리가 있다. 심지어 미국 대통령이라 할지라도 기자회견장에서 놀이터의 10대처럼 욕설을 퍼붓는다. 기자들은 자신들의 보도와 논평에 결정적인 말을 덧붙일 권력을 가지고 있다. 트럼프가 집회나 기자회견에서 무엇을 하든 그것은 당선된 트럼프에게 달린 일일 뿐, 선출되지 않은 기자에게 달린 일이 아니다. 몇몇 기자는 트럼프의 기자회견장에서 쫓겨났고, 한 사람은 비판적인 이력을 작성했다는 이유로 집회에서 돌려보내졌다. 그의 선거 유세 행사 참여가 금지된 언론 매체의 긴 블랙리스트가 있다. 트럼프 역시 《뉴욕타임스》를 표적으로 삼고 있었고, 미디어에 대한 공격을 멈추지 않았지만, 자신이 신문에 신경을 쓰는 만큼 당선 직후 신문사뉴욕타임스사를 방문했다.

이 모든 사건이 새로운 소셜미디어의 시대에 어떻게 경종을 울리는가? 언론은 선출된 지도자를 좀먹고, 계속해서 무책임하며 확인되지 않은 아웃사이더를 부추길까? 1990년대의 소위 훨씬 더 권위 있는 주류 언론과 21세기 첫 10년의 정치 보도를 비교하면 나는 언론이 그렇게 중요한 지위를 차지하고 있다고 믿지는 않는다.

아웃사이더에게 적용되는 소셜미디어의 모든 잠재적 이점은 마찬가지로 주류 정치인에게도 적용된다. 트위터는 모든 정치인에게 메시지를 통제할 수 있는 기회를 부여한다. 2016년 미국 대선에서 힐러리 클린턴은 그렇게 하는 데 실패했다. 힐러리는 언변이 탁월한 정치인이 아니었다. 소셜미디어와 연결되는 데는 아무런 문제가 없었지만, 후보로서는 아니었다. 힐러리는 사람들에게 쉽게 매력을 끄는 방식으로 주장을 설명하고 압축하는 것이 소통 능력을 가진 이들의 추가적인 능력이 아니라 지도력의 필수 자질임을 인식하지 못했다. 힐러리 또한 트위터를 사용했고 수백만 명의 팔로어를 거느렸다. 그러나 트럼프의 무차별적인 뉴스 매체의 이용과 주목받고자 하는 마음에 대충 자극적으로 날리는 트윗은 제한적인 자원을 가진 아웃사이더에게 — 심지어 트럼프와 같은 부유한 이조차 미국 대통령 선거 운동에서는 제한적인 자원만을 가진다 — 소셜미디어를 통해 돈 한 푼 들이지 않고 선거에서 승리할 수 있을 정도의 국가적인 영향력을 가질 수 있다는 점을 보여 준다.

그러나 트럼프는 이제 선출된 주류가 되었다. 이전에 당선된 정치인과 마찬가지로 트럼프 또한 새롭고 신속한 정치 보도의 희생자가 될 것이다. 트럼프의 신경질적이고 불안해하는 언론을 향한 뻔한 집착은 언론 권력이 그에게 얼마나 영향을 미치고 있는지 보여 준다. 유세 기간에 트럼프는 모든 형태의 언론 매체를 교묘하게 조종했는지도 모르겠지만, 이제는 그 매체들이 권력의 딜레마에 직면해 있는 트럼프를 조종하고 괴롭힐 위치에 섰다. 트럼프가 얼마나 언론을 향해 소리치고, 일부는 기자회견에 참가하지 못하도록 하고, 기자들의 실패에 관한 트윗을 올리든지 간에, 면밀한 사찰과 정치인의 삶을 지옥으로 만드는 빠르게 변하는 산업의 일부로 트럼프를 화나게 만들 이는 기자들이다. CNN과 BBC를 포함해 영향력 있는 언론 매체에 대한 트럼프의 끝없는 공격은 그 자신의 연약함을 반영한 행동이다. 언론은 자신들이 바라는 대로 보도한다. 트럼프는 아무 이득도 없는 장황한 말을 이어 간다. 트럼프는 언론 매체들을 '가짜 뉴스'로 호칭하고 개인이나 기관을 기자 회견에서 배제할 수 있지만, 결정적인 말을 덧붙일 수 있는 건 기자다.

당선 직후 트럼프는 놀랍지만 이해하기는 쉬운 방식으로 계속해서 트윗을 날렸다. 기대치 못했던 승리 직후에 트럼프는 트위터로 언론을 열두 차례 공격했는데, 그중 네 번은 브로드웨이의 풍자 뮤지컬 〈해밀턴 Hamilton〉에 대한 것으로 뮤지컬 출연자와 트위터에서 설전을 벌였다. 권위가 높아지고 자신감이 고양된 승리 직후 벌어진 일이었다. 마땅히 축하받았어야 했지만 트럼프는 이미 언론의 화를 불러일으키고 있었다. 대부분의 선출된 지도자는 언론으로 광기를 일으키며 괴로워질 지경에 이르는 데 몇 년은 걸린다. 그 누구도 트럼프가 당선으로 우쭐댄다고 비난할 수 없다. 트럼프는 여전히 선거 운동의 경로 위에 서 있는 아웃사이더처럼 행동했다. 언론 매체에 맞서는 그의 계속되는 트윗은 거의 겸손하다고 느껴질 정도다.

어쩔 수 없이 정부에서 트럼프에게 정치는 훨씬 더 어려워질 것이다. 당선에서부터 백악관 입성까지는 일련의 과정에서 비할 데 없이 쉬운 부분이다. 승리한 후보는 아직 권력의 딜레마에 직면하기 전이다. 그럼에도 이 기쁨의 단계에서 트럼프는 전례 없이 비판에 대한 예민함을 보였다.

트럼프는 이미 실제로 집권하면 이행하겠다고 약속했던 선거 유세에서의 과장된 약속을 저버려야 하는 어려운 도전에 부딪쳤다. 그러나 대통령 선거전은 정치적 전쟁이다. 트럼프의 거짓을 명백하게 폭로하는 것은 《뉴욕타임스》와 《더 뉴요커 *The New Yorker*》의 임무가 아니다. 그들의 역할은 트럼프의 언행을 보도하고 분석함으로써 유권자의 선택을 돕는 것이었다. 트럼프가 범죄와 부패에 대한 언급으로 공정하진 않았지만 성공적으로 힐러리 클린턴을 묘사했을 때, 거짓을 밝혀내는 것은 힐러리와 그리고 트럼프의 반대자들이 해야 할 일이었다.

대통령 후보 간의 치열한 전쟁이 있었고, 그다음은 당선자와 언론이 있었다. 그러나 그들이 특별한 것은 아니다. 선출된 정치인이나 당선되고 싶어 하는 정치인들은 종종 언론을 향해 편집증적 분노의 상태에 빠져들고, 언론은 피해망상증이 극명해지는 상태에 접어든다. 이 상호 간 편집증의 발현보다는 결국 언론이 여전히 강력한 권력을 가지고 있다는 근본적인 가정으로 인해 정치인이 인터뷰나 세밀한 사찰 방식에서 거의 스스로를 범죄자처럼 보이게 만드는지가 더 문제다. 이 점이 언론의 시대, 기성 주류 선출직 정치인이 거대한 삶의 변화에 직면한 두려움에 휩싸인 혼란스러운 유권자에게 접근하며 지지세를 넓히는 시점에서 오히려 조심스러워질 것을 강요받는 사이, 어떻게 아웃사이더들이 되레 번영해 나가는 기회가 되었는지 보여 준다.

이 같은 언론 분위기가 기성 주류들이 할 수 있는 한계에 대하여 솔직해지는 것을 어렵게 만든다. 언론이 기성 주류가 보호받는 엘리트에 속한다는 가정 아래 보도할 때, 보호받는 엘리트가 "보세요, 나는 지금 당신들 모두가 힘겨워하는 것을 알고 있지만, 내가 할 수 있는 것은 많지 않습니다"라고 이야기하는 것은 거의 치명적이다. 대신에 그들의 인생에서 가장 영향력이 약했을 때 위대한 전능함을 가장하는 것이 그들에게 더 안전한 일이다. 기성 주류로 불리는 자들의 이상해 보이는,

수많은 얼버무리는 행동은 언론이 그들을 보는 방식으로 어느 정도 설명된다.

소셜미디어는 주류에게 국가를 운영하는 일과 배경, 메시지에 대한 통제력을 어느 정도 되찾고 설명할 수 있는 기회를 부여한다. 만약 그들이 그 기회를 잡는데 실패한다면, 이는 그들에게 다시 반영된다. 가짜 뉴스는 때로 지나치게 터무니없고 사리사욕을 추구하지만 출처는 너무 명확하기에 대부분은 보기보다는 훨씬 덜 해롭다. 여기 생생한 사례가 있다. 배넌이 트럼프에게 미친 영향은 트럼프의 당선 요소 가운데 가장 잘 알려진 것 가운데 하나다. 동시에 배넌과 브라이트바트의 연관성은 그의 백악관 입성을 가장 잘 설명하는 부분이다. 유권자의 마음속에서 트럼프와 브라이트바트는 긴밀하게 연결된다. 브라이트바트가 트럼프 반대파를 공격한다면 대부분의 유권자는 그 출처의 편향성을 곧바로 인지할 것이다. 더 많은 정통 언론은 — 신문, 라디오 방송 — 높은 신뢰성을 가지며, 이들이 선출된 지도자를 좀먹는다는 사실은 훨씬 알아차리기 어렵다.

유권자들이 정치인들이 더 개입하기를 희망할 때, 정치인들이 무력해지기를 선택한 것은 정치 보도의 책임이 아니다. 적어도 영국과 미국에서 왜 주류가 정치 무대의 한 부분을 비우고 아웃사이더의 진입을 허락했는지에 대한 설명의 일부일 뿐이다. 그들은 언론에 의한 학살에 두려움을 느꼈고, 두려움으로 인한 조심스러움은 지지도를 더 떨어뜨렸다. 잃을 것이 없는 아웃사이더는 그들이 하고 싶은 말을 했고, 인기가 높아졌다.

에필로그

아웃사이더들은 대부분 정치 경험이 일천하고 그래서 단순하며, 모순된 메시지를 전달하고, 안정된 지지 기반도 없을 뿐더러 권력을 잡는다고 해도 속박된 주류가 될 운명임을 감안한다면, 어떻게 보수와 진보의 주류 지도자들은 그들이 정치 무대에 등장할 수 있도록 수많은 기회를 주었을까? 추리 소설 작가는 수수께끼가 풀리면서 모든 용의자의 죄상이 드러나게 만드는 영리한 장치를 효율적으로 사용한다. '죄상'은 정치적 아웃사이더의 약진을 설명하기에는 부적절한 용어일 수 있겠지만, 우리 모두에게는 공동 책임이 있다.

대체로 그렇듯 주류 지도자는 유권자를 기쁘게 만들 수 있다고 가정한 방향으로 움직여 왔으나, 그들이 유권자의 중요한 한 부분을 제외시켰다는 것을 발견했을 뿐이었다.

세계화에 직면해 중도 진보는 무력해지는 쪽을 선택했다. 부분적으로는 계산된 편의주의에서였다. 1980년대 선거에서 경험한 좌절을 바탕으로 일부 중도 진보 지도자는 명백히 더 큰 정부가 될 것이라는 주장으로는 선거에서 이길 수 없다고 생각했다. 이들은 유권자가 힘들게 번 돈을 낭비하겠다고, 또한 기업가 혁신을 억누르겠다고 간청하는 방식으로 받아들여질 것이라고 두려워했다. 중도 보수의 일부 지도자는 이념적 이유로 자유방임적인 정부, 최소한 작은 정부에 대한 열정적인 믿음을 가지고 있었고, 중도 진보와는 다르게 확신에 따라 움직일 수 있다는 자신감을 가지고 있었다.

세계화가 깊은 불안감을 조성하면서 아웃사이더들은 '뒤처졌다'고 느끼는 이들을 대변해서, 혹은 그들을 대변해서 행동한다고 주장할 만한 상당한 이념적 공간을 확보했다. 다른 이유로 주류 정당이 그렇게 하지 못하는 동안, 아웃사이더들은 유권자들이 더 안정감을 느낄 수 있도록 집권해 나가겠다고 주장했다.

대부분의 아웃사이더가 자신의 목적에 일관성을 가지지 못한 반면, 소셜미디어를 통해 조직을 발전시키는 데는 누구보다도 빨랐다. 그들 가운데 일부는 이해하기 쉽게 요점을 정리하는 데 본능적인 재주가 있다. 트럼프 대통령은 트위터에서 국가를 의인화하는 간단한 행동만으로 대규모 예산 증액을 주장해 냈다. 트럼프는 ― 반국가주의 성향의 유명한 경영자 ― 도로를 깔고, 다리와 국경 장벽을 건설하며, 일자리를 보호할 것이다. 그의 맹목적인 지지자들은 만약 트럼프가 국가가 더 많은 일을 해야 할 때라고 트윗을 올렸다면 움찔했을 것이다. 트럼프는 결코 그렇게 하지 않는다. 자신의 이념적 혼란 속에서 트럼프는 자신만을 믿을 뿐, 국가를 신뢰하지 않는다.

이제 대통령 트럼프는 민주주의적 권력의 제약을 실감하는 중이다. 2017년 2월 연방 판사 제임스 로바트James Robart는 모든 난민과 주요

이슬람 7개국 리비아, 소말리아, 수단, 시리아, 예멘, 이라크, 이란을 말한다. 로바트에 의해 효력이 정지되어 이후 이라크를 제외한 6개국 국민의 입국을 금지하는 새로운 행정명령이 발효되었다. — 편집인 국민의 미국 입국을 금지시킨 트럼프의 반이민 행정명령을 중단시켰다. 트럼프가 할 수 있었던 것은 '소위 판사'라는 사람들이 자신의 행동을 막으려고 개입했다며 무력하게 씩씩대는 것뿐이었다. 같은 달, 국가안보보좌관 마이클 플린Michael Flynn은 트럼프의 임기가 시작하지도 않았는데 러시아와 체결한 계약으로 사임을 강요받았다. 트럼프는 플린은 잘못한 것이 없다며 요지부동이었지만, 사임을 받아들일 수밖에 없었다.

다음 달인 2017년 3월에는 오바마케어 — 저소득자들도 건강보험에 더 쉽게 접근할 수 있도록 하려는 버락 오바마의 시도 — 를 폐기하려는 계획을 멈추라고 압박받았다. 당선 전과 대선 승리 직후 트럼프는 자신 있게 오바마케어는 '쉽고' '즉시' 폐기될 것이라고 주장해 왔다. 하고 싶은 말은 무엇이든 할 수 있었던 아웃사이더 시절의 이야기였다.

2017년 봄의 트럼프는 권력의 무력함을 발견하는 중인 주류 일원이었다. 위대한 대통령은 무능력해지고 말았다. 워싱턴 공화당의 계파 다툼 때문이었다. 우파 공화당원들이 오바마케어 폐기가 충분히 진전되지 않았다고 결정 내리는 동안, 온건한 공화당원들은 오바마케어를 대체할 갈피를 잡지 못하고 있는 트럼프케어가 공화당 지지자들을 건강보험 없이 지내게 할지 모른다는 두려움에 휩싸였다. 트럼프는 협상가를 자처했다. 그러나 트럼프는 대통령으로서 첫 상징적인 시도에서 동의를 얻어 내지 못했다.

어느 순간 트럼프는 주류에 속해 있었고, 권력 이행은 공약을 트윗하는 것보다 훨씬 복잡하다는 사실을 깨닫는 중이었다. 아웃사이더는 승리했지만 반이민 행정명령 이행, 국가안보보좌관 임명, 워싱턴 공화당원들이 수년간 열정을 바쳐 반대해 왔던 오바마케어의 변화를 이끌어 내는 데는 무력했다. 트럼프는 정치는 내부에서 훨씬 복잡하다는 사실을 깨닫고 있다. 정당은 종종 분열되고 어떤 식으로든 다시 뭉친다. 더불어 포부를 밝히는 것은 실제로 운영될 정책의 세부 사항을 설계하는 것보다 훨씬 쉽다. 민주주의 정치는 부담이 만만치 않다.

《뉴욕타임스》 평론가 데이비드 브룩스David Brooks는 트럼프가 의회에서 오바마케어의 폐지에 실패한 직후 말했다. "새 엘리트는 예전 엘리트만 못하다. 확실히 더 흥미롭지도 않다."[1]

브룩스는 오바마케어의 지지자는 아니었지만 트럼프와 그 참모를 워싱턴 '엘리트'의 일부라고 주장하면서, 오바마의 후임자에게 치명상을 입혔다. 아웃사이더를 자처하던 트럼프는 그가 반정치적인 경멸의 시선으로 바라보던 엘리트의 일부가 됨으로써 모욕당했다. 모욕에 덧붙여 브룩스는 트럼프가 무능한 엘리트를 선도하는 것처럼 묘사했다. 트럼프가 《뉴욕타임스》를 혐오하는 것은 놀랍지도 않다.

매우 다른 상황에서 알렉시스 치프라스는 2015년 1월, 그리스 총리로 취임하면서 진보의 관점에서 권력의 무력함을 금세 알아차렸다. 정치권 밖에서 긴축 종료와 유로존 가입의 병행을 맹세하기란 누워서 떡 먹기였다. 주류에 진입한 치프라스는 맹세 뒤의 모순에 직면했고, 많은 지도자들이 때로 그렇듯이 덫에 걸렸다. 치프라스는 권력의 딜레마에 부닥쳐 있다.

딜레마에 직면한 이들은 일부 헌법적 제약의 덫에 걸린다. 정치 평론가는 거의 매일같이 지도자에게 "왜 제 조언을 받아들여 x, y, 또는 z를 하지 않으세요?"라고 묻는다. 그 대답은 대체로 그렇게 하고 싶어도

x, y 혹은 z를 할 수 없다는 것이다. 그들은 연립 정부의 틀에 갇혀 있거나 의회에서 과반수를 겨우 넘겨, 신뢰가 없는 지지를 받는 난제에 부딪쳐 있었다. 그러나 평론가 혹은 다른 사람의 요청에 응답하지 못함으로써, 실제로 이들은 무력할 뿐이지만 쓸모없는 것처럼 보인다.

2017년 3월, 영국 재무장관 필립 해먼드Philip Hammond는 안정적이라고 생각하며 신중히 계획한 예산안을 공개했다. 불과 몇 시간 만에 모든 지옥문이 열렸다. 해먼드가 자영업자의 세금 인상을 발표했기 때문이었다. 2015년 총선에서 보수당의 공약에는 세금 인상안이 포함되어 있지 않았지만, 민주주의 세계에서 정부가 노인 인구 급증에 대응할 방법은 세금 인상 말고는 없었다. 주택이나 현대 교통 시스템 등의 다른 수요 또한 마찬가지였다. 그러나 대부분의 세금 인상 실행은 정치적으로 불가능하다. 최근 로이 젱킨스Roy Jenkins가 영국의 유권자에게 한 날카로운 지적은 다른 지역에도 적용 가능하다. "영국 유권자는 북유럽 수준의 공공 서비스를 원하면서 세금은 미국 수준으로 내길 원한다."[2] 젱킨스는 난제에 부딪쳤던 선출직 지도자로서 — 전직 재무장관, 내무장관이자 사회민주당 대표 — 적고 있었다. 젱킨스는 영국뿐 아니라 지도자들의 첨예한 문제를 강조했다. 미국에서 더 많은 세금을 낼 의지는 없이 더 나은 공공 서비스에 대한 요청만이 커져 가는 동안, 북유럽 유권자들이 세금 인상 예상에 기뻐하며 항상 신난 것은 아니었다.

헌법의 제약에 따라 무력해지기를 선택하고 무기력함을 표현하는 데 더불어 선출된 지도자들은 극단적인 불신의 시대를 통치한다. 만약 그들이 x, y 또는 z를 하지 않는다면 일부 유권자들은 본능적으로 지도자들이 거짓말쟁이거나 어떤 경우에는 범죄자라고 결론 내린다. 최소한 몇몇 유권자는 무시당했거나 업신여겨졌다고 느낀다.

이러한 감정은 애매하게 결정권을 되찾겠다며 '뒤처졌다'는 느낌을 받는 이들을 대변하겠다고 약속하는 아웃사이더에겐 선물과도 같다. 자신들의 주된 의무가 선출된 지도자에게 한 인터뷰어가 물었던 것처럼 "왜 이 거짓말쟁이 자식이 제게 거짓말하고 있는 거죠?" 같은 질문을 던지는 것이라 여기는 일부 언론 매체는 선출된 지도자를 불신하는 감정에 불을 당긴다. 가끔씩 정치인이 믿을 만하지 못하기 때문에 불신에 불붙이는 경우는 말할 것조차 없다. 정치인은 무분별하게 탐욕스럽고 자기 잇속만 챙기며, 어떤 경우에는 부패하기까지 하다. 그러나 전체적으로 왜 지도자들이 그렇게 행동하는지에 관한 더 흥미롭고 고무적인 해석도 있다. 난제와 딜레마를 해결해야 할 때 항상 솔직할 수는 없고 때때로 과거의 맹세나 선언을 번복해야 한다. 이런 종류의 기도는 정치의 일부로, 힘을 사용해 논쟁을 해결하려는 대안보다 더 낫다.

뜻대로 되지 않으면서, 민주주의 세계를 비추는 유행하고 있는 부정적인 프리즘을 변화시키기 위해 힘이 사용된다. 2017년 3월 22일 수요일, 이슬람 극단주의자로 추정되는 테러리스트 칼리드 마수드Khalid Masood가 영국 웨스트민스터 의회 근처에서 경찰을 포함한 네 명을 살해함으로써 프리즘이 급격히 변화했다. 갑자기 의회는 '웨스트민스터 버블Westminster bubble'을 중단하고 대신 뉴스 보도에서 겸허히 영국 민주주의의 심장부에 있는 듯 보였다.

보통 때는 보호받는 엘리트 구성원으로 간주되던 하원의원은 평범한 사람처럼 보였다. 민주주의 확장을 위한 이들의 소중한 공헌은 이제 칼을 휘두르는 테러리스트에 의해 위협받고 있다. 의사당 건물에서 일하는 이들, 경찰, 사무국 직원, 그리고 주로 열심히 일하는 정치인 등 각각 다른 역할을 맡고 있던 사람들은 각자 그 자신이 되었다. 아무도 이 테러를 웨스트민스터 버블을 향한 공격이라고 보도하지 않았다. 요약하면 우리가 뽑은 사람들은 비로소 인격을 부여받았고, 인간으로 인식되었다.

이것이 바로 주류 정당이 세계화라는 배경과 2008년 금융위기에 부딪쳐 고군분투했던 이유다. 주류 정당과 지도자들이 아웃사이더의 도전을 받아들이려 할 때, 이 설명은 직관에 어긋나는 몇몇 움직임을 시사한다.

가장 까다로운 것은 중도 진보와 중도 보수 사이에 정밀한 이념적 고찰이 더 필요하다는 점이다. 그런 고찰은 항상 어렵고 종종 위험하다. 정치에서 자기 성찰은 대부분의 경우 치명적인 분파와 심각한 비일관성을 초래할 수 있기 때문에 너무 깊게 사고하지 않는 편이 더 좋다. 그러나 2008년 금융위기라는 거대한 사건과 세계화의 도전에 휩쓸린 상황에서 어느 정도의 수정주의는 바람직하며 피할 수 없다. 토론을 회피하는 것은 안전한 선택이 아니며, 오히려 위험한 것이다.

노동당은 2010년 영국 총선 패배 이후 제러미 코빈이 입후보하는 폭발적인 결과와 뒤이은 2015년의 연이은 총선 패배까지 최면성의 단결을 선택하는 전형적인 모습을 보였다. 이들은 2010년 총선 패배 이후 대표 경선에서 격렬한 토론을 거쳤다면 더 좋았을 뻔했다. 영국과 비슷하게 금융위기 이후 유럽 대부분의 지역에서 사회민주당은 지지를 잃었지만, 왜 지지율이 떨어졌는지에 대한 토론은 별로 없었다.

중도 보수에서도 금융위기 이후 이념적 수정주의는 거의 없었다. 정부의 역할에 대한 당의 기준은 당을 이끄는 이념은 대체로 바뀌지 않은 채 수십 년이 흘렀다. 이 가정들은 서구 세계에서는 1980년대 초반부터 쭉 우세했고, 국가의 소극적 개입이라는 덕목을 기반으로 삼았다. 20

세기 말과 21세기 초에 걸쳐 중도 보수 정당들은 사회적 자유주의를 지지하는 데 꽤 잘 적응했음을 보여 주었다. 그러나 그들 가운데 일부는 여전히 1980년대 초반에 비교할 수 없을 정도로 다른 배경 속에 있었던 레이건·대처의 경제적 정통 신앙에 대한 믿음을 이어 나갔다.

민주주의 정치는 항상 근본적인 경제 변화에 대응하는 데 늦다. 불안해하는 일부 지도자들이 과거를 이정표 삼아 어슴푸레한 미래의 방향을 찾기 때문이기도 하다. 그러나 과거는 변덕스러운 표지판이다. 1970년대 영국에서는 정권을 교체하면서까지 협동조합 정책에 매달렸지만 명백히 실패했다. 어떤 면에서 개개의 총리는 정책이 제대로 작동하지 않는다는 것을 알면서도 누아르 영화의 등장인물처럼 비참한 운명을 향해 침잠해 갔다. 1970년 에드워드 히스는 노동법을 개정하고 '쓸모없는' 산업은 과감하게 포기하겠다는 공약을 내걸어 당선되었다. 히스는 임금을 통제하는 수단으로 삼는 소득 정책에 강하게 반대했다. 지지율이 폭락하자, 히스는 광부의 폭락에 대응하기 위해 소득 정책을 도입했다. 노동법 개정 계획의 대부분을 포기했고, 높은 실업률로 인한 사회적·경제적 결과를 두려워하며 기울어 가는 산업을 구하기 위해 개입했다. 당시 노동당 대표였던 해럴드 윌슨은 1974년 2월 총선에서 모호하게 정의된 노동조합과의 '사회적 대타협'을 대안으로 주장하면서 소득 정책을 반대했다. 머지않아 윌슨은 히스와 비슷한 소득 정책을 선호하고 말았다. 윌슨에 뒤이은 짐 캘러헌은 1970년대 초 소득 정책에 반대하는 입장이었다. 총리에 취임하자마자 캘러헌은 그를 나락으로 떨어뜨린 소득 정책을 시행했다. 수년 후 캘러헌은 《뉴스테이츠먼*New Statesman*》과의 인터뷰에서 1970년대의 지도자들은 1930년대를 배경으로 성장했기에 비슷한 수준의 높은 실업률을 절대 용납할 수 없었다고 회고했다.³ 이들의 목표는 숭고했지만 모두가 제대로 작동하지는 않을 것이라는 점을 알면서도 협동조합 정책의 덫에 걸릴 수밖에 없었다. 눈앞에서 무슨 일이 벌어지고 있는지 완전히 알지 못한 채, 여전히 과거에서 이정표를 찾고 있었던 것이다.

1979년 총선 기간 캘러헌은 수석 고문 버나드 도너휴Bernard Donoughue에게 '상전벽해'가 일어나고 있지만 자신은 이 흐름을 바꾸기 위해 할 수 있는 것이 아무것도 없다고 말했다. 비슷하게 쓰나미 같은 변화가 2008년 금융위기와 함께 몰려왔지만 지도자들은 캘러헌과 다른 이들이 1970년대에 그랬던 것처럼 과거를 돌아보며 이정표를 찾았다. 금융위기 이후에도 대출은 여전히 쉬웠다. 소비자 지출은 성장률에 불을 붙였고, 높은 수준의 대출 잔액은 흥청망청하는 소비를 지탱했다. 경제는 여전히 허약한 금융 영역에 의존한 상태였다. 공공 지출은 일부 지역이 더욱 가난한 상태까지 삭감되었다. 규제의 틀은 약하게 유지되었다. 지도자들은 다른 방법을 몰랐다. 절반가량은 과거의 실수를 되풀이하고 있다는 것을 알았지만 이것이 그들이 인지한 유일한 실수였다.

2016년 일부 지도자들은 망설이면서 2008년 금융위기에 뒤이은 해일에 대응하는 신호를 보였다. 영국 총리 테리사 메이는 자신의 정책에는 덜 반영되어 있지만 그녀의 언어를 통해 통치 환경의 극적인 변화를 이해하고 있음을 암시한다. 메이는 취임할 때부터 지도자가 정부와 유권자의 삶이 연결되는 방식을 설명하지 않는다면 아무도 그렇게 하지 않을 것이라는 점을 인지하고 있었다. 만약 그들의 연결성을 강조하는 지도자가 없다면, 유권자는 분명히 단절되어 있다고 느낄 것이다.

2016년 10월 전당대회 연설에서 메이는 캐머런이 역점을 두었던 작은 정부에서 분명하게 움직여 나갈 것임을 드러낸 부분을 포함시켰다. 연설문 전체는 혁명적인 번영과 함께 '정부가 할 수 있는 선에 대한 믿음Believing in the good that government can do'으로 이름 붙여졌다. 대담하게도 이 부분에서 메이는 '정부가 앞으로 나아갈 것'을 예상한다고 주장했다.

오류 바로잡기. 기득권에 대한 도전. 중요한 결정 내리기. 우리가 옳다고 믿는 것을 하기. 일을 끝내기.

왜냐하면 그것이 정부가 할 수 있는 선이기 때문입니다. 그리고 그것이 제가 여기 선 이유입니다. 약자의 편에 서서 강자의 편에 맞서기 위해서입니다.

또한 정부의 권력을 평범한 노동자 계급을 위한 봉사에 똑바로 두기 위함입니다 … 이제 정부의 선의지를 기억해야 할 때입니다.

정부가 모든 답을 가지고 있진 않겠지만, 정부가 선을 위한 권력이 될 수 있고 되어야 한다고 말하는 새로운 접근을 해야 할 때입니다. 국가는 개인이나 지역사회, 시장은 할 수 없는 그 무엇을 제공하기 위해 존재합니다. 그리고 우리는 사람들의 선을 위해 정부의 권력을 고용해야 합니다.

좌파 사회주의자와 우파 자유의지론자가 제공하는 이념적 본보기를 거부해야 할 때로 정부가 우리 모두를 대신해 행동하며 앞으로 나아가도록 — 그리고 뒤로 가지 못하도록 — 새로운 중도를 포용할 때입니다.

범죄로부터 안전을, 질병과 실업으로부터도 안정을 제공해야 합니다.

자유시장을 지지하지만 시장이 제대로 작동하지 않는다면 개입하여 고칠 수 있어야 합니다.

상업을 장려하고 자유무역을 지지하겠지만, 다른 모두를 위해서 소수 기득권자를 위한 규칙은 받아들이지 않겠습니다.[4]

메이는 자신도 모르게 그녀 자신은 그렇지 않지만 점점 흥미로워지는 위험에 처해 있다. 그녀는 신중한 지도자이며, 그 주장을 급진적인 정책들로 옮기려는 기미는 거의 보이지 않고 있다. 그러나 정부의 할 수 있는 선에 대한 틀을 만드는 데 있어 메이는 보수당을 예전보다 잠재적으로 좀 더 나아 보이는 곳으로 전진시켰다.

중도 진보에서도 비슷하게 모호한 움직임이 보인다. 2017년 3월부터 독일 사회민주당 대표를 맡은 마르틴 슐츠는 2018년 2월 사임했다. - 편집인 혼란에 빠져 사기가 저하된 사회민주당을 혁신하면서 앙겔라 메르켈을 흉내 내지도, 기회주의적으로 메르켈의 오른쪽에 서지도 않았다. 슐츠 이전의 대표들은 두 방식 가운데 하나를 선택했다. 슐츠는 재정 흑자 가운데 일부는 전액 부채를 상환하기보다 교육과 다른 공공 서비스에 투자하겠다고 공약했다. 정부가 할 수 있는 선에 대한 중도 진보적 온건한 인물의 연설을 듣기 위해 모여 든 청중의 열광적인 반응은 유권자들이 이념적 공백의 해소를 목말라했음을 알려 준다.

심지어 영국 노동당에서는 — 신 노동당 시대가 이라크 전쟁의 여파와 금융위기로 큰 충격 속에서 끝난 이후 정체성과 목표의 위기로 어려움을 겪는 — 신선한 사고를 보여 준다. 일부 젊은 하원의원은 유권자들이 어떻게 무력감을 느끼는지, 권한을 부여받는다는 작은 느낌이 어떻게 그들을 팽팽한 긴장감이 도는 정책 영역에 연관시켰는지 깊이 성찰한다. 아래는 위건 Wigan 하원의원 리사 낸디 Lisa Nandy 가 2017년 3월, 공공정책연구소 Institute for Public Policy Research 에서 그들 모두에게 가장 민감한 정책 영역에 대해 발언한 내용이다.

불과 얼마 전 세르코(Serco, 공공 서비스 전달을 담당하고 있는 민간 기업)는 제 지역구의 조용한 마을 가운데 있는 브리태니아Britannia 호텔을 망명 희망자의 쉼터로 사용하겠다고 결정했습니다. 밤새 100명이 넘는 건장한 남성이 아무런 경고도 없이 도착했습니다. 극우파 조직이 동원되었고, 지역민은 그들이 누구인지, 얼마나 오래 머무는지, 이 지역에 어떤 지원과 보안이 제공되는지, 파시스트 기관들이 퍼뜨리는 악의에 찬 소문이 사실인지 알고 싶어 했습니다. 이것을 바꾸기 위해 저의 지원과 함께 경찰과 지역사회 지도자의 조치가 필요했습니다. 얼마 지나지 않아서 우리는 시리아 난민 문제에 대한 호소를 시작했습니다. 우리는 보름 동안 3만 6천 포대의 물품을 기부받았습니다. 정치가 직면한 도전은 사람들의 본능적인 연민이 인간의 불안정한 감정을 극복할 수 있도록 하는 것으로, 사람들이 스스로 삶의 중요한 문제를 통제하고 있다고 안심시키는 것입니다. 저렴한 가격에 주거 서비스를 제공하는 세르코와 묶음으로 계약을 체결하고 최종 결론에만 관심을 갖는 것이 무력감을 느끼는 주된 요인입니다. 불안감에 휩싸여 있을 때 국경이 '사회적 질서, 가족의 삶과 상식적인 예절'의 상징이 되는 것은 놀라운 일이 아닙니다.[5]

낸디의 사례는 유권자들이 무력감을 느끼는 또 다른 이유를 강조한다. 사기업에서 일부 필수적인 서비스를 책임지게 되면서 민영화하면서 책임 소재가 불명확해졌다. 유권자들은 누구를 향해 우려를 표명해야 하나? 만약 기업의 행위를 용납할 수 없다 하더라도 유권자들은 투표로 세르코를 몰아낼 수 없다. 기업은 선거에 출마하지 않기 때문이다. 낸디는 사기업이 아니라면 중개 역할로 누구를 선호하는지에 관해서는 덜 분명했다. 낸디의 노동당 동료 추카 우문나Chuka Umunna는 2017년 3월 6일 자 《뉴스테이츠먼》 기사에서 더 많은 권력을 지역으로 이전해야 한다는 주장을 펼쳤다.

권력과 자원을 이전하자는 주장이 어디에서 나오든지 간에 우리는 '아니'라고 말할 수 있는 아주 좋은 근거를 가지고 있어야 한다고 요구받습니다. 노동당은 정부의 권위를 사람들이 개혁에 참여하도록 돕는 데 쓸 수 있습니다. 예를 들어 부동산 시장은 지역사회가 우리의 극심한 주택 문제를 솔직하게 말할 수 있는 권력을 부여받도록 개혁을 필요로 합니다. 이민은 양도받은 지역의 결정과 함께 민주주의 통제 아래로 옮겨져야 합니다. 사람들의 삶에 더욱 가까운 결정을 내리는 곳에 분산된 권력은 더 민주주의적인 국가 형태와 진정한 자본과 기금의 재분배를 요구합니다. 화이트홀White Hall, 영국 관공서 거리의 부처는 연합할 필요가 있고, 재무부는 지방 정부에 대한 일방적인 접근이 아니라 협력적인 태도가 필요합니다.[6]

많은 유권자가 느끼는 무력감에 대한 해결 방안으로 지나치게 권력 이양에만 초점을 맞추는 것은 위험하다. 현대적 건강보험을 재구조화하고 적절한 교육 서비스를 위한 재정을 마련하려는 깊은 고민이 스코틀랜드 분리독립이나 브렉시트라는 대안을 불러일으킨 것과 같은 방식으로 이런 논쟁은 너무 쉽게 절차 자체와 관련된 논쟁이 되어 버릴 수 있다. 그럼에도 권력이 어디에 있어야 하는지, 어떤 형태로 실행되어야 하는지에 대한 토론은 의무, 그리고 정부와 유권자 사이의 관계에 대한 질문을 시작하게 만든다. 이런 토론이 부재할 때, 아웃사이더들은 우리의 결정권을 되찾겠다는 단순한 선언을 만들어 낸다.

아웃사이더의 약진과 포퓰리스트 국가주의에 대한 지지는 권력과 의무에 대한 중요한 초반 토론을 이끌었다. 이는 아웃사이더의 약진으로 인한 유익한 결과물이다. '외국인'과 이민에 대한 토론으로 변해 가는 것은 더욱 위험하다.

관심을 다른 곳으로 돌리기 위해 유행하고 있는 초점은 '정체성의 정치'에 맞춰진다. 정책적 관점에서 '정체성의 정치'가 의미하는 것은 무엇이며, 그것을 어디로 이끄는가? 영국에서 중도 진보 진영의 일부 중진은 잉글랜드인English이 되는 것 또는 브리튼 사람British이 되는 것은 어떤 의미인지 더 잘 이해할 필요가 있다고 주장했다. 정말 그런가? 이해에 따른 정책적인 결과는 무엇인가? 정책의 기반이 되는 국가 정체성을 빠르게 일반화하면 무엇이 되나?

개인의 '파편화'는 — 공동 일터, 노동자 공동체, 대규모 회원제 정당, 노동조합, 교회, 강한 가족 연대, 일상과 취미 공유 등으로 서로 묶여 있었지만 더는 그렇지 않은 — 더욱 가시적인 주제이다. 애국심에 대한 모호한 정의는 파편화가 주류를 장황한 말만 늘어놓는 이들 이상의 존재로 만들지 못한다는 의미다. 축구단에 대한 애정과 지역사회 활동(모임의 운영에서부터 문학 축제와 아마추어 연극에 이르는)의 인기는 더 많은 지역사회 활동에 대한 염원이 이어지고 있음을 보인다. 정신이 온전한 사람이라면 누구라도 페이스북과 트위터에만 의존해 소통하려고 하지 않을 것이다. 그러나 오늘날 사람들을 묶어 주는 단체는 정당, 교회, 노동조합, 소모임, 일부 국가의 분열된 정부의 쇠퇴를 대신해 주지 않았다. 권력이 어디에 있어야 하는지, 어떤 형태여야 하는지에 대한 새로운 관심은 부분적으로 사람들을 뭉치게 만들어 줄 새로운 단체를 찾는 것이다.

적어도 브렉시트와 유로존 일부 지역의 긴장이 여러 나라에 걸쳐 '권력'은 멀리 있다는 느낌에 불을 붙인 유럽연합 내에서는 권력은 어디에 있어야 하는지, 누가 누구에게 책임이 있는지 등에 초점을 맞춘 지 오래되었다. 유권자들은 만만찮게 멀리 떨어진 거리에서 내린 결정과 그 결과에 이의를 제기할 수 있는 어떤 수단도 가지고 있지 못하다. '유럽', '런던' 그리고 '워싱턴'은 세분화된 유권자들의 무력함을 상징하게 되었다.

오직 영국만이 이것이 유권자로 하여금 국민투표를 통해 브렉시트를 지지하도록 이끌었다. 영국에서 유럽 통합을 지지했던 지도자들은 '유럽'은 영국을 다스리고 있지 않으며, 영국은 유럽 안에서 상당한 영향력을 발휘하고 있음을 말과 주장을 통해 드러내는 데 실패했다. 영국은 유럽연합의 중대한 결의를 따르지 않기를 원하는 경우, 그렇게 할 수 있었다. 영국은 유로화를 사용하지 않으면서도 단일 시장의 정식 회원국이었고, 다른 회원국과 동등하게 경제 정책의 방향에 영향을 미쳤으며, 정기적으로 협의에 동참하기도 혹은 빠지기도 했다. 프랑스와 독일이 이라크 전쟁 개전에 반대했을 때, 영국은 참전을 선택했다. 영국은 독자적인 세율을 운용할 수 있었으며, 독자 세율은 때로 유럽연합의 다른 국가들보다 기업 유치에 경쟁력이 있었다. 영국이 자체적으로 집행하는 노동법은 비록 대부분의 다른 유럽연합 국가보다 덜 생산적일지라도 유연성이 두드러졌다.

대부분의 주류 지도자는 특히 중도 진보 진영의 경우, 경제 정책에 관한 광범위한 주장으로 구도를 형성하는 데 소질이 없었다. 납득하기 쉽게 주장을 펼쳐 나가는 것은 지도력에서 필수적인 부분이며 지도자와 유권자를 연결하는 수단이기도 하다. 오래 집권한 지도자들은 비록 정책이 허무맹랑할지라도 정치 선생님처럼 밤낮을 가리지 않고 설명했다. 지난 수십 년 동안 영국에서 재임 기간이 가장 길었던 총리가 대처와 블레어라는 사실은 우연이 아니다. 두 사람은 본능적으로 선생님 같은 능력을 타고났고, 왜 자신이 그렇게 행동하고 선택하는지 설명하기 위해 애썼다. 이들의 주장은 단순했고 어떤 정책은 심각한 결함이 있었지만, 그것을 설명했으며 **왜** 다양한 정책을 추진해야 하는지 끊임없이 설득해 나갔다. 대처는 자신이 지지하는 통화주의를 그녀의 아버지가 절대 수입 이상으로 지출하지 않았다는 설교로 치환시켰다. 블레어는 '제3의 길' 정치와 '급진 중도'가 왜 소수가 아닌 다수를 위한 길인지에 관해 끊임없이 인터뷰했다. 중도 진보에서 2008년 금융위기 이후 예산의 균형을 맞추려고 서두르는 광기에 대해, 오직 오바마만이 비행기가 무겁다며 엔진을 떼어 내는 것은 문제를 더욱 악화시킬 뿐이라고 경고하는 언어를 찾아냈다. 장부상 균형을 잡으려고 지출을 삭감하려는 그들의 갈증을 설명해 내는 쉬운 접근법은 대체로 옳았다.

독일의 마르틴 슐츠와 프랑스의 에마뉘엘 마크롱의 태도는 — 두 사람 모두 유럽연합의 당당한 지지자 — 개방에 관한 진지한 논의를 불러일으켰고, 국제주의자들은 정치와 지도력에서 큰 인물의 중요성을 강조한다. 정당은 영리한 지도자가 있을 때 번성한다. 지난 수십 년 동안 주류 정당에는 거물급 지도자가 드물었다.

지도력의 자질에 대해서는 거의 논의하지 못했다. 깨지기 쉬운 민주주의 정치의 특성을 고려하면 더 많은 논의가 필요하다. 고위직의 공

백 대부분은 그 직책에 요구되는 자질의 세부 사항과 함께 온다. 잠재
적 집권당의 지도자가 되는 핵심에 그런 목록은 없다. 대표 경선이나
대통령 선거에서는 후보자의 이념적 위치가 중요하지만 지도력의 자
질은 아니다. 그러나 어떤 정당도 지도자가 제대로 이끌지 못하면 이념
적 열정과 추진력을 얻을 수 없다. 독보적인 자질에는 예상치 못한 사
건에 대응하며 선거 승리를 준비하면서 당의 명백히 정의된 가치로 일
관성을 지니며 더 넓은 층에 호소할 수 있는 정책 구도를 잡을 만한 능
력, 언론에서 유권자까지 정책을 소통할 수 있는 기술, 정책을 둘러싸
고 당을 통일할 수 있는 자질과 정부에서 프로그램으로 실행할 수 있
는 능력을 포함한다. 이 자질은 정책의 세부 사항 총괄까지도 수반한
다. 이런 능력이 없다면 자원할 필요가 없다. 너무 많은 사람이 지원해
왔고, 지도력도 없이 보수와 진보 기성 주류 정당의 지도부로 임명되어
왔다.

유권자의 요구가 높아지고 지도자의 전달 능력은 제한적인 시대에
지도자이면서도 선생님 같아 보이는 능력은 특히나 필수적이다. 이러
한 자질은 다수의 주류 지도자가 가정한 것처럼 제한적이진 않지만, 유
권자들이 기대한 만큼 크지도 않다. 오직 정치 선생님의 자질을 갖춘 자만
이 이 위험한 차이를 극복할 수 있다.

통치를 어렵게 하는 성문화된 헌법의 제약은 앞으로도 바뀌지 않
을 것이다. 연립 정부는 관계되어 있는 각 정당의 요구에 따른 불가피
한 타협과 실용주의로 인해 유럽 대부분에서 남아 있을 예정이다. 모든
것을 확인하고 균형 잡길 원하는 미국 헌법은 대체로 성서 같은 권위를
갖는다. 오바마의 정책이 난관에 부딪쳤을 때, 오바마와 동료들은 마
비 수준의 교착 상태에 절망했다. 그러나 그들은 아마 의회에서 공화당

이 다수당이라 유리함에도, 트럼프의 지도력이 더 큰 난관에 부딪치도록 하는 이 확인과 균형에 깊이 감사할 것이다.

그러나 헌법적 제약 안에 머무르려면, 주류 지도자들은 자신들이 족쇄를 차고 행동할 수밖에 없음을 설명하는 사이 그들이 하는 일을 흥미롭게 전달할 수 있는 방법을 찾아낼 필요가 있다. 쉬운 도전은 아니겠지만, 정치 무대 위에서 옴짝달싹할 수 없을 때 전지전능한 척하는 것보다는 낫다. 지도자는 유권자에게 지도력의 딜레마에 대해 가르칠 필요가 있다. 다시 말하지만, 아무도 그들_{지도자들}을 위해 그렇게 해주지 않는다. 의도치 않게 아웃사이더의 이야기에 불을 붙이며 정치인은 고귀한 엘리트라는 유행하는 관점을 수용하는 경향이 있는 정통 언론 매체를 비롯해서 말이다.

소셜미디어는 주류 지도자에게도 아웃사이더만큼 메시지를 홍보할 기회를 준다. 그러나 대부분의 경우 지도자들은 기회를 충분히 활용하려면 메시지를 어떻게 만들어야 할지 확신하지 못했다. 비록 아웃사이더들은 여러 모순된 생각에 지지를 표하긴 했지만, 이들은 반정부적이면서도 큰 정부를 지지한다는 확신 사이의 모순을 인지하지 못하고 있다는 사실에 도움을 받아 자신감에는 가득 차 있었다. 대조적으로 주류에서는 자기 의심으로 괴로워하며 확실치 못한 어색함 속에 트윗을 올렸다.

일부 주류 정당은 선거 기간 동안 목표 유권층에게 도달하기 위한 페이스북과 트위터의 활용에서 글로벌 대기업보다도 앞서 있다. 오바마의 두 차례 대통령 선거가 그 사례다. 2015년 영국 보수당은 혁신적인 소셜미디어 전문가를 고용함으로써 총선에서 승리했다. 그러나 이것이 보수당이 승리한 유일한 이유일 수는 없는데, 같은 뛰어난 팀이

2016년 브렉시트 국민투표 당시 '잔류' 쪽에 합류해 있었지만 이들의 영리한 표적화가 국민투표를 승리로 이끌지는 못했기 때문이다. 주류 지도자들은 대체로 트럼프와 다른 아웃사이더들이 소셜미디어를 타블로이드 뉴스룸으로 둔갑시킨 것처럼 끊임없이 메시지를 전달하는 데는 효율성이 떨어진다.

소셜미디어는 정치의 열기와 속도감을 더욱 끌어올린다. 이는 건강하지 않은 발전이며 통치를 더욱 어렵게 만든다. 이미 지도자들은 충분히 불안정하다. 이제 지도자들은 자신의 통치 행위에 대한 사람들의 반응을 확인하기 위해 트위터에 접속하느라 하루 중 대부분의 시간을 보내며, 또 그럴 수 있다. 단 하나의 트윗이 지도자를 다르게 행동하도록 이끌어 낼 수 있다. 영국 하원에서 동성 결혼 합법화에 대해 논의하던 때, 총리였던 데이비드 캐머런은 어디에도 보이지 않았다. 《스펙테이터》의 정치부 기자 제임스 포시스James Forsyth는 이 중요한 날 캐머런의 부재는 변명의 여지가 없다는 트윗을 날렸다. 그의 비판에 비슷한 트윗이 잇달았다. 총리실 공보팀은 공황 상태에 빠졌고, 캐머런은 동성 결혼 합법화가 얼마나 자랑스러운지 언론 인터뷰를 하기 위해 회의를 취소하라고 설득당했다.

실제 속도는 매우 느리지만, 민주주의 정치는 이미 마치 100미터 달리기를 하는 것마냥 숨 가쁘게 보도되고 있다. 하나의 아이디어가 정책이 되고 정책이 다시 실행되기까지 수년이 소요된다. 그나마 그 정책이 실행되는 경우에 한해서다. 트위터는 왜곡된 헐떡임을 증폭시킨다. 그러나 그 영향은 전면적이다. 권력의 요구에 대처하기 위해 고군분투하는 주류 지도자에게는 고통이지만 아웃사이더들은 정치 경력 초반부엔 수혜자였을 수 있다. 그러나 집권에 가까워지거나 혹은 집권했을 때, 이들 역시 동분서주해야 한다. 대통령이 된 트럼프는 이미 몇 차례 위기에 직면했다. 정치 열기는 하루 종일 계속되는 뉴스와 비평으로 빠르게 상승하는 중이다. 선거 유세에서 트럼프는 트위터를 능숙한 타블로이드 신문 편집장처럼 이용했다. 권력을 잡은 뒤에는 카타르시스를 주는 치료법처럼 트윗을 한다. 트윗은 그에게 아무런 정치적 도움도 주지 않는다. 이제 트럼프는 자기 자신을 위해 트윗을 해야 한다. 선출된 워싱턴의 주류라는 그의 새로운 지위에 맞추어, 트럼프 자신은 부분적으로는 절대 멈추는 법 없는 언론 매체의 위기에 대응해야 하는, 팽팽한 긴장감이 감도는 언론의 속도성의 희생자다.

몹시 흥분해서 올리는 트윗들로 트럼프는 많은 것을 증명하는 유난스러운 사례가 되었다. 민주주의에서 모든 정치적 행동은 유권자의 생각과 바람을 주의 깊게 살펴보면서 실행된다. 최근 가장 널리 퍼진 위험한 신화는 선출된 정치인은 보호막 속에서 유권자에게 무관심한 채로 일하고 살아간다는 것이다. 비록 실제로 우아함 속에서 무관심한 채로 살아가고 싶다고 할지라도, 그들은 선거에서 승리하길 원하기 때문에 그렇게 할 수가 없다.

유권자들과 계속해서 어울리는 문제는 복잡하다. 지도자는 특정한 정책 판단이나 깊은 사회적·경제적 흐름 속에서 어떻게 운영해 나가야 할지 때때로 상황을 잘못 읽고, 또 오판한다. 상전벽해와도 같았던 근본적인 변화를 깨닫는 데 늦기도 한다. 이는 빈번하게 유권자들을 기쁘게 하려는 지나친 노력에서 비롯한다. 중도 진보와 중도 보수의 집권자들은 나머지 유권자에게 무관심했기 때문에 2008년 금융위기 이전 금융권의 무분별한 확장을 방기했던 것이 아니다. 규제 완화를 지지했던 것은 나머지 유권자들이 금융 부문의 호황으로 인한 경제 성장에서 수혜를 입을 수 있다는 판단에 기초한 것이었다. 마찬가지로 자유로운 노동력 이동을 지지했던 것도 토박이들에게 무관심했기 때문이 아니라, 토착민을 돕는 방식으로 경제 전체가 이민에서 이익을 얻을 것이라는 계산에서였다.

유권자들이 뒤처졌다고 느끼거나 통제권을 회복해야겠다고 느꼈을 때, 이것이 선출된 정치인이 유권자에게 단절되었다는 느낌을 주고자 노력했기 때문이 아님은 틀림없다. 영국에서 신 노동당 계획이 중산층과 그들이 읽는 신문에 지나치게 집착했다는 점은 타당한 이유로 비난받아 마땅하다. 그러나 정책적 관점에서 신 노동당은 소외된 이들과 연결고리를 찾기 위해 노력했다. '슈어 스타트 Sure Start, 영국의 아동 보육 프로젝트로 영국의 보육 형편 개선에 가장 큰 기여를 한 것으로 손꼽힌다. 슈어 스타트는 가난한 아이들이 학교 안에서 성취감을 갖고, 부모와 자녀의 건강 상태를 향상시키며, 결국 범죄까지 줄이는 역할을 하고 있다고 평가받으며 빈곤 아동의 올바른 의식 형성에 큰 도움을 주고 있다. – 편집인'의 도입은 서민 가정을 위한 다양한 서비스를 조직화하는 데 목적이 있었다. 장관들은 슈어 스타트를 어떻게 확장하면 이 프로그램에서 완전히 제외된 이들에게 도움을 줄 수 있을지 고민을 거듭했다. 슈어 스타트 센터를 이용한 사람들이 그들이 선택한 이용 가능한 서비스와 어떻게 연결이 되었는지에 관한 많은 토론이 있었다. 도움은 필요하지만 센터 이용자가 아니었던 사람들도 도움을 받을 수 있을까? 그들은 어디에 있으며, 새로운 형태의 참여를 장려하기 위해 가장 적당한 기관은 어떤 곳인가? 이런 질문들이 장관의 시간을 차지하고 있었다. 장관이 모든 해답을 찾진 못했지만, 무관심이 계획이 실패하는 이유는 아니었다. 도전은 복합적이었다는 것이 설명에 더 적합할 것이다.

수행하는 업무가 복잡하더라도 중도 진보 혹은 중도 보수 정부는 세계화의 단점을 완화하기 위해 더 많은 일을 해야 한다. 이는 그들의 권력 일부이기도 하다. 주택 공급, 높은 수준의 교육, 건강보험, 현대적인 교통수단은 언제나 정부를 향한 요구사항의 알맹이였으며, 어떤 국가에서는 다른 국가보다 더 효과적으로 나타났다. 세계화 또한 정부 개입의 새로운 형태를 요구하는 방식으로 일하는 방식을 변화시키고 있다.

주류 지도자들이 방향을 찾아 나가는 동안, 그들 가운데 다수는 지역 격차의 심각성을 과장한다. 어느 지역은 다른 지역보다 경제적으로 어렵다. 세계적인 도시는 작은 마을보다 더 진보적이다. 그러나 소위 경제가 부흥하고 있다는 도시나 쇠퇴하는 산업에 의존하는 지역이나 부닥친 문제는 똑같다. 뉴욕, 워싱턴, 런던, 베를린과 스톡홀름 시민은 임대료, 고용 불안, 믿을 수 없는 교통과 교육 등으로 미국의 러스트벨트에 살고 있는 사람과 똑같이 어려움을 겪고 있다. 정부가 결정해야 할 문제는 적당히 감당 가능한 집값, 안정된 직장, 신뢰할 수 있는 교통수단과 교육을 보장하기 위해 어떻게 시장에 개입하는 것이 가장 최선인가 하는 점이다.

심각한 세대 분열 역시 있다. 도시, 작은 마을 혹은 시골에 사는 젊은이들은 정년을 보장받을 수 있는 안정된 직장을 가질 수 있다고 기대하지 못한다. 젊은이들은 솟구치는 월세를 내기 위해 고군분투한다. 대조적으로 노인들은 대체로 이전 세대보다는 형편이 더 낫다. 일하는 형태에 생긴 균열은 젊은이들이 주택담보대출을 받고 싶을 때 안정된 직장을 가지고 있다며 증명하는 것을 어렵게 만든다. 세대 격차를 해결하기 위해 정부는 어떻게 개입하는 것이 가장 좋을까?

민주주의 정치는 금융위기 이후 중도 진보와 중도 보수의 더 강력한 논쟁을 통해 이익을 얻을 수 있다. 2008년 금융위기에 케인스 경제학으로 대응하길 주장한 중도 진보의 경우, 몇몇 신문 평론가들 —《뉴욕타임스》의 폴 크루그먼Paul Krugman, 《파이낸셜 타임스》의 마틴 울프Martin Wolf, 《옵저버 The Observer》의 윌리엄 키건William Keegan — 덕분에 정치인들로 인한 것보다 더 자신감을 얻었다. 불안한 눈으로 유권자를 바라보던 중도 진보 정치인은 왜 정부가 부채를 늘림으로써 재정 적자를 해결할 수 있는지 설명하지 못했다. 쇠퇴하는 중도 진보 덕분에 중도 보수는 자신을 더 높은 무대 위로 올려놓을 수 있었고, 과다한 지출을 삭감했지만, 오히려 이로써 인기를 잃고 도리어 큰 정부를 주장하는 극우주의자에게 기회를 주고 말았다.

이것은 비판이 만연할 때의 이야기이다. 별 볼 일 없는 아웃사이더의 반란은 주류 정치인의 오판, 헌법적 제약의 구속을 받는 권력의 무기력함, ‘현실을 모르는 엘리트’라는 비판을 수긍하는 경향이 있는 언론 보도, 그리고 그들의 수단과 방법이 대중의 맹비난을 받는다고 하더라도 더욱 부유해질 방법을 찾는 졸부의 탐욕 때문이다. 어디에 써야 할지 모를 정도로 많은 돈을 소유한 일부 부자들은, 대중과 언론의 극심한 적대감의 표적이 되더라도 여전히 더 많은 보너스와 급여를 받는 쪽을 선호한다. 이들의 욕심은 비이성적이다. 그들은 돈을 필요로 하지 않고, 아마도 대중의 비난에 불편함을 느낄 것이다. 그러나 어떤 사람들은 탐욕을 드러낸다. 불평등의 확장은 일부분 아웃사이더의 반란을 설명하는 배경이 된다.

유권자 또한 잘못된 판단을 한다. 비록 선출된 정치인은 유권자를 비난할 수 없는 관계의 불균형 속에 처해 있지만 말이다. 유권자는 정치인에게 욕설을 퍼부을 수 있지만, 정치인은 만약 정반대의 일이 벌어진다면 파멸에 이르고 만다.

참정권은 특권이며 책임감을 가지고 행사해야 한다. 여기에서 책임감이란 무슨 일이 벌어지고 있는지, 다른 선택지 대신 이 선택을 한다면 결과는 어떨지를 의식하는 것을 포함한다. 어쨌든 닛산에서 일하는 노동자가 많은 선덜랜드Sunderland의 일부 유권자들은 브렉시트의 위험을 감수하고 지지를 보냈다. 갑작스럽게 광대역 통신망 증설과 교통 중심지 건설 계획이 ─ 두 가지 모두 유럽연합의 자금에 기대고 있었던 ─ 위협에 처한 콘월Cornwall 또한 마찬가지였다. 미국 러스트벨트의 불안정한 저소득층은, 고소득층의 세율 삭감과 방위비 증가라는 트럼프의 계획에 자동적으로 수혜를 입진 못할 것이다. 영웅과 악당의 필요성은 이해할 수 있다. 그러나 민주주의 정치가 어떻게 작동하는지에 대한 오해는 ─ 왜 지도자들은 그렇게 행동할 수밖에 없고, 권력은 딜레마가 있는지 ─ 왜 주류는 쇠망하고 아웃사이더는 약진했는지 설명한다.

2017년 2월, BBC의 〈뉴스나이트〉 기자 이언 카츠Ian Katz는 왜 유권자들은 더 이상 전문가를 신뢰하지 않는지에 관해 보도했다. 보그너 리지스Bognor Regis의 해변 리조트로 가 차를 한 잔 마시며, 유권자들은 기자에게 다음과 같이 말했다.

이른바 전문가라면서 유언비어를 퍼뜨리는 사람이 너무 많아요 … 그들이 하는 일이란 게 그래프를 연구하는 게 전부인데.

나는 그 사람들이 가장 잘 안다는 걸 믿지 못하겠습니다 …

많은 사람이 훌륭한 상식을 가지고 있는데, 전문가가 왜 필요하죠?

이러한 시선에 건설적으로 응답하기란 불가능하다. 토론은 효과 없이 주위를 맴돈다. 정책은 전문가들의 연구 결과를 일부 바탕으로 성안되어야 한다는 주장은 유권자들의 상식이 훨씬 더 중요하다는 거센 저항을 초래한다.

토론의 간극을 좁히는 일과 이런 에두른 논쟁은 점점 더 넓어진다. 스코틀랜드 분리독립 지지자는 특정 정책의 어떤 질문에 대해서든 해답은 스코틀랜드의 독립이라고 주장할 수 있다. 더 나은 의료 보장 방안은? 독립이다. 더 많은 주택을 건설하기 위해서는? 독립해야 한다.

분리독립은 모든 복잡한 정책 딜레마의 해법이다. "아니요. 그렇지 않습니다!", "네, 물론이죠!" 유일하게 가능한 것은 이 우스꽝스러운 논쟁이다.

똑같은 상황을 아웃사이더에 관한 더 광범위한 논쟁에도 적용할 수 있다. 이들은 자신들은 엘리트 출신이 아니라면서 국민을 대변한다고 외친다. 그들은 정치 인생을 시작하면서 대부분은 행정부 근처에도 가본 적이 없기 때문에 바깥쪽에 있다는 그들의 주장은 사실일 테지만, 그 점이 국민을 대변할 수 있는 자격을 부여하지는 않는다.

시간이 흐르면 아웃사이더의 몰락은 불가피하다. 선거에서의 성공이 그들 주장의 핵심을 파괴해 버린다. 권력을 확보하면서 이들은 주류에 속하게 되고, 민주주의 정치에서 발생하는 모든 소모적이고 자신감을 갉아먹는 딜레마에 직면하고 만다. 이 딜레마와 정치가 어떻게 작동하는지에 관한 유행처럼 번지는 오해는 — 정치는 고귀하기보다는 비열한 천직이라는 가정 — 아웃사이더의 권력과 영향력을 향한 반란에 기름을 끼얹는다.

　그러나 민주주의 정치에는 반드시 어떤 요소가 있어야 한다. 자신들은 '중립 지대'에 머문다는 가정하에 스스로가 '자유주의적'이라는 주장을 펼치는 각각의 다른 정당 출신 지도자들은 시간적 제약에 속박된다. '자유주의'와 '중립 지대'라는 용어는 정치에서 유연성을 지닌 두 친구이지만, 이들의 유연성은 위험할 수도 있다. 만약 아웃사이더들이 우연히도 긍정적인 공헌을 만들어 낸다면, 그것은 주류 정당이 중립 지대에서 어떤 형식을 취해야 하는지에 관한 건설적인 질문과, 세계화된 경제에서 정부의 역할이 무엇인지에 대한 자신 없는 질문을 촉발했다는 것이다.

　아직 정답은 완벽하지 않다. 우리 모두 위험이 격앙된 시대를 향해 비난을 쏟아내려 하지만, 사실 우리는 해법을 찾아야 할 의무가 있다. 주류 지도자, 선출된 지도자의 생각과 인격을 보도하는 언론, 자신이 인식하고 있는 것보다 더 많은 권력과 영향력을 가지고 있는 유권자 모두. 그 길은 분명히 힘들고 위험할 것이다.

　당선된 지도자들은 가시밭길을 예상하는 데 익숙해져 있다. 소수의 아웃사이더들이 안전한 바깥세상을 떠나 비로소 권력이라는 불운을 잡았을 때 발견하듯, 민주주의 정치는 어쩔 수 없이 힘들고 위험할 수밖에 없다.

이 책을 읽기 전에

이두희
———
편집인

　'신문고'가 21세기에 부활했다. 이 글을 쓰고 있는 지금, 청와대 국민청원 건수는 31만 건을 돌파했다. 하루 평균 600여 건에 달하는 어마어마한 숫자다. 국민청원의 내용을 자세히 살펴보면 우리나라 헌법이 삼권 분립주의를 채택하고 있다는 사실이 무색해진다. 입법 건의는 물론 정부도 법안 발의 권한이 있기 때문에, 이러한 청원이 잘못되었다고 할 수는 없겠다. 국회의원이나 법관에 대한 징계, 사법 절차와 판결을 아우르는 내용은, 국민청원만 보면 대통령을 그야말로 입법, 행정, 사법을 통할하는 무소불위의 절대 권력자로 비치게 한다. 국민이 바라보는 시점과 우리나라 헌법에 주어진 대통령의 권한 사이의 격차가 이렇게 선명하다 보니 20만 명이 넘는 국민의 동의를 얻어 답변하는 내용이 청원자들에게 만족스러울 리 만무하다. 그저 넋두리가 필요한 사람도 있었겠지만, 어떤 누군가는 대통령이 전지전능하다고 보지 않았겠는가! 그런데 진보적인 민주당 정권 출범 이후 등장한 21세기 국민 신문고의 모습은 어떤 면에서

10년 전 보수 정부 출범 당시의 장밋빛 청사진과 묘하게 겹치는 구석이 있다.

❖ ❖ ❖

국민에게 약속된 유토피아, 그러나 예견된 우울한 결말

11년 전, 우리나라는 17대 대통령 선거를 앞두고 시끌벅적했다. 민주 정권 10년에 대한 반향으로 보수주의자 대통령 당선이 유력했던 당시 대통령 선거에서, 한나라당오늘날 자유한국당의 전신 이명박 후보는 어려운 경제 환경을 극복하기 위한 747 공약을 들고 나왔다. 경제성장률 7%, 1인당 국민소득 4만 달러, 세계 7대 경제 강국이라는 놀라운 선거 공약이었다. 이 모든 내용은 대통령의 짧은 임기 5년 이내에 달성될 것이었다. 팍팍한 경제 사정 속에서 신음하던 국민들은 회사원 출신 CEO이자, 서울시장 임기를 성공적(?)으로 마친 이명박 후보에게 열광적인 지지를 보냈고, 이명박 후보는 당시까지 치러진 대통령 선거 가운데 최다 득표 차로 당선되었다. 이 득표 차는 제19대 대통령 선거에서 경신되었다.

이 책에서 언급한 바와 같이, 이미 세계화된 환경 속에서 한 국가가 할 수 있는 영역이란 사실 많지 않다. 특히 손가락 움직임 한 번으로 거대 자본이 국경을 넘을 수 있는 경제 부분은 더욱 그렇다. 유능한 국가 지도자는 국민을 고양시키고, 국가가 바른 길로 나가도록 비전과 전망을 제시할 수 있다. 더욱 뛰어나다면 그 나라의 시스템이 바뀌고, 외교와 안보도 안정될 것이다. 그러나 아무리 훌륭한 지도자라 해도 갑자기 전 국민의 잠재력을 끌어올릴 수는 없다. 하룻밤만에 대학을 졸업하고 외국어를 취득하는 일은 어렵지 않을까? 독재 체제가 아닌 이상 전 국민의 열광적인 지

지로 당선되기도 어렵다. 민주화 이후 50% 이상의 득표율로 당선된 대통령은 박근혜 전
대통령뿐이었다. 절반 정도는 처음부터 불신의 눈초리를 보낸다는 뜻인데,
심지어 임기마저 5년으로 짧다. 더구나 저자가 줄기차게 이야기하는
것처럼 우리는 이미 세계화된 환경 속에서 살고 있다. 우리나라가 영국
처럼 유럽연합에 가입되어 있는 것은 아니지만, 다른 나라와 체결된 조
약과 국제협약, 무역협정 등은 우리나라만의 노력과 의지가 아니라 함
께 조인한 다른 국가의 동의가 있을 때만 성립 가능하다.

　트럼프는 일방적으로 한미자유무역협정KORUS FTA의 개정을 주장
했고 하물며 파기할 수도 있다고 했다고 한다. 심지어 환태평양 경제동
반자협정TPP은 오바마가 서명한지 채 1년도 되지 않아 실제로 탈퇴했
다. 이 모든 변수는 우리가 어찌할 수 있는 것이 아니다. 우리는 이미 지
난 2008년 글로벌 금융위기 당시 우리나라가 얼마나 무력할 수밖에 없
는지 경험했다. 저자는 한국어판 서문에서 우리나라가 비교적 금융위
기의 영향을 덜 받았다고 했지만, 그럼에도 불구하고 지난 2009년 우
리나라의 경제성장률은 곤두박질쳤고2009년 0.2%, 주식과 환율 시장 모
두 사정이 어려웠다. 훗날 이명박 정부의 관계자들은 글로벌 금융위기
가 아니었다면 747 공약이 달성 가능했다고 변명하기도 했다. 그런데
그렇다면 그들은 이 책에서 말하는 스타일로 예시하면 다음과 같이 말
했어야 옳았다. "세계 경제가 호황이고, 다른 변수가 없으며, 주어진 조
건이 우리에게 호의적이라면 우리는 747 공약을 달성할 수도 있습니다"

　그러나 2007년 국민들은 보고 싶은 것만 보고, 듣고 싶은 것만 들
었다. 사실 우리에게 더 심각했던 문제는 국민 모두가 자신들의 욕망과
희망을, 묻지도 따지지도 않고 정치인에게, 정확히는 한 명의 후보자
에게 그대로 투영했던 것에 있었다. 어쩌면 국민들도 한 명의 대통령이

국민 모두를 부자로 만들 수 없다는 사실을 알았을지도 모른다. 2007
년 당시 한국 사회는 모두가 마약에 취한 것 같은 광기에 빠져 있었다.
결국 이명박 정부는 평균 경제성장률 3.2%라는 초라한 성적표로 임기
를 마감했는데, 이것은 그때까지 대통령들 가운데 가장 낮은 수치였
다. 심지어 IMF를 초래한 김영삼 정부보다도 낮았다. 화려하게 약속된 유토피아의 예
견된 우울한 결말이었다.

세상에 공짜는 없다

이 책에서 예견하고 있는 것처럼 아웃사이더들은 마침내 현실의
벽에 부딪칠 것이다. 세금은 줄이고, 복지는 늘려 국민에게 더 많은 혜
택을 약속하는 것은 사실 불가능하다. 혹여 그것이 가능하다면 방법은
오직 다음 세대에게 더 큰 부채를 남기는 것뿐이다. 최근 벌어지고 있
는 국민연금 논쟁에서 알 수 있듯, 우리는 이것이 지속 불가능하다는
진실을 잘 알고 있다. 연금을 덜 내고 더 많이 받는 유일한 방법은 다음
세대에게 부담을 지우는 것뿐이다.

7장에서 스티브 리처즈Steve Richards가 몇 가지 사소한 사례를 묘사
했듯이 분명히 세금이 허투루 쓰이는 부분도 있다. 우리나라에서는 나
라를 떠들썩하게 만들었던 특수활동비를 비롯해 최근에는 불명확한
업무추진비 사용이 문제되고 있고, 또 오늘은 유치원 지원금 문제로 시
끄럽다. 이 가운데에는 반드시 쓰여야 하는 예산도 있겠지만 불필요한
예산도 있었을 것이다. 이뿐인가. 부당한 보조금이나 과도한 수당 지
급, 연말 보도블록 공사로 대표되는 잘못된 예산 낭비 사례는 많이 개

선되었다고 해도 여전히 끝이 없다. 그러나 한 해에 집행되는 예산 가운데 이렇게 낭비되는 예산을 모두 더하면 총액이 얼마나 될까. 낭비되는 예산만으로 국민들이 원하는 모든 사업의 수요를 감당할 수 있을까. 냉정하게 살펴보자. 4대강 사업에 22조 원이 쓰였지만, 22조 원 모두를 1년 만에 집행한 것은 아니었다. 또 국가는 예산 모두를 강바닥에 버리지 않았다. 당시 일하던 사람들이 받았을 임금, 건축 자재 값, 식대 등은 모두 22조 원이라는 예산 안에서 나왔으며, 그들은 이 돈을 바탕으로 소비했을 것이다. 지금 이 순간에도 건강보험 급여를 부당하게 수령하는 사람이 존재할테고, 당연히 그들로부터 부당 급여를 환수해야 한다. 그러나 국민들은 환수하는 부당 급여보다 더 **많이 아프고, 더 빨리 늙는다.**

이 책에서 알려 주는 바는 명백하다. 세상에 공짜란 없다. 세금을 적게 걷고 작은 정부를 추구한 것 같았던 정치인은 실제로는 우리를 기만했다. 예산은 해마다 늘어나야 했고 국민에게 주어진 혜택을 축소하기란 항상 어려웠다. 사실 불가능에 가깝다. 늘어난 부채는 계속해서 후대에게 지워질 뿐이었다. 우리가 더 많은 복지를 누리면서 아플 때는 병원비를 적게 내고 싶다면, 우리는 평소에 세금은 더 많이 내고, 더 높은 건강보험요율을 감당해야 한다. 그런데 문제는 이뿐만이 아니다.

책에서 일관되게 영국에 많은 나라의 외국인 노동자가 들어와 있고, 그들이 낮은 급여로 힘든 일을 영국인보다 잘 해내고 있다고 언급한 것처럼 우리나라 또한 적지 않은 외국인 노동자가 입국하여 3D 업종으로 대표되는 기피 업종에 종사 중이다. 우리는 그들이 일자리를 빼앗아 가고 있다고 주장하지만, 실제로 그들이 하는 일의 대부분은 우리가 하고 싶지 않은 일임을 인정할 필요가 있다. 필자는 프랑스에서 놀라운 경험을 했다. 테제베TGV에서 일하는 모든 청소원이 흑인이었던 것이다! 반대로 역무원과 기관사는 거의 모두가 백인이었다. 물론 필자가 모든 테제베 직원을 만나 본 것은 아니다. 그러나 도리어 프랑스 시내에서 사람들을 만나면 만날수록 힘들고 어려운 일에 종사하는 사람은 흑인과 이주민의 후손이며, 그들을 관리하는 사람은 토착 프랑스인이라는 확신이 짙어졌다. 오늘날 출신과 피부색은 하나의 신분처럼 변해 간다. 여기에서 더 좋은 일자리를 누리는 것은 본래 그 나라의 국민들이다.

당신도 영국인처럼 그들이 일자리를 빼앗아 간다고 생각하는가? 그렇다면 당신은 그들이 하던 더 힘들고 어려운 일을 할 의지가 있는지 묻고 싶다. 혹시 지금 그 일자리는 강도에 비해 임금이 낮아서 하지 않는다고 생각한다면, 우리는 당신이 그 일의 대가로 받고 싶은 급여만큼, 그 일을 하는 사람에게 지금보다 더 많은 비용을 지불할 준비가 되어 있어야 한다. 우리의 의지가 명확하다면 모두의 합의로 이주민을 줄이는 일은 아웃사이더나 극단주의자가 주장하는 것처럼 어렵지 않을 수도 있다. 그러나 다시 한번 묻는다. 당신은 감당할 준비가 되어 있는가? 같은 서비스, 어떤 경우에는 더 열악한 서비스를 이 책에서 영국 코미디언 스튜어트 리는 폴란드인이 고장 난 것을 영국인보다 더 잘 수리한다고 재치 있게 이야기하고 있다 제공받고도 우리가 더 많은 비용을 지불해야 한다는 사실을. 더군다나 이주민이 떠나는 만큼 줄어들 경제 규모는 지금 우리가 차지하고 있는 양질의 일자리 수조차 차츰 줄여 나갈지도 모른다.

우리는 신을 뽑지 않는다

가능한 것만을 꿈꾸며 살 수는 없겠지만, 우리 집값만 오르고 다른 모든 주택 가격은 떨어지는 일이란 발생하지 않는다. 우리에게 필요한 것은 나와 가계에 혹은 국가에 지대가 오르는 것이 유리한지 불리한지에 대한 냉정한 고찰이다. 국가는, 대통령은 결코 우리의 모든 문제를 해결해 주지 못한다. 우리는 우리의 일을 대신할 대리자를 뽑았을 뿐이지, 한 번도 투표장에서 신을 선출한 적이 없기 때문이다. 대통령은 국가수반이기도 하지만 행정부 수반으로 업무 영역이 제한되어 있다. 심지어 행정부에서조차도 대통령에게 주어진 권한은 한정된다. 잊고 있었는지도 모르지만 우리는 왕조나 독재 국가 시대가 아니라 21세기 민주주의 사회에 살고 있으며, 한 개인이 아닌 법과 제도로부터 보호받는다. 그리고 이것이 실제로는 무소불위의 권력자 아래에 있는 것보다 훨씬 좋다. 5장에서도 언급되었지만, 한국사에서도 우리는 불과 수십 년 전까지 그 폐해를 직접 경험하지 않았던가. 이제 대통령은 국회의원의 1/3을 지명할 수도, 법관을 징계할 수도 없고, 갑자기 대한민국을 세계 7대 경제 강국의 반열에 올려놓을 수도 없다. 어떻게 그리고 얼마나 일자리를 만들자고 주장할 수는 있지만, 오늘날 일자리는 국가 시스템과 기업에서 만든다. 대통령은 어느 날 갑자기 수십만 개의 일자리를 창조하고 국민을 부자로 만들어 줄 수 있는 전지적 능력자가 과거에도 아니었고, 지금도 아니다.

대부분 색깔이 모호해 보이는 연립 정부를 구성하도록 투표한 것은 유럽인들 자신이었다. 오늘날 이탈리아에서 오성운동은 연립 정부의 한 구성원이 되었지만, 아웃사이더 정당인 오성운동조차도 집권을 위해서는 색깔이 다른 정당과 연합해야 했다. 더 쉽고 단호하며 명확한 해결책을 원하는 사이에, 지금처럼 아웃사이더는 성장하고 극단주의 정당은 번성해 나가지만, 우리는 더욱 현명해질 필요가 있다. 과연 그들이 제시하는 해법이 정말로 실현 가능한 것인지, 아웃사이더와 그 정당은 집권할 준비가 되어 있는지에 대해. 영국독립당은 브렉시트로 얻게 될 것에 대해서는 영국인에게 널리 알렸겠지만, 반대로 무엇을 잃게 되는지에 대해서는 한 번도 설명하지 않았다. 브렉시트에 반대표를 던진 청년은 결코 바보가 아니다. 그들은 그저 브렉시트의 대가로 자신이 무엇을 잃게 되는지 더 잘 알고 있었을 뿐이다. 스코틀랜드국민당은 스코틀랜드가 영국으로부터 분리독립하면 더 나아지는 점을 열심히 설명했지만, 반대로 어떤 위기에 빠질 수도 있는지는 이야기하지 않았다. 그럼에도 스코틀랜드 주민은 영국의 테두리 안에 남는 쪽을 택했다. 영국 영해의 북해 유전을 온전히 독점할 수 있었음에도.

국가주의란 무엇인가

최근 국가주의라는 이슈가 부각되어 정치인과 국민을 휩싼 적이 있었다. 국가가 학교에 탄산음료 자판기 설치를 규제하면 이것은 국가주의일까. 심지어 국민이 더 많은 탄산음료를 마셔 비만이 더 많아지고 건강을 해친다면 국가는 이것을 책임져야 한다. 보수당 연립 정부가 집권한지 10년이 가까워지는 영국에서는 코카콜라와 제로 코카콜라칼로리가 없다고 주장하는 콜라의 가격이 다르다. 소비자는 일반 코카콜라를 사 마실 때, 제로 코카콜라를 살 때보다 더 많은 세금을 내야 한다. 당연히 콜라 가격도 더 비싸다. 그렇다면 국민이 섭취하는 칼로리까지 일일이 계도하는 영국은 국가주의 국

이 책을 읽기 전에

가인가.

우리는 국가주의에 대한 정의를 새로 내려야 한다. 국민이 더 나은 삶을 살도록, 더 건강하고 오래 살며, 행복하게 살 수 있도록 하기 위해 국가는 분명히 선한 영향력을 미칠 수 있다. 우리는 탄산음료에 대한 개입으로 대표되는 규제를 국가주의라고 경계할 것이 아니라, 국민 청원이나 747 공약처럼 국가는 모든 것을 가능하게 하며, 해야 한다는 생각을 조심해야 한다. 알게 모르게 우리는 국가와 집권자를 신격화하고 있는 것은 아닌지 고민해 볼 필요가 있다. 정치인은 우리에게 영향력을 미치지만 세상 모든 문제를 풀어내는 만능 해결사는 아니다. 그들에게 기대해야 할 것은 갈등과 문제의 조정자일 뿐이다. 정치인은 결코 세종대왕이 아니다. 혹시 권력자가 세종대왕과 같은 능력을 가졌다고 할지라도, 당신은 그가 당신에게 손해되는 결정을 내렸을 때도 그를 똑같이 인정할 수 있을까. 정치인은 당신을 위해 존재하지 않는다. 대신 동일하게 당신의 이해관계자만을 위해 존재하지도 않는다는 사실을 우리는 이해해야만 한다.

이 책은 지식의날개에서 지난 3월 출간된 《지미 카터》와 비슷한 시기에 기획되었다. 대표적인 이상주의 정치인으로 지미 카터 Jimmy Carter 가 임기 중에는 세계 평화와 인권을 위한 많은 업적을 남겼음에도 재선에는 실패한 현실과는 반대로, 스티브 리처즈는 왜곡된 정치 환경과 범람하는 가짜 뉴스, 그리고 유권자의 편견으로 트럼프 같은 인물이 대통령에 당선되고 브렉시트가 현실화하는 모습을 성공적으로 그려 냈다. 민주주의 국가의 시민으로서 트럼프가 미국 대통령에 당선되고, 영국이 브렉시트를 선택한 까닭과 민주주의 정치의 미래가 궁금한 교양인

이라면 이 책은 반드시 읽어 볼 가치가 있다. 동일하게 더 나은 세상을 향한 이상주의는 어떤 과정을 거쳐 결말을 맞이했는지는 《지미 카터》를 통해 확인할 수 있으며, 대비되는 두 권을 함께 읽음으로써, 민주주의 정치에 대해 깊이 고민하는 시간을 가져 볼 수 있을 것이다.

이 책을 읽은 당신이 앞으로 더 지혜로운 시민, 현명한 유권자가 되길 소망한다.

당신의 손끝에 우리나라와 전 세계 민주주의의 앞날이 달려 있다는 사실을 잊지 않기를.

미주

프롤로그

1 Mervyn King to Treasury Select Committee, 2011년 3월 1일

2 *The Briefing Room*, BBC Radio 4, 2016년 12월 22일

제1장   보수주의자 아웃사이더가 등장하다

1 *The Guardian*, 2016년 5월 23일

2 Televised debate of potential Republican candidates, 2016년 1월 14일

3 *The New York Times*, 2016년 1월 30일

4 Donald Trump's victory speech in New Hampshire, 2016년 2월 9일

5 Trump press conference, 2017년 2월 16일

6 Trump rally in Florida, 2017년 2월 18일

7 *The Guardian*, 2016년 9월 6일

8 Ibid.

9 *The Economist,* 2016년 1월 23일

10 Stephen Nickell (SERC, CEP, Nuffield College, University of Oxford) and Jumana Saleheen (Bank of England), 'The Impact of Immigration on Occupational Wages: Evidence from Britain', Spatial Ecomomics Research Centre discussion paper 34, 2009년 10월

11 *The Economist*, 2016년 1월 23일

12 Ibid.

13 BBC2, *Stewart Lee Comedy Vehicle*, 2014년 3월 8일

14 Tony Blair speech, Bloomberg, London, 2017년 2월 17일

15 Jan-Werner Müller, *The Guardian*, 2016년 9월 2일; *What is Populism?*,

University of Pennsylvania, 2016년

16 *The Guardian*, 2016년 9월 9일

17 Quoted in an article by Jan-Werner Müller, *The Guardian*, 2016년 9월 2일

18 Müller, *What is Populism?*

19 *The Observer*, 2016년 6월 19일

20 Ibid.

21 *Financial Times*, 2015년 6월 21일

22 Interview with Geert Wilders, *The Guardian*, 2008년 2월 16일

23 Radio Sweden, 2014년 8월 2일

24 *The Guardian*, 2014년 12월 13일

25 *Daily Mail*, 2016년 1월 28일

제2장 진보주의 아웃사이더의 약진

1 BBC News website, 2015년 1월 22일

2 Quote from Alexis Tsipras' victory speech in Athens, *The Times*, 2015년 1월 26일

3 Jeremy Corbyn speech, itv.com, 2015년 8월 3일

4 BBC Radio 4, 2014년 3월 17일

5 *The Corbyn Story*, BBC Radio 4, 2016년 7월 11일

6 Politico, 2015년 12월 4일

7 *Financial Times*, 2016년 9월 22일

8 *The Independent*, 2015년 12월 21일

9 *The Observer*, 2016년 9월 17일

10 Ibid.

11 *The Washington Post*, 2016년 12월 4일

12 *The New York Times*, 2015년 6월 9일

13 cnn.com, 2016년 1월 21일

제3장 진보 : 무력해지는 쪽을 선택하다

1 Tony Blair, Labour Party conference, 2005년 9월 27일

2 George H. W. Bush at the Republican National Convention, as he accepted the nomination on 1988년 8월 18일

3　Bill Clinton campaign brochure, 1992년

4　Tony Blair, Labour Party spring conference, 1995년 2월 14일; in many subsequent speeches from Blair and Gordon Brown

5　*The Corbyn Story*, BBC Radio 4, 2016년 7월 11일

6　Tony Blair and Gerhard Schroeder, 'Europe: The Third Way / Die Neue Mitte', 1998년

7　Politico, 2016년 3월 7일

8　Ibid.

9　*The Daily Telegraph*, 2016년 3월 31일

10　*The Guardian*, 2016년 5월 9일

11　*The Independent*, 2015년 6월 9일

12　Interview on *The World This Weekend*, BBC Radio 4, 2015년 5월 16일

13　*The Observer*, 2015년 7월 11일

14　Chantal Mouffe, *Podemos: In the Name of the People*, London, 2016년

15　Ibid.

제4장　보수 : 무능력해지기로 하다

1　Barack Obama, 'State of the Union Address', 2011년 1월 25일

2　Ryan Lizza, *The New Yorker*, 2012년 8월 6일

3　Quoted in an article by Stan Tenenhaus, *The New Republic*, 2011년 8월 24일

4　*Financial Times*, 2016년 11월 11일

5　Tony Blair, *The New European*, 2016년 10월 28일

6　*Today* programme, BBC Radio 4, 2016년 10월 28일

7　Interview in the *New Statesman*, 1996년 12월 21일

제5장　권력은 원래 무력하다

1　*The Independent*, 2009년 4월 2일

2　Reuters, 2012년 6월 20일

3　Nick Clegg, *Politics: Between the Extremes*, London, 2016년

4　*The Daily Telegraph*, 2016년 9월 15일

5　*Huffington Post*, 2016년 10월 20일

6　Ibid.

7   *The Washington Post*, 2012년 11월 30일

8   *Financial Times*, 2012년 11월 30일

9   Obama White House archives, 2012년 11월 30일

10   *The Washington Post*, 2014년 5월 9일

11   'Barack Obama and Doris Kearns Goodwin: The Ultimate Exit Interview',
     Vanity Fair, 2016년 9월 21일

12   Interview on *This Week, Next Week*, BBC 1, 1988년 6월 5일

제6장   우리의 결정권을 되찾자

1   Dominic Cummings, 'How the Brexit referendum was won', *The Spectator*,
     2017년 1월 9일

2   J. D. Vance, *Hillbilly Elegy: A Memoir of a Family and Culture in Crisis*,
     London and New York, 2016년

3   Barack Obama, final press conference, 2017년 1월 18일

4   Politico, 2016년 5월 10일

5   *The New York Times*, 2016년 11월 13일

6   Ibid.

7   David Axelord interview with Barack Obama, 'The Axe Files', University of
     Chicago Institute of Politics & CNN, podcast, 2016년 12월 26일

8   Theresa May, speech to the World Economic Forum, Davos, 2017년 1월
     19일

9   Theresa May, 'Plan for Britain', 2017년 1월 17일

제7장   신뢰와 불신 사이

1   Lexington column, *The Economist*, 2016년 12월 20일

2   Chris Cillizza, *The Washington Post*, 2016년 11월 9일

3   Angela Merkel, speaking in China after the G20 Summit, 2016년 9월 5일

4   William Waldegrave, *A Different Kind of Weather*, London, 2015년

5   *Time magazine*, 2016년 5월 24일

6   John Humphrys' interview of Andrew Gilligan, *Today* programme, BBC
     Radio 4, 2003년 5월 29일

7   *The Mail on Sunday*, 2003년 6월 1일

제8장 정치인의 무력감, 그리고 언론

1 *The Guardian*, 2017년 1월 6일

2 John Birt and Peter Jay, *The Times*, 1975년 2월 28일

3 reuters.com, 2007년 6월 13일

4 *The Washington Post*, 2015년 6월 16일

5 Joe Walsh quoted in the *Illinois Review*, 2016년 12월 28일

6 Cover story, *National Review*, 1993년 9월 6일

7 *The Washington Post*, 2015년 12월 23일

8 Gabe Hobbs, quoted in a *Washington Post* article, 2015년 12월 23일

9 *The Washington Post*, 2015년 12월 23일

10 Steve Richards, 'Soundbite Politics', Reuters Foundation Paper, 1994년 7월

11 *The Guardian*, 2010년 11월 8일

12 Agnès Poirier, interview with the author, 2017년 3월 3일

13 Thomas Kielinger, interview with the author, 2017년 3월 3일

14 *The New York Times*, 2016년 11월 13일

15 NBC News, 2016년 8월 25일

16 *The Guardian*, 2016년 11월 14일

17 *The New Yorker* website, 2016년 11월

18 Toronto *Star*, 2016년 11월

19 Jay Rosen, *The Guardian*, 2016년 11월 22일

에필로그

1 *The New York Times*, 2017년 3월 24일

2 Roy Jenkins, *Evening Standard*, 2001년 6월 14일

3 Interview by the author with James Callaghan, *New Statesman*, 1996년 12월

4 Theresa May, speech at the Conservative Party conference, 2016년 10월 5일

5 Lisa Nandy, speech at the Institute for Public Policy Research, 2017년 3월 7일

6 Chuka Umunna, *New Statesman*, 2017년 3월 6일

정당 및 정치인

가울란트, 알렉산더 Gauland, Alexander　독일을 위한 대안 AfD 소속 정치인 (1장)

고브, 마이클 Gove, Michael　전 영국 법무장관 및 브렉시트 캠페인 지도자 (1 · 4장)

공화당 (미국) Republican Party　(프롤로그, 1~8장, 에필로그)

국민전선 (프랑스) Front National　(프롤로그, 1장)

굴드, 필립 Gould, Philip　영국 노동당 고문 (3장)

그릴로, 베페 Grillo, Beppe　이탈리아 오성운동 설립자 (프롤로그, 1 · 7장)

기독교민주연합 Christlich-Demokratische Union Deutschlands (CDU)　(프롤로그, 1 · 3 · 5 · 8장)

길라드, 줄리아 Gillard, Julia　전 호주 총리 (5장)

낸디, 리사 (영국) Nandy, Lisa　위건 주 하원의원 (에필로그)

녹색 대안 (오스트리아) Die Grünen　(프롤로그)

누탈, 폴 Nuttall, Paul　영국독립당 대표 (1장)

달링, 앨리스터 Darling, Alistair　전 영국 재무장관 (3 · 5장)

대처, 마거릿 Thatcher, Margaret　전 영국 총리 (프롤로그, 3~4, 7장, 에필로그)

더 나은 헝가리를 위한 운동(요비크) Jobbik　(1장)

덩컨 스미스, 이언 Duncan Smith, Iain　전 영국 보수당 대표 (4장)

데이비스, 데이비드 Davis, David　영국 브렉시트 장관 (2장)

덴마크 인민당 Dansk Folkeparti(DF)　(1장)

도너휴, 버나드 (영국) Donoughue, Bernard　제임스 캘러헌 수석 고문 (8장)

독일 국가민주당 Nationaldemokratische Partei Deutschlands (NPD)　(5장)

독일을 위한 대안 AfD Party　독일 보수의 대안 정당 (프롤로그, 1 · 5 · 7~8장)

배넌, 스티브 Bannon, Steve   백악관 수석 전략가 (8장)

범그리스 사회주의 운동 Panhellenic Socialist Movement (PASOK)   그리스 사회주의 정당 (5장)

베를루스코니, 실비오 Berlusconi, Silvio   전 이탈리아 총리 및 포르차 이탈리아 대표 (1·5, 7~8장)

베이너, 존 Boehner, John   전 미 하원 의장 (5장)

벤, 토니 (영국) Benn, Tony   진보적 노동당 하원의원 (프롤로그, 1~2장)

볼스, 에드 (영국) Balls, Ed   전 노동당 그림자 내각 재무장관 (3~4, 7~8장)

부시, 젭 Bush, Jeb   미국 공화당 대선 경선 후보 (2장)

부시, 조지 W. Bush, George W.   전 미국 대통령 (1·3·4·7장)

북부동맹 (이탈리아) Lega Nord   (1장)

브라운, 고든 Brown, Gordon   전 영국 총리 (2~3, 5·7·8장)

브란트, 빌리 Brandt, Willy   전 독일 재무장관 (3장)

빌더르스, 헤이르트 Wilders, Geert   네덜란드 자유당 설립자 (프롤로그, 1장)

사르코지, 니콜라 Sarkozy, Nicolas   전 프랑스 대통령 (프롤로그, 4~5, 7~8장)

사마라스, 안토니스 Samaras, Antonis   전 그리스 총리 (5장)

사회민주당 (독일) Sozialdemokratische Partei Deutschlands (SPD)   (3·5·8장, 에필로그)

사회민주당 (영국) Social Democratic Party (SDP)   (1, 3~4, 8장, 에필로그)

사회민주당 (오스트리아) Sozialdemokratische Partei Österreichs (SPÖ)   (3·5장)

사회민주주의자 (덴마크) Social Democrats   (1장)

사회주의노동당 (스페인) Partido Socialista Obrero Español (PSOE)   (2장)

산체스, 페드로 Sánchez, Pedro   전 스페인 사회주의노동당 대표 (2장)

살비니, 마테오 Salvini, Matteo   이탈리아 북부동맹 대표 (1장)

새먼드, 앨릭스 Salmond, Alex   전 스코틀랜드국민당 대표 (3장)

샌더스, 버니 Sanders, Bernie   미국 민주당 대선 경선 후보 (프롤로그, 2~4, 6장)

서머스, 래리 Summers, Larry   전 백악관 경제 자문 (7장)

센테노, 마리오 Centeno, Mário   포르투갈 재무장관 (2장)

슈뢰더, 게르하르트 Schroeder, Gerhard   전 독일 총리 (3장)

슈트라체, 하인츠크리스티안 Strache, Heinz-Christian   오스트리아 자유당원 (1장)

슐츠, 마르틴 Schulz, Martin   독일 사회민주당 대표 (8장, 에필로그)

스웨덴 민주당 Sweden Democrats party   (1장)

조스팽, 리오넬 Jospin, Lionel　전 프랑스 총리 (3장)

존슨, 린든 B. Johnson, Lyndon B.　전 미국 대통령 (5장)

존슨, 보리스 Johnson, Boris　영국 외무장관 (1·4장)

좌파당 (독일) Die Linke　(3장)

좌파연합 (포르투갈) Bloco de Esquerda　(2장)

치프라스, 알렉시스 Tsipras, Alexis　그리스 시리자(급진좌파연합) 대표 (2·6장, 에필로그)

카다피 Gaddafi　전 리비아 독재자 (7장)

카사레조, 잔로베르토 Casaleggio, Gianroberto　이탈리아 오성운동의 공동 창립자 (1장)

캐머런, 데이비드 Cameron, David　전 영국 총리 (프롤로그~8장)

캘러헌, 짐 Callaghan, Jim　전 영국 총리 (4장, 에필로그)

캠벨, 앨러스테어 (영국) Campbell, Alastair　토니 블레어의 공보비서관 (5·7장)

커밍스, 도미닉 Cummings, Dominic　브렉시트 국민투표 승리의 설계자 (1·6장)

코빈, 제러미 Corbyn, Jeremy　영국 노동당 대표 (프롤로그, 2·4, 7~8장, 에필로그)

코스타, 안토니우 Costa, António　포르투갈 총리 및 사회당 서기장 (2장)

쿡, 로빈 Cook, Robin　전 영국 외무장관 (3·7장)

크루더스, 존 (영국) Cruddas, Jon　노동당 하원의원 (3장)

크루즈, 테드 Cruz, Ted　미국 공화당 대선 경선 후보 (2장)

클라크, 케네스 Clarke, Kenneth　전 영국 재무장관 (8장)

클레그, 닉 Clegg, Nick　전 영국 부총리 및 자유민주당 대표 (3~5장)

클린턴, 빌 Clinton, Bill　전 미국 대통령 (3~4, 6~8장)

클린턴, 힐러리 Clinton, Hillary　미국 민주당 대선 후보 (프롤로그~8장)

키녹, 닐 Kinnock, Neil　전 노동당 대표 (3~5장)

키에르스고르, 피아 Kjærsgaard, Pia　덴마크 인민당 설립자 (1장)

킹, 머빈 King, Sir Mervyn　전 영국은행 총재 (프롤로그, 3장)

텀불, 맬컴 Turnbull, Malcolm　호주 총리 (5장)

트럼프, 도널드 Trump, Donald　미국 대통령 (프롤로그, 1~8장, 에필로그)

트뤼도, 저스틴 Trudeau, Justin　캐나다 총리 (프롤로그)

정당 및 정치인

티파티 운동 (미국) Tea Party   (1·4장)

파울러, 노먼 Fowler, Norman   전 영국 보수당 의장 (8장)
파이만, 베르너 Faymann, Werner   전 오스트리아 총리 (3장)
판데어벨렌, 알렉산더 Van der Bellen, Alexander   오스트리아 대통령 (1장)
패라지, 나이절 Farage, Nigel   전 영국독립당 대표 (1~2, 4~5, 7장)
페트리, 프라우케 Petry, Frauke   독일을 위한 대안 의장 (1장)
펜스, 마이크 Pence, Mike   미국 부통령 (7장)
포데모스 Podemos   스페인 진보 정당 (2~3, 6장)
포르차 이탈리아 Forza Italia   (1·7장)
피용, 프랑수아 Fillon, François   전 프랑스 총리 (7장)

하워드, 마이클 Howard, Michael   전 영국 보수당 대표 (1·4·8장)
해먼드, 필립 Hammond, Philip   영국 재무장관 (에필로그)
핸슨, 폴린 Hanson, Pauline   호주 극우 정당 원 네이션 대표 (5장)
헌트, 트리스트럼 (영국) Hunt, Tristram   전 노동당 하원의원 (3장)
헤이그, 윌리엄 Hague, William   전 영국 보수당 대표 (4·7장)
헤인스, 조 Haines, Joe   영국 노동당 해럴드 윌슨의 공보비서관 (7장)
호퍼, 노르베르트 Hofer, Norbert   오스트리아 자유당 극우 대선 후보 (프롤로그, 1장)
히스, 에드워드 Heath, Edward   전 영국 총리 (1, 3~4장, 에필로그)